소비사회를 사는 그리스도인

존 캐버너

Ivp

IVP(InterVarsity Press)는
캠퍼스와 세상 속의 하나님 나라 운동을 지향하는
IVF(InterVarsity Christian Fellowship)의 출판부로
생각하는 그리스도인을 위한 문서 운동을 실천합니다.

Following Christ in a Consumer Society
© 1981, 1991, 2006 by John F. Kavanaugh
Translated and printed by permission of the ORBIS BOOKS,
P.O. Box 308, Maryknoll, New York 10545-0308, USA
All rights reserved.

Korean Edition © 2011, 2017 by Korea InterVarsity Press
156-10 Donggyo-Ro, Mapo-Gu, Seoul 04031, Republic of Korea

Following Christ in a Consumer Society

John F. Kavanaugh

IVP 모던 클래식스를 펴내며

느린 생명의 속도로 가장 먼저 진리에 가닿다

"참다운 정신으로 참다운 책을 읽는 것은 고귀한 수련"이라고 한 헨리 D. 소로우의 말처럼, 그리스도인에게 독서는 그 어느 수련보다도 평생에 걸쳐 쌓아야 할 영성 훈련이다. 경건한 독서는 성경을 대체하거나 방해하는 것이 아니라 하나님의 말씀을 바르게 사용하도록 하며, 그리스도인의 성품을 영적으로 각성시켜 그분의 나라를 세우도록 도전하기 때문이다.

그러나 '21세기 속도에 발맞춘 생각의 속도'라는 명분으로 독서는 정보 획득의 수단으로 전락해 버리고, 눈과 귀를 자극하며 육감만을 작동시키는 이미지, 온라인 지식 정보로 대체된 읽기 습관, 영상으로 치우쳐 가는 관심은 사고의 획일화와 빈약함, 경박함을 낳고 있다. 거기에다, 새로운 것이라면 더 좋고 진실에 가까울 것이라는 근거 없는 생각이 독서 및 고전에 대한 오해와 무관심은 물론 총체적 지적(知的) 부실이라는 결과를 초래했다.

이러한 상황 가운데 출간하게 된 IVP 모던 클래식스는 복음주의라는 신학적 스펙트럼을 통해 문화, 사회, 정치, 경제, 윤리, 공동체, 세계관, 영성 그리고 신학 등 현대 교회가 직면한 광범위한 주제와 이슈를 다룰 것이다. 이에 대해 단순히 정보를 제공하거나 지적 호기심을 자극하는 데 그치지 않고 주체적이고 적극적인 사고 활동의 기초와 방향을 제시하고자 한다. 이 시리즈는 IVP 모던 클래식스 자문 위원회의 선정 작업을 거쳐 19세기 말에서 20세기까지 출판된 기독교 저작 가운데 선별된다. 고전의 본의를 온전히 담아내면서도 주제, 접근, 기술(記述) 방식 등에 유연성을 부여하여 고전의 대중성 또한 최대한 살리고자 한다. 특별히 독자의 이해를 돕고자 저자와 책 내용에 대한 국내외 전문가의 해설 및 추천 도서를 통해, 분명하고 균형 잡힌 성경적 지혜와 현실 적용 가능한 지식을 한국 교회에 제공하고자 한다.

범람하는 정보들을 무분별하게 채택하고 즉각적인 결과를 기대하는 문화적 흐름 속에서, 거듭난 기독교적 지성과 영성 형성을 위해 생명의 속도에 맞추어 고전 읽기에 헌신하는 반(反)시대적 용기가 더욱 절실하다. IVP 모던 클래식스와 함께하는 느리고 진지한 독서를 통해 오히려 가장 먼저 진리에 가닿을 수 있게 되기를 간절히 바란다.

-IVP 모던 클래식스 기획편집팀

공동체와 형제들, 가족들에게,
특히 말과 행동을 통해 이 책을 쓸 수 있도록 도와준
패트릭과 진, 마이클과 메리 베스, 존과 줄리에게
그리고 마흔, 톰, 제이, 캐서린, 버지니아, 앤에게

가톨릭교회와 관련해서

나는 가능한 한 우파가 되려 합니다.

그러나 노동과 평화주의, 민권 운동에 있어서는

가능한 한 좌파가 되려 합니다.

―도로시 데이

(스탠리 비쉬네프스키에게 보낸 편지 중에서)

차례

1981년판 서문　11
1991년판 서문　21
25주년 기념판 서문(2006년)　41

1부　상품 형식
1. 소비사회의 삶 읽기　61
2. 믿음의 이면과 문화의 복음　89
3. 상품 형식: 소비와 마케팅　105
4. 인격 상실　117
5. 상품 형식과 우상숭배　139

2부　인격 형식
6. 기독교 철학적 인간학을 향해　153
7. 구약성경의 하나님: 우상숭배와 언약　169
8. 그리스도의 삶 읽기　177
9. 자본주의라는 우상과 그리스도　209
10. 우상숭배의 문화와 기독교적 실천　223
11. 인격 형식 속에서의 그리스도인의 실천　243
12. 인격의 세계를 사는 삶　279

결론_혁명적 거룩함　301
추천 도서 목록_문화와 신앙을 위한 독서　313
찾아보기　349
해설_소비사회에 던지는 예언자적 목소리　357
저자 연보　375

1981년판 서문 • 역설적인 책 읽기의 추구

나는 서로 다른 두 부류의 사람들, 공통점은 별로 없더라도 사회 정의 혹은 신앙생활에 진심으로 헌신하고 있는 사람들을 위해 이 책을 쓴다. 특히 신앙이나 정의에 헌신하는 동시에 자신의 신앙을 구체적으로 표현하려는 이들, 평등에 대한 열정을 뒷받침해 줄 무언가가 필요하다고 생각하고 인정하는 이들을 위해 쓴다. 감사하게도 지난 몇 년간 나는 두 부류의 사람들과 교제할 기회가 있었다. 많은 사제와 수녀들이 도심의 빈민 거주 지역에서 헌신적으로 일하다가 신앙이나 기도에 대한 감각을 잃어버리고 결국 가난한 이들에 대한 열정까지도 잃는 것을 보았다. 신앙을 지키면서도 서로에 대해 그리고 삶에 대해 열정을 잃지 않으려고 노력하는 부부들과도 이야기를 나누었다. 그리고 자신의 활동이 깊은 신앙으로 뒷받침되기를 바라는 급진적 그리스도인들과 구체적이고 역사적 영향력을 지닌 신앙을 다른 이와 나누고 싶어 하는 정통 신자들이 연합하기를 계속해서 꿈꾸고 있다. 온전해지기 위해 신앙 지상주의자들과 활동 지상주의자들은 서로를 필요로 한다. 그들은 자기 자신이 되기 위해서라도 서로를 필요로 한다.

사회 정의를 심각하게 받아들이는 이들은 아마도 사회 정의 실현을 위해 일하고 있는 이들일 것이다. 또 인간이 소모품이 될 수 없다는 확고한 신념을 지닌 인본주의자일지도 모른다. 스스로도 납득할 수 있고 교인들에게 실천을 촉구할 수 있는 방식으로 인종주의와 불평등에 관한 추악한 진실을 이야기하고 싶은 교구 사제일지도 모른다. 가난하고 힘없는 이들과 더불어 일하거나 정치 단체나 학교에서 활동하면서, 희망의 불씨가 꺼질 위험에 처할 때도 어떻게 끝까지 헌신할 수 있을지 고민하는 독신 청년이거나 기혼자일지도 모른다. 당신이 만약 이런 부류의 사람이라면 교회가 가르쳐 준 복음의 가치를 실현하려고 몸부림치지만 교회에 대해 배신감을 느끼고 있을지도 모른다.

당신은 이 책의 전반부에 공감할 것이다. 그러나 정작 당신에게 필요한 부분은 후반부다. 정의를 실현하기 위해서는 반드시 문화를 초월하는 신앙의 힘이 필요하기 때문이다. 그 신앙은 예수 그리스도의 계시 안에서 발견할 수 있고 기독교회의 심오한 전통을 통해 구현되는 것이다. 나는 당신이 그리스도의 메시지, 기도와 성례전, 변치 않는 헌신, 공동체의 삶 속에 담겨 있는 참으로 혁명적이고 정치적이며 사회적인 의미를 발견하기를 바란다.

반면에 이 책의 전반부는 신앙, 특히 가톨릭 신앙을 진지하게 받아들이는 이들을 위해 쓰였다. 당신은 이 책의 후반부에서 격려와 힘을 얻을지도 모른다. 하지만 후반부가 강력한 힘이 있는 것은 당신이 불쾌하거나 불편하다고 느낄 전반부의 내용과 밀접하게 연결되어 있기 때문이다.

당신은 자신이 이 사회에서 배우자에 대한 신의를 지키며 살아가는 유일한 사람인 것 같은 느낌에 시달리는 기혼자일지 모른다. 자녀를 둔 부모로서 아이들의 마음이 거짓 복음과 공허한 신념 체계에 유혹을 받고 있다고 염려하는 사람일지도 모른다. 성례전을 사랑하지만 그것이 삶과 어떤 연관이 있는지 궁금해하는 사람일지도 모르겠다. 삶의 주인이신 그리스도를 더 깊이 알기를 열망하지만 하루하루 힘겹게 살면서 그분의 임재를 느끼지 못하는 사람일지도 모른다. 제도화된 낙태, 포르노그래피, 가족의 붕괴가 만연한 문화 속에서 어떤 삶이 신앙에 충실한 삶인지 고민할지도 모른다. 세상의 불의에 저항하는 방법을 찾고 있지만 무엇을 의지해야 할지 모르는 사람일지도 모른다.

이 책이 주장하는 바는 이런 것이다. 참된 신앙이란, 우리의 개인적인 삶뿐만 아니라 사회적 관계 속에서 표현되고 구체화되는 정의에 의해 구성된다. 당신이 관심을 갖는 문제들은 도덕과 종교의 문제인 동시에 경제와 정치의 문제이기도 하다. 그리고 당신이 관심을 기울이지 않는 문제들—군비, 사형 제도, 인종주의 등—역시 정치적인 문제인 동시에 종교적이며 영적인 문제이기도 하다. 정의가 없는 곳에 신앙도 없다. 신앙을 온전히 실천할 때 정의를 실천하는 것이고, 참된 정의를 실천할 때 당신은 참된 신앙의 삶을 사는 것이다.

이처럼 이상하게도 서로 다른 두 부류의 독자를 대상으로 글을 쓸 때, 두 부류 모두를 잃거나 양쪽 모두에게 배척당할 수 있는 위험이 있다. 그뿐만 아니라, 오늘날 우리 문화에서 자주 나타나듯이 신앙과 정의의 문제를 혼동하는 가운데 내가 전달하고자 하는 메시지마저 놓칠 수 있다.

'새로운 보수주의'의 발흥은 이런 문제를 여실히 보여 준다. 나는 흔히 도덕과 특정한 형태의 기독교 신앙을 결합시키고자 하는 이 운동이 인간 안에 있는 가장 풍부하고 심오한 것을 지켜 내는 것이 아니라, 오히려 사실을 직시하지 못하게 막고 있다고 생각한다. 이 운동은 원칙이 아니라 실용주의를 지키려는 보수주의다. 특히 경제적·군사적·이데올로기적 권력과 명예를 정당화하려 애쓸 뿐이다. 그리고 우리나라 안에서 올바른 질서를 요구하는 그 모든 목소리를 억압한다. 그것은 자기 이익만 지켜 내려는 보수주의다.

이러한 새로운 보수주의는 상보적이면서도 위험한 두 가지 경향이 빚어낸 결과다. 곧 신앙을 정의 추구 활동(실천적인 사랑과 봉사)으로부터 분리하려는 경향과 신앙을 특정한 형태의 사회적·정치적·국가적 권력과 동일시하는 경향이다.

첫 번째 경향의 위험은 사회와 문화가 영성 및 신앙과 밀접하게 연관을 맺고 있다는 점을 깨닫지 못하는 것이다. 종교적 갈망이 지닌 힘이 정의와 타자에 대한 사랑이라는 구체적 명령과 분리될 때, 그것은 무기력해져 아무런 열매도 맺지 못하게 된다. '세속적' 세계와 '종교적' 세계는 이처럼 무기력하게 만드는 분리―교회와 국가의 분리가 아니라 실제적인 사회적 현실과 신앙의 분리―를 통해 그 체제를 유지한다.

언론에서는 낙태에 반대하는 주교들이 도덕을 법제화하려 한다고 비판한다. 몇몇 우파 전문가들은 중앙 아메리카에서 잔인하게 살해된 여성 선교사들을, 가난하고 억압받는 이들을 위한 정의와는 아무 상관 없는 단순한 선행가(do-gooder)로 치켜세운다. 사회 평론가들은 세계의 기아, 교도소, 부의 불공정한 분배에 관해 분명한 입장을 취하는 신앙인들을 조롱한다. 교회 지도자들은 국무부의 압력에 굴복해 무기 구입, 엘살바도르에 대한 군사 원조, 빈곤층에 대한 연방 자금 지원액 삭감에 항의하는 활동을 가로막고 있다.

한편으로, 일부 성직자와 수사와 평신도들이 정의와 사형 제도와 군사주의에 관해 이야기하면, 교인들은 흔히 "정치를 강단에 끌어들이지 말라. 그저 종교에 관해 이야기해 달라"고 한다. 예수님의 어머니 마리아가 예배당에서 가난과 정의에 대해, 권세 있는 자들을 왕좌에서 끌어내리는 것에 대해 이야기하는 '성모 마리아의 노래'(Magnificat)를 부르지 못할 것이라고 생각할 수밖에 없는 그런 현실이 되었다. 그리하여 '하나님의 백성'이 「타임」(Time)이나 「뉴스위크」(Newsweek)와 힘을 합하여 정치와 영성을 떼어 놓고 신앙과 정의를 분리하고 있다.

이것은 정말로 위험한 분리다. 이렇게 신앙이 사회 현실과 분리되면 신앙인들이 정치·경제적 권력에 순응하는 입장을 취하기 쉽다. 그리하여 신앙을 문화적인 기준, 심지어 문화적 우상과 동일시하는 두 번째 위험한 경향이 나타나게 된다.

최근의 사건들은 그리스도인들이 예수님의 복음을 따르는 것이 아니라 국가와 문화의 복음을 따르는 것이 얼마나 위험한지 잘 보여 준다. 교황 요한 바오로 2세가 미국을 방문했을 때, 우파와 좌파의 로마가톨릭 비평가들은 텔레비전 시청자들에게 교황이 미국인의 삶―경제적이든 군사적이든 성적이든―의 '실제'를 제대로 이해하지 못하고 있음을 설명하기 위해 몹시 애를 썼다. 그러나 진짜 문제는 북미인들이 자신들의 삶의 양식에 관해, 특히 성과 전쟁과 돈에 관해 충분히 비판적이지 않다는 사실이다. 교황은 그리스도의 복음에 계시된 인간의 근원적 존엄성에 기초해 모든 영역에서 복음주의적 너그러움을 보여 달라고 촉구했다. 또한 교황의 발언은 신앙의 관점에서 이 모든 영역들이 본질적으로 서로 관계를 맺고 있으며, 이 영역들이 인간의 감성이 아니라 문화적 이데올로기에 영향을 받고 있다는 그의 신념을 드러냈다. 그러나 미국인들은 이러한 관계성을 무시하거나 억압했다. 왜냐하면 이 문제를 직시한다면, 국가주의와 빈곤과 정의에 대한 우리의 태도와 자세를 바꿔야 하기 때문이었다.

이 두 번째 경향은, 예수님과 정치의 관계를 이해한다고 주장하는 많은 이들이 그리스도를 미국주의나 자본주의로 환원하는 현상을 보인다. 그들 중 일부는 '도덕'과 '다수'라는 용어를 독점하면서 기독교를 군비 증강, 재정적인 성공, 범죄자나 주변인들에 대한 보복과 연결시킨다. 그들은 예수님의 메시지와 삶 속에 담겨 있는 열정과 자비를 거의 다 지워 버렸다. 주일 아침마다 텔레비전에서 기독교를 소개하는 이들은 돈과 성공, 심리적 안정과 사회적인 명성, 자본주의의 영광과 사회주의의 위험에 대해서는 많은 이야기를 하면서도 가난한 이들, 고통당하는 이들, 거부당한 이들, 소외된 이들에 관해서는 거의 이야기하지 않는다. 십자가에 달리셨고 실패하셨으며 옥에 갇히셨고 배신당하신 그리스도에 관해서는 거의 이야기하지 않는다. 문화의 위협을 받고 문화에 사로잡힌 신앙은 이처럼 무기력해지고 말았다.

그러므로 기독교 신앙이 무기력해지고 길들여졌다는 사실은 내가 추구하는 역설적 책 읽기와 관련된 핵심 문제이며, 더 나아가 이 책에서 다루고자 하는 핵심 문제다. 나는 신앙의 실천과 사랑의 실천 사이에 본질적이면서도 필수적인 관계가 있다는 사실을 보여 주고 싶다. 동시에 신앙인이 국가적·경제적·문화적 우상 앞에 굴복하기가 얼마나 쉬운지 보여 주려고 한다.

나는 활동가들이 신앙 즉 예수님의 삶과 활동 안에 그리고 신자들의 삶에 더 든든히 뿌리내리기를 원한다.

또한 나는 예수님에 대한 진지한 믿음을 고백하는 이들이 사랑의 섬김을 더 철저히 실천하고, 문화에 순응하는 자신들의 신앙에 대해 뼈아픈 반성을 하기를 원한다.

이 책은 정의로부터 분리되어 무기력해진 신앙에 대한 해결책이 내면적 영성을 강화하거나 행동주의를 확대하는 것이 아니라 두 가지, 즉 참으로 혁명적인 행동주의와 온전히 거룩한 신앙을 통합하는 것이라고 주장한다. 이것이 곧 거룩한 혁명이다.

또한 이 책은 문화에 물든 신앙의 문제에 대한 해결책으로서, 문화적 우상과 철저히 대조되는 예수님의 삶, 그분의 구원 사역, 그분의 백성과 교회의 전통을 제시한다. 우리는 국가주의적 신화, 군사적 힘, 경제적 지배력에 관한 환상으로부터 벗어나 그리스도께 헌신해야만 한다. 우리는 담대하게 저항하는 삶을 시작해야 한다.

이 책 전체에 긍정적으로 반응할 사람들을 찾기가 어려운 까닭은 통합적 방식으로 그리스도와 문화를 직시하기가 그만큼 어렵기 때문이다. 이러한 통합적 접근은 위험하지만 가치 있는 일이다. 그리고 교회 안에는 정의와 영성이 수렴되는 희망적 징조가 있다. 전통적 가톨릭 신앙을 지닌 사람들이 미국에 대한 사회적 비판이나 마르크스에 대한 언급을 불쾌해한다고 하더라도, 그들이 그 신앙을 최소한 진지하게 받아들인다면 정의와 가난한 이들을 향한 긍휼을 촉구하는 신앙으로 더 깊이 나아가야 한다고 권면할 수 있다. 사회 활동가들이 죄로 가득한 교회가 하나님과의 약속을 어기고 모순된 모습을 보이는 것에 대해 환멸을 느낀 나머지 성례전과 기도에 관한 이야기를 진지하게 받아들이려 하지 않는다 하더라도, 그들 앞에 놓인 부인할 수 없는 현실을 더 깊이 인식하도록 할 수 있다. 이것이 얼마나 중요한 일인지, 생명과 죽음을 바칠 만한 소망이나 신앙 그리고 사람을 갖는 것이 얼마나 절실하게 필요한지 그들이 깨닫게 될 순간을 기대한다.

1부에서는 '상품 형식'이라는 개념을 통해 미국 사회를 비판한다. 우리가 자신과 타인을 사물로 인식할 때, 상품 '형식'이나 이미지 아래에서 살아가고 행동할 때, 우리는 폭력과 두려움, 조작, 소외의 삶을 만들어 낼 수밖에 없다. 사회에 대한 기독교적 비판을 위해, 마르크스가 어떤 통찰을 제공해 주는지에 관해 논의하고 기독교적 인간학에 대해서도 개략적으로 소개할 것이다. 1부의 목적은 사회적·정치적·경제적 악의 핵심에 자리한 영적 위기를 드러내는 데 있다. 우리의 문제는 체계적 형태로 나타나는 우상숭배다.

2부에서는 그리스도의 인격 안에 계시된 인식과 가치와 삶에 관한 '인격 형식'을 소개한다. 2부의 목적은 예수 그리스도를 믿는 것이 사회적·정치적으로 어떤 의미를 가지는지 보여 주고, 성례전, 기도, 헌신, 가족, 공동체를 통해 그리스도인 활동가로 살아가는 방법을 제안하는 데 있다. 그리스도의 길은 자유의 길이다. 이것 역시 체계적이다. 우리의 삶이 그분의 것이라는 그분의 주장은 총체적이다. 그리고 그것은 우리의 문화와 충돌한다.

이 책은 대체로 해석의 방식을 사용한다. 다시 말해서, 이 책에서는 우리 문화에 드리워진 가면을 벗겨 내어 말은 무성하지만 실천은 하지 않는 종교의 의미를 간파하려고 한다. 부록으로 간략한 해설을 단 도서 목록을 첨부하기는 했지만, 이 책의 목적은 사실이나 관찰을 기록하는 데 있지 않다. 나는 독자들에게 해석의 논리를 따라가는 데 집중할 것을 부탁한다. 뿐만 아니라 이 책은 윤리학이나 철학에 관한 책이 아니므로 전쟁, 낙태, 군비 증강, 성적 쾌락주의, 제어되지 않는 자본주의를 반대하는 나의 입장을 뒷받침할 구체적 논거를 제시하지 않았다. 나의 목적은 개별적인 도덕적 입장들에 대한 기초를 세우는 것이 아니라 그들 사이의 관계를 드러내는 데 있다. 나는 사형 제도와 낙태의 비인간성을 증명하기보다는 이 둘 사이에 어떤 관계가 있는지 보여 주려고 한다. 결혼 제도를 무너뜨리는 쾌락주의와 자유 시장 경제가 악하다는 것을 증명하고 주장하기보다는 이 둘이 어떻게 공모하고 있는지 보여 주려고 한다.

이 책에서 나는 나의 윤리적 확신을 증명하기보다 그것을 나 자신의 합리적 선택으로 제시했다. 마찬가지로 예수 그리스도에 대한 나의 주장 또한 변증적이거나 교의적인 논증을 통해 '정당화'하지 않았다. 단지 내가 가진 신념에 함께 헌신하자고 호소하고 권유할 뿐이다. 나는 사회적·정치적 공동체주의자로서, 궁극적으로 예수 그리스도의 인간성을 통해 계시된 하나님의 사랑을 신뢰하는 복음적 로마가톨릭 교인으로서 이 책을 썼다.

1991년판 서문 • 떠오르는 소망, 잃어버린 기회

얼핏 보기에 지난 10년은 문화적 삶에 대한 모든 해석에 심각한 도전을 가하는 것처럼 보인다. 특히 지난 10년 동안 미국과 세계는 전혀 예상하지 못했고 철저히 불가능하리라 여겼던 변화를 겪었다. 불과 몇 년 전만 해도 대부분의 사람들이 불가능하다고 주장했던 사건들이 일어났다.

베를린 장벽이 무너졌고, 이제 그 장벽의 조각들은 기념물로 판매되고 있다. 독일은 무력을 사용하지 않고도 통일을 이루었다. 도저히 불가능하다고 여겨졌던 나라들도 정치의 자유를 얻게 되었지만, 그들의 자유는 다시금 러시아의 정치적·경제적 불안정으로 인해 위협을 받게 되었다.

중국의 대학생들은 천안문 광장에 '자유의 여신상'을 세웠지만 잔인하게 진압당하고 말았다. 미국의 끔찍한 군사적·재정적 간섭에도 불구하고 니카라과에서 자유선거가 실시되었고, 마르크스주의자들이 이끄는 정부는 권력을 이양했다. 남아프리카공화국에서는 비록 폭력의 악순환을 완전히 끊지는 못했지만, 아파르트헤이트(apartheid)가 종식되었고 넬슨 만델라(Nelson Mandela)가 석방되었다. 레바논이 잔인한 공격을 당하고 굴복할 때 서방에서는 거의 관심을 기울이지 않았다. 페르디난드 마르코스(Ferdinand Marcos)는 철옹성 같은 권좌에서 축출당했다. 그와 싸운 승리자들은 당시 '인민의 권력'만을 행사했지만, 이후의 지도자들은 가난한 이들의 아우성과 반체제 세력 및 부유층의 음모 사이에서 어려움을 겪고 있다.

지난 10년 사이에 이집트의 안와르 사다트(Anwar Sadat)와 인도의 인디라 간디(Indira Ghandi)가 암살당했다. 그리고 많은 미국인들이 '악마'라고 생각하는 이들이 그들의 뒤를 이었다.

미국 대사관 인질 사건으로 지미 카터(Jimmy Carter) 대통령에게 보복했던 아야톨라 호메이니(Ayatollah Khomeini)는 사망했다. 미국의 전투기들은 무아마르 알-카다피(Moammar al-Qaddafi)의 집을 폭격했다. 미국은 그 동안 미국에 협조해 온 마약왕(군부 지도자 마누엘 노리에가 - 역주)을 붙잡는다는 명분으로 파나마를 침공해 쑥대밭으로 만들었다. 파나마는 계속해서 쇠락해 가고 있지만 미국은 아직도 인명과 재산 피해를 부인하고 있다.

그러나 지난 10년간 일어난 가장 놀라운 일은 유럽, 특히 소비에트 사회주의 공화국 연방에서 일어난 사건들이다.

1985년 봄 미하일 고르바초프(Mikhail Gorbachev)는 공산당 서기장으로 취임했다. 6년이 흐른 뒤 그는 노벨 평화상을 수상했고, 「타임」지에 의해 '지난 10년을 대표하는 인물'로 선정되었다. 그의 정치적인 운명이 결국 어떠했는지와 상관없이 그의 지도력을 통해 매우 중요한 변화가 일어난 것이다. 어떤 사회적·경제적 요인이 작용했는지, 그가 레닌주의의 이데올로기와 폭력으로 회귀할 가능성이 어느 정도였는지와 상관없이 돌이킬 수 없는 사건들이 일어나고 말았다. 1986년 봄 러시아는 70년 만에 처음으로 자기 나라에 일어난 대재앙, 즉 체르노빌 원전 사고를 인정했다. 그해 말 안드레이 사하로프(Andrei Sakharov)를 비롯한 반체제 정치인들을 석방하고 망명 중인 인사들의 입국을 허용했고, 이듬해 여름 대규모 경제 개혁을 발표했다. 1987년 말 고르바초프는 스탈린을 비판하며 그의 죄가 '엄청나고 용서할 수 없는' 정도라고 말했다. 그다음 해 여름에는 당시 미국 대통령이었던 레이건(Ronald Reagan)과 핵무기 축소에 합의했고, 소련군은 아프가니스탄에서 철수했다. 1988년 초에는 군대, 공산당, 농장 제도, 중앙위원회의 개혁안이 발표되었다. 그리고 고르바초프의 정책에 공개적으로 반대했던 보리스 옐친(Boris Yeltsin)이 자유선거를 통해 당선되었다.

1989년 말부터 1990년 말까지 변화의 물결이 동유럽을 휩쓸었다. 자유노조(Solidarity) 소속의 가톨릭교인이 폴란드의 총리가 되었다. 그 이전 몇 년 동안을 감옥에서 보낸 레흐 바웬사(Lech Walesa)가 대통령으로 선출되었다. 많은 사람들이 동독을 탈출해 서독으로 이주했다. 11월 9일에는 베를린 장벽이 무너졌다. 헝가리에서는 1956년 헝가리 혁명의 순교자를 명예롭게 재매장하면서 자유로운 의회 선거 일정을 수립했다. 체코슬로바키아에서는 1968년 '프라하의 봄'을 주도한 알렉산더 두브체크(Alexander Dubcek)가 자신을 누르고 대통령에 당선된 바츨라프 하벨(Vaclav Havel)에게 경의를 표했다. 루마니아의 범죄자들은 단 10시간 만에 권력을 빼앗겼다.

20세기의 마지막 10년이 시작될 무렵에는 비길 데 없이 좋은 기회가 있었다. 1990년대를 위한 대규모의 새로운 마셜 플랜(Marshall Plan)이 실체를 드러낼 수도 있었다. 군비를 축소하여 그 자원을 다른 곳에 투자할 수도 있었다. 이때까지 제1세계와 제2세계 사이의 충돌로 인해 큰 피해를 입었던 제3세계의 문제를 해결하기 위해 힘을 모을 수도 있었다.

하지만 안타깝게도 이런 기회를 놓치고 말았다.

지금 소련은 몰락하거나 군국주의 국가로 퇴행하기 직전이다. 대규모의 기술적·경영적 지원이 부재한 상태에서 다양한 공화국들이 해방을 요구하는 가운데 러시아는 비참한 경제적 실패와 정치적 분열에 직면해 있다. 물론 이것은 일차적으로 공산주의와 그 생산 체제, 무기력한 관료제, 냉혹한 이데올로기, 터무니없이 과도한 군사비 지출 때문이다.

이처럼 기회를 잃어버린 것은 두 가지 치명적인 요인과 결부된 서방의 책임, 특히 미국의 책임이다. 첫째, 서방 세계는 공산주의의 실패를 (전체주의와 물질적인 결핍 속에서도 인간의 영혼이 승리한 것으로 이해하기보다) 의심의 여지 없는 자본주의의 승리로만 해석해 왔다. 둘째, 미국은 걸프전 속으로 빠져들었다.

공산주의의 경제적 실패는 명백하다. 국제통화기금(International Monetary Fund)과 세계은행(World Bank)이 발표한 바에 따르면, 소련에서는 다섯 가구 중 한 가구가 아파트 하나를 얻기 위해 5년을 기다려야 하고, 일부 지역의 사람들은 서방에서 허용되는 기준치보다 100배 더 심각한 환경 위험에 노출되어 있다. 1,500만 러시아인들은 아직도 전화 서비스를 기다려야 하고, 1인당 수입이 멕시코와 같은 수준, 즉 산업화된 민주주의 국가의 1인당 수입의 10퍼센트 수준이다. 소련에서는 곡식 수확량의 5분의 1이 만성적으로 손실되고 있으며 소가 생산해 내는 유제품은 서방에 비해 절반밖에 되지 않는다.

한편으로 생산성, 상품의 다양성, 인간에 대한 서비스라는 기준에서 자본주의의 경제적 승리에 대해 의심하는 이들은 이제 거의 없다. 여전히 우리의 경제 체제는 심각한 위기를 맞을 수밖에 없겠지만, 미국과 미국의 경제가 눈부시도록 다양한 상품과 직업의 기회, 의료와 교육의 선택권, 기술의 진보를 제공한다는 사실에 대해서는 아무도 이의를 제기하지 않는다. 지난 10년간 초고속 팩시밀리 기술과 휴대전화, 가정용 비디오 게임, 비디오 레코더, 컴팩트 디스크, 개인용 컴퓨터가 개발되어 수백만 명의 미국인들이 사용할 수 있게 된 반면, 제2세계와 제3세계의 많은 지역에서는 ─심지어는 대학교 안에서도 ─글을 쓸 종이조차 찾아보기 어려운 상황이다. 이처럼 눈부시도록 다양한 상품이 공급된다는 점은 지난 10년간 '민주주의적 자본주의'를 지지하는 이들이 제시했던 주요한 요소 중 하나다.

10년 전 이 책의 초판을 낼 때 내가 의문을 제기했던 것은 이러한 자본주의의 놀라운 생산성이 아니었다. 그리고 마르크스주의의 경제적·영적 성취에 대해 생각해 보자는 뜻도 아니었다. 그보다 나는 자본주의적 성취가 우리의 인격적 실존에 강요하는 비용에 대해 문제를 제기했다. 즉 우리나라나 '제3세계' 국가의 가난한 이들이 치러야 하는 금융 비용뿐만 아니라 우리 모두가 치러야 하는 심리적·영적·문화적 비용에 대해 문제를 제기했다. 그리고 이 문제는 마르크스주의 진영에서도 동일하게 존재했다. 몰락한 동유럽권에서도 말이다. 그것은 우리의 인격적이고 사회적인 세계로부터 우리를 소외시키는 경제적·정치적 이데올로기에 대한 비판을 불러일으켰는데, 여러 가지 점에서 마르크스-레닌주의와 전체주의가 몰락한 것은 동유럽의 마르크스주의 인본주의자와 기독교 사회주의자들이 제시한 이러한 비판 때문이었다.

그러므로 공산권에서 그 삶의 방식이 부적합하며 파괴적이라는 사실에 직면해야 했던 것처럼, 우리도 우리 자신의 삶의 방식이 부적합하며 파괴적이라는 사실을 직시해야 한다. 바로 이 때문에, 멕시코를 방문했던 교황 요한 바오로 2세는 동유럽이 경제적·정치적 혼란에 빠져들고 있을 때 제1세계 역시 자기반성, 특히 풍요에 대한 반성을 게을리해서는 안 된다고 경고했다. 교황은 지난 10년 내내 부유한 자본주의 국가들도 똑같이 그들 자신의 우선순위와 정책을 비판적으로 점검해야 한다고 충고해 왔다. 1981년 『노동하는 인간』(On Human Labor, 한국천주교중앙협의회)에서 그는 자본에 대한 노동의 우위를 주장하며 동구권과 마찬가지로 서구도 '물질주의'에 지배당하고 있음을 지적했다. 이와 비슷하게 1987년에 발표된 회칙 『사회적 관심』(On Social Concern, 한국천주교중앙협의회)은 자본주의 세계에 대한 대담한 도전이었다. 이러한 도전은, 대개는 부유한 미국인들로부터 공산주의와 자본주의가 결코 '도덕적으로 동등하지 않다'는 분노에 찬 반응을 불러일으켰다. 또한 폴란드인인 교황이 사회주의적 성향으로 제3세계에 대해 지나치게 동정적이어서 미국과 자본주의적 생활 방식을 이해하지 못한다고 불평하는 이들도 있었다. 평화와 경제에 관해 쓴 미국 주교들의 서신에 대한 일부 미국 가톨릭교인들의 반응에서 확인할 수 있듯이, 자본주의나 국가주의 이데올로기에 맞서는 교황의 견해는 미국의 소비주의적 생활 방식이 도덕적으로 논란의 여지가 없다는 확신 때문에 대부분의 경우 무시된다.

그러나 지난 10년 동안 소비사회의 이데올로기가 그 정점에 이르렀다는 것이 피할 수 없는 미국의 현실이다. 이를 가장 상징적으로 보여 주는 것은, 아마도 1980년대 중반 「엠 매거진」(M Magazine)의 커버 스토리 "세련된 남성을 위하여"일 것이다. 이 기사는 "나는 원한다. 고로 나는 존재한다"라는 말로 시작한다. 이 기사는 탐욕은 언제나 자본주의를 움직이는 가장 중요한 힘이었지만 레이건 집권기에 이르러 비로소 아무런 도덕적·사회적 제약도 없이 그 완전한 순수성의 경지에 이르게 되었음을 지적했다. 하원에서는 시간당 최저 임금을 3.25달러에서 1달러 인상하는 반면, 1980년 6만 달러였던 의원들의 급여를 두 배로 인상했다. 기존 의원 수당으론 생활비가 모자란다는 것이 이유였다. 기업 간부들은 연봉 30만 달러로는 살아갈 수 없다고 불평했다. 반면에 노숙자들의 수는 세 배가 증가해 3백만 명에 이르렀다. (정부에서는 35만 명뿐이라고 주장했다.) 레이건은 노골적으로 이 나라의 탐욕에 호소하는 구호로 대통령 선거에서 승리했다. "4년 전보다 더 잘살고 있습니까?"

예산의 균형을 맞추겠다는 공약으로 백악관에 입성한 한 대통령은 8년 후 이제까지 상상조차 할 수 없었던 엄청난 빚을 남긴 채 집무실을 떠났다. 국가 채무는 1980년 9천9십억 달러에서 1991년 2조 9천억 달러로 세 배나 증가했다. 1980년에 25:1이었던 기업 최고경영자와 육체노동자의 평균 급여 비율이 91:1로 증가했음에도 불구하고, 가장 부유한 사람들에게 '더 이상 새로운 세금은 없다'는 공약을 내건 대통령이 레이건의 뒤를 이었다. 지난 10년은 끔찍한 과잉과 무제한의 쾌락주의의 시대, '부자들의 정치'가 가난한 이들의 목을 조른 시대였다.

저축대부조합 위기(Savings and Loan debacle)로 인해 약 1조 달러로 추정되는 돈이 흔적도 없이 사라졌다. 이 위기는 사치스러운 생활을 하는 금융가들이 입법부와 행정부의 승인을 받아 벌인 사기극이었고, 결국 그 비용은 향후 10년이 넘도록 납세자 1인당 최소 3천 달러의 세수 증가로 중산층이 부담을 떠안게 되었다. 심지어 보조금과 수익 보전과 세금 감면이라는 명목으로 새로운 악덕 자본가들에게 수십억 달러의 '구제 금융'을 제공했다.

1987년의 증시 폭락, 환경보호국(Environmental Protection Agency) 추문, 백악관 보좌관들의 영향력, 중앙 아메리카의 한 정부를 무너뜨리기 위한 목적으로 이란에 무기를 판매한 이란-콘트라 사건(Iran-Contra Affair), 이 모두는 우리의 경제적·정치적 삶의 구조를 여실히 보여 준다. 『강대국의 흥망』(The Rise and Fall of the Great Powers, 한국경제신문사)의 저자인 폴 케네디(Paul Kennedy)는 1990년대 초「월스트리트 저널」(Wall Street Journal)에 기고한 글에서, 전쟁터에서 명성을 얻기 위해 엄청난 돈과 물질, 인적 자원을 쏟아붓는 동안 우리나라의 채무와 생산성 하락, 2류의 교육제도, 부패하는 사회의식에 대해서는 무시하고 있었다고 지적한 바 있다. 은행과 보험 산업의 붕괴 징후는 앞으로 10년 동안은 1980년대의 탐욕에 대한 대가를 감당하기가 벅찰 것이라는 것을 보여 준다.

레이건, 도널드 트럼프(Donald Trump), 마이클 밀컨(Michael Milken)은 영웅이었다. 레이건은 저소득층 주택 지원 자금을 82퍼센트 삭감했다. 1980년대 말 가난한 미국인의 숫자가 1980년대 초에 비해 3백만 명이 증가했다. 레이건의 주택도시개발국(Department of Housing and Urban Development)이 부패해 가는 동안 1940년대 이후 처음으로 주택 보유 가구 비율이 감소했다. 트럼프는 자신의 카지노 부동산 제국이 정부의 구제 금융을 받는 와중에도 여전히 사치스러운 생활을 계속 하고 있었다. 드렉셀 번햄 램버트(Drexel Burnham Lambert)사에서 일하던 투자부적격 채권(junk bond)의 제왕 마이클 밀컨은 1987년에 5억 5천만 달러를 벌었지만 98건의 사기와 범죄 행위로 기소당하고 말았다. 그의 멘토였던 이반 보스키(Ivan Boesky)는 1985년 캘리포니아 대학교 경영대학원 졸업생들에게 "탐욕은 결코 나쁘지 않다. 탐욕은 건강하다. 탐욕적으로 살면서도 여전히 자신이 옳다고 생각할 수 있다"고 선언했다. 그리고 파산을 선언하기 두 달 전 드렉셀 번햄 램버트는 직원들에게 2억 6천만 달러의 보너스를 흥청망청 나누어 주었다. 일부 임원들은 무려 1천만 달러를 받기도 했다. 결국 이 회사는 채무 불이행을 피하는 데 써야 할 돈의 두 배를 '보너스'로 지급했다.

1980년과 1990년 사이에 미국은 세계 최고의 채권국에서 세계 최대의 채무국이 되었다. 국가 채무가 7천억 달러로 불어난 반면 미국의 개인 저축액은 절반으로 줄었다. 지난 10년간 우리는 생산한 것보다 1조 달러 더 많은 재화와 용역을 소비했다. 국가적 차원에서 이러한 지출의 상당 부분은 국방비로 쓰였다. 2조 2천억 달러를 국방비로 물 쓰듯이 쓰는 동안 다리와 고속도로, 공공건물, 학교, 환경에 대해서는 관심을 기울이지 않았다. 우리는 방치된 거대한 '하층계급'을 만들어 냈고, 그들 중 다수는 '마약 중독자'의 자녀로 태어나 열등한 교육을 받으며 두려움 속에서 무시당하며 살아간다. 이들은 가족 유대가 약해져 해체되기 직전의 문화 속에서 방황하며 살고 있다. 예를 들어, 뉴욕 주의 교정 시설에 있는 흑인 남성의 수가 2만 4천 명에 달하고, 그 주의 대학에 다니는 흑인 남성의 수는 2만 3천 명에 불과하다.

우리 문화는 가난한 이들만 악몽과 같은 삶으로 밀쳐 내는 것이 아니다. 탐욕의 10년을 거치며 세계의 가난한 나라들을 지원하는 비용 역시 삭감되었다. 군사적 목적과 전략적으로 영향력을 유지해야 하는 경우를 제외한 해외 원조는 크게 줄어들었다.

온타리오 주 에드먼튼에서 요한 바오로 2세는 부유한 나라들의 뒤바뀐 우선순위를 비판한 바 있다.

> 그렇다. 남반구는 계속 더 가난해지는 반면, 북반구는 계속 더 부유해진다.…또한 서방 강대국과 공산권이 서로를 견제하는 무기 자원도 더 풍부해졌다. 그리스도의 말씀(마 25장)에 비추어 보면, 이 가난한 남반구가 부유한 북반구를 심판할 것이다. 그리고 가난한 사람들과 가난한—식량뿐만 아니라 자유와 여타 인권을 박탈당했다는 점에서 가난한—나라들은, 이런 좋은 것들을 나눠 주지 않고 다른 사람들을 희생시켜 제국주의적인 독점과 정치적 지배력을 축적하기만 하는 사람들을 심판할 것이다.

소비사회의 정치가들은 국방비를 늘리고 '무고한 생명을 위해' 파괴적인 전쟁까지도 불사해야 한다고 주장하면서, 우리 사회와 온 세계의 가난한 이들은 무시한다. 개발도상국에서는 매일 4천 명이 설사와 영양실조, 그 밖에 예방 가능한 원인으로 죽어 간다. 세계의 군사 시설이 하루 치 비용만 나누어 준다면 향후 10년간 5천만 명의 목숨을 구할 수 있다. 그러나 결코 그런 일은 일어나지 않는다. 미국의 연간 국방비 지출에서 1퍼센트만 삭감해도 아이들 5천만 명의 목숨을 충분히 살릴 수 있다. 그러나 그런 일은 일어나지 않는다. 6세 이하의 미국 어린이 넷 중 한 명이 가난하게 살지만, 우리는 그들을 도울 자원을 모을 수 없다. 해외 원조나 빈곤 구제 법안이 하원에 상정될 때마다 '하지만 재원을 어떻게 마련하느냐?'라는 이야기만 되풀이할 뿐이다. 그런데 수십억 달러를 들여 걸프전을 치러야 하는 상황에서는 돈이 나온다. 저축대부조합 문제를 해결할 1조 달러의 돈이 필요할 때도 마찬가지다.

개인과 국가의 우선순위는 상품 형식의 삶이 계속해서 지배력을 행사하고 있음을 여실히 보여 준다. 탐욕의 10년 동안 사람들의 삶과 인격적인 삶은 점점 축소되었다. 그리고 문화적 승리주의, 인격적 실존의 무시, '우리의 생활 방식을 지키기' 위해 전쟁을 불사하는 태도 등으로 인해 우리는 문화적 개혁을 검토할 기회를 놓쳐 버리는 슬픈 운명을 맞았다.

걸프전은 상품 형식의 삶을 특징짓는 비인간화, 첨단 기술의 전쟁에 따른 엄청난 인명 피해, 폭력 성향 등이 복합적으로 나타났다는 점에서 시사하는 바가 크다.

그리고 이것이 우리가 잃어버린 기회의 두 번째 측면이다. 우리는 개인적·국가적 개혁의 필요성에 관해 무비판적인 태도를 취했을 뿐만 아니라, 다시 한 번 우리의 적을 객체화하는 데 성공한 것이다. 우리는 러시아 내의 변화로 인해 마침내 실현 가능해진 평화의 10년을 위험에 빠뜨렸으며, 우리 자신의 삶마저 위태롭게 했다. 우리는 아이들에게 소홀했고 인격의 가치를 잃어버렸으며 오락에 매혹되었고 미국의 부와 창의력을 무모하게 낭비했다. 결국 이로 인한 문화적 혼란은 미래 세대의 행복을 위협하고 있다. 그러나 우리는 이 비통한 진실을 직시하는 대신 문명과 서구를 위협하는 세력으로 사담 후세인(Saddam Hussein)을 지목했다.

협상에 힘쓰고 마감 시한에 융통성을 발휘한다면, 아랍 세계의 불만에 귀를 기울인다면, 팔레스타인 문제에 관한 국제 연합의 결정에 합의한다면, 얼마든지 피할 수 있었던 전쟁을 우리는 결국 개시했다. 우리 지도자들이 제2의 미치광이 히틀러라고 여겼던 한 남자가 정신을 차리라고, 우리는 역사상 최대 규모의 폭격을 시작했다. 이 공격은 극단적으로 범아랍주의적이고 민족주의적이며 자신의 군사적 자원에 맞먹는 명민함을 소유한 잔인한 지도자에게서 충분히 예상할 수 있었던 반응을 불러일으켰다. 그것은 곧 석유 오염으로 인한 역사상 최악의 환경 오염, 이스라엘과 사우디아라비아 내의 민간인 폭격, 화학전의 가능성, 금융과 통신과 군사 제도의 파괴였다.

우리가 이 전쟁에서 '승리'했고 사담 후세인 세력의 쿠웨이트 침공은 충분히 비난받을 만하지만, 우리는 우리가 취한 행동의 결과를 직시해야만 한다. 이라크 사람들은 보건, 통신, 수도, 전력 시설이 파괴되어 헤아릴 수 없을 정도로 고통을 당하고 있다. 수십만 명의 이라크 군인들―대부분은 쿠웨이트를 떠나려고 하던 중에―이 목숨을 잃었을 뿐만 아니라 이름 모를 수만 명의 이라크 민간인들 역시 목숨을 잃었다. 그뿐만 아니라 3백만 명의 피난민이 집을 잃었다. 우리가 승리했다고 해서 우리가 일으킨 문제를 피할 수는 없다. 중동에서는 팔레스타인 문제가 계속해서 발생할 것이다. 아랍인들의 소외감과 분노는 더욱 심화될 것이다. 신무기, 특히 '스타워즈' 류의 무기에 대한 엄청난 필요는 가난한 이들의 필요를 묵살해 버릴 것이다. 그리고 미국은 앞으로도 몇 세대 동안 페르시아 만에 개입해야 할 것이다. 우리는 결코 이런 일이 일어나지 않기를 기도할 뿐이다.

바츨라프 하벨은 미국 하원에서 행한 연설에서 우리에게 지난 10년의 극적 변화와 다가올 10년의 중요한 선택에 대해 상기시켜 주었다. 제2세계 출신의 그 남자는 제1세계의 지도자들 앞에서 그들이 공산주의에 대한 승리를 선언하는 것 말고도 해야 할 일이 많다고 주장했다. 그는 우리가 정치, 과학, 경제보다 도덕을 우선시하는 법을 배워야 하며, 우리에게는 '나의 가족, 나의 나라, 나의 회사, 나의 성공보다 더 고귀한 무언가'에 대한 책임이 있음을 깨달아야 한다고 말했다.

유럽의 격동기를 살아 온 하벨의 부유한 서구를 향한 경고는, 1980년대 중반 출간된 그의 책 『힘없는 이들의 힘』(*The Power of the Powerless*)에도 실려 있다. 20세기의 마지막 10년을 살고 있는 우리 역시 그의 말에 귀를 기울여야 한다.

거짓된 삶이 초래하는 동시에 그런 삶을 조장하는 인간 정체성의 근원적 위기에는 명백히 도덕적 차원이 존재한다. 이것은 사회 내의 **심층적인 도덕적 위기**로 나타난다. 소비의 가치 체계에 현혹되어 물질문명이 제공하는 온갖 상품 속에서 자신의 정체성을 잃어버리고, 존재의 질서에 아무런 뿌리도 내리지 못한 채 자신의 개인적 생존보다 더 고귀한 무언가에 대한 책임을 전혀 느끼지 못하는 인간은 **비도덕화된** 인간이다. 체제는 이러한 비도덕화에 의존하며, 이를 심화시키고, 사실상 이를 사회에 투사한다.

절망적일 정도로 기계화에 끌려다니는 전통적 의회 민주주의는 기술 문명과 산업 소비사회의 기계화에 근본적으로 맞설 수 있는 방법이 없다. 사람들은 전체주의 이후(post-totalitarian) 사회에서 사용된 잔인한 방법들보다 훨씬 교묘하고 치밀한 방식으로 조작당한다. 그러나 엄격하지만 관념적으로는 허술하고 정치적으로는 실용주의적인 대중 정당 체제라는 이 정태적 구조는 전문 장치들에 의해 운영되며, 시민들을 모든 형태의 구체적이고 인격적인 책임으로부터 면제시킨다. 이러한 자본 축적의 복합적 핵심 구조는 은밀한 조작과 팽창을 추구한다. 소비, 생산, 광고, 상업, 소비문화, 정보의 홍수가 무소부재한 독재 권력을 행사한다. 많은 이들이 분석하고 설명한 것처럼, 이 모든 것들은 결코 인류가 자신을 재발견할 수 있는 자원이 될 수 없다.…민주주의에서 인간은 스스로도 알지 못하는 수많은 개인적 자유와 안정을 누리고 있을지 모른다. 그러나 결국 이런 것은 우리에게 아무런 유익이 되지 못한다. 우리가 결국 동일한 기계화의 희생자가 되고, 우리 자신의 정체성에 대한 관심이 억압당하고 그저 피상적 대상으로 전락하는 것을 그 무엇도 막을 수 없기 때문이다.

나는 이렇게 체코슬로바키아 대통령의 말로 이 책의 서문을 마무리하고자 한다. 그의 말이 이 책 전체의 주장을 너무나도 강력히 확증해 주기 때문이다. 또한 그의 말은 이 책이 동유럽 사람들이 부러워하는 자본주의의 상품을 고마워할 줄 모르는 어느 미국인의 멋모르는 장광설이 아니라는 사실을 보여 준다. 이제 우리도 우리 자신의 문제를 직시해야만 한다. 이제 막 해방된 동유럽 사람들이 생산성과 기업 활동과 경영에 관한 기술에 있어서 우리의 도움에 의존하듯이, 우리 역시 자신의 문화와 경제 체제가 지닌 결점을 인정하도록 도와줄 영적 통찰을 그들에게서 배울 수 있다.

초판을 읽은 독자들 중에는 강한 비판적 어조를 누그러뜨리는 것이 어떻겠냐고 제안하는 편지를 보낸 사람들도 있다. 실제로 나는 미국이 큰 축복을 받은 국가이고 인간의 기술과 생산성은 우리가 감사해야 할 큰 은총이라는 점을 지적하면서도, 전체적으로는 우리의 생활 방식에 대해 비판적이었다. 그것은 '소비사회'에서 사는 사람들과 그 제도를 사랑하지 않거나 민주 사회의 자본주의가 지닌 장점을 몰라서가 아니라, 이 사람들과 제도가 지닌 최고의 가치와 소망이 사라져 버릴 위험에 처해 있다는 확신 때문이었다. 그리고 그 위험은 현재도 여전히 존재한다. 위험한 것은 사물과 물질의 소유가 아니라 그에 대한 우상숭배다. 위험한 것은 기술이 아니라 그에 대한 굴복이다. 심지어 위험한 것은 자본주의가 아니라 그것이 칭송하는 '삶의 방식', 인격과 인간의 가치를 질식시키는 '상품 형식'의 인간 실존이다.

그러므로 나는 비판적 태도를 그대로 유지할 것이다. 물론 믿음, 소망, 사랑이 함께 가야겠지만, 비판은 반드시 필요하다.

지난 10년 동안, 상반된 두 부류의 독자들에게 다가가고자 하는 나의 소망은 여러 가지 방식으로 실현되었다. 깊은 신앙과 영성을 지닌 사람들은 신앙이 삶 속에서 실현되고 열매 맺기 위해서는 신앙이 정치적·사회적·경제적으로 표현되어야 한다는 것을 깨닫게 되었다. 반대로 남아프리카공화국에서 소비사회와 아파르트헤이트에 맞서 싸우던 사람들, 잉글랜드와 아일랜드의 집 없고 가난한 이들의 목소리를 대변하던 사람들, 캐나다와 오스트레일리아에서 원주민의 권리를 옹호하던 사람들은 이 책을 통해 큰 격려를 받았다. 미국 사회에 무언가 심각한 문제가 있다고 확신하면서 정의에 대한 헌신을 삶의 중심으로 삼았던 사람들 중에는 이 책을 읽고 내면의 영성, 인간관계의 정직성, 신앙공동체가 그들의 사회의식과 어떤 연관이 있는지 새롭게 인식하게 된 이들도 있다.

또한 나는 이 스펙트럼의 양극단에 위치한 이들이 나의 생각에 가장 심하게 반대한다는 사실을 알게 되었다. 그들 중 어떤 이들은 신앙을 미국주의와 너무나도 동일시한 나머지, 미국에 대한 모든 비판은 공산주의적이고, 심지어는 반가톨릭적이라며 이를 거부한다. 또 어떤 이들은 미국의 세속적 자유주의에 너무나도 깊이 젖어 버린 나머지, 그 어떤 급진적 가톨릭 신앙이나 기독교 신앙도 단순한 경건주의와 다르지 않다고 생각한다. 나는 계속해서 이 부류의 사람들에게 도전할 것이고 이들 중에서도 이 책의 도전을 진지하게 받아들이는 이들이 생겨나기를 바란다.

교황 레오 13세의 회칙 『새로운 사태』(Rerum Novarun, 한국천주교중앙협의회) 발간 100주년을 기념하기 위해 교황 요한 바오로 2세가 발표한 회칙 『백 주년』(Centesimus Annus, 한국천주교중앙협의회)에 대한 일부 미국 가톨릭 교인들의 반응은 이러한 도전을 싫어하는 우리의 태도를 여실히 보여 준다. 보수 신문에서는 1면 헤드라인에 "'자유 경제'가 죽은 사회주의와 복지 국가를 대체해야 한다"라는 제목을 붙였다. 마찬가지로 「월스트리트 저널」에서는 "교황, '새로운 자본주의'를 지지하다"라는 제목의 칼럼에서 보수적인 가톨릭 계열 매체의 보도를 인용했다. "자본주의는 인간의 본성과 운명에 대한 기독교적 이해로부터 추론된 필연적 결론이다."

이런 종류의 기사들을 보면, 평론가들이 현재 우리의 생활 방식에 대한 끈질긴 집착으로 눈이 멀어서인지, 이 회칙의 4장 전체가 '기업 경제'의 위험에 관해 서구와 서구의 자본주의 국가들에게 체계적으로 경고하는 내용임을 깨닫지 못하고 있음을 알 수 있다. 이 회칙은 지구상 재화의 불공평한 분배, 가난한 이들의 희생 위에 이루어지는 세계의 군사주의화, '인간에 대한 사물의 지배', 가장 힘없는 이들의 소외, '자연 환경의 무분별한 파괴', 가족의 파편화, '사람들을 피상적이고 거짓된 만족의 덫에 빠져들게 하는 소비주의'의 유혹, 노동의 소외, 문화적·도덕적 삶을 압도하는 급진적 자본주의 이데올로기 등을 두루 다룬다.

물론 교황은 공산주의 정권과 마르크스주의-사회주의 경제가 몰락한 세계 상황도 마찬가지로 강조했다. 이러한 실패에 대한 그의 분석은 인간의 영성과 자유를 부인하며 계급 투쟁과 국가 독재를 주장함으로써 기독교와 충돌하는 무신론에 근거한 비인간적 공산주의 체제에 대한 그의 오랜 비판에서 나온 것이다. 그뿐만 아니라 그는 하나님과 이웃에 대한 섬김이라는 올바른 목적에 부합한다면 자유 경제와 이윤을 위한 노동과 경제적 자유도 큰 가치가 있음을 인정한다. 그리고 만약 이런 것들이 궁극적으로 다른 이들, 특히 가난한 이들에 대한 사랑과 정의에 대한 헌신에 기초하지 않는다면, 부적합하며 심지어 위험한 가치가 되고 만다고 주장한다.

이 회칙은 탁월하고 공정하며 도발적인 문헌이다. 그러나 만약 소비사회에서 살고 있는 우리가 이 문헌이 공산주의의 몰락 직후 자본주의를 인간의 본성과 운명에 대한 경제적 표현으로 제시하고 있다고 생각한다면 그 메시지를 놓치고 말 것이다. "반대로 서구의 국가들은 이러한 몰락을 자신들의 경제 체제의 일방적 승리로 이해함으로써 그 체제 안에서 반드시 고쳐야 할 문제점을 고치지 못하게 될 위험이 있다."

그리고 신앙, 경제, 문화 속에서 인격 형식이 훼손된 것이야말로 '반드시 고쳐야 할 문제점' 중 하나다.

이번 판에서 몇몇 통계 자료와 문화에 대한 인용을 시대에 맞게 수정했고 해설이 달린 도서 목록을 첨부했다. 1장에서는 "소비사회의 삶 읽기"라는 제목하에 문화 비판에 대한 새로운 접근 방식을 제시했다. 1장의 각 절은 8장 "그리스도의 삶 읽기"와 얼마간 대응을 이룬다.

이전판의 1장에 해당했던 "기독교적 마르크스주의의 구조"에 담긴 내용은 이 책의 다른 부분으로 옮겼다. 많은 사람들이 그렇게 바꾸면 훨씬 더 읽기 쉬운 책이 될 것이라고 제안했기 때문이다. 이 장은 지나치게 이론적이어서 더 이상 읽기를 포기하는 독자들도 있었다. 또한 마르크스의 이론을 논하고 그가 제시한 개념을 사용하기 때문에 이 책의 목적에도 공감하지 못하겠다고 말하는 이들도 있었다. 이렇게 바꿈으로써, 덜 추상적인 책 읽기가 가능해지기를 바란다. 그리고 우리의 사회, 정치, 경제에 대한 구체적인 비판에 더 많은 이들이 공감하게 되기를 바란다.

또한 3장과 '상품 형식'에 대한 우리의 인격적 대응과 저항을 논하는 11장을 약간 늘였다. 여기에 추가된 자료와 의견들은 더 개략적인 형태로 캐나다 예수회의 정기 간행물인 「컴퍼스」(*Compass*)와 영국의 영성 잡지인 「더 웨이」(*The Way*), 「커먼윌」(*Commonweal*)에 게재된 바 있으며, 유럽과 오스트레일리아에서 행한 여러 차례의 강연을 통해서도 소개되었다.

마지막으로, 나는 의료 윤리뿐만 아니라 컴퓨터에 관해서도 너그럽게 도움과 가르침을 준 크레이튼 대학교의 보건 정책과 윤리 연구소(Center for Health Policy and Ethics)의 직원들에게 감사를 표하고 싶다. 오비스 북스(Orbis Books)의 편집장 로버트 엘즈버그(Robert Ellesberg)는 이 책을 쓰도록 나를 격려해 주었을 뿐만 아니라 그 자신의 연구를 통해서도 나에게 큰 도움을 주었다. 그리고 개정판을 위해 헌사를 고쳐 쓴다면 이렇게 쓰고 싶다. "이 책이 말하고 싶어 하는 모든 것을 너무나도 충실히 실천하고 있는 가족, 패트릭 머레이와 제인 슐러 그리고 그들의 두 아들에게."

25주년 기념판 서문(2006년) • 혼란과 신뢰

교황 요한 바오로 2세의 재임 기간은 대략 이 작은 책의 수명과 일치하고, 그의 사상 역시 이 책의 주제와 비슷하다. 1978년부터 2005년까지 요한 바오로 2세는 기독교의 신앙과 실천을 통합하는 비전을 제시했다. 이 비전은 가톨릭교회의 자유주의 진영과 보수주의 진영 양쪽에서 억압되거나 무시되는 경우가 많았다. 고삐 풀린 소비주의에 대한 그의 비판은 재임 말기 세계 평화의 날(World Day of Peace)에 발표한 성명서에서 가장 분명하게 제시되었다고 할 수 있다.

우리 시대의 역사는 인간성의 진리를 잊어버릴 때 어떠한 위험이 초래되는지를 비극적으로 보여 준다. 우리는 마르크스주의, 나치즘, 파시즘과 같은 이데올로기와 인종주의, 국가주의, 인종적 배타주의와 같은 신화가 어떤 결과를 낳았는지 직접 눈으로 보고 있다. 하지만 개인적이며 이기적인 만족을 삶의 궁극적 목적으로 삼는 물질주의적 소비주의의 영향도 비록 언제나 분명하지는 않지만 그에 못지않게 파괴적이다. 이와 같은 소비주의의 관점에 따르면, 다른 이들에게 미치는 부정적 영향이란 별로 중요한 문제가 아니다. 그러나 우리는 인간의 존엄성에 대한 모욕은 그 원인이 무엇이든, 그것이 실제로 어떤 형태를 띠든, 어디에서 일어나든 결코 묵인해서는 안 된다.

이것은 그가 20세기의 마지막 해에 한 말이다. 새로운 세기가 밝아 올 무렵 토머스 프리드먼(Thomas Friedman)이 쓴 베스트셀러 『렉서스와 올리브 나무』(*The Lexus and the Olive Tree*, 21세기북스)에는 "세계는 열 살"이라는 제목의 서문이 실려 있다. 광고를 위해 그런 제목을 붙였겠지만 딱 맞는 말이다. 공산주의 제국의 붕괴 이후 너무나도 많은 일이 일어났다. 하지만 사람은 너무나도 잘 잊는 존재다. 생각해 보라. 2002년에 UPI(United Press International)에서는, 다이애나 왕세자비의 죽음이 영국 역사에서 가장 중요한 사건이라는 영국의 여론조사 결과를 보도했다. 종교개혁과 두 차례의 세계대전, 대영 제국의 분열, 심지어 비틀즈보다 더 중요하다는 것이다. 우리의 기억력은 이토록 보잘것없다.

프리드먼의 말은 1990년의 사건들, 이 책의 2판을 쓰고 있던 바로 그해의 사건들을 암시했다. 나는 2판 서문에서 새로운 아프리카와 새로운 러시아에 대한 희망을 말했고, 인류가 요한 바오로 2세의 도덕적 비전에 주의를 기울이지 않은 채 전쟁과 자본주의의 팽창이라는 새로운 시대로 나아가고 있다는 우려를 이야기했다. 안타깝게도 아프리카는 여전히 혼란스럽고, 러시아는 해체되었으며, 우리는 새로운 '악의 제국'과 전쟁을 벌이고 있고, 자본주의는 중국까지 정복해 버렸다. 10년 동안 세계의 모습이 이렇게 극적으로 바뀔 수 있다면, 지난 25년을 돌아보는 일은 사실상 전혀 다른 세계를 바라보는 것과 마찬가지다.

한 나라의 식민지화

25년 전, 시청자 참여 형식으로 프로그램을 진행하는 CNN, EWTN, C-SPAN 같은 방송 채널이 등장했다. 그전까지만 해도 우리는 신문과 교회를 통해 뉴스와 영적인 가르침을 얻었고, 대부분의 사람들은 종교와 정치에 관한 정보를 찾기 위해 컴퓨터가 아니라 도서관으로 갔다. 인터넷 서점 아마존이 생긴 지는 불과 10년밖에 되지 않았다. (처음에 이 회사의 광고가 얼마나 이상하게 들렸는지 기억하는가?) 1996년 당시 구글은 '프로젝트'일 뿐이었고, 1998년에는 직원 세 명에 불과한 보잘것없는 회사였다. 그러나 이제는 한 달에 25억 건의 검색을 수행하는 거대 기업이 되었다. '블로그하기'(blogging)라는 말이 1999년에 처음 사용된 후 2006년에 이르러 2천3백만 명이라는 엄청난 수의 사람들이 블로그를 하고 있다. 이 모든 것은 기업 제도와 자본주의가 이룬 위대한 업적이다. 뿐만 아니라 통신의 힘은 소련의 몰락을 가져온 주요한 요인이기도 했다. 중국 공산주의자들은 이 사실을 깨닫고 가능한 한 빠른 속도로 통신을 차단했다. 아프리카의 운명을 바꾸고 있는 것도 결국은 종교나 정치가 아니라 대중매체다.

폭발적으로 성장한 대중매체는 지난 25년간 가장 강력한 힘이었다. 세계적인 종일 뉴스 채널들은 사건을 놀라울 정도로 즉각적으로 보도한다. 오클라호마시티 폭탄 테러와 티모시 맥베이의 재판, 와코에서 일어난 다윗파(Branch Davidians)의 비극적 사건, 로드니 킹 구타 사건 이후 로스앤젤레스에서 일어난 폭동, 챌린저 호와 컬럼비아 호 참사, 컬럼바인 고등학교 총기 난사 사건, 천안문 사태, 베를린 장벽의 붕괴를 거의 모든 사람들이 눈으로 볼 수 있도록 보도했다.

우리는 보스니아와 르완다에서 일어난 범죄에 대해 알게 되었고, 첫 번째 걸프전에서 사용된 '정밀유도폭탄'에 관해 전문가가 되었으며, 두 번째 걸프전에서는 '종군기자의 상황'을 수시로 보고받았다. 우리가 레이건과 폴란드인 교황의 카리스마와 클린턴 부부의 소동을 볼 수 있게 되고, 애니타 힐과 클래런스 토머스 논쟁(1991년 대법관 후보 토머스로부터 성폭력을 당했다고 폭로한 당시 오클라호마 대학교 법대 교수 힐의 증언으로 촉발된 논쟁-역주)에서 교수 사회와 사법부가 수치를 당하는 모습을 볼 수 있게 됨으로써 정치는 훨씬 개인적인 것이 되었다.

우리는 교황의 장례를 치르며 애도했고 새로운 교황이 선출된 것을 기뻐했다. 콜카타에서 일하던 거룩한 한 여인의 죽음은, '영국 역사상 가장 중요한 사건'이었던 다이애나비의 장례식에 가려졌다. 2000년 미국 대선 당시 불완전하게 '구멍 뚫린 투표용지'로 인해 기계 판독 오류가 생기는 것을 경험했고, 누가 대통령이 될지 마음 졸이며 36일을 더 기다리기도 했다. 우리는 윌리엄 케네디 스미스와 O. J. 심슨 재판을 통해 법정 전문가가 되기도 했다.

2001년 9월 11일 자신의 목숨을 파리 목숨처럼 내던진 두 명의 테러리스트들이 미국의 부와 군사력을 상징하는 두 건물을 공격했을 때 미국인들은 지울 수 없는 상처를 입었다. 이것은 누구도 미국을 공격할 수 없다는 환상에 가한 결정적 공격이었다. 한편으로 우리는 자연의 힘 앞에 인간이 얼마나 무기력한가에 대해서도 다시 한 번 절감했다. 인도양의 쓰나미로 수십만 명이 목숨을 잃었다. 파키스탄에서는 지진으로 수백만 명이 집을 잃었다. 미국의 한 대도시는 우리 눈앞에서 사라져 버릴 뻔했다.

1980년이나 1990년에서 온 시간 여행자는 텔레비전의 내용을 보고 경악할 것이다. 비아그라로 네 시간이나 발기가 지속될 수도 있음을 경고하는 광고를 어디에서나 볼 수 있다. 대통령과 록 스타, 운동선수의 성생활을 거르지 않고 내보낸다. '리얼리티 쇼'(매체의 역사상 가장 부적합한 명칭이 붙여진 장르)는 결혼을 앞둔 신부로부터 기업인에 이르기까지 모든 사람들의 자기중심주의를 치켜세운다. 그리고 손쉬운 섹스와 제약 없는 폭력을 날것 그대로 보여 주는 프로그램은 케이블 텔레비전으로부터 시작되어 여전히 욕설이 허용되지 않는 주요 공중파 채널에까지 번져 갔다. 역설적인 사실은 〈섹스 앤 더 시티〉(Sex and the City), 〈소프라노스〉(The Sopranos), 〈24〉, 〈닙 턱〉(Nip and Tuck)처럼 가장 많은 찬사를 받으며 가장 자주 언급되는 프로그램들은 미국 문화에 대한 통렬한 비판을 담고 있다는 점이다.

경악할 만한 일들이 도처에 널려 있다. 돈과 명예와 미디어는 2005년 6월 13일 월요일 오후 4시에 똘똘 뭉쳐 하나가 되었다. 모든 주요 공중파 채널과 모든 케이블 뉴스 채널에서는 마이클 잭슨의 아동 성추행 사건의 판결을 기다렸다. 법정 주변에서는 팝 황제의 팬들이 몰려들었다. 타임스퀘어의 군중들은 그 자리에 멈춰 섰다. 판결은 '무죄'였다.

일주일 전 대니얼 헤닝어(Daniel Henninger)는 「월스트리트 저널」에서 이렇게 말했다. "그 사건에는 우리가 알고 싶어 하는 것보다 훨씬 많은 의미가 담겨 있다.…우리는 괴상한 문화 속에 살고 있다. 이 문화는 개인의 행동과 정체성, 모든 규범에 있어 혼란에 빠진 문화다."

어쩌면 그는 이렇게 덧붙였을지도 모른다. "우리는 모두 자신이 '무죄'라고 주장한다."

죄책을 느끼는 것, 죄를 인정하고 회개하는 것은 미국적인 것과는 너무나 거리가 멀다. 죄를 부인하는 것이 모든 양심과 문화 속에서 자주 나타나는 인간의 문제이기는 하지만, 우리는 그것을 하나의 과학으로 만들어 버린 듯하다.

우리는 어려서부터 부인하는 법을 배운다. 이제 막 걷기 시작한 아이조차도 친구나 못된 쌍둥이의 실수를 탓한다. 지난 몇십 년 동안 겪어 본 바로는 네 살 정도 된 아이들조차도 자기 옆에 있는 사람을 비난한다. "이게 다 너 때문이야." 자신의 죄인 됨을 받아들이고 인정하는 법을 우리는 결코 배우지 못했다. 어쩌면 이것은 우리 미국인들에게 가장 필요한 태도일지도 모른다.

죄책의 부인과 방어는 개인들만 사용하는 기술이 아니다. 자신의 결백을 주장하며 적을 악마로 취급하는 국가나 계급, 젠더, 종교 역시 이런 전략을 구사한다. 당신이 이란에 살거나 사촌이 알 카에다(al-Qaeda)에 있다고 상상해 보라. 당신은 누구의 죄를 진지하게 숙고해야 할까? 누가 '악한 사람들'일까? 그리고 시선을 미국으로 옮겨 오직 미국에서만 볼 수 있고 세계 다른 곳에서는 볼 수 없는 죄에 대해 생각해 보라. 이번엔 누가 우리의 '악한 사람들'일까? 이런 질문을 한다고 해서 도덕적 '등가성'을 주장하는 것은 아니다. 그저 죄를 부인하는 태도를 어디에서든 발견할 수 있고 그런 태도로 인해 우리가 너무나도 많은 것을 잃어버리고 말았다는 사실을 지적하는 것이다.

우리는 죄를 인정하기보다는 할 수 있는 최대한의 표현으로 그것이 '실수였음'을 인정한다. 혹은 더 완곡하게 '실수가 벌어졌다'고 말한다. 우리는 수동태로 말하는 것을 좋아한다. "내가 그 근처에 있는 동안 뭔가 나쁜 일이 벌어졌다." 그리고 그것을 인정하는 것조차 이를 뽑는 것처럼 힘들다. 우리는 기분이 상한 사람에게 "그런 기분이 들었다니 유감이네"라고 말한다. 프레드 반즈(Fred Barnes)는 어느 금요일엔가 '언제나 공정하고 균형 잡힌 뉴스'를 슬로건으로 내거는 〈폭스 뉴스〉(Fox News)에서 "대통령은 결코 실수하지 않는다"라고 말했다. 이것은 반즈가 "덤빌 테면 덤벼"라고 말한 것 외에는 어떤 것에 대해서도 유감을 표하지 않으려는 대통령의 태도를 지지하면서 했던 말이다. 도덕적 책임으로부터 도피하는 태도는 우리의 인격으로부터 도피하는 것이나 다름없다.

그러나 우리의 인간 됨에 충실하려면 책임감을 가지고 잘못을 인정해야만 한다. 그것이 회개와 회복으로 나아가는 유일한 길이다. 익명의 알코올 중독자 모임(Alcoholics Anonymous)의 현명한 충고처럼, 우리의 삶을 거짓 없이 철저히 드러낼 때 비로소 술에 취하지 않는 삶을 살 수 있다.

1. **지구에 대한 청지기로서의 삶과 인간의 연대.** 우리의 소비 행태를 바꾸지 않는 한 지속 가능한 지구란 불가능하다. 만약 우리처럼 소비하려는(미국인은 세계 인구의 5퍼센트를 차지하는 반면 자원의 20퍼센트를 소비한다) 욕망을 중국에서만 실현한다고 해도 자연 자원이 하나도 남아나지 않을 것이다. 덩샤오핑(Deng Xiaoping)은 놀라울 정도로 예언자적이었다. "부유해지는 것은 명예로운 일이다." 명예롭게도 부유한 우리는 전쟁할 때처럼 환경 보전을 위해서도 인간의 창의력과 관대함을 발휘해야 한다. 그뿐만 아니라 점점 심각해지는 후진국의 기아 문제를 해결하기 위해서라도 우리는 칼을 쳐서 보습을 만들어야 한다.

2. **전쟁과 미국의 도덕적 예외주의.** 이 나라는 금방이라도 군사

작전을 실행할 준비가 된 나라다. 정당한 전쟁 이론을 왜곡하려 하거나 그것이 시대에 뒤떨어진 것이므로 폐기해야 한다고 주장하는 이들이 있는데, 그들의 말을 듣고 정당한 전쟁의 한계를 넘어서게 된다면 우리는 전 지구적 폭력이라는 끔찍한 대가를 치르게 될 것이다. 우리가 비난하는 테러리스트들이 정말로 추악한 까닭은 그들이 목적을 달성하기 위해 이성과 한계, 분별을 송두리째 내던지는 사람들이기 때문이다. 우리 쪽에서 선제공격, 심지어 핵을 사용한 공격과 고문의 정당성을 이야기하고 테러 공격을 멈추기 위해서는 '무엇이든 하겠다'고 말하는 순간, 테러리즘 그 자체가 우리의 양심을 유혹해 올 것이다.

3. 9·11의 **교훈**. 복수는 끔찍한 상처를 결코 치유할 수 없음에도 기어이 복수를 주장하고, 잃어버린 자유를 운운하며 우파와 좌파 양 진영에서 분별없이 음모 이론을 제기하는 와중에, 정작 우리는 뉴욕 쌍둥이 빌딩의 파괴가 우리에게 던지는 가장 어려운 물음에는 답하기를 거부한다. 우리와 이슬람의 관계는 어디로 나아가야 할까? 100명의 이슬람교인 중 단 한 사람만 급진적인 과격파라고 쳐도 5백만 명의 이슬람 과격파가 존재한다는 뜻이다. 그들을 쳐서 알라가 아닌 미국의 미래 비전에 복종시킬 수 있다고 생각하는 것은 착각일 뿐이다. 이라크에 대한 두 번째 침공을 주도해 온 것처럼 보이는 '새로운 미국의 세기'(The New American Century) 주창자들은 대화 가능성에 대해 비웃겠지만, 공정한 대화―그 대부분은 이슬람 내에서 이루어져야 한다―만이 평화로 나아가는 유일한 길이다. 미국이 계속해서 이슬람 국가들과 사람들을 압박해서 그들을 더욱더 분노하게 만든다면, 결코 평화를 이룰 수 없을 것이다. 그리고 21세기는 전쟁의 세기가 될 것이다.

4. **돈과 탐욕.** 탐욕이 미국에서 가장 심각한 문제라는 사실을 믿지 않는다는 것은 현실을 제대로 파악하지 못하고 있다는 증거다. 도로시 세이어즈(Dorothy Sayers)의 말처럼, 탐심은 여전히 우리를 죽음에 이르게 하는 죄다. 최상위의 부유층과 그들을 옹호하는 이들은 탐욕을 죄의 목록에서 제거하는 데 성공했고, 심지어 탐욕에 문제 제기를 하는 것은 시기하는 마음 때문이라고 생각한다. 탐욕은 늘 그러했듯 미국의 국가 경제를 위협하고 중산층과 하위 중산층을 바닥으로 추락시켰다. 너무나도 많은 이들이 직장에서 해고를 당하거나 서비스직으로 밀려났다. 이 나라에서 가장 부유한 이들을 위해 혈세를 낭비하게 되었고 우리의 자녀들에게 천문학적인 빚을 떠넘겼다. 4천억 달러의 비용이 소요되는 전쟁에 가난한 이들과 중산층이 동원되고 있다. 앞으로 어떤 정치 지도자가 미국인들에게 관대함을 촉구할 수 있을지 궁금할 따름이다.

5. **주변인들의 생명.** 지금 대학에서는 고액 연봉을 주고 동물의 권리에 관한 전문가를 영입하는 반면, 권리를 지닌 인간이라는 특권 계급에서 배제되는 사람의 수는 점점 늘어 가고 있다. 착상 전 유전자 진단을 통해 원치 않는 불완전한 배아를 제거할 수 있게 되었다. 게다가 배아를 그저 파괴하기보다는 배아 안에 있는 좋은 세포를 적출해 내는 법도 알아냈다. 배아가 운 좋게 태아가 될 수 있다고 해도 이들은 법적으로 절대적인 보호를 받지 못한다. 4-6개월 사이의 태아를 낙태하지 말고 세포와 기관을 적출하도록 허용해야 한다는 소름 끼치는 주장이 제기되더라도 놀라지 말라. 어떤 윤리학자들은 신생아가 십 대보다는 태아에 훨씬 더 가깝다는 사실을 알고 영아 살해가 바람직하다고 주장하고 나섰다. 마찬가지로 생명의 마지막에 다다른

주변인들, 즉 무방비 상태에 있으며 의존적이고 심지어 그 누구도 원하지 않는 이들에 관해서도 극도로 공리주의적인 계산법을 적용하여 그들을 돌보기보다는 이 무거운 짐을 내려놓게 하는 것이 더 낫다고 주장하고 있다. 그들 역시 적출하는 것이 그들을 가장 잘 이용해 먹는 길일까? 이윤을 극대화하고 선택을 찬양하는 나라에서 그렇게 하는 것이 바람직하지 않겠는가? 똑같은 질문을 교회에도 던져 볼 수 있다.

교회의 치리

국가를 개혁하기 위해 기독교 공동체가 해야 할 일은 바로 교회를 개혁하는 것이다. 우리가 순결을 지키는 데 실패했다는 점에 비추어 볼 때 이것은 피할 수 없는 진리다.

사제에 의한 성추행 추문은 희생자나 가해자, 모든 신자들에게 너무나 큰 고통을 안겨 주지만, 악을 드러내고 지적하는 것은 정의의 문제일 뿐만 아니라 은총의 기회이기도 하다. 이것은 모두 선을 위한 일이다. 그러나 계속해서 반론을 제기하는 이들이 있다. 추문에 어떻게 대응하는가를 통해 그 공동체의 이데올로기를 시험해 볼 수 있다. 최근 몇 년간 이 문제에 관한 중요한 두 가지 목소리가 가톨릭 우파(조지 위글)와 좌파(게리 윌스)로부터 나왔다는 사실은 자못 흥미롭다. 물론 누구나 예상할 수 있듯이 그들의 입장은 서로 달랐다. 우리가 더 보수적이라면 모든 문제가 해결될 것이라고 생각하는 위글(George Weigel)은 성직주의, 권위주의, 사실 은폐는 이 위기와 거의 관계가 없다고 믿는다. 우리가 더 자유주의적이라면 모든 문제가 해결될 것이라고 생각하는 윌스(Garry Wills)는, 모든 문제의 원인은 가장 명백하게 위반된 두 가지 원리 즉 독신 제도와 정절의 규칙 자체라고 생각한다. 분명한 사실은, 서약과 인격에 대한 끔찍한 위반이 존재했고, 이에 대한 정당화와 이를 가능하게 하는 구조, 이를 은폐하려는 시도가 있어 왔다는 것이다.

앞으로 수십 년까지는 아니더라도 몇 년 동안 가톨릭교회는 성직자 성추행 추문으로 인해 피해를 볼 것이다. 명백한 것은 교회의 가르침과 증언의 영향력이 약화된 것에 비하면 재정적 손실은 그리 중요하지 않다는 점이다. 주교나 사제가 실제로 죄책과 슬픔, 회개를 인정하는 경우는 드물었다. 전통적으로 평신도의 성적인 죄에 대해 도덕적으로 가장 심각한 심판을 내려왔던 교회 안에서 이는 대단히 실망스러운 일이다. 종교적인 죄(sin)뿐만 아니라 사법적인 범죄(crime)를 범한 사제가 교회를 방문해 정직하게 자신의 죄와 시험에 관해, 속임수의 유혹에 관해, 치유하는 은총의 가능성에 관해 이야기한 적이 있었는가? 사법적인 판결에 대해 두려워하지 않고 자신이 저지른 끔찍한 죄를 고백하는 주교가 있었는가? 이 부정직한 게임에서 우리 모두는 패자다. 승자는 변호사들과 법정뿐이다. 비밀리에 문제가 해결되지 않을 때 사람들은 법정에서 불항쟁 답변(법정에서 피고가 유죄를 인정하지는 않지만 법정 싸움을 포기하겠다고 선언하는 것-역주)을 제출하거나 무죄를 주장한다. 우리는 섬기는 사람들과 그들이 보내 준 신뢰에 입힌 상처는 결코 생각하지 않는다.

교회의 치리에는 구원의 은총이 있다. 성적인 문제와 관련해서 복음에 근본적으로 충실하지 못했음을 정직하게 인정하면, 용서하고 치유하고 평화를 이루고 가난한 이들을 돌보라는 그리스도의 부르심을 무시했다는 사실도 인정하게 된다. 마음과 정신을 유혹하는 것은 쾌락만이 아니다. 권력과 재산 역시 우리를 유혹한다.

교구를 폐쇄할 때, 출석 교인수가 줄어들 때, 젊은이들이 더 이상 사제의 삶, 수사와 수녀의 삶, 섬김의 사역을 살려고 하지 않을 때, 우리는 그들에게 그저 자본주의적이며 비인간화되고 비기독교적인 세계의 단순 변형에 불과한 삶의 방식을 제시하고 있는 것은 아닌지 자문해 보아야 한다. 문제의 핵심은 우리가 온전한 기독교의 메시지를 이해하지 못하고, 참으로 길이요 진리요 생명이신 그리스도를 온전히 따르지 못한다는 것이다. 예수 그리스도를 믿는다고 말할지는 몰라도 우리의 행동은 그렇지 않다.

요한 바오로 2세의 유산은 그래서 매우 중요하다. 그는 '매체를 탁월하게 다루기' 때문이 아니라, 자신이 설교하는 바를 온전히 믿고 자신이 믿는 바를 실천했기 때문에 젊은이와 나이 많은 사람들을 이끌 수 있었다. 그것은 통합적 신앙이었다. 그에게 제자도는 성과 재산과 권력의 문제에서 그리스도를 따르는 삶을 뜻했다. 그러므로 그는 성적 착취에 반대했고 그런 삶을 살았다. 그리고 인간의 몸에 관한 견고한 입장을 제시했고 배우자에 대한 사랑을 치밀하게 논증했다. 그는 인간 생명의 존엄성, 특히 태어날 생명과 죽음에 직면한 가장 약한 사람들의 생명의 존엄성에 관해 끊임없이 이야기했다.

성과 낙태, 안락사에 관한 그의 견해는 잘 알려져 있다. 그러나 그의 영향력은 불행히도 거기에서 멈췄다. 많은 이들이 성이 삶에서 가장 중요하다는 그릇된 생각에 빠져 다음 두 가지 중 하나를 택하고 말았다. 1) 성에 관해 그가 했던 말을 혐오하면서 그가 했던 모든 말을 다 거부했다. 2) 성에 관한 그의 긍정적이고 성스러운 견해에는 열광하면서도 다른 주제에 관해 그가 했던 말은 진지하게 받아들이지 않았다. "전쟁에 관해 가장 잘 아는 사람은 정치인들이다.""돈에 관해 가장 잘 아는 사람은 자본가들이다.""나의 침대와 내 몸에 관해 가장 잘 아는 사람은 나다." 요한 바오로 2세의 이 같은 메시지는 복음과 마찬가지로 그것을 따른다고 말하는 그리스도인들에 의해 심각하게 훼손되고 말았다.

1991년 2판이 출간되었을 때, 요한 바오로 2세는 백 년 전 레오 13세가 쓴 사회 회칙 『새로운 사태』를 기념하기 위해 『백 주년』을 발표했다. 요한 바오로 2세는 공산권의 '현실 사회주의'의 몰락을 기뻐하고, 공동의 선과 다른 이들을 돕는 데 사용되는 한 자유 시장과 사유 재산의 가치를 인정할 수 있다고 말하면서 제1세계 자본주의 국가들을 향해 경고했다. "역으로 서구의 국가들은 동구권의 몰락을 자신들의 경제 체제의 일방적 승리로 이해하고, 그로 인해 체제 안에서 반드시 고쳐야 할 문제점을 고치지 못하게 될 위험이 있다. 그러는 동안 제3세계 국가들은 저개발로 인한 고통을 그 어느 때보다도 더 크게 느끼고 있으며, 그 고통은 날마다 더 심각해지고 있다." 그는 국제적 협력이 이루어지지 않는다면 앞으로 '비극적 위기'가 시작될 것이라고 말했다. 뿐만 아니라 그는 가난한 이들이 처한 곤경이 제3세계에 국한되지 않는다는 점을 잘 알고 있었다. "서구 국가에서도 사회의 주변에서 살아가는 사람들, 나이 많고 병든 이들, 소비주의의 희생자들, 더 직접적으로는 수많은 난민과 이민자들이 여러 가지 형태의 빈곤으로 고통을 당하고 있다."

이 회칙의 두 번째 중대한 경고는 전쟁에 관한 것이었다. 사람들의 예상과 달리, 소련은 전쟁이 아니라 '언제나 권력의 힘에 굴복하기를 거부하면서 계속해서 진리를 효과적으로 증언한 사람들의 비폭력적 헌신'에 의해 몰락했음을 지적한다. 그리고 비폭력의 진리를 '언제나 거짓을 통해 스스로를 정당화하는' 폭력의 방식과 대비시킨다. 특히 그는 '권리를 방어하거나 다른 이들에 의한 위협에 대응하기'(23) 위해 예방 전쟁을 정당화하는 잘못된 논리에 관해 이야기했다.

'위협에 대응한다'는 거짓 주장에 대해 경고하면서 그는 마치 두 번째 걸프전을 개시하는 데 사용된 논리를 예상하기라도 했던 것 같다. 일부 미국의 가톨릭교인들은 그의 지지를 얻기 위해 노력했지만(그리고 나중에 정부 지도자들을 지지하며 교회의 도덕적 입장을 거부하기는 했다) 교황은 이 전쟁을 강력히 반대했다. 그가 이 전쟁을 거부했다는 사실은 전혀 놀랍지 않다. 15년 전에 쓴 『백 주년』에서 그는 **첫 번째** 걸프전을 거부한다는 점을 분명히 밝혔다.

> 페르시아 만에서 일어나고 있는 최근의 비극적 전쟁을 바라보며 나는 거듭 이렇게 외친다. "전쟁은 이제 그만!" 무고한 사람들의 생명을 파괴하고, 죽이는 법을 가르치고, 죽이는 사람들의 삶까지도 혼란에 빠뜨리고, 그들을 분노와 증오 속에서 살아가게 하고, 결국에는 전쟁을 촉발한 문제에 대한 공평한 해결책을 찾는 일을 더욱더 어렵게 만드는 전쟁. 이 같은 전쟁은 이제 없어야 한다. 각 나라에서 사적 보복 제도가 마침내 종식된 것처럼, 이제 국제 사회에서도 동일한 조치가 절실하다. 더 나아가서, 전쟁의 근원에는 대개 실제적이고 심각한 불만이 자리 잡고 있다는 걸 기억해야 한다. 즉 불의, 정당한 소망의 좌절, 빈곤, 평화적 수단에 의해서는 자신의 운명이 나아질 가능성이 전혀 없다고 생각하는 수많은 사람들을 착취하고 동원하는 구조가 전쟁의 근원이 되는 것이다. (52)

예방 전쟁은 최우선 과제로 삼으면서도 가난한 이들을 돕는 일은 별로 중요하게 여기지 않는 기독교 국가에 맞서 그리스도인으로서 사랑의 저항을 실천하기 위해서는 관대함과 인내, 희생이 필요하다. 이 저항은 성적인 관계나 가정생활에 있어 충실한 삶을 살고자 할 때 우리에게 요구되는 복음적이고 대항문화적인 가치들과 동일하다.

이 모든 것이 요한 바오로 2세가 우리에게 남긴 그리스도에 대한 통합적 신앙의 유산이다. 고무적인 것은 이 비전을 공유하는 신자들이 복음주의 전통에서 점점 더 늘고 있다는 것이다. 2005년에 「북앤컬쳐」(Books and Culture)에 게재된 로날드 사이더(Ronald Sider)의 글 "복음주의적 양심의 스캔들"에서는 이렇게 말한다. "왜 그리스도인들은 그들이 선포하는 바를 실천하지 않는가? 이런 수치스러운 행태가 미국의 기독교를 급속히 파괴하고 있다. 일상에서 대부분의 '그리스도인들'은 규칙적으로 반역을 저지르고 있다. 입으로는 예수님이 주라고 주장하지만, 삶으로는 돈과 성, 자기만족에 충성하고 있다." 같은 해, 「하퍼스」(Harper's)에는 빌 매키번(Bill McKibben)의 탁월한 글이 "기독교적 역설: 예수를 오해한 기독교 국가"라는 제목으로 실렸다. 유대-기독교적 가치를 옹호하기 위해 창립된 미국 기독교 연합(Christian Coalition of America)이 '2001년 부시 대통령의 연방 감세안을 영구적으로 입법화하는 일'을 최우선순위로 삼은 것에 대해 안타까워하면서 그는 기독교라는 옷은 입고 있지만 그리스도의 마음은 갖지 못한 사람들의 폭력과 과도한 부, 자기도취를 폭로한다. "다른 쪽 뺨까지 돌려 대라는 명령을 들었음에도 미국은 서구 민주주의 국가 중 유일하게 사형을 실시하는 나라로 남아 있으며, 대개는 기독교 성향이 강한 주에서 사형을 실시하고 있다."

한 사람의 위로

이 책의 첫 개정판을 내는 동안 웬델 베리(Wendell Berry)는 "적을 향한 온화함"(Peaceableness Toward Enemies)이라는 글에서, 평화롭게 살고자 한다면 덜 버리고 덜 쓰고 덜 사용하고 덜 원하고 덜 필요로 해야 한다고 충고했다. 지금 우리 사회의 상태를 보여 주는 가장 놀라운 징후는, 우리의 지도자들이 전쟁에서 젊은이들의 목숨을 희생할 용기는 있으면서 '덜 탐욕스럽고 덜 낭비해야' 한다고 말할 용기는 없다는 사실이다. 15년 동안 나는 성령이 많은 평신도들과 내가 가르치는 대학 학생들의 삶에 감동을 주는 것을 보아 왔다. 공개적으로 신앙을 고백하는 이들과 가난한 이들을 돕고 섬기는 데에 헌신하는 이들이 있다. 세계를 이끄는 미국의 지도력에 큰 불만을 갖고 부의 극심한 불균형에 대해 우려하는 이들과 초월을 갈망하는 이들이 있다. 그들은 소비사회 속에 살고 있지만 그리스도를 따르기 원한다.

  세상이 변한 것처럼 나도 변했다. 나는 이 서문에서 절박한 어조를 많이 사용했지만, 세상에 대해 더 많이 참고 우리 문화에 대해 더 많이 용서하게 되었다. 여러 가지 방식으로 자본주의가 내 삶을 지배하고 있다는 걸 인정하며 나는 주님을 따르는 삶 속에서 어떤 타협을 했는지 이해하게 되었다. 아마도 그분의 제자들조차도 이런 타협에 직면했을 것이다. 그 타협이 대부분의 사람들이 누리지 못하는 안락함을 누리고 있음을 인정하는 것이든, 50년 동안 담배를 잘 끊지 못했던 의지의 나약함을 인정하는 것이든, 나는 내 삶 속에서 은총이 여전히 자라고 있으며 온전한 구속을 기다리고 있음을 깨달았다. 자신에 대한 반성이든, 사랑하는 이들에 대한 생각이나 염려든, 교회의 위기나 세상의 상처에 대한 걱정이든, 우리는 궁극적으로 이 모든 것을 예수님 안에 계시된 성부께 의탁할 수밖에 없다.

2판처럼 이번에도 몇 가지 사소한 변화와 중요한 변화가 있었다. 전반부의 여러 장에서 나는 지난 15년간의 변화를 반영해 통계 자료와 문화에 대한 인용을 수정했다. 이 때문에 1장은 상당 부분을 다시 썼다. 설명을 첨부한 도서 목록은 형식과 내용이 모두 바뀌었다. 절반 이상의 참고 자료를 새롭게 추가했으며 몇 가지 인터넷 자료도 언급했다. 예전의 추천 도서 중 절판이거나 더 이상 시의적절하지 않은 책은 제외시켰다. 가톨릭 전통에 속하지 않은 급진적 복음주의 작가들을 더 많이 접하게 됨에 따라 다른 부분과 마찬가지로 도서 목록도 더 풍성해졌다. (신앙의 여정에서 많은 새로운 친구들을 만나게 해 준 「북앤컬처」구독권을 선물해 준 엘리노어 스텀프 교수에게 감사드린다.) 이전판 11장의 마지막 여섯 쪽을 별개의 장으로 확장했다. 복음의 관점에서 인격적인 삶의 '훈련'을 어떻게 할 것인가에 관해 더 자세히 설명해 달라는 많은 사람들의 요청이 있었기 때문이다. 마지막으로 이 책의 몇몇 부분은 미국 예수회의 간행물인 「아메리카」지에 게재되기도 했다.

전과 마찬가지로, 오비스 북스의 편집장인 로버트 엘즈버그에게 감사드린다. 또한 편집과 교정 작업을 통해 새로운 개정판이 나올 수 있도록 도와준 예수회의 필립 피셔(Philip Fischer)에게도 감사드린다. 15년 전에 나는 이 책을 딸 사비타까지 다섯 명의 가족이 된 패트릭과 진, 그들의 두 아들에게 바쳤다. 25주년 기념판을 위한 새로운 헌사를 쓸 수 있다면, 나의 조카들과 그들의 자녀들, 특히 (언제나 나에게 믿음의 증인이 되어 준) 줄리와 그녀의 남편과 세 딸에게 바칠 것이다.

제1부 상품 형식

1 • 소비사회의 삶 읽기

반복해서 묻는다. 당신은 이해하는가? 이해하는가? 어려움에 처했는가? 어려움에 처했다면 도움을 구해 보았는가? 도움을 구했다면, 당신을 도울 사람이 있었는가? 그랬다면, 그의 도움을 받았는가? 어려움에서 벗어났는가? 당신은 어떤 종류의 의식을 가지고 있는가? 당신은 그렇게 의식하며 사는가? 자아를 가지고 있는가? 당신이 누구인지 아는가? 당신이 무엇을 하는지 알고 있는가? 당신은 사랑하는가? 어떻게 사랑하는지 알고 있는가? 사랑받고 있는가? 미워하는가? 내 말을 알아듣는가? 돌아오라. 반복해서 말하겠다. 돌아오라. 돌아오라. 돌아오라.

— 워커 퍼시, 『우주에서 길을 잃다』

작고한 워커 퍼시(Walker Percy)는 "자조에 관한 마지막 책"(The Last Self-Help Book)이라는 부제가 붙은 이 소설에서 미국 문화를 탁월하게 풍자하고 있다. 소설은 이처럼 외계 생명체의 호소로 마무리된다. 이는 다른 행성이나 침팬지와는 소통하려고 끊임없이 노력하면서도 자신의 내적인 삶에 대한 감각은 모조리 잃어버린 현대인들을 향한 호소다. 현대인들은 유흥이나 물질적 대상은 열렬히 추구하지만, 사람에 대해서는 의심이 많고 지극히 냉소적이다. 계속해서 무언가를 만들어 내지만 자기 파멸로 빠져들고 있을 뿐이다.

퍼시는 우리에게 인간성, 관계, 부족함을 인정하는 태도, 사랑과 초월로 '돌아오라'고 말하고 있다. 그러나 이처럼 갱신과 개혁을 촉구하는 말들은, 무언가가 잘못되었음을 시인하고 기꺼이 변화를 수용하겠다는 태도를 요구한다. 하지만 우리는 결단코 그런 태도를 취하고 싶어 하지 않는다. 우리는(미국은) 세상을 비추는 '산 위에 있는 동네'이며 '천 개의 빛나는 등불'이자 세계의 모든 후진국들에게 '등대' 같은 나라다. 새로운 세기에 접어들면서 미국인들은 우리의 적은 우리가 행하는 일 때문이 아니라 우리의 존재와 삶의 방식 때문에 우리를 미워하는 '악한 사람들'이라는 이야기를 들어 왔다. 그런 우리가 과연 우리 자신을 돌아보거나 '돌아오거나' 회개해야 할 필요가 있겠는가?

뿐만 아니라, 우리의 문화적 의식 전반이 자아와 인간성의 '상실'을 조직적으로 심화시킨다. 우리는 어느 쪽을 향해 눈을 돌리든 —우리 자신을 향해서든, 다른 이들을 향해서든, 우리 사회 전체를 향해서든 — 엄청난 물질적 대상이 인격적 실체를 압도하는 곳에서 살고 있다. 물질을 생산하거나 구매하거나 모으거나 물질과 관계된 그 모든 상황 속에서 말이다.

소비사회는 형성(formation) 체계다. 그 사회는 우리와 우리의 행동을 만들어 가기 때문이다. 또한 그것은 정보(information) 체계이기도 하다. 그 사회는 우리의 정체성과 우리가 사는 세상이 어떤지를 알려 준다. 우리는 삶의 모든 측면에서 소비사회의 영향력을 감지할 수 있으며, 각 측면은 다른 측면들을 서로 되울림하기도 하고 반영하기도

한다. 개인의 '잃어버린 자아'는 상호성 및 관계의 해체와 짝을 이룬다. 인격과 관계의 파괴는 사회 전반의 타락을 통해, 특히 소외된 사람이 겪고 있는 고통을 외면하려는 태도를 통해, 인간의 욕망을 소유의 축적과 연결시키는 방식을 통해, 사회와 경제에도 고스란히 그 영향을 미친다.

우리의 문화생활을 이루는 텍스트, 책, 매체, 잡지, 신문, 우리가 영웅으로 떠받드는 이들을 살펴볼 때, 난처한 결론에 이를 수밖에 없다. 바로 '인간의 종언'이다. 포스트모던 사상가들이 떠들썩하게 이야기하는 해체된 인간의 자아란 결국 인격이 사라진 소비주의적 생활 방식을 철학적으로 표현한 말일 뿐이다.

내적 공허함

트럼프를 잘 아는 한 사람은 그 이유를 알고 있다. 이 사람은, 트럼프가 그의 감정이나 정체성을 거의 인식하지 않는 탁월한 협상가라고 말한다. 트럼프는 일종의 블랙홀과 같아서 그 빈 공간은 그가 무슨 일을 하든 결코 채울 수 없다. 트럼프의 동료인 그는 트럼프가 이 블랙홀을 메우려고 점점 더 큰 프로젝트를 벌이겠지만, 결국에는 하워드 휴즈(Howard Hughes)처럼 독방에서 홀로 살아가는 백만장자가 될 것이라고 예상했다.
—「타임」, 1989년 1월 16일자

다시 말해서, 무엇을 먹는가, 무엇을 건설하는가, 무엇을 구입하는가가 우리의 본질이다.
—「타임」 광고, "애드버타이징 에이지", 1985년 7월 22일자

사람들이 자기 주머니를 잔뜩 채우는 '미국의 꿈'을 뒤쫓을수록 그들의 자아와 영혼은 더 공허해질 뿐이다.…우리의 소비문화에서는 자긍심과 사랑받을 자격을 돈으로 구입해서 불안을 이겨 낼 수 있다고 끈질기게 가르친다. 대중매체와 광고, 유명인을 추종하는 문화를 통해 사회 곳곳에 만연해 있는 메시지는, 우리가 자신을 부의 상징으로 포장할수록 더 괜찮은 사람이 될 수 있다는 것이다.
— 리처드 라이언과 팀 캐서, 『물질주의의 값비싼 대가』 서문

더 아름다운 당신을 창조하세요. 복부 성형, 쌍꺼풀 수술, 가슴 확대 성형, 얼굴 주름 제거, 얼굴 박피, 이마 주름 제거, 가슴 성형, 코 성형, 지방 흡입, 레이저 시술, 미세박피술, 보톡스.
— 성형수술 광고, 「텍사스 먼슬리」, 2002년 1월호

도널드 트럼프는 우리가 처한 딜레마를 가장 극명하게 보여 주는 사례라고 할 수 있다. 즉 우리의 정체성의 근거를 외적인 소유나 승리에 둘수록, 우리가 구입한 물건에 우리 이름을 써 붙일수록, 겉모습과 스타일에 집착할수록, 내적 실재는 점점 더 줄어든다. 우리는 「뉴욕 타임스」(New York Times) 경제면 기사에 나온 '성공이 주는 이상한 고통'이라는 현상을 겪고 있다. 우리 시대의 가장 성공하고 가장 큰 업적을 이룬 사람들은 "심리치료사들에게, 자신에 대한 의식을 전부 잃어버렸고, 성공한 자신이 결국은 사기꾼일 뿐이며, 돈이 그들의 가치를 나타내는 주된 상징이 되었다"고 말한다. 트럼프의 경우, 1990년대에는 9억 달러의 빚을 졌지만 21세기가 되면서 다시 10억 달러 이상의 '가치'를 갖게 되었다. 2004년에 그는 대기업 간부를 꿈꾸는 사

람들이 그에게 인정받기 위해 서로 경쟁하는 〈백수 탈출 성공기〉(The Apprentice)라는 리얼리티 쇼를 진행하기도 했다.

소비하는 자아의 가면을 벗기면 끔찍한 부재가 드러난다. 그 존재에는 아무런 실체가 없다. 겉모습, '외면', 광고에 따르면 '모든 것'이 되어 버린 '멋있어 보이는 것' 외에는 아무것도 남지 않는다. 그 아래에는 구멍이 있는데, 더 이상 생산하거나 소비하거나 광고하거나 구매하지 않게 될 때 우리는 고독함 속에서 이 끔찍한 구멍을 발견한다. 자아의 죽음은 스스로 목숨을 끊기 훨씬 전에, '무엇을 먹는가, 무엇을 건설하는가, 무엇을 소비하는가'가 우리의 본질이라는 신화가 우리 마음속에 자리 잡는 바로 그 순간에 일어난다.

인간으로서의 나약함, 무방비 상태, 피조물로서의 실존에 대한 두려움은 소비사회 속에서 여러 가지 방식으로 표현된다. 각기 다른 이 사례들의 이면에는 우리의 참된 자아, 우리의 인간적 한계, 우리의 정신적·신체적 부족함을 거부하려는 모습이 숨어 있다. 이런 모습은 젊은이들, 특히 여성들이 경험하는 우울증과 자기 거부에서 나타난다. 1980년대 말 프린스턴 대학교에서 행한 한 연구 결과에 따르면 십 대 소녀 네 명 중 하나가 '극심한 우울증'에 빠져 있다고 한다. 이상하게도 쇼핑과 머리 가꾸기, 화장하기에 더 많은 시간을 보내는 소녀일수록 더 우울해하는 경향이 있었다.

자기 거부는 우리 삶의 중독 성향에 내재해 있으면서 이를 은밀히 부추긴다. "그는 죽도록 술을 마신다." 혹은 1년에 40만 명을 죽음에 이르게 하는 것으로 추정되는 흡연의 경우, "그녀는 죽도록 담배를 피운다." 텔레비전이 우리의 감정에 약물 치료를 행하고, 우리의 감수성을 무디게 하며, 우리의 내적인 삶을 마비시킨다. 아이들은 고등

학교를 마칠 때까지 평균 1만9천 시간 동안 텔레비전을 보는데, 이는 교실에서 보내는 시간보다 더 긴 시간이다. 우울증이 심할수록 더 오랜 시간 텔레비전을 시청하는 경향이 있다. '레블마더즈'(rebelmothers)의 웹사이트에는 1999년에 심리학자인 앨런 캐너(Allen Kanner)와 팀 캐서(Tim Kasser)가 아이들에게 그 물건을 살 때까지는 자신이 부적절하다고 생각하도록 유도하는 광고의 위험성을 경고하는 내용이 나온다. 이를 통해 광고는 "즉각적 만족과 물질적 부에 집착하는 천박한 '소비사회'를 형성하는 데" 기여한다는 것이다.

고독한 자아로부터의 도피는 일에 대한 강박, 무언가를 생산하려는 조급함으로 나타나기도 한다. 우리는 시간이 모자란다는 역설적 감정을 느끼면서, 현재를 살기를 힘들어한다. 펜실베이니아 주립대학교의 제프 갓베이(Geoff Godbey) 교수는 우리가 시간을 절약하고, 빌려주고, 관리하고, 잃어버리고, 죽이는 놀라운 방법들을 고안해 냈지만, 정작 혼자 지내는 법을 모른다고 말했다. "미국에서는 자신의 활동으로 자신을 규정하려 하지, 자신이 고정된 정체성을 가지고 태어났다고 생각하지 않는다. 그래서 자신의 활동이 자신이 누구인지를 드러내는 광고판이 된다."

내적 감정을 회피하는 다양한 방법들, 우리의 의식을 이미지와 충동과 소음으로 가득 채우는 모습, 열심히 무언가를 생산해야만 한다고 생각하는 태도, 얼마나 돈을 많이 버는가가 우리의 정체성을 규정한다고 진지하게 생각하는 모습, 이 모든 것이 내면세계를 상실하고 잃어버렸음을 보여 주는 증상이다.

깨어진 관계

1980년대에 사람들은 획득하는 것, 즉 부와 권력과 명예를 획득하는 것에 관심을 쏟았다. 나는 대부분의 사람들보다 더 많은 부와 권력과 명예를 획득했다. 하지만 원하는 모든 것을 얻었는데도 여전히 공허함을 느낀다. 가족과 조금 더 시간을 보낼 수 있다면 어떤 권력이라도 못 내놓겠는가! 친구들과 더불어 보내는 저녁 시간을 위해 무슨 대가인들 못 치르겠는가! 나는 치명적 병에 걸리고서야 이러한 진리를 직시할 수 있었다. 하지만 이것은 무자비한 야망과 도덕적 타락에 빠져 있는 이 나라가 배워야 할 진리이기도 하다. 1990년대의 이 나라를 누가 이끌지 모르겠다. 그러나 누구든 미국 사회 한가운데 있는 이 영적 진공 상태, 이 영혼의 종양에 관해 이야기할 수 있어야 할 것이다.
— "리 앳워터의 마지막 선거 운동", 「라이프」, 1991년 2월호

당신의 일을 하라. 자신만의 행복을 찾으라. 권위에 도전하라. 원한다면 그대로 행하라. 복종하는 자세를 버리라. 당신의 가치를 남에게 강요하지 말라. (총기를 소유하고 포르노그래피를 팔고 규제 없이 사업할) 당신의 권리를 주장하라. 당신의 사생활을 보호하라. 세금을 감면하고 회사 간부들의 급여를 인상하라(공공선보다는 개인의 수입이 더 중요하다).…이런 정서가 현대 미국에서 가장 극명하게 표현된 경제적·사회적 개인주의의 핵심이다.
— 데이비드 마이어스, 『미국의 역설』

사람들이 배우자와 시간을 보내기보다 컴퓨터 앞에 앉아 있기 때문

에 이혼하는 부부들이 많다는 농담을 하곤 했다. 하지만 샌디에이고에 있는 미국 인터내셔널 대학교의 심리학 교수 마이클 예프코(Michael Yapko)는 그것이 더 이상 농담이 아니라고 말한다. "사람들은 인간관계를 자동차와 컴퓨터, 비디오, 은행 계좌로 대체하고 있다."
―"기술 발전과 돌봄의 쇠퇴", 「세인트루이스 포스트-디스패치」, 1986년 7월 9일자

나는 질소 충전 상자 안에 담겨 동부의 기증 시설에서 로스앤젤레스에 있는 나의 주치의에게 택배로 배달된 0.5세제곱센티미터의 해동된 정자를 통해 임신했다. 이제 아무 문제가 없다면, 내 꿈은 현실이 될 것이다. 나는 싱글맘이 될 것이다.…정서적으로 누군가와 얽히고설키는 과정을 거치지 않고 기증자를 찾는 일은 내 아이의 아버지를 찾는 사적인 행위라기보다는 차를 사는 일처럼 느껴졌다. (키 크고 잘생기고 건강한) 기본 모델을 선택한 다음 여러 가지 옵션을 추가한다.…나는 온라인 쇼핑을 즐기지 않기 때문에 웹사이트에서 내 아이의 아버지를 주문하는 것이 특히 어려웠다.
―로리 가트리브, "엑스 와이 파일", 「애틀랜틱 먼슬리」, 2005년 9월호

자신의 내면과 연결되지 못하는 우리는 다른 이들의 내면과도 연결될 수 없어졌다. 자신을 알지 못하는 우리는 다른 사람 앞에서 우리가 어떤 사람인지를 드러내지 못한다. 그리고 자신의 인격과 접촉하지 못하므로 다른 사람의 인격을 받아들일 줄도 모른다.

상품을 선전하는 이들은 사람보다 그들의 상품이 우리에게 더 큰 위안이 될 것이라고 설득한다. "난 의미 있는 관계를 찾고 있어. 그리

고 색스 피프스 애버뉴(Saks Fifth Avenue, 미국의 명품 전문 백화점-역주)에서 그걸 찾았어.""도요타, 나를 위한 너의 서비스를 사랑해.""대가를 치르지 않고 사랑에 빠져라.""펀드에 투자하는 것을 사랑한다. 그것에 관해 죄책감을 느끼는 것을 미워한다. 미워한다. 사랑한다. 미워한다. 사랑한다. 돈과 더 나은 관계를 원한다." 광고는 이런 식으로 우리를 전도한다.

C. S. 루이스(Lewis)가 『네 가지 사랑』(The Four Loves, 홍성사)에서 말했듯이, 사랑의 고통과 상처를 피하고 싶다면 고양이 한 마리도 사랑하지 않는 게 낫다. 우리는 보석과 장신구로 치장한 우리 마음을 꼭꼭 숨겨 두어야 한다. 그렇게 하면 결코 가슴 아픈 일도 없고, 상처받는 일도 없을 것이다. 그 마음은 우리가 집착하는 물건처럼 죽은 마음이다. 그래서 사람들과의 만남을 통해서만 채워질 수 있는 인간의 열정은 소유에 대한 욕망으로 변한다. 그들은 우리에게 인간관계에서 자주 겪게 되는 배신과 상처에 대해 경고한다. 우리의 본래 모습이 그대로 '노출'될지 모른다. 우리는 거절당하고 상처를 입을 것이다. 이러한 경고는 1980년대 「코스모폴리탄」(Cosmopolitan)지에 흔히 등장하는 기사의 주제였다. "지겨울 정도로 자주 들어 온 말처럼, 자식은 우리가 빌린 사람일 뿐이다. 사랑하는 이에게 너무 집착한다면, 그 사람은 사라질지도 모른다.…그러나 우리가 가진 물건은 억지로 붙잡아 둘 필요가 없다. (손톱을 잘 다듬었다고 가정하고) 보들보들한 캐시미어 코트를 꽉 붙잡아 보라. 그 옷은 결코 당신을 배신하지 않을 것이다."

우리를 소비자로 만드는 이 사회는 파편화되어 살도록 우리를 훈련시킨다. '소스 프라이오리티 매니지먼트 시스템스'(Source Priority Management Systems)사에 따르면, 미국의 기업가들 중 85퍼센트는 주당 45시간 이상을 일한다. 그들 중 81퍼센트가 일 때문에 스트레스를 받고 48퍼센트는 매일 스트레스를 받는다고 한다. 89퍼센트는 집에 가서도 일을 하고, 65퍼센트는 한 달에 한 번 이상 주말에도 일을 한다. 42퍼센트는 자녀들에게 책을 읽어 주지 못하고, 43퍼센트는 자녀를 돌보는 데 일주일에 2시간도 할애하지 못한다. 왜 자신이나 자녀들과 함께 시간을 보내지 않느냐며 고통스럽게 묻는 아내에게 한 남자는 이렇게 말했다. "여보, 당신 때문이 아니야. 나는 일하지 않는 법을 모를 뿐이야."

관계는 대중매체의 공격도 받고 있다. 친밀함에 대한 헌신을 비하하는 매체의 내용뿐만 아니라 거의 제국주의적으로 우리를 장악한 매체의 영향력 때문에 관계가 공격을 받고 있다. 생산하거나 소비하지 않을 때 우리는 무엇인가를 시청한다. 2004년 현재 8세에서 16세 사이의 어린이와 청소년 중 60퍼센트가 자기 방에 텔레비전이 있다. 미국 가정 중 절반이 텔레비전을 3대 이상 가지고 있다. 사람들은 다시 수동적인 사물처럼 앉아서 자신의 의식적 행동과 노동을 지배하는 '텔레비전'의 세계로 빠져든다. 이미지 속의 이미지를 바라보며 그것이 진짜라고 상상한다. 닐 포스트먼(Neil Postman)의 말처럼, 앞서 말한 삶은 '죽을 때까지 즐기는' 삶처럼 보인다. 사람들은 배우자와 자녀, 공동체와 대화하기보다 광고를 보는 데 더 많은 시간을 보낸다. 오웰(Orwell)의 소설 『1984』에서 힌트를 얻어 마크 크리스핀 밀러(Mark Crispin Miller)는 "빅 브라더(소설 『1984』에서 빅 브라더는 텔레스크린을 통해 소설 속의 사회를 끊임없이 감시한다—역주)는 텔레비전을 시청하는 바로 당신이다"라고 말했다. 소비자를 만들어 내는 이 사회는 매체를 통해 사람들의 영혼에 이렇게 속삭이다. "아무것도 남지 않을 때까지 너를 짜낼 것이다. 그런 다음 우리로 너를 채울 것이다."

사치 앤 사치(Saatchi & Saatchi, 미국의 유명한 글로벌 광고 대행사-역주)의 회장인 케빈 로버츠(Kevin Roberts)는 관계를 잃어버린 공허한 영혼을 사로잡는 비밀, 즉 러브마크를 발견했다. 그는 그것을 주제로 전 세계를 돌며 '마케팅'에 관한 연설을 하고, 『러브마크』(Lovemarks, 서돌)라는 책을 출간했다. 그는 우리가 선호하는 브랜드명에 관한 다섯 가지 통찰을 제시한다. "러브마크는 감정을 사로잡는다.…러브마크는 대체할 수 없고 저항할 수 없다.…러브마크는 사랑과 존경을 획득한다.…러브마크는 신비와 감성과 친밀함을 건드린다.…무엇보다도 우리는 러브마크를 측정할 수 있다." 인간의 가장 깊은 욕망은 다른 이들과의 관계 속에서가 아니라 상품과의 관계 속에서 드러나기 때문에 측정 가능하다.

결과적으로, 내적인 삶을 상실한 문화는 역설적으로 친밀함을 잃은 문화가 된다. 참된 고독이 아니라 외로움 속에서 우리는 다른 이들과 관계를 잘 맺지 못한다. 우리의 자아는 텅 빈 요새가 되고 말았기 때문에 다른 이에게 자신을 의탁하지 못한다. 우리는 다른 이의 사랑을 받아들이지 못한다. 왜냐하면 알지 못하면 사랑할 수 없기 때문이다. 관계와 친밀함의 파괴는 다른 이들에 대한 헌신의 기초를 좀먹는 보이지 않는 벌레와 같아서 무너진 가정생활과 급증하는 이혼율, 거리와 텔레비전 앞에 아이들을 방치해 두는 모습, 부유하고 유명한 사람들이 유행시킨 '혼전' 계약서가 점점 더 확산되는 현상, '시간 부족'(time famine)이라는 신종 질병 등을 통해 드러난다.

가족 스트레스와 파편화라는 문제에 관해 부모들이나 그들의 자녀들과 대화를 나누면서, 나는 무한 축적에 대한 집착, 길어진 노동 시간, 새로운 욕구 충족의 선전, 쇼핑몰의 신학화, 경제적 비교를 부추기는 사람들, 돈과 소유를 통해 인정받으려는 욕구, 삶의 모든 차원에서 끊임없는 경쟁을 부추기는 자본주의의 소비 이데올로기만큼 광범위하게 퍼져 있는 강력하고 매혹적인 힘은 없다는 걸 알게 되었다.

상품을 관리하는 일에 심혈을 기울이고 난 후에 우리는 서로에게 내주어야 할 시간마저 빼앗겼다고 느낀다. 풍요 속에서 우리는 굶주리고 있다.

따라서 첫 번째 부시 대통령의 선거운동 참모였던 리 앳워터(Lee Atwater)의 말은 예언자적이었다. 그는 사십 대에 뇌종양으로 죽어 가며 화학요법으로 치료를 받는 고통스러운 순간에, 「라이프」(Life)지의 지면을 통해 소비사회를 사는 사람들에게 소리 높여 말한다. "소비사회는 '영혼의 종양'이다."

물질에 대한 갈망

물질 만능 사회는 팽창을 거듭하여, 가치를 구현하고 증진시켰던 제도들 ― 공동체와 종교, 학교, 대학, 특히 가정 ― 이 힘을 잃거나 몰락하거나 심지어 자기 파멸에 이른 후에 남은 진공 상태를 메웠다. 이제 우리는 모든 가치가 상대적이고 동등한 사회, 권위는 사라지고 가치가 스타일의 문제로 환원되어 버린 세상에서 살고 있다. 비자(Visa)의 회장이었던 디 호크(Dee Hock)는 이렇게 말한다. "사람들은 돈을 더 가치 있는 것으로 여기는 게 아니라 돈 이외의 다른 것을 무가치한 것으로 여긴다. 그들이 더 탐욕스러운 게 아니라, 탐욕을 제어할 다른 가치가 더 이상 남지 않았다." 펜실베이니아 대학교의 사회학자 E. D. 볼첼(Baltzell)

은 말한다. "가치 있는 것이 사라질 때, 돈이 중요해진다."
—마이런 매그닛, "물질만능 사회", 「포춘」, 1987년 7월 6일자

지금 우리는 소비주의의 정점에 와 있다. 많은 사람들은 더 이상 우리의 아버지들이 가질 수 있었던 것—집을 사고 자녀들을 교육시키는 것—을 가질 형편이 안 된다. 하지만 상당수가 현실적으로 그 외의 모든 것을 구매할 수 있는 여력이 있고 그 구매 행위 자체를 삶의 목적으로 삼는다. 이를 위해 우리는 쇼핑몰을 건설해서 한 지붕 아래에 수많은 가게들을 모아 둔다. 비나 눈을 피할 수 있고 결코 해를 볼 수 없으며 나무나 샘으로 장식을 해 둔 곳, 다른 사람들의 눈치를 보지 않고 하루 종일 시간을 보낼 수 있는 곳 말이다. 캘리포니아에서는 자동차 범퍼에 "나는 쇼핑한다. 고로 나는 존재한다"라고 적힌 스티커를 붙이고 다닌다. 요즘은 이 말이 농담이 아니라 진담처럼 들린다.
—"소유욕의 세대", 1980년대 「월스트리트 저널」의 부록

1960년대 거대 정부의 자유주의와 비교할 때, 부시 대통령의 보수주의 노선의 본질이 훨씬 더 분명해진다.…부시 대통령은 정부의 권력을 이용해서 (당신이 석유 회사를 소유하지 않는 한) 부를 재분배하는 일을 하지 않는다. 즉, 정부 자금으로 나태한 사람들에게 보상금을 지급하거나 가난한 이들을 돌보지 않는다. 더욱이 유럽의 기준에 의하면 미국 정부는 그 기능이 상당히 축소되어 있다. 위대한 사회(the Great Society, 빈곤 해결과 인종 차별 철폐를 지향한 린든 존슨 행정부의 개혁 정책—역주) 이후 약 40년이 지난 지금까지도 미국에는 국영 건강보험이 없다. 대학 교육을 받기 위해 학생들은 1년에 4만 달러에 이르는 등록금을 내야만 한다.

산모들은 출산 휴가를 불과 몇 주밖에 받을 수 없다.

―존 미클스웨잇과 에이드리언 울드리지, "기운 내라, 보수주의자들이여. 당신들은 아직도 이기고 있다", 「월스트리트 저널」, 2005년 6월 21일자

내적인 삶을 잃고 관계에 굶주린 사람들로서 우리 안에 있는 공허와 관계의 부재를 다른 무언가로 메우려는 것은 논리적으로 지극히 당연하다.

"물질만능 사회"라는 제목의 「포춘」(Fortune)지 1987년 7월호 표지 이야기는 소비사회 한가운데 자리 잡고 있는 실존적 갈망을 폭넓게 다루었다. "돈, 돈, 돈이 현대의 모습을 가장 잘 드러내는 화신이다. 돈이라는 마법에 매혹된 1980년대 미국인들은 물질주의라는 무도병에 걸려 온몸을 꿈틀거렸다.…돈이라는 이글거리는 태양 아래 다른 모든 가치는 희미하게 빛날 뿐이다." 종교 의식과 연결된 비유도 적절하다. 「소비자 연구 저널」(Journal of Consumer Research)의 1989년 6월호에서 지적했듯이, '소비자의 행위에서는 성과 속'이 하나가 된다. 종교가 세속화되자, 구매와 소비가 성스러움을 경험하는 매개체가 되었다. 사람들의 마음속에 있는 무한한 갈망이 가장 새롭고, 가장 좋고, 가장 값비싼, 끊임없이 품질이 향상되는 상품에 투사된다. 쇼핑몰은 '소비의 대성당'이다. 영원(Eternity)은 캘빈 클라인(Calvin Klein)의 향수병 안에 담겨 있고, 무한(Infinity)은 일본의 자동차 안에 들어 있다. 사람의 마음은 더 이상 초월적이고 인격이신 하나님이 거하시는 보좌가 아니고, 더 이상 삼위일체를 본받아 다른 이들을 알아 가고 사랑하지 않는다. 부의 약속에 닻을 내리고 심지어 그 사슬에 묶일 때까지 우리의 마음은 불안하다.

그러므로 가장 중요한 것은 축적이다. 「포춘」의 기사는 사람들이 175달러짜리 테니스화와 4만 달러짜리 모피 코트, 4천 달러짜리 장난감 벤츠에 열광한다고 지적한다. 1967년 미국의 대학 신입생 중 40퍼센트가 '잘 먹고 잘사는 것'이 중요하다고 생각한 반면, 80퍼센트는 '의미 있는 삶의 철학을 개발하는 것'이 중요하다고 생각했다. 하지만 1980년대에 이르면 그 수치가 역전되었다고 전한다. 돈과 부를 삶의 가치 중 하나로 여기는 게 아니라, 삶의 유일한 가치로 여긴다. 게다가 돈과 부를 더 많이 소유하는 것이 인생의 유일한 목표가 되었다.

많은 사람들이 성공했다. 1990년에 백만장자의 수가 130만 명이 넘었는데, 이는 1970년에 비해 여섯 배 증가한 수치다. 1963년에는 미국의 부유층 최상위 1퍼센트가 미국의 부 31.8퍼센트를 소유했지만, 20년이 지난 후에는 34.4퍼센트까지 차지했다. 케빈 필립스(Kevin Phillips)가 『부자와 빈자의 정치학』(The Politics of Rich and Poor)에서 지적했듯이, 미국에서 부의 축적은 이제 겨우 시작일 뿐이고, 부는 중산층과 빈민층으로부터 가장 부유한 계층으로 재분배되고 있다. 「월스트리트 저널」의 보도에 따르면, 2005년에 백만장자의 수는 750만 명을 넘었다. 「포브스」(Forbes)는 억만장자의 수가 거의 700명에 이른다고 보도했다. 새로운 세기가 시작된 지금 최상위 1퍼센트 부자들의 세후(稅後) 수입이 하위 40퍼센트의 수입보다 더 크다는 사실은 주목할 만하다. 미국에서 가장 부유한 280만 명의 수입이 가장 가난한 1억 1천만 명의 수입보다 더 많다. 이에 대한 부시 대통령의 해법은 세금 감면이었다. 하지만 2005년 6월 5일자 「뉴욕 타임스」의 분석 기사에 따르면, 이 감세 정책을 통해서 가장 많은 혜택을 입은 사람들은 부유한 사람들(약 15만 명의 납세자들)이었다.

'더 많이' 가지려는 갈망은 고립된 개인주의의 강력한 힘과 결합하여 우리의 연대 의식을 약화시킨다. 자본주의적 '자유'의 가르침은, 개인의 선택을 한없이 칭송하는 사회에서 돈을 벌고 쓰는 이른바 '자수성가한' 사람들에게 큰 호소력을 지닌다. 하지만 그로 인해 민주주의 시민 사회는 큰 대가를 치러야 한다. 미국의 재무장관을 역임했던 로버트 루빈(Robert Rubin)은 2001년과 2003년에 연 소득이 20만 달러 이상인 사람들에 대한 세금 감면을 철회하고 최상층에 유리한 상속세 개혁안을 폐지하는 대신 지속적으로 추진한다면, 75년 동안 사회 보장 예산의 부족분을 충당할 수 있을 것이라고 추산했다. 그러나 우리의 지도자들은 "돈을 어떻게 써야 하는지는 우리가 가장 잘 안다"고 주장해 왔다. 그러나 문제는 '우리'라는 것이 과연 존재하기는 하느냐다.

그러므로 「월스트리트 저널」의 칼럼은 보수주의자들에게 '기운 내라'고 말한다. "당신들은 아직도 이기고 있다." 미국은 나태한 사람들에게 보상금을 지급하지 않는다. 더 이상 가난한 이들을 돌보지도 않는다. 정부는 조직을 축소했다. 미국은 국영 건강보험이 없다. 대학교들은 학생들에게 1년에 4만 달러의 등록금을 걷는다. 산모들은 출산 휴가로 불과 몇 주밖에 쉴 수 없다.

'온정적 보수주의'(조지 부시 대통령이 2000년 대선에서 내건 정책 기조―역주)가 이런 것이라면, 도대체 '생명을 지지하는 문화'(낙태 규제 강화를 주장하며 부시 대통령이 같은 선거 운동 기간 내걸었던 구호―역주)란 무엇을 뜻하는 것일까?

비인간화라는 불의

미국의 어린이들은 하루 평균 3-4시간 텔레비전을 시청한다. 텔레비전은 가치관 형성과 행동 발달에 지대한 영향을 미친다. 불행히도 오늘날 많은 텔레비전 프로그램이 폭력적이다. 텔레비전 프로그램의 폭력이 어린이와 십 대에 미치는 영향에 관한 수백 가지의 연구에 따르면, 아이들은 폭력의 두려움에 '면역'이 되고, 점차 폭력을 문제 해결의 한 방법으로 인정하게 되며, 텔레비전에서 본 폭력을 모방하고, 희생자나 가해자와 같은 특정 등장인물과 자신을 동일시할 수 있다.
—「미국 아동과 청소년 정신의학회지」, 1999년 4월

전혀 새로운 방식으로 당신의 회사 동료들을 위협하라.
—허머 광고 문안, 2005년

그들의 나라로 쳐들어가 지도자들을 죽이고 그들을 기독교로 개종시켜야 한다. 우리는 히틀러와 그를 따르던 고위 관리들을 찾아 처벌할 때 꼼꼼히 절차를 따지지 않았다. 우리는 독일의 도시를 융단폭격했고, 민간인들을 죽였다. 그것은 전쟁이었다. 그리고 이것 역시 전쟁이다.
—앤 쿨터, 통신사에서 발급한 9·11 테러 공격에 관한 특약 칼럼, 2001년 9월 13일자

내적 인격을 상실하고 자기 파괴적 소비와 생산에 몰두하는 사람은 남에게 상처를 준다. 그들은 소비자와 소유자로서 자신들의 만족과 본질을 위한 기능으로 사람들을 대한다. 플라톤식으로 말하자면,

이러한 인격적·관계적 현실은 국가와 사회로 '확대'된다. 그것은 이내 구조적 불의의 형태를 띠고, 사람을 사물의 지위로 격하시킨다. 개인과 관계의 영역에서의 비인간화는 이제 사회적·정치적 세계 속에서 보편화된다.

우리가 접하는 매체에는 폭력과 범죄가 자주 등장한다. 쿠엔틴 타란티노(Quentin Tarantino)의 영화 〈킬 빌〉(Kill Bill)이나 토요일 아침 텔레비전에서 방영하는 만화와 프로레슬링, 갱스터 랩 비디오는 양식화된 폭력을 보여 주는 한편, 케이블 뉴스에서는 아동 살해, 유명인의 살인, 성추행, 배우자 살해 등에 관해 보도한다. 텔레비전 정규 프로그램의 61퍼센트가 폭력 행위를 묘사하고, 그중 44퍼센트는 매력적인 범죄자가 등장해서 즉각적 처벌이나 장기간의 형을 받는 경우가 거의 없다.

너무나 생생하고 잔인해서 신문에서조차 기사화할 수 없는 성폭력을 표현의 자유라는 이름으로 옹호하는 경우도 흔하다. 지난 20년 동안 우리는 피학성애적인 내용이 담긴 마돈나의 비디오와 에어로스미스(Aerosmith)의 스티브 타일러가 묘사하는 성적인 모습을 즐겨 왔다. 로버트 매플소프는 채찍으로 고문하는 남자와 에이즈 확산의 주된 원인이 되는 성적 행위를 묘사했음에도 불구하고, 사람들은 그의 사진전을 과감하고 도발적이라고 치켜세웠다. 새로운 세기에 이르러 「보그」(Vogue)에 실린 '선과 악을 넘어서'라는 제목의 기사는 주류 문화에서 묘사하는 피학성애를 찬양했다. 사진 미술관의 큐레이터는 헬무트 뉴턴(Helmut Newton, 독일계 사진작가로 피학 성향의 에로티시즘을 표현한 사진으로 유명하다—역주)의 영향력에 경탄했다. "마치 그의 통찰력이 미래를 위한 일종의 전략이기라도 한 것처럼 문화 전반이 그를 추종하게 되리라고 누가 예측할 수 있었겠는가? 모두들 쇠사슬과 스틸레토 힐(앞코가 뾰족하고 굽이 높은 구두―역주)을 드레스와 함께 착용하고 피학성애를 패션의 일부로 수용하게 될 줄 누가 예상할 수 있었겠는가?"

인간의 존엄성과 위엄을 부인하는 태도는 지정학을 살펴보아도 분명히 드러난다. 한 보수적인 칼럼니스트는 시아파 마을을 공격해 500대 1의 비율로 민간인을 더 많이 학살해서 아랍의 테러분자들에게 복수해야 한다고 말했다. 그런 주장에 대해 어느 누구도 분노하는 모습을 찾아볼 수 없었다. 그는 교회에서 출교되거나 정계에서 조롱을 받지도 않았다. 왜냐하면 그의 논리가 사회적으로 용인되기 때문이다. 아랍인들을 죽여도 괜찮다는 외교 정책은, 토크쇼에 전화로 참여하여 '모든 아랍 국가들을 재떨이로 만들어야 한다'고 말한 시청자의 말과 궤를 같이 한다. 세계무역센터가 끔찍하게 파괴된 이후로, 예전에는 미국이 채택할 정책이라고 생각할 수도 없었던 폭력 행위가 이미 실행되고 있거나(예방 전쟁) 고려 중이다(고문).

'악한 자들'의 위협 아래 일부 평론가들은 그들의 입장이 얼마나 잔인한지를 새롭게 드러냈다. 「타임」지는 랜스 모로우(Lance Morrow)가 쓴 "분노와 보복의 정당성"이라는 기사를 실었다. 성전(聖戰)을 주장하는 이 기사는 평화적 해법 일체를 거부하는 것에 그치지 않았고, 테러리스트뿐만 아니라 그들을 응원하고 지지했던 이들에 대한 극도의 혐오감으로 가득했다. "미국은 잃어버린 규율을 회복하고 자신감 넘치는 무자비함을 다시 배워야만 한다. 그리고 인간의 본성에 따라 우리는 모두 증오라는(평화의 때에는 사회적으로 경멸해 마지않는) 무기가 있음을 깨달아야 한다." 앤드리아 페이저(Andrea Peyser)는 「뉴욕 포스트」(New York Post)에 기고한 칼럼에서 "빌어먹을 국제 연합은 꺼

지라"고 말하면서 크리스티안 아만푸어(Christiane Amanpour, 이란계 CNN 국제 특파원으로 종군 기자로 유명하다-역주)를 '전쟁 창녀'라고 폄하했다.

2005년 여름 폭탄 테러 직후 아랍계 청년이 런던 경찰에 체포되었다가 도주한 후에 머리에 다섯 차례 총격을 입고 즉사한 사건에 대해, 7월 22일 〈폭스 뉴스〉의 "나의 말"(My Word) 꼭지에서 존 깁슨(John Gibson)은 이렇게 논평했다. "머리에 다섯 방은 딱 적당하다. '그건 야만적'이라며 불평하지 말라. 우리는 야만인들과 싸우고 있다." 그 젊은이가 남미 출신 이민자였다는 사실이 드러났지만, 그것은 깁슨의 논평에서 가장 문제가 되는 측면은 아니다. 더 심각한 문제는, 그가 2001년 9월 11일 이후 처음 시작했던 비인간적인 언동을 여전히 서슴지 않고 있다는 것이다. 그는 적이 숨어 있던 시리아의 한 마을을 흔적도 없이 파괴했던 시리아의 하페즈 하사드(Hafez Hassad)의 방식을 미국이 모방해야 한다고 주장했다. "그는 모든 사람들이 죽거나 사라질 때까지 마을을 폭격해 말 그대로 마을을 평평하게 만들어버렸다. 폭격은 잔인했고 비정했고 무자비했으며 부당했다. 하지만 그는 정적 때문에 다시는 정치적 곤란을 겪지 않았다. 효과 만점이었다. 그렇다면 우리라고 그렇게 못할 까닭이 있겠는가?"

적에 대한 무자비한 보복이든, 사형이든, 인종주의든, 깜짝 놀랄 정도의 낙태율이든, 증가하는 안락사 합법화 운동이든, 제도적으로 정당화된 폭력은 한 문화가 인간의 본질적 존엄성에 대한 의식을 잃어버렸을 때에만 나타날 수 있다. 어떤 '대의'나 절실한 목적, 어떤 가치 있는 결과가 인명 살상을 정당화한다. 그러나 우리는 스스로에게 이렇게 묻지는 않는다. 만약 '국가의 이익'이나 개인의 행복, 혹은 자유가 어떤 행위든지 정당화한다면, 동일한 목적에 근거한 '적'의 행위도 정당화되지 않겠는가? 굳이 이슬람 과격파의 논리를 이야기할 필요도 없다. 자신이 생각했던 미국의 자유와 애국심이라는 대의에 충실했던 극단주의자 티모시 맥베이(Timothy McVeigh, 1995년 오클라호마시티의 연방 청사를 폭파해 168명을 숨지게 한 범인이다 – 역주)는 독재에 맞서기 위해 '희생자'가 필요해서 수많은 사람들을 죽였다. 오클라호마시티 폭탄 테러 당일 자신이 가장 좋아하는 *sic semper tyrannis*('폭군에게는 언제나 이렇게'라는 뜻의 라틴어. 율리우스 카이사르의 암살 직후 마르쿠스 브루투스가 한 말로 알려져 있으며, 링컨을 살해한 존 윌크스 부스도 이 말을 외쳤다 – 역주)라고 적힌 티셔츠를 입었던 그는 결코 뉘우치지 않았다. "어떤 종류의 군사 행동이든 무고한 희생자를 최소화하려고 노력한다. 그러나 불가피하게 민간인 희생자는 발생할 수밖에 없다."

물론 소비문화가 폭력과 비인간화의 직접적인 원인이 아님은 마오쩌둥주의나 폴 포트, 르완다, 사담 후세인의 이라크만 생각해 보아도 알 수 있다. 그러나 우리처럼 소비사회에서 살고 있는 사람들은 자본주의가 인간에 대해 불의와 폭력을 만들어 내는 독특한 방식에 의심을 품기가 어렵다.

소비주의가 본격적인 철학과 생활 방식이 될 때, 폭력을 통해서든 타락에 의해서든 모든 사회적 비인간화가 하나의 공통된 주제가 된다. 여성이든 남성이든, 이윤을 위한 것이든, '계몽된' 자아나 국가의 이익을 위한 것이든, 쾌락을 위한 것이든, 모두 수단과 도구로 전락한다. 거의 50만 명이 흡연과 관련된 질병으로 죽어 가는데도 우리는 계속해서 담배 산업에 국가 보조금을 지급하고 있다. 터전을 잃고 돌봄을 받지 못하는 '하층 계급'이 급증하고 있음에도 우리는 무기를 사는 데 돈을 쓰면서 세금 더 내기를 거부한다. '폭력으로는 아무것도 해결되지 않는다'고 말하면서도 우리는 전쟁을 시작한다. '우리의 생활 방식'을 보존한다는 명목으로 시작된 이 전쟁은 그야말로 끔찍한 결과를 낳고 있다.

상처받은 이들로부터의 도피

진짜 어려움은 몇 주 지나서 나에게 찾아왔다. 주제는 '도덕적 의무에 관하여'였다. 우리는 그런 의무를 강제적인 것이라고 생각한다. 하지만 나는 도덕적 의무가 우리가 행동하는 방식에 중요한 영향을 미친다고 주장했다. 예를 들어, "나는 영화를 보러 가고 싶지만 병원에 입원한 친구에게 문병을 가야 한다.…" 이 말은 자기만족과 도덕적 책임 사이의 긴장을 보여 준다. 영화를 보는 것보다 따분하고, 가 봐야 내가 할 수 있는 게 없다는 걸 알면서도, 멀리 떨어진 병원에 병문안을 가는 것이 더 보람찬 일이다. 대부분의 학생들은 이런 식의 논리를 받아들이지 못했다.…

나는 경영학 석사 학위 소지자가 대부분인 학생들에게 삶에는 돈과 권력, 명예, 이기심보다 더 중요한 무언가가 있다는 것을 깨닫게 해 줄 방법을 도무지 찾을 수 없었다.
—아미타이 에치오니, "돈, 권력, 명예", 「뉴스위크」, 1989년 9월 18일자

2001년 9월 11일 이후 미국은 전 지구적 테러와의 전쟁을 시작했다. 그러나 미국은 전 지구적 불안의 심층적 원인이 무엇인지를 무시해 왔다. 미국은 올해 국방비로 거의 5천억 달러에 달하는 돈을 쏟아부었지만, 극빈자들의 어려움을 돕기 위해서는 그 돈의 고작 30분의 1에 불

과한 약 160억 달러밖에 쓰지 않았다. 이는 총 국민 소득에서 100달러당 15센트에 불과한 금액이다. 이런 일이 반복되는 한 지속적인 평화를 구축할 수 없을 것이다.…가난한 이들을 돕는 데 지출되는 돈의 비율은 수십 년 동안 계속 줄어 왔고, 그 액수는 미국이 계속해서 지원하겠다고 약속만 하고 이행하지 않았던 액수에 비할 때도 아주 적은 돈이다.
— 제프 삭스, "빈곤의 종말", 「타임」, 2005년 3월 14일자

말할 필요도 없이, 여기서 진짜 고객은 애완동물 자체가 아니라, 애완동물 주인들이다. 미국 애완용품 제조업 협회에 따르면 그들은 해마다 애완동물에 340억 달러를 쓴다. (이 협회의 웹사이트에 게재된 2005년 '시장 동향 보고서'에서는 '애완동물 의류' 관련 업체들이 부상하고 있으며 모조 밍크코트와 이름이 새겨진 스웨터 등을 판매하고 있다.) 애완동물 애호가들은 자신을 과시하기 위해 키우는 동물을 장식품으로 취급한다고 비판을 받을지도 모르겠다.
— 랍 워커, "강아지 멋쟁이", 「뉴욕 타임스 매거진」, 2005년 8월 7일자

사물은 상처받지 않는다. 피를 흘리거나 고통을 당하거나 죽지도 않는다. 그리고 사물과 상품, 물건을 제일 중요하게 취급하는 문화는 결국 상처받기 쉬운 인간으로부터 도피한 문화일 뿐이다. 내면성을 피하거나 친밀함을 거부하거나 사람들의 가치를 부당하게 폄하할 때, 우리는 무방비의 인간 실존으로부터 도피하는 것이나 마찬가지다.

하버드 경영대학원의 방문 교수인 아미타이 에치오니(Amitai Etzioni)는 '소비자의 주권'을 최고의 신념으로 삼고 있는 학생들을 보며 의아해했다. 그들에게는 가난한 사람이란 존재하지 않는 사람일 뿐이다.

가난한 사람이 아파서 병원에 입원한 친구의 모습으로 존재한다고 해도 그들이 책임감이나 동정심을 보여 줄 수 있을지 상상할 수 없었다. 그들은 영화 보러 가기보다 친구에게 병문안을 가겠다는 그의 주장에 대해, 그가 나중에 친구에게 보상을 받거나 다른 친구들에게 좋은 인상을 주거나 자기만족을 위해 그렇게 하는 것이라고 대답했다. 그들은 "인간의 행위 안에 있는 고결한 것도 결국에는 천박한 동기(이기심, 좋은 평판을 얻기 위한 것, 혹은 그저 재미를 위한 것)로 환원시켰으며, 도덕의 존재 자체를 부인했고, 도덕의 중요성을 평가 절하했다."

이런 반응조차 사실은 삶의 인격적 차원, 민감함과 책임감, 동정심과 공감, 인간의 나약함을 회피하려는 태도일 뿐이다. 하버드 출신의 정치경제학자인 로버트 라이히(Robert Reich)는 1991년에 「뉴욕 타임스 매거진」(*New York Times Magazine*)에 기고한 글에서 이런 태도에 대해 '성공한 사람들의 퇴각'이라고 이름 붙였다. 성공한 미국인들은 인류나 세상의 상처와 마주할 필요가 없는 심리학적·경제적 동굴로 물러나 고립된 채 살아간다는 것이다.

우리 삶의 주의를 분산시키는 것들, 오락과 '물건들'은 우리가 상처 입은 인류로부터 떨어져서 살게 해 줄 뿐만 아니라 환영의 세계에서 살게 해 준다. 많은 미국인들은 우리가 세계에서 가장 관대한 사람들이라고 생각하면서 이미 가난한 나라들에 많은 원조를 제공하고 있다고 믿는다. 그러나 우리는 전 세계의 가난한 60억의 사람들에게 우리가 제공하는 원조의 두 배 이상을 애완동물에게 쓰고 있다. 그들 중에서 극심한 빈곤 때문에 죽어 가는 사람들이 매일 2만 명에 달한다. 이 같은 사실들을 감안할 때, 수백만 명이 르완다에서 살해되고 니제르에서 굶어 죽고 있는 상황에서 미국의 정부 관리들이 '인도주의적인' 이유로 이라크를 침공한다고 말하면, 전 세계가 회의적인 태도를 나타낼 수밖에 없다.

「크로니클 오브 필랜스로피」(Chronicle of Philanthropy)에서는 '민간' 원조 부문에서 연 소득 7만 달러 이상인 미국인들은 소득의 3.3퍼센트를 기부한다고 보도했다. (수입이 적을수록 소득 대비 기부액의 비율은 높아졌다. 소득이 3만에서 5만 달러 사이인 사람들은 9퍼센트 가까이 기부했다.) 뿐만 아니라, 어번-브루킹스 세금 정책 연구소(Urban-Brookings Tax Policy Center)에서는 상속세를 인하할 경우 해마다 100억 달러의 기부금이 추가로 필요하게 될 것이라고 추정했다.

세상의 가난한 이들이 받은 상처로부터 도피하려는 태도는 우리 스스로가 상처받기 쉬운 인간임을 받아들이기 거부하는 모습에 그대로 반영되어 있다. 소외된 사람들을 우리와 똑같은 사람으로 취급할 수 없다는 이데올로기적 기만이 점점 커져 간다. 우리는 생산적이다. 우리 삶을 스스로 책임진다. 우리 스스로를 돌본다. 우리는 독립적이고 자유로우며 자신의 삶을 지배하고 있다. 그러므로 우리는 삶에서 가장 다루기 어렵고 취약하고 의존적인 상황에 처한 사람들과 더불어 살아가야 하는가에 관해 의문을 갖는다. 말 없는 태아와 의존적인 유아, 기저귀를 하거나 장애가 있는 노인들은 우리처럼 '온전한 인간'이 아니다. 어떤 사람들에게는 이것이 충격적으로 들리겠지만, '원형질 덩어리', '식물인간', '심장이 뛰는 시체' 같은 말을 사용하는 이들에게는 그렇지 않을 것이다.

여기서 해결책은 우리가 가장 두려워하는 것들이다. 바로 (우리를 가두는) 갑옷을 벗는 것, 눈을 뜨고 (존재를 부인했던) 상처 입은 이들을 바라보는 것, 소비자의 꿈이 기껏해야 거짓 약속이었고 최악의 경우 악몽일 뿐이었음을 깨닫게 해 주는 이들의 말을 가슴에 새기는 것이다.

소외된 이들, 아픈 이들, 죽어 가는 이들, 가난한 이들, 노인들, 그들은 우리에게 가르침을 줄 수 있다. 그러나 우리는 배워야 할 필요를 부인한다.

붓다에 관한 이야기는 이 역설을 가장 잘 보여 준다. 그는 젊고 부유했지만 우울했다. 그의 부모는 그에게 모든 것을 주고 그에게 걱정거리가 될 만한 모든 것으로부터 그를 보호했다. 심지어 주변 세상의 고통을 보지 못하도록 마차 안의 창문에도 아름다운 그림을 그려 놓았다.

그러던 어느 날 자신의 왕국을 지나가다 그는 창문을 열고 '네 가지 광경'을 보게 된다. 물론 처음에는 자신이 본 것이 무엇인지 알지 못했다. 그는 구걸하는 사람, 사랑하는 이를 잃고 슬퍼하는 사람, 아픈 이를 돌보는 사람, 노인을 봉양하는 사람들을 보았고, 마부가 그에게 네 광경에 대해 이야기해 주었다.

그리고 붓다는 자신의 왕국을 떠났다. 여행을 떠난 그는 보리수나무 아래에서 깨달음을 얻는다. 그는 다른 이들을 위해 부처가 되었다.

극동을 가거나 세계 어디를 가든지 불상을 보게 된다. 불상은 미소 짓고 있다. 인간의 연약함을 깨달은 그는 더 이상 우울하지 않다.

붓다의 이야기를 우리 자신의 이야기로 받아들일 수 있을까? '기쁨이 없는 경제' 속에서 살아가는 사람들이, 사회에서 소외된 사람들에게 마음을 열고 그들을 경험적으로 알게 될 때 깨달음을 얻을 수 있지 않을까?

인간의 실존으로부터 우리를 제도적으로 소외시키는 마지막 요인은 가난하고 상처 입은 이들의 절규를 듣지 않는 우리들의 태도다.

우리 자신에게로 '돌아가고' 우리의 인간 됨으로 '돌아가라'는 광야에서 외치는 워커 퍼시의 목소리는 내적인 삶을 재발견하고, 사람들과의 관계를 새롭게 하고, 단순함이 주는 기쁨을 새롭게 인식하고, 정의에 대한 우리의 열정을 재발견하라고 촉구하는 데 그치지 않고 세상의 소외된 사람들에게 우리의 마음을 다시 열어야 한다고 말하고 있다.

소비사회와 그 가치가 우리 삶을 구성한 이후로 우리가 직면한 문제는 실타래처럼 얽히고설켜 있다. 우리가 경험하는 모든 부분을 공허한 의미나 목적과 연결시키는 소비주의는 거대한 의미를 지닌 무언가가 되었다. 소비주의는 사실상 하나의 종교로 자체의 철학에 의해 지탱되며 우리의 행동을 지배하는 이론이 된다. 이러한 통찰은 우리가 인식하고 의지하고 행동하는 방식과 관련하여 인격적인 삶이 왜 이렇게 흉측한 모습으로 변했는지를 이해할 수 있게 해 준다. 뿐만 아니라, 그리스도를 만나고 그분이 저마다 독특한 인격적 실존을 지닌 사람들을 구속하셨다는 사실을 깨달을 때, 우리 자신의 삶과 타인과의 삶뿐만 아니라, 사회적·정치적·경제적 세계에 총체적으로 반응하며 살아야 한다는 사실을 깨닫게 된다.

2 • 믿음의 이면과 문화의 복음

삶과 인식의 '형식'인 복음

'복음'은 계시의 책으로서 우리 자신에 관한 계시를 발견할 수 있는 궁극적 자료 혹은 준거점이다. 복음은 우리가 누구인가, 무엇을 소망하는가, 어떻게 행동하기를 갈망하는가, 무엇이 영원한가, 무엇이 중요한가, 무엇이 참으로 가치 있는가 하는 물음에 대한 응답이다. 결국 복음이란 우리를 가동하는 신이 누구 혹은 무엇인가에 관한 설명이라고 할 수 있겠다.

더 이상 사람들은 무신론에 큰 관심을 기울이지 않는다. 전에는 '당신은 하나님을 믿는가?'라는 질문을 받았다. 이제 우리가 직면한 더 중요한 문제는 '당신은 어떤 신을 믿는가?'이다. 다른 모든 인간의 행위에 관해서는 말할 것도 없고 '가치중립적인' 과학이라는 신화는 이미 수명을 다했다. 과학자든 철학자든 정치가든 경제학자든 노동자든, 모든 사람에게는 기능적인 신, 혹은 궁극적인 가치 기준이 있다. 문제는 믿을 것인가 말 것인가, 가치를 부여할 것인가 말 것인가가 아니라, 무엇을 믿고 무엇에 가치를 부여할 것인가이다. 다시 말해서, 일단 중립성이라는 허울을 포기한 후에 우리가 묻는 질문은 이것이다. 우리 자신과 운명에 관한 계시를 어디에서 찾는가? 우리의 계시록은 무엇인가? 무엇이 우리의 복음인가?

미국 사회에서는 서로 경쟁하는 적어도 두 가지 복음 혹은 계시록을 필연적으로 만나게 될 것이다. 이 두 복음은 빛과 어둠, 삶과 죽음, 자유와 노예 상태, 정절과 부정처럼 철저하게 다르다. 이 둘은 궁극적이며 상호 경쟁하는 인식의 '형식'으로서 작용한다. 우리는 모든 경험을 이 인식의 형식을 통해 걸러 낸 후 받아들인다. 뿐만 아니라 각각의 형식은 우리 자신과 세상을 파악하는 의식을 통제하는 이미지를 제공한다. 이 경쟁하는 두 가지 삶의 형식을 인격과 상품의 '복음들'이라고 부를 수 있다. 인격 형식과 상품 형식. '인격-신'과 '사물-신'. 각각은 이를테면, 그 나름의 '교회', 그 나름의 제의와 의례, 그 나름의 특별한 언어, 그 나름의 이단에 대한 관념을 가지고 있다.

첫 번째 삶의 형식이 있는데, 이 복음은 사람을 대체할 수 있고 사고팔 수 있는 상품으로 계시한다. 첫 번째 복음에 정면으로 맞서는 또 다른 복음은 사람을 대체할 수 없고 독특하게 자유로운 존재로 계시한다. 형식적으로는 기독교회의 교인인 사람들 중 일부는 실제로는 문화의 복음을 따르며 세속적인 '사물'인 교회에 속해 있다. 반면에 형식적으로는 기독교회나 유대교 회당에 속해 있지 않지만, 사실은 유대교 경전의 언약의 주님이나 참 하나님이시며 참 사람이신 예수 그리스도 안에 계시된 메시지와 진리에 헌신하며 살아가는 이들도 있다.

인간적인 문화: 명예로운 미국 문화

물론 이런 식의 대립 구도를 설정하는 것에는 위험도 따른다. 그 위험 중 하나는 지나친 단순화다. 문화는 인간의 창조물이므로, 병리 현상을 보일 가능성도 있지만, 건강함과 미덕을 보일 가능성도 있다. 그리고 문화는 인간처럼 구속(redemption)이 가능하다. 적어도 그럴 가능성을 열어 둘 수 있다. 그러나 나는 우리의 제도에 깊숙이 침투해 있으며, 이 시대에 널리 인정받는 '지혜'를 뒷받침하고, '무엇이 정말로 중요한지', '무엇이 진짜 힘을 가지고 있는지'에 관한 우리의 판단을 결정짓는, 내재적으로 효력을 지니며 정당화된 가치의 구현체로서의 문화에 초점을 맞추고자 한다. 우리가 객관적 실체로 인식하고, 그에 비추어 우리 자신을 판단하며, 우리의 가치를 평가하며, 우리의 성공을 추구하고, 우리의 의미와 목적을 찾는 병리적 현상으로서의 미국 문화에 관해 이야기하겠다는 뜻이다.

나는 미국의 문화적 가치가 지닌 부정적 측면을 강조할 것이다. 우리의 시장 문화는 부자유, 억압, 불의로 가득 차 있어 그 외의 어떤 공간도 허용하지 않는다. 물론 미국 문화가 악을 발견할 수 있는 최초의 문화이거나 최악의 문화인 것도 아니다. 그러나 우리가 살아가는 하나뿐인 문화이며, 비판이 가장 절실하게 필요한 문화다.

셀 수 없이 많은 점에서 미국 사회는 명예로운 사회다. 이 사회는 수백만 명의 사람들이 인정하고 경험하는 선하고 자유로운 삶을 약속하고 그 약속을 가꾸어 가고 있다. 우리에게는 놀라울 정도로 비옥한 땅과 고도로 발달된 기술이 있다. 우리는 종종 극심한 내부의 반대를 극복하고 인종주의, 빈곤, 다른 나라들의 어려움, 정부 최고위

직의 제도화된 불성실과 관련된 문제를 공정하게 다루었다. 우리에게는, 비록 기업의 통제를 받고 기업의 광고에 의존하기는 하지만 대개의 경우 자유로운 언론이 있다. 미국인들은 여러 가지 노력과 입법을 통해 거의 완벽한 문맹 퇴치, 보건, 식량, 퇴직자 사회 보장 프로그램을 이뤄냈다. 생산성 높은 노동자들은 자긍심을 가지고 일하며 어느 정도 정치적인 힘도 행사하며 상당히 안정된 생활을 하고 있다.

그러나 그 자체로서 선물인 이런 '명예로운' 업적이 사라질 위험에 처했다. 미국 사회는(그리고 이 문화와 스스로를 동일시하는 한, 기독교를 비롯한 종교적 신앙 역시) 큰 위험에 직면해 있다. 인간의 존엄성, 인간의 이익에 부합하는 참된 인격적 생산성, 가족 공동체와 시민 사회를 비롯한 제도, 정의에 대한 의식과 자유에 대한 존중, 생명과 사랑의 가치, 이 모든 것이 심각하게 공격을 받고 있다. 고통스럽지만 우리가 먼저 스스로 개혁해야 할 필요, 회개해야 할 필요, 바뀌어야 할 필요를 기꺼이 인정하는 것이 중요한 까닭은 바로 이 때문이다.

우리 자신의 도덕적·사회적 실패를 인정하는 것은 우리 문화의 미덕과 장점을 거부하는 것이 아니라 오히려 그것을 보존하고 그것에 충실하고자 노력하는 것이다.

한 사람에 대한 사랑이 그렇듯, 한 국민이나 나라에 대한 사랑도 그렇다. 진실 외에 참된 사랑의 근거는 없다. 그렇지 않다면, 우리의 사랑은 우리가 정말로 누구인지, 그리고 무엇인지에 관한 진리에 기초한 것이 아니라 환영에 기초한 것일 뿐이다.

비인간적인 문화: 명예롭지 못한 미국 문화

다른 시대나 다른 나라의 실패를 지적함으로써 미국의 가치 체계에 대한 가혹한 자기반성을 어느 정도 누그러뜨릴 수 있을 것이라고 기대해서는 안 된다. 반성하고, 필요한 경우 바꾸어야 할 대상은 다름 아닌 바로 우리 자신이다. 다른 나라나 시대에도 악이 자주 나타났으니 우리를 짓누르는 악이 어떤 식으로든 면죄받을 수 있을 것이라고 주장한다면, 우리는 진리에 그리고 우리가 사랑한다고 공언하는 이 나라에 아무런 도움이 되지 못한다. 대혁명 이후의 프랑스나 레닌 치하의 러시아나 현재의 독재 국가들의 실패 사례는, 그들과 마찬가지로 우리도 실패하고 있음을 정당화하는 데 이용되어서는 안 되고 오직 우리에게 경고의 메시지 역할을 해야 한다. 내 가족을 사랑하고 다른 모든 이들보다 가족을 사랑한다는 것이 바로잡고 변화를 위해 애쓸 필요가 없다는 의미는 아니다. 특히 그들이 위험에 처해 있다면 더 그렇다.

죽음을 통해 우리에게 이른바 '명예로운 평화'(닉슨 대통령이 베트남에서 철군 의사를 밝히면서 했던 말-역주)를 가져다준 100만 명의 동남아시아 아이들을 무시하는 것은 우리 자신과 우리의 인격에 큰 상처가 될 것이다. 그때 죽은 이들은 그런 식의 평화를 누리지 못했다. 그리고 1900년 이후 언제나 '결정적'이라면서 곧 사라져 버리고 마는 평화를 이루겠다는 명분으로 살해된 1억 명의 사람들 역시 그런 평화를 누리지 못했다.

우리의 행동과 그 결과의 참상을 숨기려 할 때 도덕적으로 치명상을 입게 된다. 우리의 간섭 때문에 엘살바도르와 니카라과에서 수천 명이 죽은 것을 은폐하거나, 이전에 이란과 남미 국가들에 개입한 것이 선거로 당선된 그 나라의 지도자들이 우리에 대해 가지고 있던 적대감과 무관하다는 식으로 변명하거나, 부통령이 2002년 여름에 다음과 같이 주장하면서 이 나라를 전쟁으로 몰아넣었음을 부인하도록 내버려 두는 것은 우리 나라에 아무런 도움이 되지 않는다. "간단히 말해서, 사담 후세인이 대량 살상 무기를 가지고 있다는 데는 의심의 여지가 없다. 그가 우리의 친구들, 우리의 동맹국들, 그리고 바로 우리를 공격하기 위해 이런 무기를 쌓아 두고 있다는 점 역시 의심의 여지가 없다." 진실을 감추려 할 때 그 결과는 양심을 죽게 할 뿐이다.

현실을 무시하는 것은 애국심이 아니라 어리석음일 뿐이다. 이미 우리는, 우리 사회의 노년층이 클레어 타운센드(Claire Townsend)가 '마지막 인종차별'이라 부르는 것에 희생당하는 나라에서 살고 있다. 이미 우리는 뉴욕의 일부 보험회사들이 분만이 아니라 임신 중절에 대해 보험금을 지급하는 것을 알고 있다. 글을 읽지 못하지만 아이를 낳고 싶어 출산 전 상담을 받으려고 온 베드퍼드 스타이브슨트(Bedford Stuyvesant, 뉴욕의 빈민가―역주) 출신의 여인들은 공공연히 낙태를 안내받고 있다.

이미 우리는 세계의 식량 문제는 부를 더 공평하게 분배함으로써가 아니라 피임약만으로 해결될 수 있다고 생각하는 이들이 국민을 대표하는 나라에서 살고 있다. 우리는 주 의회가 안락사를 합법화하고, 연방 대법원이 태아의 생명에 관한 문제를 재산과 사적 자유의 문제로 환원함으로써 낙태를 제도화하는 나라에서 살고 있다. 비용 편익 분석(cost-benefit analysis)이라는 관점에서 사형과 핵 확산, 임신

중절, 뇌 손상 환자에 대한 안락사를 시행하고 있다.

이미 우리는 세계 인구의 4분의 1에 해당하는 사람들이 먹는 것보다 강아지를 더 잘 먹이는 나라에서 살고 있다. 과체중인 강아지를 위한 새로운 다이어트 사료에 대한 최근 광고는 이 고통스러운 현실을 더욱더 분명히 드러낸다. 일부 국가들은 살을 찌우는 데 쓰는 것보다 더 많은 돈을 다이어트에 쓴다. 우리는 지난 몇십 년간 육류 소비량을 두 배 이상 늘렸고, 그에 따라 비만과 관련된 치명적인 질병도 늘어났다. 한편으로, '구명보트 윤리'(탑승 인원이 한정된 구명보트에 누구를 태울 것인가 하는 문제와 관련된 윤리적 논의-역주)에 관해 열띤 논의를 벌이면서 '태워 줄 자리가 부족하다'는 이유로 세계의 가난한 이들을 포기해 버린다. 그 와중에 우리는 오염 물질을 배출하는 풍요로움 속에서 숨 막힌 채 살아간다. 이미 우리는 비밀리에 불법 전쟁을 추진하는 나라, 역사상 최대의 집중 폭격을 가하는 것이 적합하다고 판단하는 나라, 제3세계의 사람들에 대해 경멸에 가까운 태도를 보이는 지도자들을 칭송하는 나라, 다른 나라 정부 전체를 조종하고 통제하며 종식시키는 나라에서 살고 있다.

정치적 수사로는 '온정적 보수주의'로 대표되는 '더 친절하고 더 관대한' 나라라는 환상을 부추기지만, 현실에서는 사회적·정치적 비열함을 그대로 드러내는 경우가 더 많다. 아부 그라이브 교도소(이라크 수도 바그다드 인근에 있는 이라크 최대의 정치범 수용소로서 이곳에서 미군이 고문을 행하는 사진이 인터넷으로 유포되어 큰 논란이 일었다-역주)의 끔찍하고 비인간적인 사진이나 고문을 목적으로 동유럽과 중동에 만들어 둔 '비밀 감옥'에 관한 보도는 '드문 예외'이며 비미국적인 사례라고 둘러댄다. 존 매케인 상원의원이 발의한, 수감자를 '잔인하고 비인간적이며 수치스러운' 방식으로 취급하는 것을 금지하는 법이 상원의원 90명의 지지를 받고 통과된 것으로 보아 예전에는 그런 행위가 있었음이 분명하다. 그러나 2005년 12월 해리스 여론 조사에 의하면 대다수의 미국인들은 상원의원들과 생각이 다르다. 과반수의 사람들이 고문이 시행되는 비밀 수용소로 수감자를 '송치'하는 것뿐만 아니라 고문 자체도 때때로 혹은 자주 정당화될 수 있다고 말했다. 심지어 과반이 훨씬 넘는 80퍼센트의 사람들은 (미국은 고문을 행하지 않는다는 대통령의 주장조차도 믿지 않는 듯) 우리가 실제로 그렇게 하고 있다고 생각했다.

민권을 옹호하기로 유명한 변호사 앨런 더쇼비츠(Alan Dershowitz)는 『테러리즘의 효과』(Why Terrorism Works)에서 수천 명의 목숨을 위협하는 급박한 공격에 직면했을 때는 고문이 정당화될 수 있다고 주장한다. 두 번째 부시 대통령의 생명윤리위원회의 위원이었던 찰스 크라우트해머(Charles Krauthammer)는 「더 위클리 스탠더드」(The Weekly Standard)에 기고한 장문의 칼럼에서 고문은 허용되어야 할 뿐만 아니라 '도덕적 의무'라고 주장했다. 비록 고문은 '당하는 이보다 행하는 이들에게 더 수치스럽고 도덕적으로 파괴적인,…인간이 생각할 수 있는 어떠한 행위보다 끔찍한 악'이지만, 그는 대량 살상을 예방하기 위해 무슨 일이라도 해야 한다고 주장했다.

일부 군사 전략 '수뇌부'는 미국이 그 어떤 나라나 지역 국가도 군사적 위협이 못 되게 하는 것을 목적으로 삼아야 한다고 주장한다. 역사상 그 어떤 나라보다 더 많은 '대량 살상 무기'를 생산하는(그리고 실제로 그 무기를 민간인에게 두 배 이상 많이 사용하는) 나라의 대통령이 다른 나라를 향해서는 이런 무기를 보유하겠다는 생각을 갖지 말라고 경고한다. 이런 식으로 미국의 '냉혹함'을 보여 주자는 예외주의적 정책은, 전화로 참여하여 복수하자고 목소리를 높이는 청취자의 말과도 통한다. 그 청취자는 이란에 핵폭탄 공격을 가해 그들의 '엉덩이를 걷어차' 주고 '아랍 국가들을 거대한 재떨이로 만들어 버려야' 한다고 말했다. 뿐만 아니라, 군사 문제에 관한 우리의 '냉혹함'은, 범죄에 대해서도 무섭게 대처하여 교도소에 수감된 민간인의 비율이 깜짝 놀랄 정도로 높다는 사실과 범죄자를 처형하는 유일한 민주 국가라는 사실과도 직결된다.

우리는 군사 문제나 형벌 제도에서 무자비할뿐더러 가난한 이들을 대할 때도 무자비하다. 쇠락하는 도시 속에서 의료 보험도 없이 제대로 교육도 받지 못하고 구매력을 잃어 가는 이들의 삶은 해가 갈수록 더욱더 어려워지고 있다. 국방부에는 엄청난 규모의 예산이 배정되고 있으며 금융 엘리트들은 전례 없을 정도로 부를 축적하는 반면, 가난한 이들 — 복지 수당과 한정된 수입으로 살아가는 이들, 최저임금으로 사는 이들, 가족을 부양할 정도의 수입도 없는 이들 — 은 허리띠를 졸라맨다. 21세기가 시작된 후, 납세자 중 가장 부유한 20퍼센트가 이 나라 총소득의 50퍼센트를 벌며 세금의 거의 60퍼센트를 내고 있다. 이런 사실에 대해 어떤 이들은 부자들에게 불공평한 정책이며 더 많이 벌려는 의욕을 저해한다고 생각할 것이다. 하지만 우리의 경제 구조와 1990년대에 폭발적인 경제 팽창으로 가장 큰 이익을 얻는 이들은 부유한 사람들이다. 이 책의 초판이 출간되었을 때, 미국 기업의 최고경영자들은 노동자들의 평균 임금의 42배를 벌었다. 25년이 지난 지금 그들의 수입은 노동자들의 임금의 419배에 달한다. 그러나 그 누구의 요청도 없었고 오히려 엄청난 국가 채무를 안고 있음에도 불구하고, 부시 대통령은 감세액의 78퍼센트가 최고소득층에게 해당되는 감세 정책을 밀어붙였다. 그 덕분에 「월스트리트 저널」은 뻔뻔하게도 '이제 기업들에게 보답할 시간이 왔다'고 선언할 수 있었다.

언론은 현실을 억압하고 환상을 구축할 수 있다. 2004년 한 해 동안 ABC가 수단에서 일어난 끔찍한 다르푸르 인종 학살에 관해 보도한 시간은 총 18분이었다. (NBC는 5분, CBS는 3분이었다.) 니콜라스 크리스토프(Nicholas Kristof)가 쓴 「뉴욕 타임스」의 기사에 따르면, 세 방송국이 마사 스튜어트(Martha Stewart)에 관해 보도한 시간은 130분이었다. 한 달 동안 주요 뉴스 채널을 다 합쳤을 때, 마이클 잭슨에 관한 보도가 다르푸르 학살에 관한 보도보다 55배 더 많았다. 물론 이 같은 일이 일어나는 까닭은 잭슨과 스튜어트는 광고를 늘리는 데 도움이 되지만 다르푸르는 오히려 광고를 줄어들게 하기 때문이다.

우리는 헤아릴 수 없이 많은 국제적으로 조직화된 속임수나 다름없는—거짓된 필요를 부추기고 거짓 약속을 선전하는—산업에 해마다 거의 2억6천만 달러를 지출하는 호사를 누리고 있다. 우리는 아주 어린 시절부터 경제의 '생명이자 핏줄'인 광고계로부터, 물건이 없으면 무시당하고 무능한 사람이 된다는 메시지를 듣는다. '닷선(Datsun, 1980년대 중반까지 판매된 닛산의 자동차—역주)이 당신을 구하고 자유롭게 한다.' '뷰익은 믿을 수 있는 차다.' '난 의미 있는 관계를 찾고 있어. 그리고 색스 피프스 애버뉴에서 그걸 찾았어.' '코카콜라가 진짜다.' '사랑은 향수다.' 이미 생산되는 상품 때문에 숨이 막힐 지경인 이 나라에서는, 광고 업체들조차도 사실은 우리에게 더 이상 상품이 필요하지 않기 때문에 그들이 상품을 팔지 못한다는 사실을 인정한다. 대신 그들은 우리에게 상품에 투사된 가치를 판다. '보스'(Boss).

'영웅'(Hero), '지식'(Knowing), '아편'(Opium), '진리'(True), '승리'(Triumphs), '날씬함'(Slims).

우리는 종종 의식하지 못한 채 그 문화 안에서 숨 쉬며 살아간다. 이 세계는 의심 없이 받아들이고 적응해야 할 '진짜 세계'다. 친구들이나 학생들, 동료들이 '결국 중요한 건 돈과 권력이야'라고 말할 때 그들은 바로 이 세계에 호소한다. 이 세계는 곧 우리가 살고 있는 문화 복음의 세계이며, 반드시 도전하고 비판해야 할 세계다.

표면 아래 감춰진 통일성

소비사회를 하나의 삶의 형식, 즉 상품으로서의 삶의 형식이라고 이야기하면서 나는 그것을 하나의 복음에 비유했다. 왜냐하면 물질적인 것을 구매하고 소비하는 행위는 종교적인, 심지어 신학적인 의미를 지니기 때문이다. 그것은 하나의 '생활 방식', '진짜 세계'에 관한 진리, 우리의 존재 안에서 의미를 실현하고 성취하는 방법으로 작동한다. 비인간화의 문제와 비인간화의 경험이라는 어지러운 주마등의 이면에는 우리의 경험을 '형성하는', 즉 우리의 경험에 형태를 부여하는 하나의 포괄적인 통일성이 존재한다.

겉보기에 상이한 이슈들 사이에 어떤 관계가 있는지를 처음에는 이해하지 못할지라도, 분명히 어떤 연관성이 있다. 외과 수술처럼 '깨끗하고' 정확한 정밀 폭격과 살균된 분만실 사이에는 둘 다 위생적인 죽음을 시술한다는 연관성이 있다. 거리의 폭력과 대중매체에서 여성을 비하하거나 비정하게 아이들을 방치하는 것을 연결시켜 주는 의미의 망이 있다. 제3세계에 사는 수백만 명의 사람들은 죽는 게 차라리 낫다는 태도와, 아무런 삶의 '의미'나 '자격'이 없는 이들에 대한 안락사나 조력 자살이라는 새로운 기법 사이에는 분명히 관계가 있다. 100만 명의 베트남 사람들을 죽였으며 원자폭탄을 제외한 모든 폭탄을 퍼부어 놓고도 '한 손을 등 뒤에 묶어둔 채' 싸웠을 뿐이라면서 '베트남 증후군'을 극복하자고 주장하는 이들과, 10만 명의 아랍인들이 죽고 300만 명의 난민이 발생했음에도 불구하고 첫 번째 이라크 전쟁에서는 사상자가 거의 없다고 우기는 이들은 동일한 논리를 펼치고 있다.

이 모든 것을 하나로 묶는 주제는, 특정한 부류의 사람이 아니라면 중요하지 않다는 태도다. 권력이나 부, 생산성, 국가의 이익이라는 가치를 부여받지 못한 사람들이라면, 그들은 '우리의 삶의 방식'이라는 제단에 희생 제물로 삼을 수 있는 사람들일 뿐이다. '우리의 것', 우리가 지닌 것, 우리가 소유하고 소비한 것이 다른 모든 가치를 가늠하는 궁극적인 기준이 되고 말았다. 하나의 궁극적 원리로서 이 기준은 기능적인 신이 되었다.

경제적 생활 방식이 종교적 대용물이 될 수 있다는 생각을 처음 갖게 된 것은, 30년 전 박사 학위 논문을 쓰면서 카를 마르크스(Karl Marx)를 읽을 때였다. 그의 유명한 저작인 『자본론』(Das Kapital)을 흥미진진하게 읽었다. 끝도 없이 이어지는 경제 통계와 분석 때문이 아니라 경제적·문화적 삶과 종교적 신념을 비교하기 때문이었다. 우리가 어떻게 물질적 대상과 도착적인 관계를 맺고 있는가를 설명하기 위해 그가 만들어 낸 용어가 '상품 물신주의'였다. 사람들은 점점 자신들의 손으로 만든 상품을 숭배하게 된다는 말이다. 우리는 인격체의 대체물처럼 상품을 대할 뿐 아니라, 상품이 우리에게 의미와 목적과 살아갈 이유를 제공하는 신이라도 되는 것처럼 대한다. 더욱이 그로써 우리는 점점 더 인간성을 상실한 사물에 불과한 존재인 것처럼 서로를 대하게 된다.

'물신'이란 만들어진 것, 인간 노동의 산물이다. 그러나 동시에 우리가 경건한 마음으로 숭배하는 대상이기도 하다. 물신은 우리 스스로 만들어 낸 것이지만, 우리는 우리를 지배하는 힘을 그것에 부여하고 물신의 형상을 따라 우리 자신을 꾸민다.

어떤 점에서 나는 마르크스가 저명한 랍비였던 자신의 삼촌과 할아버지에게 영향을 받았을지도 모른다고 생각했다. 그가 말하는 물신주의라는 개념이 시편 115편에 나타난 시편 기자의 생각과 너무나도 비슷했기 때문이다.

> 이방 나라의 우상은 금과 은으로 된 것이며,
> 사람이 손으로 만든 것이다.
> 입이 있어도 말하지 못하고,
> 눈이 있어도 볼 수 없으며,
> 귀가 있어도 듣지 못하고,
> 코가 있어도 냄새를 맡지 못하고,
> 손이 있어도 만지지 못하고,
> 발이 있어도 걷지 못하고,
> 목구멍이 있어도 소리를 내지 못한다.
> 우상을 만드는 사람이나 우상을 의지하는 사람은
> 모두 우상과 같이 되고 만다. (4-8절, 새번역)

상품이라는 '물신'은 실제로 하나의 생활 방식이자 존재의 형식이며, 그에 따라 사람들은 사고파는 물건의 형상을 따라 그 모양대로 '형성'된다. 상품을 만들기 위해 노동하고 노동의 산물을 소비하기 위해서만 살아갈 때, 우리는 살아 계시며 인격적이신 하나님의 형상이 아니라 보지도 만지지도 듣지도 말하지도 못하는 죽은 사물의 형상을 따라 재창조된다. 죽어 있는 대상에 우리의 정체성을 의탁할 때, 우리는 그것의 성격을 취하여 우리 자신 역시 보지도 만지지도 못하는, 진정으로 소통하지 못하는 사물에 불과하다고 상상하게 된다. 그렇게 우리는 참된 자아로부터, 서로에게서, 심지어 살아 계시며 진리이신 하나님으로부터 소외된다. 인간으로서의 관계와 활동과 본질이 사물의 특성으로 전락한다.

우리는 우리가 신뢰하는 우상의 모습으로 변화된다. 상품을 숭배하고 상품을 위해 살아가며 상품의 질에 따라 우리 자신을 판단함으로써, 우리는 자유와 인격을 앗아 가는 거짓 신을 창조해 냈다. 모든 형태의 우상숭배는 참된 인간관계를 없애고 인간 세계의 질서를 전복시킨다. 우상숭배는 고통을 안겨 주며, 삶과 목적을 국가나 물질의 소유, 기술, 종교적·정치적 이데올로기에 봉사하는 수단으로 축소시키고 만다.

이처럼 종교적 의식과 사회·경제적 의식이 밀접하게 연결되어 있다는 생각은 요한 바오로 2세의 글에서도 드러난다. 특히 많은 미국인들은 그가 왜 그렇게도 자주 소비주의와 자유주의적인 자본주의를 비판했는지 이해하지 못했다. 그들은 서구 사회가 거둔 위대한 성공을 인정해 주지 않는 교황의 입장에 대해 당혹스러워했다. 그러나 그는 우리가 경제적인 자유와 높은 생산성을 이룩한 대신, 보다 더 근본적인 부자유에 빠져 소비주의의 노예로 전락할 위험에 빠질 수 있음을 경고한다. 그러므로 그의 첫 번째 회칙 『인간의 구원자』(Redeemer of Humankind, 한국천주교중앙협의회)는 일차적으로 기독론과 영성에 관한 편지로서, 어떻게 인간이 정치와 경제, 대중매체의 조작에 의해 노예가 되고 급기야 자아마저 잃어버리게 되는지에 초점을 맞춘다. "인간은 자기 자신을 양도하거나 눈에 보이는 세계 속에서 자신이 차지하는 지위를 포기할 수 없다. 인간은 사물의 노예, 경제 체제의 노예, 상품의 노예, 자신이 만든 물건의 노예가 될 수 없다."

이 폴란드 출신의 교황은—그의 견해는 종종 한 동유럽인의 무지한 오해일 뿐이라고 무시되곤 한다—동구권에서 살던 사람들이 자신들이 당하는 억압을 분명히 인식하는 반면, 자본주의 사회에서 사는 사람들은 자신들의 억압받는 상태를 제대로 인식하지도 못한다고 생각했다. 그러므로 그는 공산주의가 몰락한 직후인 1990년에 멕시코를 방문했을 때도, 피상적인 승리감에 도취된 자유주의적 자본주의의 옹호자들을 향해 경고했다. 그는 두랑고의 기업 지도자들에게 던진 경고의 메시지를 이튿날 몬테레이에서 노동자들에게 했던 설교를 통해 다시 한 번 강조했다. "자유가 살아 있는 나라에서 공적인 영역과 사적인 영역이 협력하여 선한 결과를 이루어 내고 있음을 부인하지는 않지만, 그렇다고 해서 돈과 소비를 주된 동력원으로 삼는 경제 체제가 지닌 결함에 관해 침묵할 수는 없습니다. 이 경제 체제는 인간의 존엄성을 존중하지 않고, 인간을 단지 상품을 생산하는 거대한 기계의 부속품에 불과하다고 생각하고, 인간의 노동을 수요와 공급의 원리에 따라 결정되는 또 다른 상품으로 취급하면서 인간을 자본에 종속시키고 있습니다."

나는 우리의 국가적·개인적 정체성이 소비주의적 '생활 방식'에 너무나도 깊이 뿌리를 내리고 있기 때문에 이런 도전과 경고를 수용하기가 무척 어렵다고 생각한다. 소비주의적 삶이 삶 자체가 되어 버렸기 때문에 다른 방식의 삶을 상상하는 것이 거의 불가능해져 버렸다. 상품 형식은 '복음'이 되고 말았다.

그러나 그렇다고 해서 그것이 정말로 '좋은 소식'이 되었다는 말은 아니다.

3 • 상품 형식: 소비와 마케팅

크리스토퍼 래쉬(Christopher Lasch)는 저서 『참되고 유일한 천국』(*The True and Only Heaven: Progress and Its Critic*) 초반부에서 자전적 이야기를 들려주면서 북미 사회의 문화적 혼란상에 관해 이야기한다. 그는 부모의 관점에서 이 사회를 바라보면 이곳은 '최악의 사회'일 수밖에 없다고 말한다.

이 관점에서 볼 때 우리의 생활 방식이 얼마나 불건전한지가 너무나도 분명히 드러난다. 우리는 성과 폭력, 포르노그래피에 사로잡혀 있고, 약물과 '연예계', 저녁 뉴스에 중독이 될 지경이다. 우리는 선택의 자유가 제한될 때 분노하고 '구속받지 않는 관계'를 선호한다. 우리는 3등급의 교육제도와 3등급의 도덕의식을 가지고 있다. 우리의 도덕을 남들에게 '강요'하고 그 결과 남들도 그들의 도덕을 우리에게 '강요'하는 상황을 피하기 위해, 우리는 옳고 그름을 구별하지 않으려 한다. 우리는 판단하거나 판단받기를 싫어한다. 다음 세대에게 엄청난 규모의 국가 채무를 떠안기고 엄청난 규모의 살상 무기를 남기며 환경을 오염시키는 것을 통해 분명히 알 수 있듯이, 우리는 다음 세대의 필요에 무관심하다.

우리는 새로 태어나는 아기들을 환대하지 않는다. 제한 없는 낙태를 주장하는 목소리는, 장차 성공할 아이들만 태어날 자격이 있다는 우리의 암묵적인 합의에 기초해 있다.

래쉬는 개인적·사회적 병폐를 열거하고 있다. 한 문장에서 다양한 증상을 언급함으로써 그는 자유주의자와 보수주의자 모두를 난처하게 만든다. 그는 발전이라는 마법에 걸린 사회에서는 이런 문제가 발생할 수밖에 없다고 생각한다. 따라서 그의 책은 이 마법에 대한 역사적·문화적 해석이다.

그러나 나는 래쉬의 비판을 보충하고 그 이상의 의미를 담고 있는 신학적·철학적 해석이 존재한다고 생각한다. 소비주의는 실재의 체계(무엇이 가장 실재적이며 가치 있는 것인가에 관한 철학)인 동시에 종교(무엇이 우리를 구원하고 우리에게 궁극적인 의미를 제공하는가에 관한 믿음)의 역할을 하기 때문에 우리의 개인적·사회적 삶의 모든 영역을 잠식해 버렸다. 소비주의와 상품이 중심이 되는 삶의 형식은 우리의 다양한 경험이 그렇듯이 그 형식 속에서, 그 형식을 통해, 그 형식과 더불어 살아가는 통합적 단일체로 이해해야 한다. 소비주의가 어떤 식으로 우리 삶의 구석구석을 차지하고 있는지 이해하고 싶다면, 그것을 하나의 총체적 세계관으로 보아야 한다. 소비주의는 그저 쇼핑하는 방식에 영향을 주는 게 아니다. 소비주의는 우리가 생각하고 느끼는 방식, 사랑하고 기도하는 방식, 적을 평가하는 방식, 배우자나 자녀들과 관계를 맺는 방식에 영향을 미친다. 소비주의는 '체계적'이고 '변증법적'이다.

마찬가지로 예수님의 복음 역시 서로 분리된 것처럼 보이는 우리의 '생활 세계'를 이루는 각각의 영역들을 관통하고 통일시키는 통합적 단일체로 이해해야 한다. 복음은 그저 기도하는 시간이나 주일만을 위한 것이 아니라, 우리가 살아가는 모든 시간을 위한 것이다. 그리스도를 믿고 그 믿음이 진짜라면, 그 믿음은 우리가 예배하는 방식을 변화시킬 뿐만 아니라 우리가 노동하고 노는 방식, 물건을 사고파는 방식, 사랑을 나누거나 전쟁을 대하는 방식을 변화시킬 것이다.

십계명을 어기도록 부추기는 경제적 조건이 존재할까? 기존의 경제적·사회적 체계가 개인의 헌신과 기도를 방해하거나 베풀며 사는 삶을 막는 경우가 있을까? 평생의 서약에 따라 살아가는 데 방해가 되는 문화적 편향이 존재할까? 순결을 지키는 것으로 정치적 영향력을 발휘할 수 있을까? 그것은 기업 활동을 저해하는 요소일까? 검소함은 어떤가? 평화의 왕은 국가주의를 약화시킬까? 부부간의 정절이나 자녀들과 꾸준히 친밀한 관계를 유지하는 것으로 사회 정의를 이루는 데 기여할 수 있을까?

이런 물음에 답하기 위해서는 먼저 성령이 다스리지 않거나 다스릴 수 없는 사회적·정치적·경제적 영역이란 존재하지 않는다는 것을 분명히 깨달아야 한다. 그리고 역사에 영향을 주지 않거나 역사에 영향을 받지 않는 성령의 통치 또한 존재하지 않는다는 것을 깨달아야 한다.

지금 미국은 물건을 생산하고, 구매하고, 소비하는 행위가 사람들에게 궁극적 의미의 지평을 제공하는 상황이다. 미국이 '실천하는' 복음, '진짜 세계'는 상품 형식이다.

상품에서 최고의 가치를 지니는 것은 생산과 마케팅, 소비다. 이런 가치들이 자신의 값어치와 중요성을 인식하도록 조건 짓는 윤리적 잣대가 된다. 이런 가치들은 우리의 자기 이해뿐만 아니라 인간 행위의 본보기(조작과 공격), 인간 지식의 본보기(계량화와 관찰, 측정), 인간 정서의 본보기(감정을 함부로 드러내지 않는 태도와 기계적인 성관계)에도 깊은 영향을 미친다.

오래전 AP 통신은, 위스콘신 주에 있는 위네바고 정신병원의 대럴드 트레퍼트(Darold Treffert) 박사가 십 대들이 '미국의 동화'(The American Fairy Tale)에 희생되고 있다는 그의 이론을 소개한 적이 있다. 그 기사 중 일부는 이렇다.

열다섯 살인 에이미는 언제나 학교에서 모든 과목에 A학점을 받아 왔다. 그녀의 부모는 성적표에 B라도 있으면 몹시 화를 냈다. 에이미는 자신의 부모에게 "내가 하는 일에 실패한다면 내 삶 자체도 실패입니다"라고 적힌 유서를 남기고 자살했다.

트레퍼트는 이렇게 말한다. "미국의 동화는 두 가지 주제로 시작된다. 더 많이 가질수록 더 많이 행복해진다. 그리고 더 많이 일하거나 생산하는 사람이 더 중요한 사람이다."

이런 주제는 상품 형식의 근본 주제이기도 하다. 사랑을 획득하고 쟁취하고 얻고 증명해야 하는 가정부터, 오직 생산과 계량화된 점수와 경쟁을 부추기는 순위에 따라서 가치의 등급을 매기는 교육 현장, 교인 수를 따지고 매디슨 가(Madison Avenue, 미국 광고업계의 중심지 - 역주)의 방식으로 교인들을 끌어모으려는 종교계, 소수의 승자에게만 일자리를 주고 더 이상 쓸모가 없으면 소모품처럼 퇴직시켜 버리는 노동계에 이르기까지 이 모든 영역을 지배하는 것은 결국 시장 논리다. "피오리아에서 통할까?"("평균적인 미국인들에게 호응을 얻을 수 있을 것인가?"라는 뜻. 피오리아는 일리노이 주의 한 도시로서 이곳에서 잘 팔리는 물건은 미국 전체 시장에서도 잘 팔린다 - 역주)라는 말은 워터게이트 스캔들에서 드러난 불법 행위에 대한 변명을 포장하려 할 때 기준이 되었을 뿐만 아니라 자아를 판단하는 기준이 되고 말았다. 내가 팔릴까? 그들이 나를 사려고 할까? 우리는 어렸을 때부터 졸업장과 기술, 재능, 직위를 동원하여 우리의 생산성과 인격이 시대에 뒤처지지 않았음을 증명해야 한다. 생산성이 좋지 못하다면 당신은 쓸모없고 무가치하다. 경제적으로 가난한 사람이거나, 굶주린 벵골 사람이거나, 사형수이거나, 성 가신 5개월짜리 태아라면 당신은 아무도 원치 않는 사람일 뿐이다. 끔찍하게 낙태당하는 태아들에게 닥친 위기는, 노동할 수 있는 나이가 지났기 때문에 무가치해지고 버림받았다는 기분 속에서 살아갈 수밖에 없는 은퇴한 노인들의 삶을 예견하는 첫 번째 경고라고 할 수 있다.

이런 태도는 사실상 인간의 본질적 독특성이나 대체할 수 없는 가치를 부인한다. 인간은 사고팔 수 있거나 생산할 수 있는 한에서만 가치를 가진다. 인간의 가치를 표현하고 향상시키는 한에서만 가치를 지녀야 할 상품이 인간의 가치 자체를 측정하는 기준이 되고 말았다. 상업주의나 상품이 한 사람의 삶의 의미를 규정한다면, 우리가 무엇을 살 수 있는지, 무엇을 팔 수 있는지, 혹은 최소한 우리가 무엇을 소유하고 있는지에 따라서 우리의 본질적인 목적과 가치가 결정된다. 한 개인의 독특한 본질로부터 앎이나 사랑과 관련된 독특한 인격적 특성, 사물에 의해서는 말할 것도 없고 다른 사람에 의해서도 절대로 복제될 수 없는 삶에 이르기까지, 이 모든 인간적 속성들은 생산성과 시장의 논리가 궁극적 기준이 되는 세상 속에서는 사라질 수밖에 없다.

인간의 가치를 무시하고 그런 태도를 정당화하는 상품 형식은 결정적이진 않지만 그럼에도 불구하고 의미심장한 불만의 주요 원인이 되는, 보이지 않는 곳에서 작용하는 기준이기도 하다. 시장이 고도로 세분화됨에 따라 다양한 전문 잡지와 「플레이보이」(Playboy)류의 잡지들이 생겨났다. 가족 텔레비전 채널의 프로그램이나 공영 방송, 노인들을 주 시청자로 삼는 프로그램들이 어려움에 처하게 된 것도 마케팅이라는 요소 때문이다. 포르노그래피에 반대하는 피켓을 들고 시위하는 사람들은 이를 알지 못하거나 인정하지 않을지 몰라도 결국 시장의 논리에 항의하는 것이다. 모든 기업가들이 포르노그래피 시장의 배후에 있는 것이 공산주의의 음모가 아니라는 사실을 잘 알고 있다. 평화주의자들의 시위 때문에 베트남전이 종식된 게 아니라, 그저 비용 편익 분석에 따라 전쟁을 시작하고 끝냈을 가능성이 훨씬 높다. 미국 국무장관은 이스라엘의 자치라는 명분 때문이 아니라, 석유에 기반을 둔 미국의 경제를 위해 중동에서 전쟁을 벌이겠다고 위협하기도 했다. 아마도 그는 유럽이나 일본의 차와 동일한 연비를 갖춘 자동차를 생산해서 석유를 자급하기보다는 엄청난 양의 기름을 소비하는 자동차를 계속 구입하면서 전쟁을 지속하는 편을 택했을 것이다. 그의 입장은 '거듭난' 미국 대통령의 연설을 통해 재확인되었다. 그리고 그 결과 첫 번째 걸프전에서 수십억 달러 규모의 군사 작전을 수행했다. 이 전쟁이 너무나도 중요했기 때문에 우리는 참전의 대가로 이집트에, 참전하지 않는 대가로 이스라엘에 기꺼이 돈을 지불했다. 우리는 돈에 영혼을 빼앗기고 있다.

우리는 거짓 환상에 속아 우리의 동기는 '이익'이 아니라 원칙이라고 믿는다. 하지만 조직적으로 그리고 개인적으로 우리 자신에 대해 정직하다면, 실제로 우리는 상품의 윤리를 따라 살고 있다는 걸 인정할 수밖에 없다. 우리는 거래 가능한 것을 소비하며, 구매력에 따라 우리 자신도 거래 가능한 존재가 된다. '당신이 무엇을 먹는지가 당신의 존재를 결정한다.' '많을수록 좋다.' '당신의 차는 당신에 관해 무엇을 말해 주는가?' 우리는 아이디어나 패스트푸드, 뉴스, 필요도 없는 최신 플라스틱 기계 장치, 혹은 다른 사람들을 소비한다. 필요를 인위적으로 만들어 낸 후 거래 가능한 상품이라고 확인된다면 무엇이든지 팔 수 있다.

우정, 친밀함, 사랑, 자만심, 행복, 기쁨은 사실상 우리가 구입하고 소비할 수 있는 물건이 되었다. 혹은 그런 가치들을 준다고 약속하며 그것으로 이름 붙인 텔레비전, 술병, 캐딜락, 허머, 그 이상의 물건들이다. 그런데 이러한 인간의 심층적인 소망들은 어떤 상품을 통해서도 충족될 수 없는 것이기 때문에 그저 상품을 소비하는 것만으로는 충분하지 않다. '더 많은' 상품, 혹은 '새롭게 개선된' 상품만이 인간의 욕망에 주어진 유일한 위안이다. 그러므로 판매자는 터무니없이 지어낸 약속으로 상품을 더 많이 구입하도록 우리를 자극한다. 즉 매체의 조작으로 야기되는 불안에 대한 해답은 더 많은 상품이다. 따라서 소비는 단지 경제적 요소에 그치지 않는다. 소비는 '삶의 방식'이자 중독이다.

그렇다면 세계의 6분의 1이 세계 에너지의 절반 가까이와 식량의 3분의 1 이상을 소비하고 있는 현실이나, 한 나라가 국민 수보다 많은 라디오와 가족 수보다 많은 텔레비전을 보유하고 있고 가정당 자녀 수보다 자동차 수가 더 많다는 사실에 놀랄 이유가 있겠는가? 상품 형식의 논리가 지배할 때 소비가 삶 자체보다 더 중요해질 수밖에 없다. 그리고 삶의 질을 표현하는 신성한 말들이 고작 소비의 양을 뜻하는 말로 전락한다.

　'구명보트 윤리'를 주창하는 사람들은 다 태울 자리가 없다는 '어려운 문제'에 봉착해 있으므로 물에 빠져 죽어 가는 나라를 포기하거나 생산적이지 않은 사람들을 인류의 구명보트 밖으로 내던질 수밖에 없다고 말한다. 그러나 그들의 왜곡된 언어 이면에 숨겨진 현실은 우리가 자동차, 텔레비전, 공허한 음식, 골프장과 공동묘지에 뿌리는 비료, 앵무새용 기저귀의 무게 때문에 침몰하는 초호와 여객선을 타고 있다는 점이다. 우리는 자녀를 가진 부모의 입장에서 미래를 걱정하면서도, 고갈될 것으로 우려되는 재생 불가능한 천연자원 대부분을 소비하는 조직에 전적으로 의존하고 있다.

　역설적 현실이 우리의 의식을 가득 메우고 흐리게 한다. 우리는 새로운 삶이나 인구 '폭발'에 관해 이야기하기를 두려워한다. 비록 미국에서 인구 폭발이 일어날 것이라는 1960년의 가장 무서운 예언이 2000년까지 들어맞았지만, 우리는 아직도 모든 미국인들을 앞자리에 태울 수 있을 정도로 많은 수의 자동차를 보유하고 있다. 우리는 인간 됨에 대해 편견을 갖게 되었다. 우리와 상호적이고 책임 있는 관계를 맺으려고 하는 사람이, 내 소유의 '물건'보다 더 위협적이고 우리의 존재에 대해 더 많은 것을 요구한다고 생각한다. 우리는 애완동물을 쫓아다니며 청소하고 그들을 치장하며 사랑스럽게 씻겨 주고 먹이를 준다. 집 앞의 잔디를 깔끔하게 깎고 차의 먼지를 꼼꼼히 닦아 낸다. 그러나 우리에게 문화와 삶과 물질을 전해 준 몸이 불편한 노인들을 그런 식으로 돌보는 일은 생각조차 하기 싫어한다.

　우리의 욕망과 가치, 궁극적으로 자아의 상품화는 우리가 매체와 맺는 관계를 통해 가장 강렬하게 드러난다. 미국에 각 가정당 다섯

대 이상의 라디오가 있기는 하지만, 상품에 대한 우리의 생각에 가장 많은 영향을 미치는 것은 시각 매체다. 카이저 가정 재단(Kaiser Family Foundation)에서 2005년에 실시한 매체에 관한 연구에 따르면, 미국의 어린이들은 텔레비전과 비디오 게임, 컴퓨터, 그 밖의 매체에 날마다 여덟 시간 반 동안 노출된다. 텔레비전 시청에 관한 설문에서 8세에서 18세까지의 아동과 청소년 중에서 63퍼센트는 식사 중에 텔레비전을 켜 둔다고 답했고, 53퍼센트는 늘 켜 둔다고 말했다. 우리가 전체 삶에서 다른 사람들과 보내는 시간과 매체와 보내는 시간을 비교해 볼 때, 그 수치는 놀랍기 그지없다. 미국인들의 평균 시청 시간은 주당 29시간에 이르는데, 이는 일생에서 13년 동안 텔레비전을 보는 것이다. 황금 시간대에는 광고의 비중이 27퍼센트에까지 이르기 때문에, 우리는 광고를 보는 데만 일생 중 3년을 소비한다. 광고는 수백만 명의 자존감과 인식에 유해한 영향을 미치는 메시지를 끊임없이 내보낸다. 당신은 머리카락이 너무 길다. 당신은 머리카락이 너무 짧다. 당신은 피부가 너무 하얗거나 어둡다. 당신은 끔찍한 냄새가 난다. 당신은 너무 뚱뚱하다. 너무 말랐다. 기미가 많다. 5학년이 되면 어린이용 브래지어를 착용해야 한다. 그렇지 않으면 친구가 없을 것이다. 당신의 가슴은 너무 크거나 끔찍할 정도로 작다. 아편이나 사향을 쓰지 않으면 불감증이 되거나 발기불능이 될 것이다. 우리의 비정상적 자기혐오는 자아도취적 소비를 부추긴다.

만약 광고의 공격이 우리에게 아무런 영향을 미치지 않는다고 믿는다면, 어린이들이 텔레비전을 어떻게 보는지, 그들의 가치나 취향이나 수요가 어떻게 규정되고 조작되는지, 성탄절에 쓰레기 같은 최신 장난감을 선물로 받지 못하면 어떻게 불행한 사람이라고 믿게 되는지에 대해 특별히 주의를 기울여야 한다. 광고가 효과적이지 않다면, 1년에 2,600억 달러를 광고에 쏟아붓는 일은 없을 것이다. 그런 엄청난 지출(그리고 인간의 행위에 영향을 미치는 광고의 힘에 대한 심대하고도 명백한 믿음)을 감안할 때 텔레비전 프로그램의 폭력적이고 진부한 내용이 어린이의 행동에 아무런 영향을 미치지 않는다는 주장은 거짓말이거나 당혹스러울 정도로 공허한 말일 뿐이다.

　남가주 대학교에서 실시한 한 연구에서, 초등학생들이 장시간 텔레비전 시청에 노출될 때 언어 창의력을 제외한 모든 분야의 학습 능력이 저하된다는 사실을 밝혀냈다. 다른 연구에서는 텔레비전 시청의 결과로 어린이들이 대인 관계에서 더 공격적인 성향을 나타내거나, 자기 주도적 행위에 있어서 더 소극적이거나, 신경 활동과 관련하여 과잉 행동 성향을 보이거나, 삶을 살아가고 즐기는 능력이 퇴보되는 경향이 있음을 밝혀냈다. 우리는 어릴 때부터 자신을 인식하는 방식, 자신의 가치, 자기 수용, 자신의 행위가 상품을 닮은 모습으로 빚어진다. 유치원생들은 깨어 있는 시간의 평균 64퍼센트를 (돈이나 상품을 놓고 탐욕스럽게 경쟁을 벌이는 거칠고 긴장감 넘치는 내용의) 텔레비전 게임 쇼, (어린아이들이 주요 등장인물을 자신들의 부모와 동일시하게 되는) 연속극, 폭력적인 만화 영화를 시청하는 데 소비한다. 이런 프로그램들은 쓸데없는 패스트푸드를 만드는 회사의 후원과, 어린이들에게 자신이 상품을 소유하고 소비할 때만 평화와 행복을 누릴 수 있는 비천하고 절망적인 존재일 뿐이라는 생각을 심어 주기 위해 노력하는 광고의 도움을 받아 제작된다.

　이런 소비주의적인 선전과 물건에 대한 우리의 집착을 감안할 때, 세상의 모든 사람들이 우리와 같은 속도로 소비하고 낭비한다면 세상의 모든 자원이 한 세대도 지나기 전에 다 없어지고 말 것이라는 사실 역시 전혀 놀랍지 않다. 우리가 인구 위기를 생존 문제로 취급하면서, 인류가 아이를 그만 낳아야 하고 죽는 게 차라리 나으며, 그렇지 않으면 우리는 무한한 소비 생활을 영위할 수 없을 것이라고 생각하는 것도 놀랍지 않다. 우리에게 소비 강박은 우리의 실존만큼이나 깊이 자리매김했다. 상품 형식에 따르면 우리의 존재와 목적은 오직 우리가 무엇을 소유하는가의 관점에서만 계량화되고, 우리가 무엇을 가지고 있으며 획득하는가에 의해서만 측정되기 때문이다. 소유가 우리의 본질을 규정한다. 따라서 소유물이 우리를 소유하고 생산물이 우리를 생산한다. 스스로 만든 것의 형상과 모양을 따라 재창조된 우리는 상품으로 계시된다. 우상숭배는 우리에게 완전한 대가를 요구한다. 우리는 인간성 전체를 빼앗겼다.

너무 일찍 생명을 잃은 우리의 열다섯 살짜리 '에이미'들은 상품의 복음이 주는 교훈을 너무나 잘 배웠던 것이다. 그리고 소비와 경쟁, 자신의 인격을 내다 팔라는 미국의 동화는 우리 자녀들이 느끼는 상실감을 통해서만 아니라 자아를 잃어버린 우리의 모습 속에서 아직도 전해 내려오고 있다.

4 • 인격 상실

상품으로 취급되는 앎

마케팅과 소비는 우리의 삶과 행동 구석구석에 침투해 있고, 우리의 경험에도 속속들이 파고들었으며, 최종적 가치를 판단하는 기준이 되었다. 궁극적으로 마케팅과 소비는 우리 자신이 물건일 뿐이라고 말한다. 만약 우리 자신이 물건으로 취급된다면, 결국 우리의 다양한 인식 능력마저도 물건 혹은 상품 형식의 지식을 아는 것에 국한되고 만다. 지금 나는 그저 지식 자체가 사고파는 상품이 되었다거나 대학교가 지식 상품을 만드는 공장처럼 되고 말았다는 사실을 지적하는 게 아니다. 내가 말하고자 하는 바는, 인간의 지식이 사물이나 상품을 인식하기에 더 알맞은 모형과 형식으로 교묘하게 전락하고 말았다는 사실이다.

사물에게는 소유가 없으며, 사물은 자기 성찰이나 내적 의식이나 다른 어떤 내부의 방법에 의해 인식되지도 않는다. 그래서 우리는 도구적 지성, 기술적 지식, 반(半)기계적 인식을 통해 사물을 지각한다. 사물에 의한 '앎' 역시 마찬가지다. 일부 과학자들이 컴퓨터에 '지성'

이 있다고 말할 때도 이런 차원의 지식을 뜻한다. 내면성 혹은 자기 성찰이 인간의 지적 인식의 독특하며 근원적인 기초가 된다는 것을 깨닫는 사람이 드물다. 사물을 아는 기본 방식은 외적 관찰, 측정, 예측, 조작, 계량화다. 바로 이런 것들이 상품을 생산하고 구입하고 판매할 때 가장 적합한 인식 도구다.

상품 형식의 세계에서는 사물 형식의 지식이 인격체에 관한 믿을 만한 지식, 심지어 자아에 대한 지식을 결정하는 유일한 기준이 된다. 행동과학의 경우가 그러하다. 그리고 경제학과 사회과학, 심리학, 인문학에 속한 철학 분야에서도 계량화의 중요성을 점점 더 강조하게 된 것 역시 바로 이 때문이다. 이런 태도는 학생의 자질이나 학업 가능성을 판단할 때 사용하는 기준이 될 뿐 아니라, 자신의 인격적 경험의 신뢰성을 평가할 때에도 적용되는 기준이 된다.

우리는 (모든 과학 지식의 일차적 조건인) 직접적 경험, 자유에 관한 의식, 사랑과 긍휼과 소망의 경험, 정절이나 공평함에 대한 갈망에 이르기까지 모든 것을 의심하게 되었다. 왜냐하면 이런 것들은 도구적 '상품-지식'이 증명할 수 없기 때문이다. 가장 친숙한 인간의 생각과 감정에 관한 극심한 회의론이 횡행하게 된 것은 무엇보다도 인간의 지성을 기술적 지식으로 축소시켰기 때문이다. 우리는 기술적 지식이 완벽함을 추구하는 인류에게 장대한 역사적 도약의 발판을 제공한다는 생각을 당연하게 받아들인다. 우리는 사물에 관한 지식이 우세해질 때 그와 더불어 인격의 개발과 실현을 소비와 마케팅으로 대체하는 이데올로기도 함께 침투해 들어올 가능성을 고려하지 않았다.

측정과 계량화, 외부적 관찰로 축소된 세계에서는 이상이나 미래의 가능성, 심지어 우리 자신에 대한 믿음뿐만 아니라 인격체에 대한 믿음—새로움을 만들어 내고 삶과 노동, 사랑에 대해 헌신하도록 이끄는 지식의 형식—이 자리 잡을 여지가 전혀 없다. 상처받고 위험에 처할 여지가 있는 이러한 인격적 앎의 형식은 결코 과학적으로 이해되거나 해결될 수가 없다. 인격적 만남에 내재된 위험과 신비란 사물에 관한 지식에서는 최소화해야 할 삶과 앎의 구성 요소일 뿐이다.

이렇게 기술적이며 과학적인 지식이나 도구적 이성이 믿을 만한 지식의 궁극적 기준이라면, 인간의 경험이나 직관, 감정, 정서, 미적 판단, 감성, 지혜, 목적성, 윤리적 판단 등과 같은 다채로운 앎의 형식들은 (스키너가 『과학과 인간 행동』에서 그랬듯이) '과학 이전의'(prescientific) 것으로 취급되고 교조적으로 무시당할 수밖에 없다. 더 파괴적인 사실은, 우리 앎의 가장 인간적인 차원들에 대해서조차도 확신을 잃고 의심할 수밖에 없을 것이라는 점이다. 사랑받고 신뢰받는다는 인격적 경험, 다른 누군가를 신뢰하거나 돌보는 행동, 인간의 존엄성과 잠재력에 관한 도덕적 원리에 대한 지식, 이 모든 것은 접근할 수 없는 것일 뿐이고, 오직 '사물-형식'의 지식만 인정받게 된다. 우리 삶의 '최상의 경험들' 즉 에이브러햄 매슬로우(Abraham Maslow)가 계량화될 수 없고 기술적으로 통제될 수 없는 '존재-인식'에 기초해 있다고 말한 경험은 과학적으로 미숙하거나 신뢰할 수 없는 앎의 형식으로 취급되는 경우가 많다. 오직 공적으로 증명되고 반복될 수 있는 경험, 측정 가능한 경험만 엄밀하게 가치 있고 믿을 만한 것으로 취급한다. 그러므로 사물화한 지식에서는, 우리 안에 있는 가장 인간적인 것이 가장 낯선 것이 되고 만다. 그리고 사물이라는 한계에 의해 그 테두리가 규정된 담론의 우주 속에서는, 인간적인 경험의 존재 가능성마저 부정된다.

인간 지식의 상품화는 광범위한 영향력을 지닌다. 그것은 과학 실험의 이른바 '가치중립적' 조사 방법의 경우에도 적용되며, 남과 양적으로 비교하고 경쟁함으로써 자신의 가치를 평가하는 한 아이의 경우에도 적용된다. 자본주의와 끊임없이 확장되는 소비는 우리의 생각과 경험뿐 아니라 인간성에도 중대한 영향력을 끼친다. 사물에 관한 지식은 우리의 자의식 가장 깊은 곳에까지 영향을 미치고, 우리는 상품에 사로잡힌다. 상품에 의해 형성된 지식을 온 마음으로 신뢰하게 될 때 우리는 손으로 만든 상품의 형상과 모양대로 자신을 이해하고 재창조하기 시작한다. 대중적인 과학주의를 통해서, 이와 같은 형식의 문학과 예술을 통해서, 우리는 사물에 관해 가장 신비적인 태도를 취한다. 사람에 관해서 이야기할 때조차 우리는 가장 기계적인 태도를 취한다.

상품 형식 속에서의 가치 판단과 의지

우리는 아는 대로 행동한다. 지정학적인 것에서 가장 친밀한 것에 이르기까지 인간의 행위는 우리를 사로잡은 물건과, 우리가 자기 이해의 유일한 기준으로 삼고 몰두해 있는 '사물-지식'을 따르게 된다. 이 상관관계는 윤리나 도덕에 관한 행동 영역에서 가장 분명히 드러난다. 윤리적 회의주의와 상대주의는 자기 이해에 관한 개인적 회의주의와 필연적으로 관련되어 있다. 일단 도덕이 측정, 기술, 관찰, 수량과 같은 범주에 의해 제한되고 나면, 관습, 유용성, 힘, 취향의 자유 시장으로 환원되고 만다. 상품이 도덕적 실체가 되었을 때 궁극적으로 이런 결과를 초래한다. 그리고 앞서 언급한 상품 형식의 더 광범위한 인식적 차원 역시 이를 뒷받침한다.

도덕적 상대주의는 자유방임 경제의 윤리적 구현이다. 즉 우리 인격체의 핵심적 작용이나 우리가 객관적으로 공유하는 공통된 인간성과 이를 실현하고자 하는 자연적 잠재성의 간섭을 받지 않는 것이다. 자유방임 경제처럼 도덕적 상대주의는 반공동체주의적이고, 비공유적이고, 고립주의적이며, 무시무시할 정도로 개인주의적이다. 자칭 문화적 자유주의자들이 말하는 "당신은 당신이 하고 싶은 대로 하고, 나도 내가 하고 싶은 대로 하겠다"라는 말은 결코 자본주의나 상품 형식의 전통에 위협이 되지 못한다. 그 말은 그저 선호와 수치, 갤럽 조사, 사회적 압력, 굳어진 관습, 지배 계급의 지배 사상이라는 시장의 원리에 의해서만 규제되는 신화적 자유 시장에서 통용되는 도덕관념일 뿐이다.

우리가 알려고 하지 않고 묻지도 않는 것은, 무엇이 '내 것'을 내 것으로 만드는가 하는 점이다. 그것은 정말로 친밀하게 그리고 인간적으로 내 것일까? 아니면 경쟁과 향락, 시장의 원칙을 맹목적으로 받아들이고 그것을 내 것으로 삼은 것에 불과한 것일까? 환상의 베일에 가려 윤리는 판매의 법칙, 수요와 공급의 변증법, 체면의 시장이라는 힘에 무기력하게 통제받는다. 그러므로 사형수를 처형하고, 원치 않는 아이를 지우고, 남아메리카의 경제를 조작하고, 환경을 파괴하고, 나이 많은 이들을 무시하고, 무기 경쟁을 확대하는 것에 관해 이야기할 때, 공리주의의 원칙에 따라 도덕은 쉽게 상대화된다. 가장 강력하며 즉각적인 필요, 널리 받아들여지는 교의, 제도적으로 뒷받침되는 편견, 실용적이고 이익이 되는 것이 곧 상품 윤리의 규범이다.

도덕적 입장을 취하는 것은 점점 더 어려운 일이 되고 있다. 인간성이라는 가장 근원적인 원칙에 관해서는 확신하지 못하는 반면 수치와 생산에 대해서는 신뢰하기 때문에, 우리의 윤리적 헌신은 약해지고 자신을 이해하고 판단할 수 있는 능력을 지닌 대체 불가인 인격으로서의 도덕의식은 서서히 약화된다. 숫자나 사회적 관행에 의지해서는 1940년대 미국에서 인종주의에 맞서거나 히틀러 치하의 제3제국 안에서 반유대주의에 맞서 저항할 수 있는 내적 근거를 결코 확립할 수 없다. 오히려 인종주의와 반유대주의를 정당화하는 동시에 한 개인이 이에 저항하는 것을 이토록 어렵게 하는 요소가 바로 시장의 원리, 사회적 관행, 나약한 기술적 합리성, 금전 가치다.

상품의 윤리, 양의 윤리, 상대주의, 문화적 관행은 이미 존재하는 것을 정당화한다. 그렇기 때문에 사회적·개인적 형태의 악에 도덕적으로 맞서고자 하는 이들이 이다지도 적은 것이다. 우리는 이미 존재하는 것을 받아들이거나 재확인할 뿐이다. 존재할 수 있거나 존재해야 하는 것은 우리가 이해할 수 없기 때문에 상상조차 하지 못한다. 그러므로 오늘날 대학생들에게 이렇게 물으면 그들은 당황하여 할 말을 잃어버린다. "만약 그렇게 하는 것이 우리의 모든 문제를 다 해결한다면, 우리 중 80퍼센트가 그렇게 하는 것에 찬성한다면, 법률이 승인한다면, 우리의 안전에 치명적 위협이 가해진다면, 천만 명의 사람들을 몰살시키는 것을 도덕적이라고 할 수 있을까?"

무언가에 헌신하기 위해서 우리는 자신의 자유로운 행위에 관해 위험을 감수해야만 한다. 궁극적으로 이런 자유로운 행위가 사라져 버린 이유는 바로 상품 제국주의 때문이다.

내면성과 주체성을 결여한 사물은 자유로울 수 없다. 그러나 사람들은 '사물-지식'을 자신의 지식의 본보기로 삼고 있기 때문에, 자신

안에서도 자유로울 수가 없으며 다른 이들에게 자유롭게 헌신하는 것은 더더욱 불가능해진다. 자기 이해가 정당한 지식의 형태가 아니라면, 어떻게 자기 절제가 현실적으로 가능하겠는가? 하물며 남을 사랑하며 자신을 내어 줄 가능성에 관해서는 두말할 것도 없다. 자신을 내어 줌으로써 인간의 자율성을 표현할 수 없기 때문에, 상품 의식에 의해 자유가 자유 시장이라는 신화로 대체되고 말았다. 사랑할 수 있는 능력이 축소되어 우리는 텔레비전 연속극에 빠지거나 강아지에게 스웨터를 사 입힘으로써 애정을 표현한다. 그렇게 우리의 잃어버린 자유는 '자유' 시장이라는 이름의 '가상' 현실로 신화화된다. 우리는 더 많은 상품 중에서, 성공을 위한 시나리오들 중에서, 공허한 약속들 중에서 무엇이든 '선택할 자유'를 얻게 되었다.

그러나 우리는 이런 자유조차도 환상에 불과하다는 걸 알고 있다. 그 자유는 시장 체계에 적용되는 기능적·문화적으로 유용한 관념일 뿐이다. 그 자유는 소수 독점 체제에 의해 통제되는 자유다. 또한 시장이라는 인간 외적인 힘과 물건을 사도록 조건화된 자동 장치를 위해 봉사하는 순종적 노예와 같다. 그 자유는 수동적인 사물에게만 적용되는 '자유'다.

상품화된 인간의 상호 작용: 폭력

우리는 물건을 초대하거나 물건에게 부탁하지 않는다. 우리는 사물을 사용하고 요구하고 강요하고 조작하며, 필요하면 없애기도 한다. 상품에 의해 규정되는 삶의 형식에서는 자기 가치와 자기 평가가 생산량, 소비, 경쟁의 관점에서 가늠되기 때문에, 우리는 서로를 사물로 — 혹은 더 많은 경우에는 걸림돌로—대하는 관계를 맺을 수밖에 없다. 양이 목적이라면 충돌은 수단이다. 우리의 가치와 존엄성은 알고 사랑하는 자유로운 인간의 행위를 수행하는 능력이 아니라 지배의 역학을 그 기초로 삼게 된다. 상품과 상품의 상호 작용은 호혜적 상호성이나 주체들 간의 협동이 아니다. 그것은 가격 경쟁('모든 사람이 그만의 값어치를 지닌다'는 말이 참일까?), 수량적 우위, 상업적 획일화의 능력, 통제, 반복, 물질적 교환일 뿐이다.

이런 맥락에서 '권력'이라는 말이 최근 수년간 정치·사회 운동에서 매우 흔하게 사용되고 있다는 것은 자못 흥미롭다. 동정심이나 공감의 미덕은 이제 '나약함'을 연상시키는 말이 되었다. 핵무기 버튼을 누르거나, 범죄자를 사형에 처하거나, 태아를 살리고 죽일 수 있는 권리를 확대하겠다고 기꺼이 말할 수 있을 정도로 모진 후보자들만이 선거에서 승리할 수 있게 되었다. 일부 성직자들과 정치인들은 다른 이들에 대한 용서와 봉사를 수사적으로 구사하지만, 자신의 권위나 권력을 보호하는 일에 관해서는 여전히 경계를 늦추지 않는다. 일부 흑인 단체들은 분명 평등과 정의에 관심이 있기는 하지만, 그들을 억압해 온 복종과 지배의 구조와 가치 속에서 더 많은 몫을 얻는 데 더 큰 관심을 기울인다. 일부 여성 단체들은 임금의 불평등과 그릇된 남녀 간 역할 분담에 정당하게 항의하면서도 오로지 통제와 권력에 집중한다. 폭력과 지배, 남성 지배 문화를 향해 평등을 주장하는 목소리는 사람들 의식의 혁명을 요청하는 것이 아니라, 남녀 모두를 가장 심하게 억압해 온 불의의 구조를 반복하고 확장하자고 말하는 것과 다름없는 경우가 많다. 그 결과, 불의는 더 광범위하게 퍼진다.

이것은 전혀 새로운 것이 아니다. 오랫동안 '기존 질서'는 억지력(deterrence, 이 말은 '두려움으로부터'라는 뜻을 담고 있다)의 지정학적 원리 체계 내에서 제도화된 권력과 지배, 세력 균형, 선제공격할 수 있는 능력을 인간의 상호 작용과 문제 해결을 위한 궁극적 수단으로 사용했다. '상호확증파괴'(Mutually Assured Destruction)는 이제는 종식된 냉전 시대에 흔히 사용되던 말이었다. 그러나 이런 생각은 '테러와의 전쟁'이라는 상황 속에 여전히 살아남았다. 데이비드 거트먼(David Gutmann)은 「아메리칸 엔터프라이즈」(The American Enterprise)의 2003년 9월호에 이렇게 썼다. "다음번 폭탄이 터지기 전에 핵심 정보를 뽑아내기 위해 대항 테러 공격과 심지어 고문까지도 필요할 때가 있다. 사실, 테러에 맞서는 측에서는 적의 야만성과 똑같은 야만성을 보여 줄 때 비로소 적으로부터 존중을 받을 수 있을 것이다." 테러와 폭력은 우리의 유일하고 최종적인 안전 보장 수단이 되었으며, 우리는 테러와 폭력 그 자체가 되었다.

여기서 상품에 의해 규정되는 삶의 형식만이 사람들을 단순한 사물이나 대체할 수 있는 물건으로 취급하는 유일한 사회·문화적 구조는 아니라는 점을 언급해 두는 것이 중요하다. 제국주의적 형식, 국가주의적 형식, 심지어 종교-파시즘적 형식 모두가 사람을 이데올로기의 도구에 불과한 존재로 환원시키는 삶의 형식이다. 이 모든 것이 다 사람들을 대상화하고 파괴할 수 있는 물건으로 취급한다. 상품 형식은 미국 소비주의의 특별한 유혹이라 할 수 있다. 종교와 기업, 예술, 심지어 교육마저도 소비주의에 손쉽게 동원된다.

공포, 무력, 위협 등은 발달된 산업 국가나 거대한 기업들만 누리는 특권이 아니다. 이런 가치들은 미국과 소련으로부터 무기를 구매해야 하는 제3세계 국가들과 핵무기라는 통과 의례를 거쳐 성인이 되고 싶어 하는 저개발 국가들의 '점증하는 기대'를 드러내는 말이기도 하다. 이런 가치들은 소외와 폭력, 쾌락주의, 상대주의, 조작—즉 다시 태어난 상품의 형식—을 치켜세우는 수많은 '반문화' 운동의 기저를 이루기도 한다. 자본주의와 무기, 사형 제도, 사회적 불평등에 문제를 제기하려는 기독교회의 모든 노력을 방해하는 데 혈안이 된 기독교 작가들과 어디에서나 만날 수 있는 논평가들의 서슬 퍼런 수사의 이면에도 이런 사물 형식의 가치들이 깔려 있다. 그리고 가톨릭 국가주의자들이 우리의 유일한 희망은 폭탄이라고 선언하게 만든 것, 혹은 가톨릭 좌파들이 가난한 이들의 가장 확실한 희망은 무기라고 생각하게 만든 것은 바로 이런 사물에 대한 숭배와 그것이 우리에게 요구하는 폭력성이다.

이처럼 폭력과 지배의 연결 고리는 끊어지지 않는다. 그저 거기에 다른 색을 칠할 뿐이다. 상품이라는 절대자를 끊임없이 다른 색으로 칠할 수 있다. 상품 형식이라는 거의 우주적인 범주 안에서 대부분의 개혁은 고작해야 지배권을 교체하는 성과밖에 거두지 못한다.

여성들의 갈망, 인종과 신앙과 나이와 교육 수준에 상관없이 인간의 존엄성을 인정해 달라는 요구, 태아를 인격체로 대우해 달라는 호소, 무기와 군사주의에 대한 저항, 무한한 소비를 목표로 삼는 우리의 태도를 개혁하는 문제, 굶주린 수백만 명의 사람들을 위해 세계의 부자들에게 호소하는 일들이 얼핏 그렇게 보이는 것처럼 이익과 당파성으로 뒤얽혀 있지만은 않다. 그러나 이런 요구의 기저에는 한 가지 근원적 문제가 깔려 있다. 우리는 사람들을 인격체로 보는가, 아니면 상품으로 보는가? 사람들은 대체할 수 없는 존엄성을 지니는가, 아니면 금세 유행이 지나 버리는 소모품으로서 경쟁과 이데올로기, 이익을 위한 도구일 뿐인가?

이해하기 가장 어려운 것은 바로 이 근본적 문제다. 왜냐하면 우리는 인식과 가치, 존재에 관해 상품 형식에 너무나도 종속되어 있기 때문이다. 억압하는 사람이든 억압받는 사람이든, 실크 옷을 입었든 콜카타의 슬럼에 누워 있든, 전쟁터에 있든 분만실에 있든, 부르주아든 프롤레타리아든, 범죄자이든 대통령이든 혹은 둘 다이든, 일단 한 사람을 사물로 보거나 상품의 관점에서 바라보게 되면, 그 사람을 대체 가능한 존재로 취급하는 셈이다. 태아는 '원형질 덩어리'일 뿐이고, 범죄자는 '인간쓰레기'일 뿐이다. 뇌가 손상된 사람은 '식물인간'일 뿐이고, 가난한 사람은 '짐승'이다. 이라크인은 '적'이고, 부자나 경찰은 '돼지들'이다. '적'은 수량화하고 반복 가능하고 조작할 수 있고 희생해도 되고 정당하게 증오하고 폭력을 가할 수 있는 장애물이다. 이 점을 이해할 때 비로소 거리의 폭력이나 국가 간의 폭력, 형장이나 병원에서의 폭력의 문제 모두를 하나의 전체에 속한 단편적인 증상들로 이해할 수 있게 된다. 이런 문제들은 우리의 관심과 비판을 피해 가는 경우가 너무나도 많다. 가난한 사람은 물건 때문에, 음식과 자유를 얻기 위해, 안전을 위해, 자기방어를 위해, 계몽을 통해 깨달은 자기 이익을 위해 돈을 내놓지 않는 가게 주인을 죽이는가? 물론 그렇다. 한 나라도 마찬가지다.

비판과 참된 변화를 위해서는 우리의 제도와 구조 안에 자리 잡고 있을 뿐만 아니라 그에 저항하는 해방과 혁명 운동 속에까지 침투한 상품 형식의 가치에 대해 개인적으로 치열하게 저항해야만 한다. 우리 사회 대부분의 영역(심지어는 서로 상충되는 영역들까지도)에 적용되는 공통된 기준은 힘과 강압, 폭력에 대한 암묵적 믿음이다. 한 흑인 혁명가의 말처럼, 이것은 "체리 파이만큼이나 미국적이다."

전혀 틀린 말이 아니다. 흑인 투쟁가들에게 "폭력으로 이룰 수 있는 것은 아무것도 없다"고 경고했던 바로 그 대통령은, 일부 미국인들이 여전히 '한 손을 등 뒤에 묶어 둔 채' 싸웠다고 주장하는 한 전쟁에서 인류의 기억에 남아 있는 가장 큰 규모의 집중 폭격을 퍼부었다. '우리의 뒷마당에서' 중앙 아메리카인들에게 위협을 받고 있다고 느낄 때 우리가 의지한 것은 폭력이었다. 우리의 해병대원들이 베이루트에서 살육당한 그 주말에 다른 미국 부대는 그레나다에서 폭력을 자행했다. 사담 후세인의 야만성에 도전하기 위해 우리가 끌어안은 것은 바로 가장 끔찍한 종류의 폭력이었다.

많은 정부 기구, 교육 조직, 너무 자주 폭력을 정당화하는 교회들, 그리고 낭만적인 수사를 사용하며 이들을 반대하는 자들도 공포, 권력, 위협, 과장, 자기방어의 언어와 방법론을 동원한다. 뿐만 아니라 산아 제한을 위한 법제화된 경제 제재, (실제적인 이유 때문이 아니라) 더 큰 부라는 상업적 목적을 위한 낙태, 인구 증가에 대한 불안감, 중동전의 위협, 자본주의적 이기주의에 의한 국가적 우선순위 정당화 등을 지지하는 돈과 이윤의 '권력-윤리'는 언제 어디서든 볼 수 있다. 더 많은 것을 축적하려는 욕망은 어디에나 존재하며 선험적으로 주어져 있을뿐더러, 절대화된 상품의 언어로 표현된다.

한 사람의 가치가 무언가를 획득하느냐에 따라 결정될 때, 물질주의, 재산, 소비, 구매력, 경쟁, 더 많은 경제적 착취라는 문화적 신화가 굳건히 자리 잡게 된다. 이 '복음'과 그것이 소중히 여기는 '주어진' 조건들은 우리가 나라와 공동체, 이웃, 심지어 바로 우리 옆에서 애원하는 사람의 필요에 대해 응답하기는커녕 그 필요를 돌아보지 못하게 만든다. 우리는 사물을 이용해야 할 것으로, 적을 극복해야 할 대상으로 생각한다. 더 이상 사람을 보지 못한다. 우리는 사물을 본다. 사물은 우상과 마찬가지로 죽어 있다.

상품으로서의 몸: 성의 역학

상품 형식의 물화된 가치에 따라 사람의 가치가 매겨진다면, 기계적이며 외부적이고 도구적인 관점에서만 사람을 이해한다면, 인간 상호 간의 행위가 조작, 힘, 폭력을 통해서 가장 적절하게 표현된다면, 사물의 세계가 인간성의 세계를 대체하게 될 것이다. 인격체가 하나의 사물이라면, 그 세계를 지배하는 '몸-의식'의 형식은 '사물-의식'의 형식이 되고 말 것이다. 몸은 하나의 상품이자 사물이다.

우리가 사물로서의 몸에 집착하는 데는 한 가지 이상한 역설이 존재한다. 한편으로, 우리는 마법을 부리듯 우리의 삶의 조건인 육신으로부터 '정신'이나 '자아'를 분리시킨다. 다른 한편으로, 우리는 인격을 억누르고 정체성을 육체적인 것으로 환원해 버린다. 첫 번째 경우와 관련해, 최근 몇 년간 우리의 '인격'이 우리의 몸과 분리되어 있다는 주장이 꾸준히 제기되고 있다. 고액 연봉을 받는 윤리학자와 대학교수들은 기저귀를 찬 힘없는 아기나 기저귀를 찬 무력한 알츠하이머 환자들이 우리와 동일한 종류의 인간이 아니라고 주장한다. 날 때부터 비천하며 서서히 손상되어 가는 그들의 몸과 '인격체인 우리'의 몸은 다르다.

동시에 우리가 컴퓨터에 불과하다고 주장하는 경향도 있다. 썬 마이크로시스템스(Sun Microsystems)의 창립자 빌 조이(Bill Joy)는 「와이어드」(Wired)지 2000년 4월호에서 유전학과 분자생물학과 마이크로 로봇 기술의 발전으로 몸의 개조는 물론 몸 자체를 거부하는 것도 가능하게 되었다고 말했다. 논란이 된 이 글에서 그는 일부 과학자들은 주저하지 않고 자신의 몸을 실리콘으로 대체함으로써 200세까지 살게 될 것이라고 주장했다. 일부 통속적인 '미래학자들'뿐만 아니라, 우리의 몸과 달리 절대로 노쇠하지 않는 컴퓨터에 경험을 통째로 다운로드할 수 있다고 상상하는 일부 철학자들까지도 이런 희망을 꿈꾸는 듯하다.

이처럼 우리의 몸으로부터 인격을 분리해 낸 다음 인격적인 삶을 단순한 물질성으로 환원시키는 태도를 가장 노골적으로 드러내는 대중문화 현상을 상품화된 성에서 찾아볼 수 있다. 우리는 먼저 성으로부터 인격을 분리시킨다. 그런 다음 그 안에서 우리의 인격을 잃어버린다.

「일반 정신 의학회지」(Archives of General Psychiatry) 1979년 8월호에는 폭력과 성, 몸의 상품화 사이의 관계를 다룬 탁월한 논문이 한 편 발표되었다. 로버트 스트롤러(Robert Stroller) 박사는 "누드 사진: 성적 흥분에 관한 논문"에서 이렇게 말했다. "소프트코어 포르노그래피의 사진 모델이었던 한 여인은 그녀가 자신의 몸에 속한 적이 없으며, 자신은 그저 독자들이 사용할 수 있도록 전문가들에 의해 제조된 성애적 상품이 되길 바랐고 실제로도 그런 상품이라고 말한다." 그녀는 정신 분열증 환자처럼 자신의 성과 젠더로부터 분리된 진정한 숭배 대상이 되었다. 그리하여 '소비자로 하여금 자신이 여자들을 비하―비인간화―하고 있다고 상상하게 하는 복수의 환상'을 보여 주었다.

이 논문에서는 향후 10년에 관한 예언자적 예측을 했다. 이 시기에는 엠티브이(MTV)가 생겨나 여성을 욕보이고 비하하는 헤비메탈과 '랩'의 현란한 이미지들을 쉴 새 없이 내보냈으며, 게스 진즈(Guess Jeans)에서는 불행한 금발 여인들을 등장시켜 피학성애적인 이미지가 넘치는 광고로 큰 성공을 거두게 된다. 마돈나는 성적 매력이 있는 미소녀를 꼬드기는 속물적인 여자로 자신의 가수 활동을 시작하여 굴욕적이고 적대적인 환상을 '통제할 수 있는' 지위에까지 이른 성공한 기업가로 성숙해 갔다. 또한 이 시기에는 새로운 자유라는 이름으로 비인격화된 성을 마케팅함으로써 거의 재앙에 가까운 사회적·의학적 문제가 발생하기도 했다.

상품화된 '몸-의식'은 다양한 형태로 표현된다. 광고를 통해 성을 마케팅하기도 하고, 다양한 형태의 성매매를 통해 성을 팔기도 하며, 강간과 피학성욕, 성적 속박을 강조하는 매체에서는 성적 지배를 빈번하게 묘사한다. 동시에 롤로 메이(Rollo May)가 '새로운 청교도주의'(new puritanism)라 부른 태도가 계속해서 확산되고 있다. 즉 사랑과 성을 마술처럼 분리시킴으로써 사랑하지 않으면서 성을 즐기는 것이 가능하다고 생각하는 데까지 이르렀다.

특별히 고도로 산업화되고 자본주의화된 성의 세 가지 측면을 언급할 가치가 있다. 그것은 놀라울 정도로 관음증을 부추기며, 고도로 발달된 기술을 통해 성적 관계를 표현하고, 인간의 성을 인격의 총체성과 더 나아가 인격적 관계로부터 단절시킨다.

관찰과 기술은 지식의 형식을 특징짓듯이 우리 문화에서 성의 특징을 형성하고 있다. 실제로 성은 측정하고 관찰할 수 있는 것으로 환원되어 실험되고 객관화된다. 그러나 이것은 과학과 성의 결합이 지닌 한 가지 측면일 뿐이다. 그것이 삶에 대한 엿보기든, 단순히 성에 대한 엿보기든, 관음증은 어떤 의미에서 상당히 과학적이다. 엿보는 사람이 된다는 것은 거리를 둔 채(돈을 지불하고 대상을 엿보면서) 지금 일어나고 있는 일의 외부에서 어떤 방식으로 그것을 통제한다는 것을 뜻한다. 엿보기는 인격적 관여나 관계 맺기가 필요 없으며, 성적 대상의 인격을 인정할 필요도 없다. 그것은 '가치로부터 자유롭다.'

(관음증과도 무관하지 않은) 기술적 분리와 묘사가 성의 기계화를 특징짓는다. 그 핵심은 기술과 실행, 방법을 통한 연구다. 우리의 잃어버린 자기 이해와 이데올로기화된 과학 지식에서도 그러하듯, 성에서 '목적인'(final causes, '왜?'라는 물음과 관계된 목적, 가치, 의미)은 방법과 묘사, 가치중립, '어떻게'라는 물음에 대한 답에만 배타적으로 집중하는 것을 강조하는 '작용인'(efficient causes)에 귀속되고 만다. 『섹스 북』(The Sex Book, 박영률)이나 『보여 줘!』(Show Me!)와 같은 성 해방을 외친다는 성교육 책들조차 '인기 있는 방법'에 과도하게 초점을 맞춘다. 의미에 관한 물음, 가치에 관한 물음, 인격적 관계에 관한 물음에 대해서는 아예 언급하지 않는다.

우리 문화에서는 기계적인 것, 관리할 수 있는 것과 연애한다. 우리에게는 인격적 애정이나 지속적 감정, 고통스러운 사랑, 황홀경, 약속, 자아를 내어 주는 헌신에 관해 이야기할 언어가 믿기지 않을 정도로 부족하다. 롤로 메이, 에이브러햄 매슬로우, 심지어 마스터스앤존슨(윌리엄 매스터즈와 버지니아 존슨으로 구성된 연구 팀으로 인간의 성적 반응의 본질, 성기능 장애의 진단과 치료에 관한 연구로 유명하다 - 역주)도 애정이나 관계적 유대가 없는 성의 문제점에 관해 이야기했다. 그러나 문화 전반에 대한 비판 없이는 이런 진단도 무력할 뿐이다. 문화적 의식은 성과 인간의 감정 사이의 관계를 거부하고 성을 폭력, 지배, 탈출, 소비, 착취, 물질성과 동일시하는 상업적 매체에 사로잡혀 있다.

광고의 이데올로기적 선전에서는 대상화된 성을 그럴싸하게 묘사한다. 남편과 아내, 자녀, 친구들과의 구체적인 관계는 구매할 수 있는 상품으로 대체된다. '아직 결혼하지 않았지만 왜건을 샀어.' '나에게 필요한 것 같아서 그렘린(1970년대의 자동차 브랜드-역주)을 샀어.' '이 아기(자동차)는 밤마다 당신을 깨우지 않을 것이다.' '당신의 열두 살짜리 아이(스카치)를 어르는 법.' '그녀(비행기 승무원)를 당신의 어머니처럼 생각하라.' '컴퓨터를 통해 진솔한 대화를.' 자본주의의 이미지 산업은 성적 관계 자체를 현금 가치로 환원해 버린다. 담배와 술이 친밀한 관계의 대용물이 된다. 잡지에서는 여성들이 상품들과 에로틱한 관계를 맺는 것으로 묘사한다. 남자들은 브루트(Brut, 남성용 향수-역주), 벌리(Burley, 담배의 한 종류-역주), 머스크, 비아그라를 통해 권력을 추구한다. 끈질기게 자연적인 몸-특히 여성의 몸-과 자연스럽고 오래 지속되는 이성애적 결합과 헌신에 대한 혐오를 조장하는 태도가 만연해 있다.

「세븐틴」(Seventeen)과 「마드무아젤」(Mademoiselle)이 십 대 소녀들을 교육한다. 이런 잡지에서는 주로 광고와 얼굴, 몸, 개성을 포장하라고 충고하는 기사들로 가득 차 있다. '당신을 포장하는 법'(워너의 브래지어). '머리 모양이 아름답지 않으면 나머지도 별 볼 일이 없다.' '당신을 위한 새로운 벨트.' '12달러짜리 목.' '여자의 몸을 가졌다고 다 여성스러운 것은 아니다'(여성용품 광고). 패션 잡지에서는 이처럼 몸을 대상화함으로써 몸을 상품화하고, 가정생활과 친밀함에 대해 조직적인 공격을 가하며, 폭력에 빈번히 노출시킨다. 폭력은 궁극적인 대상화다.

강간은 성적 차원에서 다른 사람을 사물로 취급하며 그와 인격적 관계 맺기를 거부하는 태도다. 가학성애는 다른 이를 사물로 취급함으로써 성적 만족을 추구한다. 피학성애는 스스로 사물로 취급받음으로써 성적 기쁨을 얻고자 한다. 이 세 주제 모두 광고에 자주 등장한다. 상품화된 성과 자본주의, 부정(不貞), 폭력 사이의 관계는 매디슨 가의 전매특허다.

새로운 세기가 밝아 왔을 때, 폭력적 성을 주제로 다루는 광고가 전국에서 발행되는 신문 매체들의 관심을 끌었다. 예전에 베르사체와 그 밖의 의상 디자이너들이 피학성애적인 주제를 디자인에 끌어들인 것에 관한 기사를 게재하기도 했던 「뉴욕 타임스」에서는 한 주요한 패션 사진작가의 이미지가 '권력의 문제를 다룬다'고 보도했다. "충격을 주거나 도발하거나 유혹하거나 자극하거나 선동하는 힘. 욕망하는 이들과 그들이 집착하는 대상 사이의 권력 관계. 그리고 고급 상점 어디에서든 이러한 심리적 역동을 상업적으로 복제하는 것을 볼 수 있다." 얼마 지나지 않아 「월스트리트 저널」에서는 "무엇이든 가능하다"라는 기사에서 "패션 광고들은 최근 경계를 뛰어넘으려 한다. 강간이나 피학성애를 암시하는 이미지, 혹은 당신이 생각조차 할 수 없는 것을 암시하는 내용들을 어렵지 않게 찾아볼 수 있다."

강간, 가학성애와 피학성애는 본질적으로 인간의 몸을 사물로 취급하는 것과 관련되어 있다. 이런 것들이 고급 패션 광고의 주제가 되는 까닭은 바로 우리가 인간의 성에 관한 담론이 철저히 비인간화된 문화 속에서 살고 있기 때문이다. 이 이데올로기의 교리는 다음과 같다.

1. 우리는 사물이다. 우리의 상품을 '나' 혹은 '자아'라고 부른다. "'맥콜스'의 카탈로그에서 나 자신을 발견했어." "그것이 진짜 내 모습을

찾아 줬어." "쉽게 내 일부가 되는 팬티스타킹." "차는 나에 관해 무엇이라고 말하는가?" "당신은 첫 여자를 결코 잊지 못할 것이다"(맥주 광고).

2. 우리의 몸은 '사물-정체성'을 담은 포장이다. 성이란 '실행하고' '성교하고' '행하고' '자극하고' '엮이고' '사정하는' 사물들의 조합일 뿐이다. 우리는 친밀함을 혐오하거나 두려워해야 한다고 배웠으며, 상품을 그것의 성적 대용물로 삼는다.

3. '몸-인격'은 포장된 사물이기 때문에 성은 상업, 경쟁, 유행, 자기를 어떻게 팔 것인가의 문제로 묘사된다. 더 치명적인 사실은 서로에게 성적 대상으로 노출되기 때문에 우리는 지배와 종속이라는 대상화된 관계를 맺을 수 있을 뿐이라는 점이다(디오르, 캘빈 클라인, 샤를 주르당, 게스 진즈).

4. 이런 과정에서 잡지의 기사들은 이성애적 약속을 비웃고 광고에서는 이렇게 주장한다. "남편이 그것을 좋아하지 않으면, 그를 떠나라." "내 아내는 집을 얻었다. 그러나 나는 소니를 얻었다." "우리는 당신과 결혼할 수 있습니다. 우리는 당신과 이혼할 수 있습니다." 그리고 '자본가의 도구'임을 자처하는 「포브스」에서는 '이혼 전문 대기업'에 관한 표지 이야기를 게재하기에 이른다. 인간의 관계, 자연적인 몸, 친밀함을 박탈하는 것이 좋은 자본주의라는 말이다.

5. 마지막으로, 시장에 의해 매개되지 않은 행위와 관계(고독함, 친밀함, 우정, 자연에 대한 사랑, 가정)를 박탈당했기 때문에 새로운 상품들이

약속하는 것을 얻으려는 갈망은 더욱 심해진다. "당신은 행복을 살수 있다." "단 하나의 기쁨이 있다." "나눔과 돌봄." "마틴(페인트)은 이해한다." "세레나(옷)는 이해한다." "AMC의 차와 '문제없는' 관계를." "대가를 치르지 않고 사랑에 빠지라"(혼다).

1945년에 올더스 헉슬리(Aldous Huxley)는, 광고란 우리의 고통과 비행(wrong-doing)의 주요 원인을 자극해서 우리의 욕망을 극대화하고 심화시키기 위한 조직적 노력이라고 설명했다. 즉 그것은 우리의 인격과 성취감 사이에 존재하는 가장 높은 장벽이라는 말이다. 18년이 지나서 줄스 헨리(Jules Henry)는 광고가 인간의 욕망을 야만화하고 우리의 인간성을 비하한다고 논평했다. 그리고 헨리의 『인간에 대항하는 문화』(Culture Against Man)가 처음 나온 후 40년이 지난 지금 광고의 세계관은 상품 형식을 뒷받침하고 그것에 의해 뒷받침되는 이 나라의 삶의 철학이 되었다.

광고의 가장 명백하고 부인할 수 없는 형식을 통해 그리고 그것이 우리에게 미치는 영향을 통해, 상품으로 만들어진 세계는 우리의 사고뿐만 아니라 우리의 성까지 지배하고 있다. 그러나 우리는 우리의 의식을 장악하고 있는 그 치명적인 영향력을 파악하지 못하고 있다. 일부 보수적인 도덕주의자들은 「플레이보이」나 인터넷 포르노그래피의 벌거벗은 여인들의 이미지에 대해서는 분노하면서도, 「플레이보이」가 성공적인 광고 매체로 성공할 수 있게 해 준, 여성을 대상화하며 자본주의적 쾌락주의를 구현하는 인생관을 강요하는 경제 체제에 대해서는 별로 신경을 쓰지 않는다. 반면에 여성 해방에 관심을 기울이는 사람들은 우리 사회의 조무래기들은 대담하게 공격하면서도, 우리 문화에서 여성을 대상화하는 가장 큰 세력인 매디슨 가의 거인들 앞에서는 침묵을 지킨다.

인간의 성이 대상화되고 관음증을 부추기고 기계화됨에 따라 한 사람이 다른 사람과 온전한 관계를 맺을 수 있는 가능성이 거의 사라져 버렸다. 오로지 상품에 의해서만 의식이 규정되는 세계, 상품의 형식을 통해서만 인식이 가능한 세계 속에서 자아를 잃어버렸기 때문에 자아의 표현이자 자아에 관한 이야기, 내적인 것의 구현으로서의 성을 상실해 버렸다. 우리는 우리 자신을 의탁하는 자동화된 상품의 형상을 따라 우리의 성과 생식과 친밀함을 변형시키고 말았다.

무한 소비사회의 광고가 맹공격을 퍼부어 우리는 우리 몸을 있는 그대로 받아들일 수가 없게 되었다. 배우자의 몸처럼 우리의 몸은 무력하고, 기분 나쁠 정도로 부적절하며, 부스럼과 여드름으로 손상되어 있고, 튼 자국과 노화성 반점으로 얼룩진 것으로 묘사된다. 우리의 입 냄새와 자연스러운 몸 냄새는 주변 사람들에게 혐오감을 불러일으켜 우리의 가장 친한 친구들마저 그것이 얼마나 끔찍한지에 관해 이야기조차 하지 않으려 할 정도다. 우리의 몸과 사랑하는 이들의 몸에 불만을 느낀 우리는 이른바 '문제없는 관계'를 추구한다. 자동차처럼 우리의 친밀함과 결혼 서약도 시간이 지나면 폐기 처분한다. 미국인의 평균적인 결혼 지속 기간은 자동차의 평균 수명 정도에 불과하다. 가정에서는 자녀 수보다 더 많은 자동차를 갖고 싶어 한다. 우리가 상상조차 할 수 없는 방식으로 성은 자동화되고 기계화되었다. '자본가의 도구'인 「포브스」지에서는 광고를 통해 '이혼 산업이 계속 성장하고 있다'고 이야기한다.

마지막으로 잘못 명명된 성에 관한 '반문화적' 관점 — 지배와 폭력의 영역에서 이미 살펴보았듯이 - 은 우리 문화의 성에 관한 관점의 심층적인 가치에 대해 의문을 제기하지 못했고, 그저 다른 옷을 입혀 문제를 되풀이했을 뿐이다. 인간의 성적 관계에서 인격적 측면을 강조하지 않고 새로운 형태의 억압을 통해 쾌락주의를 심화시키는 '반문화적' 성생활 방식은 사실상 전혀 반문화적이지 않고(새로운 성이 사실은 인격과 역사적 관심, 비판 의식을 억압하는 역승화일 뿐이라고 말했던 마르쿠제의 주장은 정확했다), 비인간화된 상품의 세계를 강화하는 것에 불과하다.

인격적 헌신을 부인하는 새로운 형식은 자유에 대한 공격과, 약속을 하고 그것을 지킬 수 있는 인간의 능력에 대한 공격을 정당화해 왔다. 순결에 대해 공격함으로써 자아와 몸의 이분법을 영구화하고 성적 순결과 생명에 대한 사랑의 가능성을 록과 랩, 힙합, 패션을 판매하는 장사꾼들에게 넘겨 버렸다. 결혼을 부인하는 반-문화는 디스코 음악과 제트 족(jet set, 제트기를 타고 여행 다니는 부자들 - 역주)과 손을 잡고 아이들에게 신뢰와 친밀함, 약속, 그리고 사랑을 위해 고통을 감수하는 순결함에 관한 경험적인 자료를 제공해 주는 강력한 토대를 약화시켜 왔다. 하지만 가정에서의 이런 경험이야말로 시장의 제국주의에 저항할 수 있을 만큼 강력하고 안정된 사람들을 만들어 내는 데 기여할 수 있는 요소들이다.

참된 인간성을 구현하려고 노력하는 가정은 비인간화에 저항하는 가장 중요하고 든든한 보루다. 그런 의미에서 가정은 참으로 반문화적이고 전복적이다. 우리 문화 속에서 가정이 그토록 무자비한 공격을 당하고 있는 것은 전혀 놀랍지 않은 사실이다.

5 • 상품 형식과 우상숭배

 여러 가지 면에서 상품 형식은 세계'관'이다. 그것은 세계를 보는 관점, 우리 자신과 몸, 다른 사람들, 목표와 성취, 가능성을 비롯해 세계의 모든 부분을 바라보는 방식이다. 세계관은 색을 입힌 유리에 비유할 수 있다. 세계관은 보이는 모든 대상을 하나의 선입관을 통해서 걸러 보게 한다. 그러나 여기서 '거르다'는 말은 그저 시각적인 것에 그치지 않는다. 상품 형식은 우리의 경험과 태도, 감정, 정서, 충동, 지각, 행위를 모두 걸러 낸다.

 동시에 상품 형식은 우리의 경험에 특정한 내용을 부가하며, 우리의 경험을 통해 특정한 결과를 산출한다. 상품 형식의 내용은 마케팅, 생산, 소비이며, 그 결과 우리는 자신을 대체할 수 있는 사물로 인식하게 하고 우리의 목적과 가치를 얼마나 많이 광고하고 생산하고 소비하는가에 달려 있다고 생각하도록 만든다. 우리의 가치와 목적이 상품에 의해 결정될 때 우리는 상품과 같은 존재, 즉 수치로 환산할 수 있고 독특하지 않으며 가격을 매기고 대체할 수 있는 사물로 환원된다.

 상품 형식은 우리 삶의 모든 영역, 모든 경험, 모든 일을 통해 드러난다. 우리가 자신의 지각 능력을 이해하는 방식을 통해서도, 즉 우리의 지식을 '사물-지식'으로 제한하는 모습 속에서도 상품 형식이 드러난다. 신뢰란 발견하고 지켜 내는 것이 아니라 생산하고 판매하는 것이 되고 만다. 질은 양으로 환원된다. 지식은 비인격적이며 반관계적이고 '가치중립적'인 것으로 간주된다. 그것은 우리의 주관성을 신뢰할 수 없다는 의미에서 객관적이다. 내면성이나 자각은 의심의 대상일 뿐이다. 외적인 관찰, 측정, 숫자, 반복 가능성만을 치켜세운다. 우리는 지식을 소비할 뿐, 지식은 더 이상 자신의 가치를 더 온전히 깨닫게 하는 데 도움이 되지 못한다.

마찬가지로 삶의 정서적 측면 ― 태도, 감정, 느낌, 의지, 선택, 헌신, 사랑 ― 역시 상품 형식의 경험을 통해 걸러지고 있음을 알 수 있다. 도덕적 상대주의에 마비되어 인격적 관계를 맺지 못한다. 우리는 스스로 사물처럼 수동적 존재라고 생각하도록 강요당한다. 즉각적 만족을 얻는 것이 우리의 유일한 이상이 된다. 과학 결정론은 측정, 계량, 관찰, 필요의 맹목적 충족이라는 기준을 통해 우리가 어떤 선택을 해야 하는지를 설명한다. 매체와 예술처럼 '우리 시대의 지혜'를 따를 때, 인격적 헌신 같은 것은 아예 불가능해 보인다. 친밀감, 신뢰, 헌신적 사랑에 대한 갈망, 소중한 믿음을 끝까지 간직할 수 있는 능력은 모두 억눌러야 할 것들일 뿐이다. 이것이 바로 '사물-의지'의 모습이다.

'사물-지식'과 '사물-정서'의 관점에서 우리 자신을 이해하는 태도는 우리가 이야기할 '사물-행위'와도 연결된다. 우리는 우리 자신이 단지 사물과 같은 행동만을 할 수 있다고 믿기 때문에 사물처럼 행동한다. 그 결과 인간 행위의 세 가지 중요한 영역, 즉 힘과 소유와 쾌락의 영역에서 벌어지는 우리 시대의 거대한 도덕적 투쟁은 사실상 상품 형식에 사로잡힌 사람들의 영적 전쟁이라고 말할 수 있다.

우리는 관계의 힘이나 자신을 내어 주는 사랑에 관해서가 아니라 무력과 폭력, 자기방어라는 가짜 힘에 관해 전문가가 되었다. 우리는 자신이 사물처럼 그 효력이 금세 다할 것이라고 생각하기 때문에 두려워하며, 우리의 삶을 갈등으로 혹은 다른 '사람-사물'이나 '국가-사물'과의 경쟁으로 인식한다. 우리는 우리를 극복하거나 대체할지도 모르는 다른 사람의 위협을 이겨 낼 수 있는 사람이 되어야만 한다고 느낀다. 조작과 통제, 지배와 기술이 우리가 신뢰하는 친구가 되었다. 사람들은 생산되고 판매되고 소비된다.

인간성의 표현이 되고 인격체로서 우리의 가치를 높여 줄 수도 있었을 소유가 궁극적 목적이 되고 말았다. 우리의 존재는 소유에 있다. 우리의 행복은 더 많이 소유하는 데 있다고들 말한다. 우리는 무한 성장 경제에 의해 뒷받침되는 소비 충동에 중독되고 말았다. 소비 충동은 필요를 조작해서 사물 안에서 즐거움을 누릴 수 있다는 약속인데, 그 약속이 깨지고 그 기대가 좌절됨으로써 우리에게는 죄책감이 찾아오고 구입할 필요가 더 커지게 되었다. 재산은 더 이상 우리 삶에 유익한 도구가 아니라, 우리의 가치를 판단하는 최종 기준이 되고 말았다. 그 기준이 너무나도 압도적이어서 재산 때문에 살인도 불사할 정도다.

마지막으로 쾌락주의와 현실 도피는 아편과 같은 역할을 한다. 더 이상 몸과 내면성의 통합 속에서 쾌락을 찾지 못한다. 물화된 삶 속에는 내면성이란 것이 아예 없기 때문이다. 즉각적 만족이 의식을 지배한다. 우리 자신처럼 우리의 몸은 사물이며, 포장, 도구, 기구일 뿐이다. 상품화는 자아로부터 성을 분리시킨다. 그리고 성은 더 이상 억눌린 인간성의 구체화된 표현이 아니며 교환하고 값을 매기는 물건이자 경쟁할 전쟁터, 공격과 자아도취의 무대로 변질되고 말았다. 친밀함은 관음증으로, 부드러움은 기교로 대체된다. 자유로운 헌신과 평생의 약속이라는 말은 사랑과 성에 관한 낱말 사전에서 제외되고 말았다.

이렇게 다양한 방식으로 우리의 문화적 복음, 자본주의의 우상 속에서 상품 형식이 그 모습을 드러낸다. 그리고 상품 형식이 이러한 복음과 우상을 뒷받침한다.

이 총체적 세계관을 구성하는 많은 부분들은 사실 그 자체로는 우리의 인간성에 본질적인 해가 되지는 않는다. 가장 좋은 예는 아마도 과학적·기술적 지성인데, 인간의 존엄성을 위해 사용한다면 우리의 삶을 고양하고 가치를 높여 줄 수 있다. 상처 입고 마음대로 움직이지 못하는 몸을 조금이나마 자유롭게 해 주었던 화학요법과 아이비엠 실렉트릭(IBM Selectric, 전동 타자기의 상표명 – 역주)에 대한 고마운 마음을 서정적으로 표현했던 크리스토퍼 놀란(Christopher Nolan, 뇌성마비 환자이기도 했던 아일랜드 출신의 소설가로서 2009년에 작고했다 – 역주)의 삶과 글은 인간의 기술이 얼마나 큰 유익을 주는지 감동적으로 증언해 준다. 기술이 우상숭배로 변질되는 시점은 목적과 수단의 관계가 전도될 때, 인간 지식에 관한 과학적 모형이 모든 지식을 압도하거나 궁극적 지위를 차지하게 될 때 혹은 인간의 존엄성이 아닌 다른 목적에 봉사하게 될 때다.

뿐만 아니라, 우리의 경험과 기대 전체가 궁극적 사물화의 체계를 강화하는 데 기여하게 될 때, 강력한 경제 논리가 매체와 광고 산업,

텔레비전과 라디오, 음악, 예술과 같은 가치를 형성하는 산업의 지원을 받아 상품화의 가치를 정당화하고 부추길 때, 인간의 상품화는 더욱 극심해지며 모든 곳으로 침투하게 된다. 우리는 사물처럼 행동하며 생각하고 다른 사람들과도 사물로서 관계를 맺으라고 교육받고 훈련받는다. 역으로 '사물-지식'과 '사물-행위'는 인간의 권력과 소유의 문제에 관한 해결책으로 폭력과 지배를 뒷받침하고 정당화한다. 그리고 비인격적이며 기계화된 성이 인간의 감정에 관한 문제에 대한 해결책으로 제시된다.

상품 형식은 수많은 다른 방식으로 사람의 인격을 억압하는 동시에 스스로를 충족시키고 강화한다. 하나의 궁극적인 원리로서 '사물-지식'은 모든 인간의 믿음(그것이 하나의 이상에 대한 믿음이든, 다른 사람에 대한 믿음이든, 신에 대한 믿음이든)을 불가능하게 만든다. 믿음은 사라지고 논박할 수 없는 사실이 주는 안정감이나 타자를 통제하고 조작할 수 있는 능력만 남게 된다. 사물은 믿어야 할 필요도 없고 믿을 수도 없다. 동시에 획득과 경쟁과 소비가 궁극적인 것이 될 때, 인간의 소망은 더 이상 쓸모가 없어진다. '존재'하는 것을 더 많이 축적하는 데만 우리의 소망을 건다면, 참된 소망은 사라져 버린다. 소망을 품기 위해서는 위험을 감수하고 상처 입을 각오를 해야 한다. 현실은 존재하는 것을 관찰하거나 반복하는 것과는 질적으로 다르기 때문이다. 마지막으로, 인간의 사랑은 불가능해진다. 인격적 관계를 부인하고 자아를 보존하려는 태도, 자신을 내어 줄 수 있는 능력으로부터 도피하려는 태도는 다른 사람을 그 사람 본연의 목적에 따라 인정하고 받아들일 수 있는 우리의 능력을 부인하는 것과 같다. 사랑은 본질적으로 위험과 상처받을 가능성, 자유로 가득하며 오직 인격체의 세계에서만 존재할 수 있다.

앞서 이야기한 이 모든 모습을 통해 드러난 상품 형식이라는 복음의 바탕에는 인간의 자유에 대한 일관되며 체계적인 거부가 도사리고 있다. 여기서 자유라는 말은, 자기 이해와 자기반성의 제한된 능력에 기초해 인간이 스스로를 내어 주고 스스로를 선물로 규정할 수 있는 능력을 뜻한다. 인간의 지식을, 설명하고 조작하고 통제하는 데만 한정할 때 우리는 자동적으로 자유의 가능성을 제거하고 만다. 공포와 지배, 폭력, 기계화된 성이라는 관점에서 행동할 때, 우리는 인간으로서의 자유가 지닌 관계적 속성을 억압하게 된다. 과학주의를 통해 인간의 행위를 외부의 맹목적 원인으로 환원해 버릴 때, 우리는 자유에 관한 논의 자체를 억압하는 것이나 다름없다. 현실 도피와 쾌락주의를 문화적 이상으로 받아들일 때, 우리는 자유로운 인격적 관계를 원천적으로 배제하는 것이나 마찬가지다. 소망하고 믿고 사랑할 수 있는 가능성을 부인할 때, 우리는 이러한 인간 행위의 전제 조건인 자유를 행사하지 못하도록 막아 버리는 셈이다.

실제로 상품 형식은 가장 밀접하고 구체적으로 인간적 특성을 억압한다. 이것이 앞에서 마르크스와 관련해 인용했던 시편 115편의 의미다. 인간들은 사물이 마치 인격체인 듯 사물과 관계를 맺는다. 그들은 인격체―그들 스스로를 비롯해―가 마치 사물인 것처럼 인격체와 관계를 맺는다. 우리 스스로 우리가 만든 상품의 형상을 본뜨려 할 때 우리는 인간성마저 박탈당하고 만다. 상품으로 환원된 우리는 인격적 접촉이 주는 친밀함을 잃어버린다. 우리는 살아 움직이는 사람들을 제대로 보거나 들을 수 없게 된다. 컴퓨터에 입력된 반복적 신호로 축소된 우리는 말을 하지 않는다. 존재하는 것에 의해 마비된 우리는 자유롭게 걷지 못한다. 이것이 곧 우상숭배의 결과다. 우상을 만들고 그것을 믿는 이들은 우상과 같은 모습이 된다.

상품 형식과 그 가치의 체계에 관한 논의를 마무리하면서 다시 한 번 요점을 짚어보려 한다. 지금 우리는 우상숭배, 즉 우리가 만든 물건 때문에 우리의 인간성을 잃어버린 문제에 관해 이야기하고 있다. 이것은 곧 궁극적인 것이 무엇인가에 관한 이야기이기도 하다. '사물-가치'는 그 자체 말고는 다른 어떤 원리에 의해서도 제약을 받지 않는다. 그러므로 다음과 같은 중요한 결론을 내릴 수 있다.

1. 생산성, 거래 가능성, 소비, 기교, 과학적 방법이 그 자체로 악한 것은 아니다. 이런 것들은 인류의 행복에 유익하게 사용될 수 있으며 그 자체로도 '은총에 의해 주어진' 가치 있는 것들이다. 그러나 인간과 상품의 관계가 역전될 때, 도구에 불과한 것이 인간의 가치를 가늠하는 기준이 될 때, 상품 형식은 우리를 지배하고 파괴하게 된다.

2. 상품 형식은 일차적으로 인식과 가치 평가의 체계다. 그것은 인간 불행의 유일한 원인이거나 절대적 원인이라기보다는 인간의 불행을 초래한 가치 체계의 근원이다. 그러나 인간의 고통과 실패, 악의 일차적 원인은 인격이 지닌 상처받기 쉬운 약함을 외면한 채 스스로가 마치 자기 충족적 사물인 것처럼 가장하는 거짓된 안정감에 의지하려는 인간의 성향 때문이다.

3. 비록 자본주의가 상품 형식이 번성하기에 가장 유리한 환경인 것처럼 보이기는 하지만, 자본주의가 상품 형식의 유일한 원인은 아

니다. 그러나 만약 자본주의가 그 자체의 가치가 아닌 다른 어떤 가치 체계에 의해서도 제어되지 않는다면, 자본주의는 필연적으로 상품 형식으로 귀결될 수밖에 없다. 뿐만 아니라 일단 상품 형식이 자본주의 사회를 지배하게 되면 그때는 다른 도덕적 가치 체계에 호소하기가 대단히 어려워진다. 우리 사회 속에서 상품 형식이 이미 그 정도의 권력을 획득했으며 곳곳에 깊숙이 침투해 있기 때문에, 상품 형식을 우리 문화를 지배하는 복음이자 '신념 체계'라고 부를 수 있다. 하나의 세계관이자 신념 체계로서 상품 형식은 사회적으로 권위를 갖게 되었으며 의심을 받지 않고 위협적이며 인간성을 고갈시킨다.

4. 상품 형식 외에도 다른 형태의 우상숭배가 존재한다. 전체주의적 국가, 관료주의적 교회, 인물 숭배의 제도화도 모두 각기 다른 조건이나 사회 체계 속에서 인간을 피폐하게 만드는 강력한 형식들이다. 여기서 논의의 핵심은 우리 문화의 궁극적인 자본주의적 가치가 의식의 상품 형식으로 다시 나타나고 있다는 것을 보여 주는 데 있다. 지금까지 논의의 목표는, 상품에 대한 숭배를 체계화한 사회 속에서 가족, 헌신, 인간의 생명, 평화주의, 평등, 정의, 믿음, 소망, 사랑과 같은 다양한 가치들에 관해 이야기하기가 점점 더 어려워진 이유, 그리고 그것을 삶 속에서 실천하기는 훨씬 더 어려워진 이유를 설명하는 데 있었다.

그러나 중요한 것은, 본질적으로 우리의 경제 체제가 그리스도인으로서 살기 원하는 이들의 믿음을 위협한다는 사실을 깨닫는 것이다. 지속적으로 확대되는 소비에 기초한 경제적 세계 속에서, 이미 재화와 서비스가 남아도는 사회 속에서, 소비와 마케팅과 생산을 절대 가치로 삼는 사회 속에서 우리가 반드시 제기해야 할 물음이 있다. 어떤 종류의 사람이 이런 경제 체제에 **가장 적합한가**? 어떤 종류의 사람, 어떤 종류의 행위가 **가장 바람직하지 않은가**?

언제 사람들의 개인적 욕구가 가장 잘 충족되는가? 어떻게 우리는 그들로 하여금 계속해서 원하고 더 많이 사게 만들 수 있을까? 사람들이 이 땅이 주는 재화에 감사하는 사람이 되기보다 만족하지 못하고 더 가지려는 사람이 되면 더 많은 경제적 이익을 창출할 수 있을까? 물건에 만족하고 고마워한다면 사람들이 **더 많이** 소비하게 될까? 아니면 계속해서 만족하지 못하고 괴로워하고 더 가지려고 할 때일까? 삶에 대한 사람들의 의식 속에 불만이 자리 잡는 것은 이익이 될까? (필요를 느끼도록) 불안과 긴장을 조장하는 것은 경제적으로 바람직할까? 사람들에게 개인의 정체성과 성, 인간관계가 불행하고 불안하고 불확실하다고 가르친다면 사람들이 더 많이 구매하고 소비하게 될까?

상품 형식이 자의식에 미치는 영향에 관한 문제를 다른 방식으로 표현하자면, 어떤 종류의 행위가 '기업에게 좋은 소식'이 되겠는가 하는 문제라고 할 수 있다. 당신이 결혼해서 자녀가 있는 사람이라고 가정해 보자. 만약 당신의 삶에 비교적 만족한다면, 자녀들과 놀아 주고 대화하면서 그들과 시간 보내기를 즐긴다면, 자연을 좋아한다면, 마당이나 현관 계단에 앉아 있기를 즐긴다면, 성생활에 비교적 만족한다면, 자아상에 불만을 갖지 않고 인간관계에서 안정감을 느낀다면, 고독한 가운데 기도하기를 즐긴다면, 사람들을 찾아가고 그들과 대화 나누기를 즐긴다면, 검소하게 살기를 즐긴다면, 친구나 이웃과 경쟁할 필요를 전혀 느끼지 않는다면, 우리 체제의 관점에서 볼 때 당신은 경제적으로 얼마나 유익이 되는 존재일까? 당신은 지금까지 동전 한 푼도 쓰지 않았다.

하지만 만약 당신이 불행하고 우울하다면, 불안과 혼란 속에서 살고 있다면, 당신 자신이나 인간관계에 관해 확신을 갖지 못한다면, 가족이나 성생활에서 만족을 느끼지 못한다면, 홀로 있는 것이나 검소하게 사는 것을 견딜 수가 없다면, 당신은 많은 것을 갈망하고 더 많이 원하게 될 것이다. 당신은 지속적 경제 성장에 기반을 둔 사회 체계에 가장 적합한 행위를 하게 될 것이다.

지금까지 살펴본 것처럼, 상품 형식은 우리 존재의 모든 차원에서 우리에게 영향을 미친다. 개인적 정체성의 파편화가 빚어낸 한 가지 양상인 고독함에 대한 두려움이나 외적 기준에 의해서만 우리 자신의 가치를 판단하는 태도는 상품화된 삶의 방식에 기여한다. 친밀함, 공동체, 인격적이며 지속적인 인간관계의 결여, 경쟁심, 연대 의식의 결핍 등은 우리의 삶에서 사람들을 잃어버림으로써 우리가 경험하게 되는 결핍을 보충하기 위해 물건을 소유하고 축적하라고 부추긴다. 변화하는 사회 체제와 그 무질서한 우선순위 속에서 느끼는 무력감으로 인해, 우리는 우리의 경제생활 방식을 재확인하고 강화하게 될 뿐이다. 검소하게 살지 못하며, 끊임없이 갈망하고 만족하지 못한 채 삶을 즐기지 못하는 우리의 모습은 경제 성장에 도움이 되는 좋은 소식이다. 가난한 이들과 힘없는 사람들을 외면하고 진실한 모습으로 그들과 대면하기를 두려워하는 우리는, 우리 자신의 상처 입기 쉬운 약한 본성과 우리가 피조물이라는 진리를 외면한 채 도피하려 할 뿐이다.

상품 형식이 우리의 삶 전체에 조직적으로 영향을 미친다는 것은 바로 이런 뜻이다. 상품 형식은 모든 인간 행위 속에 침투해 있다. 그것은 친밀함과 행복의 경제학에 대항해, 사랑의 약속 같은 것은 별로 이익이 되지 않는다고 말한다. 그리고 맹세의 경제학에 대항해 청빈, 정절, 순종 같은 것은 경제 성장에 그다지 도움이 되지 않는다고 말하며, 기도와 고독의 경제학에 대항해 그것들이 재정적으로 별로 가치가 없다고 말한다. 매체 광고는 이런 행동을 조롱한다. 우리 안에 있는 가장 인간적이고 가장 인격적인 것은 불가능한 것일 뿐임을 믿으라고 가르친다. 그리고 우리는 매체에 노출되는 시간은 계속해서 늘리는 반면 우리의 독특하게 인간적이며 관계적인 활동은 줄여간다. 이런 식으로 매체의 내용과 형식은 상품 형식이 전파하는 경제학을 강화시킨다.

이렇게 물을 수 있다. 교황 요한 바오로 2세가 『인간의 구원자』에서 생산과 경제 체제, 우리 손으로 직접 만든 상품의 노예가 되는 것에 관해서 말했을 때, 그는 그저 전체주의 국가에서 사는 이들에게만 경고했던 것일까? 미국에서 사는 우리 역시도 전체주의 사고방식에 사로잡혀 노예 상태에 있는 것은 아닐까?

이것이 바로 이 책 1부의 주제다. 자본주의에 대해 비판하는 것은 유토피아를 찾거나 다른 문화나 국가에 존재하는 어떤 완벽한 삶의 본보기를 발견하기 위함이 아니다. 우리에게 은총으로 주어져 있으며 우리가 속하여 살아가야 할 책임이 있는 곳은 바로 이 땅, 이 문화다. 우리가 경제적 우상숭배와 거기에 종속된 우리의 노예 상태에 대해 도전해야 할 곳도 바로 이 사회다. 또한 지금까지 우리는 우리의 경험의 모든 차원에 파고들어간 상품 형식 같은 총체적 '삶의 방식' 또는 복음에 대해 대안적 '삶의 방식'으로 맞서야 한다고 주장해 왔다.

우리는 소비사회의 프로그램화에 저항하라는 부르심을 입었을 뿐만 아니라, 그리스도를 따르는 삶을 살라는 부르심을 입기도 했다. 우리에게 우리의 참 모습을 계시하시는 분이 바로 그리스도이시기 때문이다. 그분은 우리가 우리 손으로 만든 죽은 우상에 의해 규정되는 쓰고 버려도 되는 물건이 아니라, 하나님의 삶에 참여할 수 있는 능력을 주시는 삼위일체 하나님의 형상에 따라 창조된 대체할 수 없는 인격체임을 깨닫게 해 주신다. 그것은 바로 예수 그리스도 안에서 실현된 인간 실존의 인격 형식이다.

제2부 인격 형식

6 • 기독교 철학적 인간학을 향해

인격

'인격 형식'이란, 사람을 언약 관계 속에서 근원적 정체성이 성취되는, 대체할 수 없는 인격체로 인식하고 소중히 여기는 형식을 의미한다. 언약적 관계는 스스로 자신에 대해 반성할 수 있고 자신을 제어할 수 있는 자유로운 존재들 사이에 맺어지는, 자신을 내어 줄 수 있는 상호 인격적 관계다. 아무 대가 없이 자신을 선물로 내어 주겠다는 약속으로서의 언약이 이런 자유로운 존재들의 독특한 특성이다.

다양한 철학자와 종교 사상가들이 인간 의식의 이런 '형식'을 강조해 왔다. 그러나 궁극적으로 나는 예수 그리스도 안에 드러난 인격 형식의 가장 온전한 계시에 의존하고자 한다. 역사, 전통, 성경, 신자들의 공동체적 삶, 인격적 경험 속에서 만난 그분께 의지할 것이다. 그분께 기대는 것은 신앙의 행위다. 이것은 곧 논리적 혹은 역사적 필연성과 전혀 무관한 자유로운 인간의 행위이자, 다른 인격체와의 만남이라는 확실성에 기초해 있으면서도 동시에 불안과 위험을 수반하는 행위다. 다른 사람이나 나에 대한 그 사람의 사랑을 믿는다고 말하는 것처럼 그분을 믿는다. 그러나 내 믿음의 내용은, 그분이 참 하나님과 참 사람이란 어떤 것인지를 온전히 계시하셨다는 것이다. 예수 그리스도는 하나의 총체성으로 이해해야만 한다. 그분을 고립된 개인적 경험의 조합이나, 교의 안에서만 구현된 것이나, 단순한 도덕적 가르침으로, 그저 믿음의 공동체 속에서 실현된 역사적 실체로 이해해서는 안 된다. 유대인이셨던 그분의 역사나 그리스도인인 나의 역사와 무관하게 그분을 이해해서도 안 된다. 총체적인 인격적 실체로서 예수님을 만나고자 한다면 이 모든 요소를 고려해야만 한다.

'인격 형식'은 가톨릭교회나 기독교회, 심지어 계시 종교의 특권이 아니라는 점을 지적해 두는 것 역시 중요하다. 인격 형식은 인간이 자신의 인간 됨에 충실할 때마다, 그렇게 하는 곳은 어디에서든지 계시되며 명백히 드러난다. 뿐만 아니라 교회 사람들이나 그리스도인이라고 해서 반드시 그리스도의 계시를 온전히 구현하는 것은 아니라는 점 역시 사실이다. 그리스도인들이 그들의 주님이신 그리스도의 인격뿐만 아니라 자신들의 인격에도 부합하지 못한 삶을 살기로 악명이 높았던 때도 많았다. 게다가 역사와 사회 속에서 살아가는 모든 신자는 신자가 아닌 이들과 똑같이 역사와 사회의 온갖 병리 현상에 노출되어 있다. 다시 말해, 지금 나는 예수 그리스도 안에서 온전히 드러난 총체성으로서의 계시에 관해 이야기하고 있다. 그리고 그러한 계시의 현실에나 그 부르심에 충실하려고 노력하는 교회가 언제나 포함된다.

나는 내 삶과 나의 자기 이해, 나의 일반적 세계관 속에서 예수 그리스도 안에 드러난 인격 형식의 계시를 만났다. 계시는 진공 상태에서 만들어지거나 나타나는 것이 아니라, 오히려 역사를 통해, 나라와 교회와 문화라는 배경을 통해, 나 자신의 생애라는 상황을 통해 계시된다.

여기서 내가 '인격'의 본질을 어떻게 이해하는지 명확히 설명해 두는 것이 유익할 것이다. 왜냐하면 '문화', '사회', 심지어 '기독교'에 관해 이야기할 때 어떤 식으로든 인격에 관한 선(先)이해가 수반될 수밖에 없기 때문이다. 인격의 원리는 소외와 비인간화에 관해서는 말할 것도 없고 행위와 목적에도 적용된다. 우리의 모든 성찰은 철학적 인간학, 즉 자의식, 인간의 잠재력, 충동과 욕구, 인간 실현 등에 관한 전반적 견해에 크게 의존한다. 인간의 본질을 단번에 결정적으로 범주화하여 바뀌거나 변하지 않는 무언가로 정의할 수 있다는 뜻이 아니다. 오히려 모든 사람이 공통적으로 가지고 있는 특징, 절박한 필요, 내재적 욕구가 있다는 말이다. (의도적이든 무의식적이든) 이런 것들이 침해될 때 참된 인간성이나 인간 실현은 불가능하다.

각 문화마다, 각 시대마다(특정한 사회 구조와 역사적 배경이라는 상이한 조건하에서) 인간은 자신이 불완전하며 완결되지 못한 상태에 처해 있음을 깨닫는다. 이러한 불완전성은 서로 알고 사랑할 수 있는 우리의 잠재력을 실현하려는 노력과 충동을 통해 표현된다. 조건 지워지고 한정된 목표나 재화는 우리의 욕구를 최종적으로 충족시키지 못하며, 오히려 우리의 욕구는 끝이 없고 결코 만족되지 않는다는 사실을 상기시켜 줄 뿐이다. 의식의 활동과 구조를 통해 우리의 '존재' 자체가 온전함, '지향성', 장대한 역사적 갈망, 우리의 주어진 한계를 초월하려는 노력을 하고 있음을 알 수 있다. 우리의 존재는 분명 아름다울 때가 많기는 하지만 결코 완전하지는 않다. 그러므로 사람들은 질문하고 인간으로서의 정체성에 관한 난제를 제기한다. 왜 사람은 자기 자신으로 충분하지 못할까?

뿐만 아니라, 우리는 우리 자신이 의존적이고 불완전하며, 고통스러우리만큼 미완성이라는 사실을 깨닫는다. 우리는 우리의 역사를 알고 있고, 환경을 알고 있으며, 우리가 그 둘과 어떤 관계가 있는지를 알고 있다. 그리고 결정적으로 우리는 우리가 언젠가 죽는다는 것을 알고 있다. 우리의 자의식은 우리의 역사와 문화적 배경이라는 한계를 부분적으로라도 벗어날 수 있는 가능성을 보여 준다. 우리는 이미 존재하는 것을 맹목적으로 받아들일 필요가 없다. 적어도 이미 존재하는 것을 향한 삶의 태도를 만들어 갈 수 있는 것이다. 세계는 그저 우리가 그에 대해 즉각적이며 강박적으로 반응할 수밖에 없도록 주어져 있기만 한 것이 아니다. 우리에게 세계는 문제로서 제시되어 있기도 하다. 그러므로 다시 한 번 세계가 우리에게 하나의 문제가 될 때, 우리의 육체적·존재론적 불완전성은 완결되지 않은 인지적 형태, 즉 질문으로 표현된다. 질문은 경의의 표출이다.

사람들은 서로 간의 관계에 있어 자신이 어떤 존재인가에 관해 물을 뿐만 아니라, 무엇을 해야 하는가, 자신이 어떤 존재가 될 수 있는가, 어떤 것을 바랄 수 있는가에 관해서도 묻는다. 그렇게 함으로써 도덕적·종교적 영역과 가치 판단의 영역이 인간의 경험 세계 안으로 들어오게 된다. 각 사람의 삶은 자신의 유한성을 드러내고 확증하는 생명의 선언을 구현한다. 이 생명의 선언은 문화와 역사의 구조 안에서, 그 구조를 통해 분명히 드러난다. 그 결과 미래를 향해 의식적으로 열려 있고, 필요를 넘어서는 가능성을 인식하고 있으며, 즉각적인 것을 넘어서는 실체를 스스로 지각하고 있는 존재로서 사람은 그저 문제에 그치지 않는다. 가브리엘 마르셀(Gabriel Marcel)이 말했듯이, 우리는 신비다.

그러나 인간의 현실이라는 신비 안에는 심오한 모호함과 모순이 존재한다. 그 신비는 우리의 성취와 철저한 감각의 부재를 동시에 드러내는 불완전성 안에 숨어 있다. 여러 가지 점에서 '이미' 존재하지만 고통스럽게도 '아직' 존재하지 않는 삶의 본질을 통해 이러한 모호함을 발견할 수 있다. 그것은 그 자체로서 우리의 존재이기도 한 물음에 뿌리를 내리고 있다. 그것은 우리의 중심을 넘어 외부로 뻗어가려 하는 우리의 자의식이다. 자기중심성으로는 결코 충분하지 않기 때문이다. 다시 말해, 우리는 우리 자신이 의존적이며 미완성인 존재이면서도, 개인적으로 그리고 다른 이들과 더불어 자기 규정적인 생의 헌신을 형성해 가는 놀라울 정도로 어렵고도 돌이킬 수 없는 일을 행하고 있음을 알고 있다.

불행히도, 자신의 불안정함과 의존성을 깨닫게 될 때 우리는 우리 인격의 연약함으로부터 도피함으로써 든든한 토대를 찾으려 하고 우리 자신을 완성하고 채우려 한다. 우리는 알고 이해하고자 하는 욕구가 병리적으로 전도된 위협과 지배라는 감언이설에 굴복한다. 안정을 갈구하는 우리는 무한 경쟁과 무한 축적으로 빠져든다. 그러나 이것은 우리의 정서적 잠재력이 병리적으로 전도된 것일 뿐이다. 우리는 충분히 많이 소비하고 모으고 생산하면, 인간으로서 감내해야만 하는 위험 곧 신뢰와 친밀함이라는 위험을 제거할 수 있으리라 생각한다. 그러나 오히려 폭력에 도취된 폐쇄적이고 단세포적인 세계의 공허함을 맛보게 될 뿐이다. 마지막으로 우리는 자신의 절망적 미완결성을 당당히 마주하기를 거부한 채 도피하려 한다. 노예 상태가 자유보다 덜 끔찍하고 훨씬 더 안전해 보이기 때문이다.

이 모든 현상은 기만적인 방법의 자기 정당화일 뿐이다. 이런 식으로 우리는 인간으로서 우리가 처한 조건을 거부하며, 우리의 무시무시한 유한성을 부인하고, 죽음을 마주할 수 있는 자유를 회피한다. 자유롭게 알고 사랑할 수 있는 영광을 거부하고, 죽음뿐 아니라 삶 자체도 회피함으로써 참된 우리가 되기를 거부한다. 이렇게 각 사람은 자기를 부정하는 능력을 키운다. 우리는 자기 증오와 다름없는 폭력을 통해, 자기만의 틀에 갇혀 자기를 지키기 위해, 모든 것을 희생하고 자기를 보존하기 위해, 헌신적 사랑으로부터 도피해서 쾌락에 탐닉함으로써 우리의 운명과 인격을 거부할 수 있다. 이것이 바로 우리의 타락된 모습이고, 죄의 드라마의 밑바탕에 깔려 있는 갈등의 모습이다. 즉 우리의 인간성 자체를 거부하고 우리가 인격적으로 창조된 존재임을 부정하는 모습이다. 우리는 자신이 하나님도 아니고, 하나님이 될 필요도 없는 사랑스런 피조물이라는 사실을 거부한다. 우리는 충분하지 않은 존재인 것과 완결되거나 자기 충족적이지 않은 존재인 것을 수치스러워하면서 우상숭배를 통해 잘못된 완성을 추구한다.

그렇다고 해서 인간이 근원적으로 악하다거나(이 말의 좁은 의미에서) 자기중심적이라는 말은 아니다. 지금까지 내가 한 말은 유한한 인간성이 지닌 양가성의 한 측면일 뿐이기 때문이다. 경험의 영역에도 자연적인 '신적 현현(顯現)'이 존재한다. 즉 에이브러햄 매슬로우가 초월과 조화, 자기실현, 황홀경의 사랑에 대한 '최상의 경험'이라고 칭한 순간들이다. 인식의 확장을 경험하는 중에 잠시나마 인간의 가능성이 드러날 수도 있다. 곧 우리가 '타자'라는 신비 앞에서 무방비 상태임을 깨닫는 순간이다. 우리는 이따금 통제나 전략에 굴복하지 않고 즐거이 자기를 용납하고 자기를 내어 줄 때, 혹은 침착하게 무언가에 몰두할 때 자신이 통합되고 실현되고 있음을 깨닫게 된다. 이럴 때 사랑받고 사랑하는 피조물로서 우리가 지닌 참된 운명이 드러난다.

그러나 이러한 '신적 현현'은 매우 미약하며 어느덧 사라져 버리기에 사람들은 그저 짧은 순간의 환영이라고 생각할 따름이다. 지배와 획득의 유혹은 계속해서 우리를 사로잡으려고 위협한다. 결코 만족하지 않고 그칠 줄 모르는 우리의 욕망은 절대로 완전히 실현될 수 없는 것처럼 보인다. 그리고 우리 자신의 자원─사랑하는 이가 주는 자원조차도─은 너무나도 약하고 불충분해서 우리의 통제를 벗어나 있다. 사르트르가 주장했듯, 실로 인간은 '무한한 열정' 즉 온전한 인간성을 향한 압력 그 자체다. 그러나 동시에 그 자체에만 매달리고 그 안에 갇혀 있을 때에는 끔찍할 정도로 근거가 없고 지극히 부조리한 열정이다.

문화, 인간, 신앙

문화의 의미를 정의하거나 이해하는 데는 수백 가지 방식이 있다. 역사적·심리학적·인류학적 방식이 대표적인 예다. 하지만 여기서는 이 말의 어원에 대해 살펴보자. 이에 관해 라틴어는 시사하는 바가 크다.

'문화.' *colo, colere, colui, cultum. colere*는 '경작하다', '재배하다', '땅을 갈다'라는 뜻이다. 타키투스(Tacitus)와 리비우스(Livy)는 *colere*를 '살다', '거주하다'로 사용했다. 키케로(Cicero)는 이 말을 '기르다' 또는 '공부하다'라는 뜻으로 사용했다. 마지막으로 이 말의 과거분사에서 기원한 영어 'culture'가 암시하듯, '문화'라는 말(*cultum*)은 종교의 영역과도 관계가 깊다. 베르길리우스(Vergil)와 키케로는 제의적 대상에 대한 숭배와 존경이라는 뜻으로 이 말을 사용했다.

문화는 제의다. 그것은 계시의 체계다. 문화는 집단적 의례와 상징적 형식, 인간적 표현, 생산 체계를 포괄한다. 문화는 소리 없이 사람을 변화시키고, 헌신을 이끌어 내며, 모범을 제시하고 변형하며, 인간의 업적을 드러낸다. 그러므로 문화는 하나의 복음이자 계시록이다. 신념을 매개하고 우리에게 우리 자신에 관해 계시한다.

문화는 경작이다. 인간은 자신을 재배하고 경작하여 자연으로부터 문화를 이룬다. 문화가 독립적 실체를 지니게 될 때 그것은 다시 우리를 재배하고 경작한다. 우리는 문화적 교양인이 된다. 그러므로 문화는 인간이 만들어 가지만, 그것은 특별한 방식으로 자체의 형상을 따라 우리를 만들어 간다.

문화는 우리의 집단적이며 상징적인 거주지다. 우리는 문화 안에 거한다. 우리의 의식은 우리 문화 안에 거한다. 문화는 인간의 장막, 집단적 영혼의 육화(肉化)다. 그것은 사람들의 살아 있는 표현이다. 문화는 혼(*psyche*)으로부터 기원한다. 그리고 혼은 문화에 의해 형성된다. 그러므로 '인간에 관한' 모든 이론과 영성과 신앙에 관한 모든 연구는 문화를 다루지 않을 수 없다.

'문화'라는 말은 한 집단이 그 실체를 표현하고 구현하는 모든 방식을 지칭한다. 그것은 사람들이 만들어 낸 산물이다. 그러므로 인간 총체성의 일부다. 그것은 인간으로부터 기원한다. 인간은 환원론적 의미로는 문화에 속하지 않는다. 문화의 목적은 우리의 인간성을 드러내고 재확인하는 데 있다. 정신노동을 표현하는 다른 모든 것들처럼, 문화가 그 목적 자체에 충실하다면 그것은 우리의 인간성에 봉사해야만 한다.

의미와 이해, 공식화의 차원에서 문화를 가장 적절하게 이야기할 수 있다는 것은 사실이다. 이런 것들이 자연과 우리의 본성을 재배하고 경작하는 데 알맞은 구조와 질서다. 그러나 문화에 관한 우리의 이해는 이런 범주 너머로 확장되어야만 한다.

경제 체제, 정치 체제, 각종 생산 관계, 권력 관계의 망, 이 모든 것을 문화적 실재의 일부로 간주할 수 있다. 이 모든 것은 인간이 만든 물건이나 문학적 표현과 마찬가지로 상징적 형식을 이룬다. 그것들은 가치의 표현이자 가치의 담지자, 가치의 교사이기도 하다.

인간의 일부인 문화가 살아 있는 인간으로부터 독립성을 획득하여 인간성의 단 한 가지 부분만을 표현하고 그것을 창조한 인간을 지배하게 될 때, 영적이며 정신적인 문제가 발생한다. 그럴 때 사람들이 문화를 섬기게 되고, 문화는 더 이상 사람들을 섬기지 않게 된다.

궁극적 의미, 중요성, 목적, 성취와 같은 범주가 인간의 필요나 인간의 목적, 혹은 하나님의 계시가 아니라 문화적 표현의 한 형태(즉 경제적인 기술이나 대중매체)에 의해 규정될 때, 종교적이며 신앙적인 문제가 발생한다.

의미의 단 한 부분만을 대변하는 파편화된 관점에 의해서가 아니라 인간과 인간의 잠재력의 관점에서 문화를 점검하고 비판해야 한다는 사실은 중요하다. 인간이 자신의 삶과 노동의 상황을 점검하고자 할 때, 인간의 전반적 필요에 대한 표현이자 반응으로서의 문화의 진정성과 인간성과 영성을 가늠해 보는 것은 유익하다.

인간의 본질적 정체성과 필요와 능력은 인간 상호 간의 소통을 도와주고 인간관계를 뒷받침하며 강화시키는 문화를 요청한다.

그러므로 문화라는 말의 어원학적 성찰에 관해 이런 결론을 내릴 수 있다. **소외**의 문화는 차가운 인공물로서 인간의 상상력이라는 새로움은 엄격하게 수치화된다. 그런 문화는 성취를 향한 인간의 소망, 권리, 가치를 파괴할 뿐이다. 그것은 낯선 집이다. 인간이 아니라 파편적 형태를 띤 인간의 삶 일부를 보호하는 집이다. 이런 의미에서 문화는 가르치지 않는다. 그저 선동할 뿐이다. 그런 문화는 성스러운 인간의 표현물이 아니다. 그것은 우상숭배일 따름이다. 그 조작된 형상을 따라 인간은 재창조되고 축소된다.

참으로 인간적인 문화는 인간의 자기표현을 통해 역사를 경작하는 문화다. 그 문화는 인간의 영혼이 거하는 친근하며 상징적인 초소이며, 새로운 세대는 그것에 의해 억압받기보다 교육된다. 마침내 그 문화는 시간 안에 드러난 성령의 일반 계시로서 거룩하다.

우리 인간의 현실에 초점을 맞추는 것도 가능하다. 이것은 우리 존재의 본질에 속하는 사실로 어떤 문화 속에서도 발견할 수 있는 인류의 잠재력이며 우리를 인간이 아닌 존재와 구별시켜 주는 사실이다. 이것은 우리가 인간이라는 이유로 부여받은 현실이다. 그것은 창조된 것이지만 문화에 의해서 창조되지는 않았다. 그것은 문화를 초월하며 어떤 특정한 문화로 환원될 수 없다. 그것은 알고 사랑할 수 있는 독특한 방식에 뿌리를 둔 우리의 정체성, 곧 인간성이다.

우리 인간 현실의 **표현**에 관해서도 이야기해 볼 수 있다. 이것은 우리가 다른 역사적·공간적 차원에서 우리의 인간 됨을 구현하는 방식이다. 이것은 적극적 행위다. 우리가 매우 다양한 형식으로 우리 자신을 표현하고 재생산하는 방식이다. 이것이 문화다.

신앙에 관해 말할 때, 적어도 두 가지를 뜻할 수 있다. 첫째, 신앙은 역사 속에서 이루어지는 인간의 **행위**다. 그것은 인간의 자유, 헌신, 언약을 실천하는 행동이다. 이 행위와 이런 행위를 할 수 있는 능력은 비록 문화 속에서 표현되고 구체화되지만 문화에 의해 우리에게 주어지지 않는다. 둘째, 믿음의 특정한 **내용**이라는 뜻으로 신앙이라는 말을 사용할 수도 있다. (신앙의 행위처럼) 이것 역시 양면적인 실체를 지닌다. 이런 의미에서의 신앙은 인간으로서 우리의 정체성, 우리의 목적, 우리의 의미, 우리의 성취에 관한 믿음이다. 이것은 우리에게 주어지고 계시된다. 그것의 내용을 만드는 것은 우리가 아니다. 우리는 그저 받아들일 뿐이다. 그러나 언제나 역사적·문화적 배경과 제한 속에서 받아들인다. 또한 신앙은 문화적으로 표현된다.

인간의 조건 및 목적이라는 진리를 다루는 신앙의 특정 **내용**과 관련하여, 참으로 인간이며 참으로 하나님을 닮았다는 것이 무엇을 뜻하는지와 관련하여, 그리스도인은 예수님 안에 계시된 하나님과 언약으로 맺어진 신앙의 **행위**를 한다.

신앙의 내용(사랑, 봉사, 평등, 제의적 실천, 성적 순결, 평화, 나눔, 화해, 피조물이라는 자각, 죄의 인식, 용서의 필요)뿐만 아니라 신앙의 **행위**(자유롭게 스스로 언약을 맺음)를 장려하는 (제도와 경제적 관계, 사회적 관계, 권력 관계를 비롯한) 인간의 자기표현이라는 사회적 체계가 존재한다.

반면에 어떤 문화적 체계나 그런 체계의 일부는 (경쟁과 두려움, 폭력, 시기, 탐욕, 욕망, 쾌락주의, 불의, 이기주의를 가르침으로써) 신앙의 **내용**뿐만 아니라 자유로운 신앙의 **행위**를 (선전, 종교적 자유의 제한, 심리적·사회적 조작을 통해) 금지하고 위협한다.

시간과 공간 안에서 성육신한 하나님이신 그리스도처럼 신앙이 문화라는 환경 안에서 생겨나고 그것을 통해 실천되는 것이라고 가정하고자 한다면, 신앙과 문화에 관한 우리의 문제는 이런 것일 테다.

어떻게 우리는 문화 안에서 그것을 통해 우리와 다른 사람들에게 말을 거는 참으로 역사적(성육신적) 신앙인 동시에 문화적 명령이나 문화적 내재로 환원되지 않는 신앙을 가질 수 있을까? 어떻게 우리는 길들여지거나 두려움에 주눅 들지 않은 신앙, 문화적 상대주의에 갇혀 버리지 않은 신앙, 문화적 이데올로기와 우상숭배에 도전할 수 있는 신앙, 문화에 전적으로 적응해 버리지 않은 신앙을 구체적으로 살아낼 수 있을까?

우리는 늘 스스로에게 이렇게 질문해야 한다. 문화는 우리의 신앙을 어떻게 해방시키고, 끌어들이고, 현실화하는가? 대부분의 사람들이 이런 질문은 가지고 있을 것이다.

그러나 이런 질문 역시 필요하다. 문화는 우리의 신앙을 어떻게 위협하고, 제한하고, 타협시키고, 배반하는가? 이것은 우리가 가장 자주 잊어버리는 질문이다.

적대적인 문화

우리의 역사, 우리의 연약함, 우리 삶의 가장 중요한 문제들은 모두 우리가 생산한다는 사실 때문에 더욱 복잡해진다. 우리는 집단적으로 동시에 개인적으로 행동하고 만들고 생각함으로써 우리 자신을 표현한다. 인간은 구체화된 존재인 동시에 구체화하는 존재다. 노동, 놀이, 표현을 통해 우리는 개인으로서 동시에 집단으로서 우리 자신을 구체화한다. 언어, 예술, 사회적 관계를 통해 우리는 공동체나 종(species)으로서 우리 자신을 문화적으로 구체화한다. 우리는 우리의 문화 속에서 가장 심층적인 삶의 상징을 발견한다. 이것은 우리의 근원적인 공동의 책임이다. 그 책임은 우리의 모든 실존적 현실, 즉 우리의 불완전함과 우연성, 우리의 깨어짐과 모호함, 우리의 죄와 은총, 우리의 병리 현상과 최상의 경험에 참여한다.

문화는 공동체와 개인이 세계를 만들어 가는 자유로운 사업일 수도 있다. 이 경우에 문화적 구조는 개인의 참여를 권장하는 동시에 우리의 주체성과 관점에 대해 공동체적 비판을 제시하는 형식과 가치의 세계가 될 수도 있다. 이런 식으로 문화는 인간의 자유로부터 생겨나는 동시에 인간의 자유를 증진하는 데 기여한다.

반면, 문화는 인간이 지닌 위험한 잠재력을 표현하는 동력이 되기도 한다. 인간 의식의 구체화로서 문화적 산물은 객관적이며 선재(先在)적인 현실이라는 특성을 획득할 수 있고, 그럴 때에 인간의 자유와 열린 물음이라는 요구에 '반하는' 외부적 힘으로 이해된다. 객관화된 문화가 상호주체성이라는 세계를 제공하는 것은 사실이다. 그러나 그 부동성은 인간의 창발적 가치를 억누를 수도 있다는 것도 사실이다. 인간의 자유와 물음이 만들어 내는 새로움은 폐쇄적인 문화적 가치 체계를 위협한다. 그런 체계는 오직 **그 자체의** 객관적 현실이라는 관점에서만 상황이나 인간과 상호 작용한다.

예를 들어, 의식의 상품 형식에 의해 뒷받침되고 또 그것을 뒷받침하는 문화는 인격적 실체를 적대적이거나 비정상적이거나 이단적인 세력으로 대한다. 그렇기 때문에 오늘날 많은 기독교적 가치—순결, 평화주의, 가정생활—는 비정상적이거나 신비롭거나 낯설고도 원시적인 것으로 취급된다. 따라서 이런 가치를 받아들이는 사람들은 지배적 상품 형식의 가치를 받아들이거나 자신의 삶이 비정상적인 것으로 조롱당하는 상황을 묵인해야만 하는 엄청난 압력을 받고 있음을 깨닫게 된다.

하나의 문화적 체계가 개인들에게 거부나 동화 중 하나를 선택하라고 강요하기에 이르면, 그 체계는 더 이상 인간적 체계일 수 없고, 더 이상 개인의 참여를 환영할 수도 없으며, 더 이상 공동체적으로 구현된 비판의 근거로서 개인에게 유익이 될 수도 없다. 왜냐하면 그것은 이제 하나의 폐쇄적인 체계가 되었기 때문이다. 그것이 지닌 담론의 전 영역에 대해 이의를 제기할 수 없기 때문에 이데올로기가 되고 만다. 그것은 인간을 객관화되고 언약적이지 않은 실체의 노예로 만들기 때문에 우상숭배가 되고 만다. 문화적인 비판적 자기 평가는 불가능해진다. 문화 자체의 기준으로 환원되지 않는 기준은 전혀 효력이 없기 때문이다. 그런 문화는 더 이상 인간성의 표현이 아니다. 오히려 인간이 문화의 표현이 되고 만다.

구체적인 인간적 구현체로서 모든 문화는 필연적으로 제한되고 구체적이며 특정 관점을 가진다. 주어진 문화 안의 다양한 가치 체계의 경우는 더욱 그렇다. 그것이 문화적 가치 체계라는 바로 그 이유 때문에, 그 현실의 기준과 생존의 기준은 그 자체가 지닌 구체성과 관점에 의해 내재적으로 제한될 수밖에 없다. 따라서 그 특정한 언어, 교육 및 정치 체계, 예술계와 음악계, '세계관'이 일단 '거기 바깥에' 존재하는 실재로서 지위를 획득한 후에는, (이를 지지하는 사람들을 통해) 이런 것들이 그 자체의 관점에 따라 다른 관점을 받아들이거나 판단하거나 거부하게 된다. 그리고 모든 '새로움'은 이미 존재하는 것의 자기 확장, 양적 성장, 축소, 확대, 증식이라는 측면에서만 용인될 수 있다. 새로운 형태의 의사소통, 예술, 학문, 신념은 기존의 것에 의해 '흡수'되거나, 혁명적이며 반문화적인 것으로 평가되거나, 별로 중요하지 않은 일탈로 용인되거나, 그 위협이 심각하다면 제거되어야만 한다. 색 바랜 청바지, 머리 모양, 거리의 언어는 이익이 되기 때문에 매디슨 가에 매우 쉽게 흡수될 수 있었다. 종교 분파나 열광주의자도 미국의 꿈을 완전히 잠식하지 않는 한 몽롱한 미소를 짓는 비주류 집단으로 용인될 수 있다.

그러나 인격적 사랑, 인격적 지식, 믿음, 소망, 사랑, 정절에 대한 헌신과 같은 강력한 인간의 충동은 어떻게 대하는가? 이런 것에 대해서는 둘러대거나 논박하거나 상품의 관점에서 그 정당성을 부인해야만 한다. 이 책의 1부에서는 이렇게 부인하려고 노력하는 모습들에 대해 살펴보았다.

상품 형식과 같은 단일한 세계관에 의해 뒷받침되는 문화는 앎과 사랑에 관한 병리 현상을 오히려 심화시키는 데는 특이나 능숙하다. 사람들이 자신의 완결되지 않은 자유라는 조건이 가지고 있는 불안정으로부터 시선을 딴 곳으로 돌리게 만드는 것이 우상숭배와 이데올로기의 본질이다. 상품 형식 이데올로기는 굳어지는 경향이 있다. 그것은 닫혀 있으며 완성되고 완결되어 있다. 유일한 새로움은 반복일 뿐이다. 상품의 이데올로기는 초대나 자유로운 헌신, 물음에 대해 폐쇄적이다. 그것은 수요와 조작의 관점에서만 사람들과 관계를 맺는다. 그것은 실용성, 유용성, 지배, 공격의 관점에서만 다른 사회적 체계와 관계를 맺는다.

우상숭배의 이데올로기는 정서와 선택을 적응, 동화, 축약, 예속으로 유도한다. 그것은 문화적 체계를 통해 인간의 자유와 우발성을 거부한다. 그러나 인간의 나약함으로부터 거짓된 안정감과 가짜 성취로 도피해 버릴 때 우리의 존재론적 빈곤은 지배를 불러일으키며, 사회 안의 폭력과 다른 사회에 대한 폭력을 초래한다. 모든 우상숭배와 마찬가지로, 우리의 문화적 복음 속에서 인간성이 지닌 불안으로부터 벗어나고자 한다. 그러나 그 속에서는 한층 심화된 예속을 발견하게 될 뿐이다. 우리는 참된 인간성, 개방성, 초대, 위험을 무릅쓰는 우리의 약함을 부인함으로써 자신을 그 틀에 끼워 맞출 뿐이다.

물론 지금까지 가장 굳어진 형태의 이데올로기라는 관점에서만 '문화'를 논의해 왔다. 그러나 문화를 초월하는 가치, 특정한 문화적 체계로 환원되지 않는 가치, 사람됨의 본질과 구조 자체에 근거한 가치에 충실할 때에만 문화가 이런 식의 이데올로기로 굳어지는 것을 막을 수 있다. 상품 형식의 세계 속에서는 이런 문화를 초월하는 가치들이 가장 무자비하고 체계적인 공격을 받아 왔다. 인간성에 근거한 가치들은 쇠퇴하고 있으며 그 유효성을 거부당하고 있는 듯하다. 이 책의 2부에서는 이런 가치를 지켜낼 마지막 보루가 유대교와 기독교의 전통과 그 신앙적 실천이며, 더 나아가서 사람들로 하여금 실존의 인격 형식을 끌어안고 구현하도록 이끌어 주는 모든 참된 신앙이라는 사실에 관해 이야기할 것이다.

7 • 구약성경의 하나님: 우상숭배와 언약

나는 유대인처럼 유대교 경전이 전적으로 나의 것, 혹은 나를 위한 것이라고 주장할 수 없다. 유대교 경전은 개인적 차원에서 완전한 계시이자 한 민족의 생생한 표현으로 유대인들의 것이기 때문이다. 그럼에도 불구하고 그리스도인들이 '구약성경'이라 부르며 예수 그리스도의 인격 안에 드러난 계시의 예언적 상징이자 그 실질적 일부로 받아들이는 말씀 앞에 설 수는 있다. 내가 믿는 하나님은 성육신하시고 역사적인 하나님이다. 그리고 유대인으로서 역사 속에서 사셨던 예수님을 떠나서는, 혹은 유대교 전통 안에서 살고 길러진 나 자신의 역사를 떠나서는 하나님의 계시에 접근할 수가 없다.

그러나 나는 유대인이 아닐뿐더러 내 관점 자체가 제한적일 수밖에 없기 때문에 계시에 대한 나의 접근 방식은 한계를 지닐 수밖에 없다. 비록 내가 성경을 읽는 방식이 전적으로 독특한 것이라고 생각하지는 않지만, 그것은 나의 읽기일 수밖에 없다. 나는 유대교 경전의 계시 앞에서 묵상할 때, 과학적이고 역사적이고 원문 분석적인 연구나, '구약'이 '신약'과 어떤 관계를 가지고 있는지는 생략한다. 그러므로 나는 단순한 방식으로 구약에 접근한다. 즉 이야기와 율법, 예언자들의 메시지로 나에게 충격적으로 다가오는 내용에 대해 묵상한다. 이런 식의 읽기가 불완전하며 도식적임을 인정하지만, 그런 식의 읽기도 의미가 있으며 도전을 준다고 생각한다.

이 이야기에서 가장 놀라운 점 중 하나는, 사람들이 자유롭게 창조하시는 하나님의 형상과 모양을 따라 지음을 받았고, 하나님이 사랑으로 손수 빚으신 피조물인 인간 말고는 다른 어떤 것에도 하나님의 형상이 허용되지 않았다는 사실이다. 하나님은 창조된 모든 것, 심지어 자신의 인간성과 자신의 주께 불순종함으로써 자신의 존재 자체를 배반한 사람들까지도 선하다고 말씀하셨다. 사람들은 자신의 운명과 소명을 통제함으로써 안정을 누리게 될 것이라 약속하신 곳에서 신과 같이 되려 했다. 그 결과 타락하여 폭력으로 서로를 대적하며 불화와 분열에 빠지고 말았다. 그럼에도 불구하고 사람들을 은총의 언약으로 부르시는 하나님의 약속은 끈질기게 계속된다. 관계의 삶으로 들어오라는 초대와 명령에 기꺼이 응답하고자 했던 위대한 인물들이 나타났다. 그러나 그보다 더 중요한 사실은 한 민족 전체가 부르심을 입었다는 점이다.

이스라엘의 역사는 해방의 역사다. 정복자들에게 당하던 정치적·경제적 억압으로부터의 해방, 자연, 땅, 금, 나무와 같은 인격적이지 않은 신들로부터의 해방, 어리석게 '열방처럼 행하며' 자기를 파괴하고 불의를 행하고 가난하고 빼앗긴 사람들에게 긍휼을 베풀지 않는 죄로부터의 구원에 관한 역사다.

그보다 더 심오한 차원에서, 이스라엘은 가장 복잡한 인격적 노예 상태, 곧 법, 땅, 심지어 국가에 대한 예속의 상태에서 부르심을 입었다. 주님과 언약을 맺은 그들의 역사는 정화(淨化)의 역사다. 땅은 스스로 구원하지 않으며, 구원할 수 없다. 그들은 땅을 빼앗긴 후에야 이 진리를 실존적으로 깨닫게 된 듯하다. 국가의 힘도 그들을 구원하지 못한다. 그들을 보호해 주는 것은 군대의 힘이 아니라 그들과 언약을 맺고 그들을 선택하신 하나님의 사랑이다. 그러나 군대가 뿔뿔이 흩어진 후에야 군대에 대한 그들의 신뢰도 비로소 사라져 버린 듯하다. 땅과 군대 없이 언약은 율법과 민족, 그 민족의 제사 안에서 다시 태어나고 살아남는다. 그러나 율법과 제사 자체도 언약의 주님과 분리된다면 금송아지와 마찬가지로 우상숭배가 될 수 있다. 그리하여 이스라엘은 자신의 인간성에 대해 눈을 멀게 한 우상숭배의 율법으로부터 정화되어야만 했다. 그들의 하나님이 그들에게 요구하신 것은 제사가 아니라 자비였다. 예언자가 약속하고 이끌어 내려 했던 것은 돌이나 양피지가 아니라 마음에 새긴 법이었다. 하나님과의 언약, 하나님이 사람들에게 요구하시는 마음의 율법은 언약에 충실하게 할 뿐만 아니라 우리가 서로 상대방의 존엄과 자유를 인정하는 마음을 갖게 해 준다.

> 사람아, 주께서 선한 것이 무엇임을 네게 보이셨나니,
> 여호와께서 네게 구하시는 것은
> 오직 정의를 행하며
> 인자를 사랑하며
> 겸손하게 네 하나님과 함께 행하는 것이 아니냐. (미 6:8)

번제나 쉽게 바칠 수 있는 짐승의 피는 인간이 아니라 인간을 대체하는 무가치한 제물에 불과하다. 하나님은 인간의 비하도, 아첨하

는 태도도, 노예도 원하지 않으신다. 언약의 자유 속에서 자신의 존엄성을 인식하고 서로의 가치를 인정함으로써 그 존엄성을 표현하는 자유로운 사람들을 원하신다. 그러므로 아모스는 마법처럼 속죄받기 위해 역겨운 제사를 바치면서도 가난한 이들을 짓밟으며, 억압받는 이들을 강탈하고 착취하고, 정의를 잃어버린 사람들을 신랄하게 꾸짖는다. 예레미야(7, 22장)는 새로운 마음의 언약의 표현으로 정의와 평등을 요구했다. 하박국(2장)은 부의 기만과 채워지지 않는 욕망에 사로잡힌 모습, 사람들을 약탈하고 가난한 이들을 착취하는 것에 대해 경고하며, 그들의 흘린 피로 마을과 나라를 건설하고 있다고 비판했다. 이사야는 인간의 존엄성을 충실하게 표현하는 언약을 요청했다.

내가 기뻐하는 금식은

흉악의 결박을 풀어 주며

멍에의 줄을 끌러 주며

압제당하는 자를 자유하게 하며

모든 멍에를 꺾는 것이 아니겠느냐?

또 주린 자에게 네 양식을 나누어 주며

유리하는 빈민을 집에 들이며

헐벗은 자를 보면 입히며

또 네 골육을 피하여 스스로 숨지 아니하는 것이 아니겠느냐?

그리하면 네 빛이 새벽같이 비칠 것이며

네 치유가 급속할 것이며

네 공의가 네 앞에 행하고

여호와의 영광이 네 뒤에 호위하리니

> 네가 부를 때에는 나 여호와가 응답하겠고
> 네가 부르짖을 때에는 내가 여기 있다 하리라.
> 만일 네가 너희 중에서 멍에와
> 손가락질과 허망한 말을 제하여 버리고
> 주린 자에게 네 심정이 동하며
> 괴로워하는 자의 심정을 만족하게 하면
> 네 빛이 흑암 중에서 떠올라
> 네 어둠이 낮과 같이 될 것이며
> 여호와가 너를 항상 인도하여
> 메마른 곳에서도 네 영혼을 만족하게 하며
> 네 뼈를 견고하게 하리니.
> 너는 물 댄 동산 같겠고
> 물이 끊어지지 아니하는 샘 같을 것이라. (사 58:6-11)

그러므로 살아 계신 하나님과의 자유로운 언약이 예속과 우상숭배로부터 이끌어 내시는 부르심이라면, 동시에 하나님의 백성은 바로 그 이유 때문에 새로운 관계의 삶, 하나님과의 관계뿐만 아니라 다른 사람들과의 관계 속으로 들어가라는 부르심을 받는다. 정의를 이루라는 부르심은 곧 살아 계신 하나님과 맺는 관계의 구체화이자 표현이다. 우주의 주님은 사람들 가운데에서 사랑하는 이, 배우자, 아버지와 어머니를 찾으신다. 그러나 하나님은 이런 사람들을 찾으시되, 인간의 자유로운 응답을 요구하신다. 하나님은 우리에게 맹목적 순종이나 복종을 요구하지 않으신다. 마르틴 부버(Martin Buber)가 『나와 너』(I and Thou, 문예출판사)에서 말했듯이, 인간은 우리 존재의 근원으로부터 관계 맺는 삶을 살도록 부르심을 받았다.

'나'와 '너'의 만남은 은총에 의한 것이지, 결코 찾는다고 이루어지는 것이 아니다. 그러나 내가 '너'를 향하여 근원어를 건네는 것은 '나'의 존재를 건 행위-즉 나의 가장 본질적인 행위인 것이다.

'너'는 '나'를 만난다. 그러나 '나'의 쪽에서 보면 이는 '내'가 '너'에게로 다가가 '너'와 직접적인 관계를 맺는 것이다. 그러기에 '만남'이란 결국 '선택하는 것'인 동시에 '선택을 받는 것'이요, '능동'인 동시에 '피동'인 것이다. 이는 마치 자기의 전 존재를 기울여서 무언가에 몰입하는 경우와 같아서, 그때는 온갖 부분적 행위는 정지하고 그와 더불어 저들의 특수한 한계가 자아내는 행위 감각도 사라지고 만다. 그래서 '능동적인 것'은 '피동적인 것'과도 같이 느껴지는 것이다.

'나-너'의 근원어는 오직 자기의 전 존재를 기울여서만 말할 수 있다. 나의 전 존재에 정신을 집중시키고 그 안에서 무르녹는 것은 나의 능력만으로 되는 것이 아니다. 그렇다고 해서 나 없이도 이 일이 일어나는 것은 아니다. 진실로 '나'는 '너'와의 직접적인 관계를 매개로 해서만 버젓한 '나'가 되는 것이다. 내가 '나'로 됨에 따라 나는 그를 '너'라고 부르게 되는 것이다.

온갖 참된 삶은 만남이다.

하나님의 부르심은 예속과 지배로부터, 사람들이 스스로를 내어줌으로써 자유로워지기를 원하시는 하나님과의 친밀한 언약으로 들어오라는 부르심이다. 이 하나님은 절대적 인격체이시며, 하나님의 형상으로 지으신 인격체들을 언약으로 초대하신다. 하나님은 우리가 인격체로서 가장 필요로 하는 것에 의지하라고, 즉 야웨에 대한 신뢰, 믿음, 사랑으로 나아오라고 부르신다.

따라서 이 하나님의 계시는 인격과 인간관계에 대한 찬사인 동시에, 자유롭게 정절과 소망, 돌봄을 실천함으로써 자유롭게 친밀한 언약으로 나아갈 수 있는 인간의 능력에 대한 찬사이기도 하다. 자유와 인격이 아니라 복종과 맹목, 예속, 무가치한 사물에 대한 숭배를 요구하는 다른 모든 신은 인간의 경배를 받을 가치가 없다. 그러므로 하나님은 질투하시는 하나님이다. 우리가 최종적으로 충성해야 할 대상은 결코 나뉠 수 없다. 우리의 최종적 정체성과 자기실현과 소망은 오직 하나님 안에, 하나님의 사랑 안에 있을 뿐이다.

이것이 이사야가 말한 사랑이다. 이 사랑은 우리의 이름을 부르시고, 하나님의 손바닥에 그 이름을 새기고, 하나님이 우리를 결코 잊지 않으시도록 하며, 우리를 두려움에 빠뜨리지 않는다. 이것은 호세아가 말한 사랑이다. 이스라엘의 하나님은 사랑으로 우리를 한결같이 돌보고 인도하시며, 우리에게 걷는 법을 가르치시고, 우리를 가까이에 두고, 우리를 홀로 내버려 두지 않는다. 이것은 또한 시편에 표현된 사랑이다. 우리를 삶 자체의 개방성 안에서 자유롭게 해 주시고, 우리를 절대로 버리지 않으시며, 어머니가 자녀를 사랑하듯 우리를 붙드시는 사랑이다.

우리가 이 하나님의 언약적 사랑을 깨달을 때 비로소 우리는 십계명에 담긴 깊은 뜻을 깨달을 수 있다. 즉 십계명이 계시하는 인간의 존엄성, 인간에 대한 찬사, 모든 인간관계의 소중한 가치를 이해할 수 있다. 어떤 형상이나 물건도 우리의 최종적 충성과 경배를 받을 만한 자격이 없다. 오직 언약의 주님, 우리를 그분의 형상대로 지으신 그분만이 우리의 궁극적이며 자유로운 자기 헌신을 받을 합당한 자격이 있다. 우리는 이 언약을 재확인하고 기억하고 다시 살아내야 한다. 삶을 지탱하는 모든 언약이 그러하듯 이 언약은 다시 제정되고 다시 구현되어야 한다. 인간의 위대한 언약들에 대한 충성―가정, 연인, 부모, 이웃―은 사람에게서 나온다. 성(性)은 복된 것이고, 우리의 사랑과 갈망의 거룩한 표지이며, 우리 삶의 선택과 헌신과 정체성의 표현으로 선포된다. 인간의 생명은 무조건적으로 신성하다. 집단적인 삶과 공동체를 보호하기 위해 신뢰를 확립해야 한다. 시기와 질투는 인간을 분열시키고 파편화할 뿐이다. 그렇다면 하나님의 위대한 율법은 인간이 지키기 어려운 절망적 의무를 나열해 놓은 법조문이 아니다. 그것은 인간성을 가장 완벽하고 이상적으로 표현해 놓은 것이다. 이것은 인간성을 부인하라는 것이 아니라 오히려 인간성을 실현하라는 명령이다. 자유를 금지하는 것이 아니라 자유를 옹호한다.

물론 율법과 예언서에는 여기서 내가 언급한 것보다 훨씬 더 많은 것이 담겨 있다. 그러나 유대교 경전을 어떤 식으로 읽든, 그 말씀을 읽음으로써 인간에 관한 계시는 언약적 관계를 통해 주어진다는 사실을 더 깊이 깨닫게 될 것이다. 그 안에는 계속해서 인간의 무조건적 가치를 긍정하는 말씀이 들어 있다. 성경은 인간을 예속하거나 비하하는 모든 우상숭배로부터의 독립 선언이다. 성경은 인간의 사랑과 인간을 향한 사랑의 기록이며, 한 백성에게 가장 심오한 믿음의 자유를 가르쳐 주기 위해 부단히 노력하시는 하나님에 관한 기록이다.

8 · 그리스도의 삶 읽기

그 아이

새로운 눈으로 새로운 해석 원리를 통해 케케묵은 책을 읽는다는 것은 무엇을 뜻할까? 어떤 종류의 하나님, 어떤 종류의 사람이 진리로 계시되었는지를 찾기 위한 진지한 연구를 시작한다면, 어떤 결과를 얻을 수 있을까? 상품 형식과 그 복음에 대한 새로운 이해를 염두에 두고 성경을 읽을 때 무엇을 발견할 수 있을까? '문화적 가치의 관점에서 무엇을 발견할 수 있을 것인가?'라고 물으면서 성경을 읽을 때 어떤 답을 얻을 수 있을까?

답은 분명하다. 복음은 우리가 발견할 수 있는 가장 반문화적이며 가장 혁명적인 문서다. 복음은 우리 문화에서 인간을 인식하고 그 가치를 평가하는 형식과 절대적으로 반대되는 관점에서 인간 삶의 의미와 목적을 계시한다.

복음은 무신론자와 신자 모두가 사용하는 범주 대부분을 산산조각 내는 하나님의 형상을 제시한다. 또한 진정으로 인격적이고 해방적이며 인간의 삶을 궁극적으로 고양시키는 인간성의 형식을 제공한다. 그러나 먼저 이야기와 본문이 스스로 말하도록 하자. 공간의 제약 때문에 그리고 장황해지거나 중복되는 것을 막기 위해, 여기서는 주로 마태복음을 통해 그리스도의 삶과 메시지가 어떻게 제시되어 있는지 대략 살펴보도록 하겠다.

우리가 여기서, 그리스도가 하나님의 본질과 인간 됨의 의미를 어떻게 계시하시는지 살펴보고 있음을 감안할 때, 그분이 가난한 이들의 아들이라는 사실을 어떻게 이해해야 할까? 가난한 하나님? 가난한 인류? 예수님은 다른 방식으로 태어나실 수도 있었다. 정말로 사회를 변화시킬 수 있는 엘리트는 어떨까? 로마의 가정을 택하거나, 다른 시대를 택하거나, 이스라엘, 특히 나사렛, 갈릴리, 베들레헴, 마구간이 아닌 다른 곳을 택하여 권력과 명성이 주는 혜택을 누렸다면 어땠을까? 누가복음에 나타난 성모 마리아의 노래를 부른 사람은 꼭 마리아여야만 했을까? 이 감동적인 노래는 단순히 내적 경건이나 순종적 정적(靜寂)주의의 표현이 아니라 정의의 하나님, 가난한 이들의 하나님에 대한 찬양이다.

> 그의 팔로 힘을 보이사
> 마음의 생각이 교만한 자들을 흩으셨고,
> 권세 있는 자를 그 위에서 내리치셨으며 비천한 자를 높이셨고
> 주리는 자를 좋은 것으로 배불리셨으며 부자는 빈 손으로 보내셨도다.
> (눅 1:51-53)

이 본문을 읽을 때, 그리스도인들이 그들의 온화한 마리아가 '사회 정의'에 대해 울리는 경종을 충분히 진지하게 받아들인 적이 있는지

묻고 싶다. 그러나 보다 중요한 것은 본문이 우리가 믿는다고 고백하는 하나님에 대해, 하나님의 계시와 그분이 선호하시는 것에 대해 선포하는 바를 묻는 것이다.

복음서들 중 예수님의 탄생 이야기를 길게 다루는 누가복음은 가난한 한 남자와 여자에게 "무서워하지 말라"(1:31)는 말로 구주의 오심을 알렸고, 가난한 목자들도 그 말을 들었다(2:10). 그분은 구유와 마구간에서 가난하게 태어나셨다. 가난함에 관한 이야기는 두려워하지 말라는 말씀처럼 예수님의 일생 동안 반복적으로 등장한다. 이 아이는 온 세상과 모든 계급에 계시되었지만, 그의 친구는 동방 박사들, 가난한 이들, 특히 아무 죄 없이 무력하게 피 흘린 어린아이들뿐이었다. 그분은 처음부터 원수가 있었다. 곧 헤롯 왕의 무시무시한 권력과 군대였다.

인간성에 대한 시험

마태는 요한의 선포를 통해 공생애의 시작을 알린다. 요한은 금욕적이며 청빈한 삶을 살면서 회개, 즉 회심, 돌이킴, 마음과 생각의 변화를 선포하던 인물이었다. 예수님은, 세례를 받고 사랑하는 아들이라는 성부의 선포 후에 성령에 이끌려 광야로 가셨다. 거기서 그분은 성인이 되고 나서 처음으로 자신의 운명을 위협하는 어둠의 권세와 맞닥뜨렸다.

예수님이 받으신 세 가지 시험은 소유, 마술, 지배에 관한 것이다. 그것들은 성부께 받은 그리스도의 사명을 위협할 뿐 아니라 그분의 인간성으로부터의 도피, 즉 사람들을 자유로운 언약으로 초대할 때 감수해야 할 위험으로부터 도피할 것을 요청했다는 점에서 특히 중요하다.

> 시험하는 자가 예수께 나아와서 이르되, 네가 만일 하나님의 아들이어든 명하여 이 돌들로 떡덩이가 되게 하라. 예수께서 대답하여 이르시되, 기록되었으되 사람이 떡으로만 살 것이 아니요 하나님의 입으로부터 나오는 모든 말씀으로 살 것이라 하였느니라 하시니.
> 이에 마귀가 예수를 거룩한 성으로 데려다가 성전 꼭대기에 세우고 이르되, 네가 만일 하나님의 아들이어든 뛰어내리라.…
> 마귀가 또 그를 데리고 지극히 높은 산으로 가서 천하 만국과 그 영광을 보여 이르되, 만일 내게 엎드려 경배하면 이 모든 것을 네게 주리라.
> 이에 예수께서 말씀하시되, 사탄아 물러가라. 기록되었으되 주 너의 하나님께 경배하고 다만 그를 섬기라 하였느니라. (마 4:3-10)

이것이 곧 예수님의 삶과 메시지, 구속 사역의 주제였다. 떡을 약속하고 제공한다고 해서 그분의 나라가 성취되지는 않을 것이다. 마법을 부리듯 도피하거나 장관을 연출하는 것도 마찬가지다. 그리고 무엇보다도, 언약의 하나님으로부터 돌아서서 강력한 나라들의 권세를 숭배한다고 해서 그 나라가 성취되지도 않을 것이다. 오히려 인류를 위해 인류를 초월하시는 하나님을 섬김으로써 그 나라가 세워질 것이다. 이러한 섬김은 그리스도가 몸소 취하신 인간의 연약함과 하나님의 말씀에 대한 철저한 의존과 결코 분리될 수 없다. 그러므로 이 세 가지 시험은 마태복음의 첫 부분에 나타난 두 가지 중요한 주제를 드러낸다. 첫째, 인간의 행위에 대한 한 본보기를 제시한다. 이는 곧 우리와 하나님 사이의 언약적 관계에 근거한 도덕이다. 둘째, 권력과 안정, 도피, 마술에 대한 신뢰와 이런 것들의 유혹을 통해서가 아니라 우리의 존재론적 빈곤을 받아들이는 것을 통해서 우리의 참된 인격이 계시된다는 것이다.

대안적 왕국

별 볼 일 없는 네 명의 어부를 제자로 부르시고, 병든 사람, 귀신 들린 사람, 중풍병자를 고치신 후에 예수님은 5, 6, 7장에서 위대한 복음을 전하신다. 여기서 강조되는 주제는 가난한 사람, 온유한 사람, 애통하는 사람, 의에 주리고 목마른 사람, 긍휼히 여기는 사람, 마음이 깨끗한 사람, 평화를 이루는 사람, 심지어 의를 위해 박해를 받는 사람은 복되다는 것이다. 니체(Nietzsche)는 그리스도인들보다 산상수훈을 더 잘 이해한 듯하다. 그리스도는 부의 **정반대**(영적 가난이든, 누가가 좀더 직접적으로 말한 것처럼 물질적 가난이든), 단순히 행복한 시절이나 고통이 부재한 상태의 **정반대**, 권력이나 용서하지 않는 태도의 **정반대**, 전쟁의 **정반대**, 심지어 승리의 **정반대** 속에서 참된 인간성이 실현된다고 계시하신다. 니체는 이 교리가 수치스럽다고 생각했고 권력에의 의지를 약화시킨다고 비판했다. 마찬가지로 그리스도인들도 이 교리가 수치스럽다고 생각하고 권력과 부와 무력에 포위된 삶 속에서 이를 무시하는 경우가 많다. 우리는 '그분의 말씀은 은유에 불과하며, 너무나 고결해서 이 세상과 우리 삶 속에서 행하는 일에 그대로 적용할 수 없는 경건한 생각일 뿐'이라고 스스로를 안심시킨다. 그러나 이런 말은 예수 그리스도의 복음이 아닌 다른 복음이다. 그분은 자신을 따르는 이들이 '이 땅'에 동화되지 않고 세상의 소금과 빛이 되기를 원하신다.

예수님은 자신의 가르침을 율법의 완성이자 실현이라고 하셨지만, 적용할 때는 이렇게 율법을 넘어섰다. 사람을 죽이는 것뿐 아니라 화해하지 않고 그대로 분을 품고 있는 것만으로도 죄가 된다. 간음뿐만 아니라 마음을 속이고 욕망을 품는 것만으로도 죄가 된다. 그리스도는 '권력의 균형'이나 증오가 아니라 다른 뺨을 돌려 대라고 말씀하신다. (이제 우리는 마치 이 말씀이 우리를 수치스럽고 당황스럽게 하는 어리석은 말이기라도 한 것처럼, 이 말씀으로 말장난을 한다.) 그분은 평등만이 아니라 누구든지 달라고 하는 사람에게 주기를 원하신다.

> 또 눈은 눈으로, 이는 이로 갚으라 하였다는 것을 너희가 들었으나, 나는 너희에게 이르노니, 악한 자를 대적하지 말라 누구든지 네 오른편 뺨을 치거든 왼편도 돌려 대며, 또 너를 고발하여 속옷을 가지고자 하는 자에게 겉옷까지도 가지게 하며, 또 누구든지 너로 억지로 오 리를 가게 하거든 그 사람과 십 리를 동행하고, 네게 구하는 자에게 주며 네게 꾸고자 하는 자에게 거절하지 말라. (마 5:38-42)

그리스도인들이 사형 제도나 정당한 전쟁, 선제공격을 정당화하기 위해 '눈에는 눈'이라는 말을 인용하는 것을 본다. 그리스도인들은 이런 입장을 정면으로 반대하는 복음의 메시지로부터 너무나도 멀어졌다. 어떤 그리스도인들은 낙태와 피임약 사용, 혼전 성관계가 '비기독교적'이라며 비난을 퍼붓는다(이에 대해서는 나 역시도 복음과 전통에 근거해 반대한다). 그러나 이에 관해서 성경의 어떤 말씀도 앞서 인용한 것에 대해서만큼 명시적으로 정죄하지 않는다. 하지만 이런 그리스도인들 중 일부는, 앞에 인용한 그리스도의 말씀이 너무나도 직접적이고 구체적임에도 불구하고 이를 '비실용적인' 것으로 간주하거나 심지어 때로는 그저 웃어넘긴다. 원수를 사랑해야 한다는 말씀도 마찬가지다. 아무리 대단한 상상력을 동원하다고 해도 사형장이나 핵탄두나 고엽제 속에 그런 사랑이 들어 있다고 말하는 것은 불가능하다. 상품 형식이 인간의 이성과 더 나아가서 그리스도인의 양심의 눈을 이렇게까지 멀게 한 것이다.

자선을 베풀고 기도할 때 지녀야 할 마음의 태도를 강조하신 후 그리스도는 '우리 아버지께' 드리는 기도를 가르치신다. 이 말은 인격적인 친밀함의 관점에서 우리와 하나님의 관계를 표현하는 말이다. 그분의 기도에서는 하나님 나라가 그저 하늘에서만이 아니라 이 땅에서도 실현되기를 열망한다. 아버지의 사랑에 대한 철저한 신뢰를 표현하고, 인간의 용서를 촉구하며, 우리 하나님은 폭군이나 사기꾼이 아니라 안내자이자 부모이며 보호자이시라는 궁극적 확신을 표현한다.

"너희를 위하여 보물을 땅에 쌓아 두지 말라"(마 6:19). "너희가 하나님과 재물을 겸하여 섬기지 못하느니라"(6:24). 너희가 만든 것을 믿지 말고 섭리를 믿으라. 너희는 헤아릴 수 없을 정도로 아름답고 소중하다. 너희의 가치는 노력해서 얻은 것이 아니라 타고나는 것이다. 그리고 다시 한 번, "염려하지 말라"(6:25, 34). 하지만 그리스도인으로서 우리는 지금 여기서 우리가 실제로 누구를 혹은 무엇을 신뢰하고 있는지 자문해야만 한다. 실제로 우리의 소망과 안정을 어디에 두고 있는가? 성공? 돈? 무기? 국가?

우리는 세계의 나머지 부분들, 다른 나라들, 버려진 이들, 술 취한 사람들, 창녀들, 동성애자들, 낙오한 사람들의 눈에 있는 티끌을 제거하려고 안달이 났지만, 우리 눈에 있는 들보는 빼내려 하지 않는다. 예수님은 우리에게 그저 '주여, 주여'라며 하나님을 부를 것이 아니라 사랑의 실천이라는 견고한 기초를 세우라고 말씀하신다. 이것은 좁은 문이지만, 우리를 향한 그분의 사랑을 신뢰할 때 우리는 그 문으로 들어갈 수 있다. "구하라. 그리하면 너희에게 주실 것이요. 찾으라. 그리하면 찾아낼 것이요"(7:7). 문제는 찾기를 포기하는가 그렇지 않는가에 있다.

이렇게 그리스도의 나라는 실천되고 선포된다. 그분은 사람들이 마음속 가장 깊이 바라는 것이 무엇인지 물으시고 그들에게 대답하신다. 그분은 한 나병 환자에게 "내가 원하노니 깨끗함을 받으라"(8:3)고 말씀하신다. 그분은 권력과 명성이 아니라 자유롭게 믿는 사람들의 능력에 놀라신다. 그분을 놀라게 하고 그의 하인을 고치게 한 것은 백부장의 믿음이었다(8:5-13; 9:22; 9:29; 20:33을 참조하라). 그분은 제자들을 불러 그분, '머리 둘 곳도 없으신 그분을 따르는 것 외에는 아무런 안전장치도 없는 삶으로 인도하신다(8:20). 풍랑을 잠잠케 하실 때 그분은 사람들이 두려워하지 않기를 바라시며 다시 한 번 그들에게 오직 믿음을 기대하신다(8:26). 그분은 사람들을 용서하시고 그들이 마비에서 풀려 자유로운 인격체로서 걸을 수 있도록 하신다 (9:1-8). 그분은 세리와 죄인들과 더불어 식사하시고, 구원받을 필요가 없다고 생각하는 이들을 위해서가 아니라 자신의 갈급함을 깨닫고 인정하는 이들을 위해서 왔다고 선포하신다. 그리고 바리새인들에게 "너희는 가서 '내가 긍휼을 원하고 제사를 원하지 아니하노라' 하신

뜻이 무엇인지 배우라"고 말씀하신다(9:13). 그분은 목자 없는 양 떼처럼 고생하며 지쳐 있는 무리를 보시고 그들을 불쌍히 여기시는 분이다(9:37).

우리 문화의 복음에 의해 교육을 받고 그 복음을 확신하는 사람에게 이런 본문들은 어떤 의미가 있을까?

그분을 찾고 따르라

마태복음 중반부를 차지하는 담화와 이야기와 비유는 우리에게 제자도의 본질을 계시한다. 예수님을 따르는 사람들은 거저 주어야 하며 가장 작은 사람에게 주어야 한다. 그들을 고쳐 주고, 깨끗이 하고, 금이 아니라 자신의 생명을 내어 주어야 한다. 그들을 이해하지 못하는 세상은 그들의 목숨을 요구할 것이다. 심지어 그들은 그분 때문에, 그분에 대한 메시지 때문에 미움받을 것이다. 그러나 그분은 그들에게 담대하게, 두려워하지 말고 있는 그대로 진리를 선포해야 한다고 말씀하신다. 그들에 대한 그분의 신실하심만을 믿고 나아가라고 말씀하신다.

그러므로 그분을 따르는 이들이 세상에 전해야 할 것은, 사람들의 마음을 달래고 사회의 안정을 유지하게 해 주는 메시지나 기존 질서를 정당화하는 논리가 아니라, 사람들의 마음 깊은 곳에 충격을 줌으로써, 궁극적인 것 사이에서 선택해야만 하고 '이것 아니면 저것'이 되는 상황을 제시해서 이 근원적 선택에 맞닥뜨리게 하는 것이다. 그리스도는 궁극적 믿음으로 아무런 조건이나 제한 사항이 없는 진정한 결단으로 우리를 부르신다. 이 부르심은 너무나도 단순한데, 우리의 보잘것없는 삶에 집착하여 우상숭배라는 숨 막히는 고립 상태 속에서 그 삶마저 잃어버리든지, 아니면 그 삶을 잃고 버림으로써 삶을 확장하고 새로운 생명을 얻든지 결단하라는 부르심이다(마 10:39).

이제 이 말씀은 우리를 위한 것이다. 그러므로 오늘 우리 역시 이 말씀 앞에 서야 한다. 이 말씀이 우리가 살고 있는 이 세상에서 어떤 의미를 갖는지 스스로에게 물어야 한다. 그리스도의 복음을 진지하게 받아들이고 내 것으로 삼을 것인지, 그저 은유적 현실에 불과한 것으로 취급할 것인지 결정해야만 한다.

그러나 예수님을 어디에서 발견할지, 어떻게 그분의 말씀을 이해할 수 있는지를 우리는 어떻게 알 수 있을까? 우리는 어떻게 그분을 바라보고 그분의 말씀을 깨달을 수 있을까? 이에 관해 그분은 몸소 세례 요한의 제자들에게 대답해 주셨다.

예수께서 대답하여 이르시되, 너희가 가서 듣고 보는 것을 요한에게 알리되, 맹인이 보며 못 걷는 사람이 걸으며 나병환자가 깨끗함을 받으며 못 듣는 자가 들으며 죽은 자가 살아나며 가난한 자에게 복음이 전파된다 하라. 누구든지 나로 말미암아 실족하지 아니하는 자는 복이 있도다 하시니라. (마 11:4-6)

그분은 우리의 감각을 찾아 주실 것이고, 다시 보고 듣게 하시며 생명을 얻을 것이고, 곤궁에 처한 인류가 다시 한 번 복된 소식을 듣게 되리라는 사실을 믿으라고 말씀하신다. 누가복음에서는 그리스도가 세상에 대한 자신의 사역을 이같이 선언하신다. "이 성경 말씀이 너희가 듣는 가운데서 오늘 이루어졌다."

주의 성령이 내게 임하셨으니,

이는 가난한 자에게 복음을 전하게 하시려고

내게 기름을 부으시고

나를 보내사 포로 된 자에게 자유를,

눈 먼 자에게 다시 보게 함을 전파하며

눌린 자를 자유롭게 하고

주의 은혜의 해를 전파하게 하려 하심이라 하였더라.

(눅 4:18-19; 사 61:1-2의 인용)

예수님은 우리의 가난 한가운데서 해방을 선포하신다. 그분은 우리의 가난을 부정하지 않으시고, 가난을 부정하고 우리 자신을 노예 삼으려는 압제와 맹목으로부터 우리를 자유롭게 하신다. 그분의 동시대인들이 그랬듯이 우리도 그분을 거부할 수 있고, 마찬가지로 우리 자신의 인간성과 우리의 이웃, 우리 자신까지도 거부할 수 있다.

그러나 그리스도를 온전히 받아들이고 우리의 참된 인간성을 온전히 받아들이는 것이 처음에는 두려운 일이지만 실은 그렇지 않다. 우리가 너무 쉽게 잃어버리거나 빼앗길 수 있는 물건을 획득하는 것을 우리의 안전장치로 삼는다면, 자유는 곧 최악의 위협이 될 것이다. 우리의 존재 자체와 목적을 우리 눈앞에 붙들고 있는 우상과 동일시한다면, 우상을 깨뜨리는 해방의 행위가 처음에는 급할 때 쓰려던 대비책을 던져 버리는 것처럼 끔찍하게 느껴질 것이다. 그러나 우상을 포기하고 고통스럽게 우상과 결별하는 것은 우리를 짓누르는 두려움으로부터 벗어나 손을 펴서 우리의 궁극적 본질을 붙잡는 것이다. 이 진리의 멍에를 메고 그 앞에 겸손해지는 일은 결코 무겁지 않다.

수고하고 무거운 짐 진 자들아,

다 내게로 오라.

내가 너희를 쉬게 하리라.

나는 마음이 온유하고 겸손하니

나의 멍에를 메고 내게 배우라.

그리하면 너희 마음이 쉼을 얻으리니.

이는 내 멍에는 쉽고 내 짐은 가벼움이라 하시니라. (마 11:28-30)

그리스도인들은 누가 이렇게 말씀했다고 믿는가? 하나님이 우리에게 주시는 그분의 자기 계시임을 이해할 수 있을까? 하나님은 우리에게 자신을 폭군이나 인간에게 적대적인 재판관이 아니라, 우리의 해방과 우리의 온전한 삶을 원하실 뿐인 겸손한 분으로 계시하신다. 이분은 자신이 온유하다고 말씀하시는 '신-인'이다. 율법과 안식일, 심지어 인간성 자체도 인류를 위해 인류에게 주신 선물이다. 중요한 것은 이 선물을 받는 것, 알아가고 사랑하기에 연약한 우리 자신을 인정하고 믿음과 소망이라는 위험을 기꺼이 감수하는 것이다. 하나님은 우리가 비록 불완전하지만 창조된 인간의 선함을 받아들이라고 말씀하신다. 이렇게 하는 것은, 이 말의 가장 고귀한 의미에서 아버지께 순종하는 행위고, 이렇게 할 때 우리는 그리스도의 형제며 자매며 어머니가 된다(12:50).

짤막한 씨 뿌리는 사람의 이야기 다음에 등장하는 예화에서는 예언자 이사야의 말씀을 인용한다.

너희가 듣기는 들어도 깨닫지 못할 것이요,

보기는 보아도 알지 못하리라.

이 백성들의 마음이 완악하여져서

그 귀는 듣기에 둔하고 눈은 감았으니.

이는 눈으로 보고

귀로 듣고

마음으로 깨달아

돌이켜

내게 고침을 받을까 두려워함이라 하였느니라. (마 13:14-15)

감각이 둔하고 지각이 흐린 사람들은 기본적인 인간의 능력을 상실했기 때문에 하나님의 말씀에 대해 무감각하다. 그렇기 때문에 자유의 말씀이 뿌리를 내릴 수가 없다. 도전의 바람이 한차례 불기만 해도 말씀의 씨앗은 날아가 버린다. '세상의 염려와 재물의 유혹'이 말씀의 싹을 잘라 버린다(13:22). 그리고 겨자씨와 누룩, 보물에 관한 말씀에 담겨 있는 능력과 약속을 깨닫지 못한다.

예수님은 사람들에게 능력을 주고 그들의 감각과 그들의 자아를 회복시키려는 열망 때문에 치유하시고 말씀을 선포하시며, 먹이시고 도전하시며, "안심하라. 나니 두려워하지 말라"(14:27)는 말씀으로 그들의 두려움을 제거하신다. 그분은 그저 인간이 정한 규정에 불과한 것을 넘어(15:9) 온 마음을 다해 진심을 다하라고 말씀하시고 도덕의 형식화와 외식을 넘어서라고 말씀하신다. "마음에서 나오는 것은 악한 생각과 살인과 간음과 음란과 도둑질과 거짓 증언과 비방이니"(15:19). 예수님은 사람들이 일반적으로 그분에 대해 어떻게 말하고 생각하는가보다, 그분 앞에 선 한 사람이 그분을 어떻게 말하는가에 더 관심이 있다. 비록 얼마 가지 않아 그리스도가 장차 고난받으리라 말씀하실 때 이를 거부한 베드로의 약함이 분명히 드러나겠지만, 예수님은 베드로가 자신의 헌신과 믿음을 고백할 때 천국의 열쇠를 그에게 맡기셨다(16:18-19). 베드로처럼 그리스도를 따르는 모든 사람들은 우리의 인간성과 우리의 부족함, 우리의 참된 능력을 온전히 받아들이기 위해 계속 몸부림쳐야 한다.

누구든지 나를 따라오려거든 자기를 부인하고 자기 십자가를 지고 나를 따를 것이니라. 누구든지 제 목숨을 구원하고자 하면 잃을 것이요, 누구든지 나를 위하여 제 목숨을 잃으면 찾으리라. 사람이 만일 온 천하를 얻고도 제 목숨을 잃으면 무엇이 유익하리요? 사람이 무엇을 주고 제 목숨과 바꾸겠느냐? (마 16:24-26)

그리스도의 '종말론에 관한 예화'와 그분의 수난 이야기를 통해 이러한 자기 부인의 참뜻이 분명히 드러난다. 그러나 그분은 교회에 관한 비유와 그에 뒤따르는 이야기를 통해 그 의미를 구체적으로 보여 주신다. 즉 어린아이와 같은 사람들이 그분의 나라에서는 가장 큰 사람들이 될 것이다(18:1-4). 모든 우상숭배와 같은 안전장치를 포기하고 자신의 재능과 은사까지도 다 버리고 전심으로 그리스도를 따르지 않는 사람은 그 나라에 들어갈 수 없을 것이다(18:8-9). 그분의 백성은 무조건적으로 용서할 수 있어야 한다고 말씀하신다(18:21-22). 그리고 만약 사람들이 그렇게 용서한다면, 하나님께서도 그들을 용서해 주실 것이다. 탕자의 이야기와 예수님이 겸손한 세리와 죄를 지은 여인을 사랑으로 용납하시는 이야기, 그리고 잃어버린 한 마리의 양을 끝까지 찾는 목자의 이야기를 통해 이러한 하나님의 무조건적 사랑을 가르쳐 주신다. "이와 같이 이 작은 자 중의 하나라도 잃는 것은 하늘에 계신 너희 아버지의 뜻이 아니니라"(18:14).

그리스도는 자신을 따르는 이들을 계속해서 신실하고 전심을 다해 헌신하는 삶으로 부르신다. 우리 하나님은 결혼의 언약으로 두 사람을 맺어 주시는 하나님이시다(19:6). 하나님은 천국을 위해 절제를 택한 사람과 함께하시지만(19:10-22, 29), 우상숭배 혹은 세속적 안전장치나 부를 추구하는 사람과는 함께하지 않으신다. 우리는 자유로운 언약을 통해서만 하나님을 만날 수 있다. 우리를 향한 하나님의 신실하심에 의존하지 않고 안전장치나 재산, 부를 택하는 것은 자유와 사랑, 인격을 포기하는 선택이다. 이런 까닭에 '부자'가 될 때 인간은 자신의 부족함을 깨닫기 어렵고, 따라서 그분의 나라에도 들어가기가 어렵다. 또한 이런 까닭에 율법을 잘 지키고 있다고 확신하던 부자 청년은 슬퍼하며 떠났다. 그는 모든 것을 버리고 예수님을 따르지 못했다(19:16-24). 그렇게 하기란 쉽지 않다. 우리는 가진 것을 움켜쥔 채 구원을 획득하고 싶어 한다. 우리의 부로 구원을 사고 싶어 한다. 그러나 사랑처럼 구원도 그런 식으로는 얻을 수 없다. 우리 힘으로는 구원을 얻을 수 없다. 하지만 하나님은 우리 안에 있는 하나님의 선물인 구원을 향해 손짓하신다(19:26).

하나님은 사랑이 넘치시며, 우리의 공로와 상관없이 우리가 그 사랑을 자유롭게 받아들이기만 하면 우리 모두에게 무조건적으로 그 사랑을 나누어 주신다. 가장 늦게 온 일꾼도 받아 주시고 그에게 은총을 베푸신다. 그뿐만 아니라 꼴찌가 첫째가 될 수도 있다(20:16). 이 사랑을 사람들에게 전하는 것이 예수님의 사명이자 목적이고, 그분의 섬김이다. 그분은 섬김을 받거나 위로를 받으러 오지 않으셨다. 그분은 그저 주고 섬기려고 오셨다(20:27-28). 문화에 적응한 생활 방식을 택한 이들에게 이 말씀은 참으로 당혹스럽고 심지어 거북하다. 우리에게도 자유케 하는 이 진리가 필요하다는 사실 역시 당혹스럽고 거북하다.

인간의 자기 정죄와 종말

사람들이 성공과 1등을 위한 경쟁, 지배와 자기 정당화에 사로잡혀 있다면, 그런 메시지와 그런 은총을 받아들이기가 쉽지 않고, 구원으로의 초대를 듣기가 어려울 것이다. 이런 맥락을 염두에 둘 때, 비로소 마태복음의 마지막 장들이 그리는 위대한 싸움을 온전히 이해할 수 있다. 자기를 높이는 기도를 드렸던 바리새인처럼, 사랑과 구원의 말씀을 전하기가 가장 어려운 사람은 자수성가한 사람이다. 내가 얻고 이루었다면, 내가 '자수성가한' 사람이라면, 무슨 선물이 필요하겠는가? 나는 내 힘으로 해낼 수 있다는 것을 보여 주었으며 내 능력을 스스로 증명해 보였다. 내가 아직 이루지 못한 것과 상관없이 내가 사랑받고 있다고 말해 줄 사람이 도대체 왜 필요하단 말인가? 사랑과 가치를 획득할 능력이 전혀 없음을 깨닫고 교만한 마음을 버리고 벌거벗은 모습 그대로 그분 앞에 설 때, 비로소 나는 사랑이라는 선물을 거저 주시는 사랑하시는 이의 음성을 들을 수 있다. 그럴 때에 나는 바리새인과 달리 긍휼의 마음을 가지고 다른 이들에게 참 사랑을 나누어 줄 수 있다.

그러나 종교가 속죄와 구원을 사고파는 거래가 되거나, 성전이 도적의 소굴이 될 때 이런 일은 불가능하다(마 21:13). 사랑과 나눔의 풍성한 열매를 맺어야 할 사람은 더 이상 그 열매를 맺을 수 없다(21:8-9). 말로만 고백할 뿐 진심으로 충성하지 않는다. 스스로 의롭지도 않고 의에 이를 수도 없음을 알았던 세리와 창녀들은 책임을 회피하는 사람, 우상숭배하는 사람, 안전장치를 갖춘 사람, 의심하는 사람보다 더 사랑받고 있음을 믿을 수 있다. 반면, 이런 것들에 사로잡힌 노예들은 카이사르나 결과의 논리, 외면적 예절에 대해 경의를 표한다. 그러나 그리스도는 이런 것에 결코 자신을 내어 주지 말라고 요구하신다.

성서에 등장하는 가장 강력한 정죄의 말씀은 그리스도가 바리새인들(역사적인 유대교 학파를 지칭한 게 아니라, 그리스도가 구원받기 어렵다고 하신 태도와 행위에 대해 사용한 이미지였다)을 향해 하신 말씀이다. 바리새인에 대한 그분의 비판을 읽을 때 우리는 이런 물음에 관심을 집중해야 한다. 우리의 삶은 진리를 거스르지 않는가? 예수님은 어떤 사람들을 그토록 모질게 정죄하셨는가? 그들은 바로 사랑하거나 사랑받기를 거부하는 사람들, 권력과 명성과 안전장치를 믿고 사랑의 은총도 필요 없다고 생각하거나 인간으로서 자신의 부족함을 깨닫지 못한 채 긍휼의 마음으로 다른 사람들을 돌아보지 않는 사람들, 자신을 구원할 수 있다고 생각하는 사람들이다.

그들은 무거운 짐을 꾸려 그것을 사람들의 어깨에 지운다. 그러나 과연 그들은 그 짐을 옮기기 위해 손가락 하나라도 까닥하려 할까?(23:14) 그들은 섬기기보다는 섬김을 받으려 하고, 명예로운 지위와 칭호를 요구한다. 다른 사람들을 희생시켜 스스로 높임을 받으려 한다. 그들은 눈 먼 안내자들이다. 위선자며 사기꾼이다.

너희는 천국 문을 사람들 앞에서 닫고 너희도 들어가지 않고 들어가려 하는 자도 들어가지 못하게 하는도다. (마 23:13)

너희는 교인 한 사람을 얻기 위하여 바다와 육지를 두루 다니다가 생기면 너희보다 배나 더 지옥 자식이 되게 하는도다. (마 23:15)

그들은 제물을 바치는 사람이나 그 제물을 받으시는 하나님보다 금과 제물을, 심지어 하나님의 성소를 더 중요하게 생각했다. '더 중한 바 정의와 긍휼과 믿음'보다 겉만 번지르르한 허식을 더 중요하게 여겼다(23:23). 그들은 작은 일에 얽매여 큰일에 소홀했고 정의와 긍휼보다 규칙과 예식을 더 중요하게 여겼다. 그리하여 겉은 깨끗하고 화려하지만 속은 죽은 사람의 온갖 더러운 것이 가득한 회칠한 무덤처럼 '탐욕과 방탕으로' 가득했다(23:25). 우리 안의 바리새인은 이런 비판을 수용할까?

바리새인들에 대한 그리스도의 비판은 '암탉이 병아리를 날개 아래 품듯이' 그들을 불러 모으기 위한 마지막 시도였다(23:38). "그러나 너희가 원하지 아니하였도다." 우리가 정죄받는 것은 우리가 부르심을 거부하기 때문이다. 마음이 굳어진 사람들에게도 사랑의 하나님은 벌을 내려 권리를 입증하려 들지 않으신다. 우리가 거부하더라도 하나님의 사랑은 그대로 남아 있다. 하나님은 계속해서 용서하겠다고 말씀하시지만 우리는 그분의 제안을 무시한다. 굳어진 마음이 정죄를 받는 이유는 그 정죄받는 상태를 고집하기 때문이다. 전능하신 하나님도 인간과 맺으신 언약을 존중하는 분이시기에 우리에게 순종을 강요할 수는 없다. 하나님은 그분의 뜻대로 우리에게 자유를 허락하심으로써 무력하고 가난해지기로 작정하셨다.

그러므로 파멸을 자초하는 것은 바로 우리다. 사랑받고 용서받기를 거부하는 우리는 사랑하고 용서하기도 거부한다. 우리는 자신과 서로에게 환난의 '종말'과 파괴적인 자아 상실을 초래한다. 전쟁과 배신, 속임수, 냉담, 무법이 일상이 되었다. 거짓 예언자와 거짓 구원자들이 판을 친다. 인류에게 심판이 임할 것이다. 이것은 인류가 자초한 심판이다(24장). 우리의 인간성, 우리의 근원적 나약함과 불안정, 우리가 하나님이 아니라는 사실을 직시하는 일은 먼 미래로 미룰 수가 없다. 우리는 오직 현재를 살고 있기 때문이다. 우리는 바로 지금 우리 자신의 모습이 어디에서 드러나는지 파악해야 한다. 하나님과 온전한 인격 안에서인지, 우상숭배를 통해서인지 결단해야만 한다. 그때를 알지 못하기에 깨어 있어야 한다. 선택을 미룰 수 없다. 지금이 바로 그때다. 이것이 영적 현실이고 공동체적 현실이며 사회·정치적 현실이다.

마태복음 22장에서 그리스도는 율법의 가장 큰 계명, 유대인인 자신의 전통으로부터 배운 계명을 우리에게 주신다.

> 네 마음을 다하고 목숨을 다하고 뜻을 다하여 주 너의 하나님을 사랑하라 하셨으니 이것이 크고 첫째 되는 계명이요, 둘째도 그와 같으니 네 이웃을 네 자신 같이 사랑하라 하셨으니, 이 두 계명이 온 율법과 선지자의 강령이니라. (마 22:37-40)

온 마음을 다할 것을 요구하는 놀라운 말씀이다. 하나님은 판돈을 흥정하거나 쥐꼬리만 한 헌금을 하거나 폭군의 호의나 축복을 얻어 내라고 말씀하지 않으신다. 사랑으로 우리 자신을 전부 내놓으라고 말씀하신다. 그런 선물의 기초—그리고 그런 선물을 가능하게 해 주는 일차적 조건—는 자신을 우리에게 내어 주신 하나님의 선물이다. 그러므로 여기에서는 **되돌려 드리는** 사랑이라는 호혜성의 법칙이 적용된다. 그러나 두 번째 계명도 '그와 같다.' 우리 자신을 사랑하듯이 우리의 형제와 자매를 사랑하라는 것이다. 가장 단순하지만 역설적으로 가장 어려운 계명이다. 그저 하나님을 사랑하는 것으로는—혹은 그렇게 하고 있다고 주장하는 것으로는—계명이나 당신 자신을 성취하지 못한다. 당신 자신만 사랑하는 것으로는—그것이 가능할 것 같겠지만—충분하지 못하다. 진정으로 당신을 사랑하고 이를 온전히 이루기 위해서는 당신의 이웃을 사랑해야 한다. 그리고 그렇게 하는 것은 하나님을 사랑하는 것과 닮았다. 그러나 또한 이 말씀에서는 자신을 사랑하지 않으면 당신의 이웃도 사랑할 수 없다고 주장한다. 자신을 내어 주는 위험을 감수하고자 한다면, 당신 스스로 선물이 되어 사랑받을 가치가 있음을 신뢰해야 한다. 자아와 다른 사람들, 하나님은 서로 배타적이지 않다. 하나를 사랑하는 것이 모두를 사랑하는 것이고, 자기를 내어 주는 동일한 총체적 행위를 이루는 상호 관통하는 양상들일 뿐이다. 다시 한 번, 복음 안에서 우리의 삶은 인격적이며 상호적이고 사회적이다.

    그리스도가 최후의 심판에 관해 이야기하시는 25장에서는 이 최고의 계명을 가장 극적으로 성취하고 설명한다. 여기서 우리는 예수님이 인간으로서 구원받는 것, 혹은 그렇지 못한 것이 무엇을 의미하는지를 평가하시는 근거를 발견할 수 있다. 그리스도가 죽음, 심판, 천국, 지옥—'마지막에 있을 네 가지 일들'은 설교에서 강조했던 중요한 주제였다—에 관해 말씀하실 때, 많은 그리스도인들이 생각하는 기준에 따라 심판하지 않으신다는 점에 주목해야 한다. 그분은 '지옥 불'과 '저주'와 관련해 놀라울 정도로 다른 기준을 갖고 계신다.

> 이에 의인들이 대답하여 이르되, 주여 우리가 어느 때에 주께서 주리신 것을 보고 음식을 대접하였으며 목마르신 것을 보고 마시게 하였나이까? 어느 때에 나그네 되신 것을 보고 영접하였으며 헐벗으신 것을 보고 옷 입혔나이까? 어느 때에 병드신 것이나 옥에 갇히신 것을 보고 가서 뵈었나이까? 하리니. 임금이 대답하여 이르시되, 내가 진실로 너희에게 이르노니. 너희가 여기 내 형제 중에 지극히 작은 자 하나에게 한 것이 곧 내게 한 것이니라 하시고. (마 25:37-40)

마르크스가 아무리 급진적 꿈을 꾼다 해도, 인본주의자가 아무리 치열한 논리를 전개한다 해도, 세속주의자가 아무리 대담한 주장을 한다 해도, 혁명이나 인본주의적 방법으로는 이런 결론에 이를 수 없다. 이 정도로 인간을 높이 평가하는 곳은 어디에도 없다. '지극히 작은' 사람—인간쓰레기, 가장 가난한 사람, 가장 매력이 없는 사람, 가장 생산력이 낮은 사람, 가장 인기 없는 사람, 가장 무시당하는 사람, 기억되지 못하는 사람—이 예수님 자신과 동일시되고, 하나님과 동일시된다. 이러한 동일시는 심지어 우리에게 가장 중요한 성찬의 말씀보다도 더 낯설다. 그리스도는 빵이라는 표지 아래에 성례전적으로 임하신다는 것을 이해하는 것과 마찬가지로 가난한 이들 가운데 그리스도가 성례전적으로 임하신다는 것을 깨닫기 위해서는 믿음의 눈이 필요하다.

경험적 관찰, 측정, 묘사로는 빵이라는 외형을 꿰뚫고 그리스도의 인격을 바라볼 수 없다. 마찬가지로 그런 식으로는 가난한 이들의 눈 속에서 하나님의 얼굴을 발견할 수 없다. 두 경우 모두에서 우리에게 필요한 것은 하나님의 약속에 대한 헌신된 믿음과 소망이다.

그러므로 수난 이야기 전의 마지막 본문에서는 구원의 조건, 신앙의 표현, 우리의 삶 가운데 친밀하게 임하시는 하나님에 관해 이야기한다. 그리스도가 요구하시는 것은 십일조나 제물, 교회 출석이 아니며, 심지어 금주나 절제, 순종의 의무를 엄격히 지키는 것도 아니다. 그분은 우리에게 가장 작은 사람들, 가난한 이들, 병든 이들, 늙고 버려진 이들, 주리고 목마른 이들, 헐벗은 이들, 갇히고 아무도 관심을 기울이지 않는 이들을 돌보라고 말씀하신다.

그렇다면 세계 기아의 문제를 종교가 아닌 단순한 정치 문제로 보도록, 인간의 기본적인 평등과 먹고 마실 권리를 동정심이 지나친 자유주의자들이 만들어 낸 환영으로 취급하도록, 교도소 개혁을 공산주의자들과 멍청한 교수들이 꾸며낸 음모라고 생각하도록, 난민 원조를 인간의 책임이나 의무를 넘어서는 과도한 시혜라고 여기도록, 옷이나 다른 지구의 부를 분배하는 것을 유행 지난 유토피아주의라고 몰아붙이도록 우리를 속이는 역사와 양심과 이성의 간극은 얼마나 기이한가!

그리스도의 말씀을 마주하고도 계속해서 가난한 이들, 소외된 이들, 굶주린 이들, 갇힌 이들, 집을 잃은 이들을 무시하는 사람이 바로 그리스도인이며 교회 다니는 신자다. 그리스도인들이 실용주의나 빈틈없는 현실주의라는 이름으로, 최악의 경우에는 종교의 이름으로 자행되는 신성모독으로 '이들 중 가장 작은 사람'에게 등을 돌린다면, 그들은 바로 자신들이 믿는다고 고백하는 그리스도로부터 등을 돌리는 것이고, 가장 위대한 계명으로부터 등을 돌리는 것이다. 그들은 하나님으로부터 등을 돌리는 것이고, 궁극적으로 자기 자신으로부터 등을 돌리는 것이다. 우리는 지금부터 영원토록 우리의 빈약한 논리와 두려움에, 세상의 문화에 의해 규정된 보잘것없는 희망과 자의식에, 성공의 가능성과 풍요와 상품에 집착함으로써 우리 자신을 정죄한다.

그러므로 그리스도인들이 자신들의 믿음과 그들의 하나님을 실용성, 무력함, 자기방어, 소비, 시장에 팔아넘기거나 무시하거나 핑계를 대며 피하려 할 때 그들은 가장 큰 비극을 맞게 된다. 그렇다고 이 진리를 실천하는 사람들이 더 이상 존재하지 않는다는 말은 아니다. 아마도 교회의 가장 큰 기여는 그리스도가 가르치신 실제적인 가치가 지속적으로 실천될 수 있는 기틀을 제공했다는 점이다. (비록 거대한 기업이 되어 버린 경우도 많기는 하지만) 병원, 나병 요양소, 양로원, 교육 시설 등과 같은 기관들이 어느 정도까지는 그리스도의 가치를 증언하고 있다. 그리고 시성(諡聖)되었든 그렇지 않든 가장 위대한 성인들은 대부분 기존 권력에 맞서 이런 진리를 실천하고 있다. 오늘날까지도 그리스도의 증인과 그리스도인들의 증언이 온 마음을 다해 긍휼과 섬김을 실천하도록 계속해서 마음을 움직이며 의지를 자극하고 생각을 바꾸고 있다.

그러나 압도적인 사실은 문화의 가치가 우리의 일상적 인식과 자기 기대에 더 깊이 뿌리내리고 그 지배력을 확대하고 있는 것처럼 보인다. 소비주의라는 소음 속에서, 반공과 인종주의라는 소동 속에서, 외부의 침략에 대한 두려움과 세계의 지배권을 상실할지도 모른다는 걱정 속에서, 인구 과잉의 공포 속에서, 노인과 가난한 이들과 범죄자와 태아와 정치적 중립을 지키는 이들을 대하는 문제에 관한 비용 편익 분석 속에서 가장 작은 사람까지도 사랑하라는 메시지를 잃어버리고 말았다.

인간과 하나님의 십자가형

그리스도가 그런 운명을 몰랐을 리가 없다. 일생 동안 그분은 배신과 음모, 부인, 실패에 희생당했다. 심지어 그분을 사랑하고 그분의 이름을 위해 살겠다고 고백했던 이들조차 그분을 부인하고 배신했다. 이러한 부인과 배신의 밑바탕에서 사람들은 하나님만이 아니라 그들 자신으로부터 등을 돌렸다.

궁극적으로, 죄는 자신의 인간성과 존재 목적을 거부하는 것이다. 바로 이 점에서 그리스도는 다른 인간과 구별되셨고 하나님과는 온전히 하나가 되셨다. 그분의 인간성에 대해, 성부와의 언약적 연합에 대해 너무나도 철저히 개방적이셨고 순종적이셨기에 그분은 죄가 없으시다. 그분은 인간의 부족함과 불안정함을 온전히 받아들이면서도 그분 스스로 온전한 하나님의 계시이시다. 그분은 자신을 완전히 비우고 하나님을 신뢰하심으로써 하나님으로 충만하셨다.

하나님의 말씀은 살아 있고 활력이 있어 좌우에 날선 어떤 검보다도 예리하여 혼과 영과 및 관절과 골수를 찔러 쪼개기까지 하며 또 마음의 생각과 뜻을 판단하나니. 지으신 것이 하나도 그 앞에 나타나지 않음이 없고 우리의 결산을 받으실 이의 눈 앞에 만물이 벌거벗은 것 같이 드러나느니라.

그러므로 우리에게 큰 대제사장이 계시니, 승천하신 이 곧 하나님의 아들 예수시라. 우리가 믿는 도리를 굳게 잡을지어다. 우리에게 있는 대제사장은 우리의 연약함을 동정하지 못하실 이가 아니요, 모든 일에 우리와 똑같이 시험을 받으신 이로되 죄는 없으시니라. 그러므로 우리는 긍휼하심을 받고 때를 따라 돕는 은혜를 얻기 위하여 은혜의 보좌 앞에 담대히 나아갈 것이니라.

대제사장마다 사람 가운데서 택한 자이므로 하나님께 속한 일에 사람을 위하여 예물과 속죄하는 제사를 드리게 하나니, 그가 무식하고 미혹된 자를 능히 용납할 수 있는 것은 자기도 연약에 휩싸여 있음이라.…그는 육체에 계실 때에 자기를 죽음에서 능히 구원하실 이에게 심한 통곡과 눈물로 간구와 소원을 올렸고 그의 경건하심으로 말미암아 들으심을 얻었느니라. 그가 아들이시면서도 받으신 고난으로 순종함을 배워서 온전하게 되셨은즉 자기에게 순종하는 모든 자에게 영원한 구원의 근원이 되시고. (히 4:12-5:9)

그리스도의 수난, 그의 삶과 죽음은 인류의 수난이기도 하다. 그분은 우리 자신의 부족함과 연약함을 짊어지셨다. 우리는 죽은 물질이 주는 안정감에 집착해서, 우상숭배라는 도구와 마법에 의지해서, 현실 도피라는 환상을 통해서, 우리의 연약함과 친구의 죽음과 시간의 부침과 인간관계의 위험 그리고 믿음과 신뢰와 사랑의 완결되지 않고 불안정한 측면들을 회피하려고 한다. 그러나 이렇게 우리의 부족함으로부터 도피할 때 우리는 부르심을 입은 참 능력을 배반하고 만다. 이것은 곧 우리 자신에 대한 부인이며, 우리의 사랑스러움과 우리의 존엄성의 근원에 반하는 음모다. 그것은 자유로부터 도피하는, 죄인으로서 안전을 추구하고 구속받지 못한 죽음의 상태에 빠지고 마는 예속 상태로 도피하는 것일 뿐이다.

　예수님은 자신의 온 존재로 이 시험을 당하셨다. 그러나 그분은 자신의 인간성에서 벗어나려 하지 않고, 고통을 감내하고 약속을 지켜내며, 믿음으로 성부와 맺은 언약에 자신을 내어 맡기셨다. 그분의 고뇌, 슬픔, 고통은 그분이 버림받기 직전까지 철저히 불안정한 상황에서 오직 하나님만을 의지해야 하는 어둠 속으로 몰아갔다. 그분 자신과 인간과 하나님을 믿어야 하며, 논리적 필연성이 주는 확실성 없이 소망을 유지하고, 대가 없이 사랑해야 하는 위험을 감수해야 했다. 그러나 그분은 다하우(나치 강제수용소가 있던 곳 – 역주)와 밀라이(베트남전 당시 1968년 미군이 수백 명의 민간인을 학살한 곳 – 역주) 앞에서, 굶어 죽어 가는 수백만 명 앞에서, 거부된 사랑과 생명 앞에서, 형제자매 사이의 증오 앞에서 인간성의 깊은 어둠을 몸소 겪으셨다. 예수님 안에 드러난 하나님의 계시는 먼 곳으로부터 오는 축복이 아니다. 그것은 우리 하나님이 최상의 피조물을 그 피조물과 하나 되기까지 사랑하셨고, 우리의 눈물과 한숨을 끌어안았으며, 미완성인 우리의 배고픔과 고통을 몸소 느끼시고, 우리의 갈망과 충족되지 않는 욕망의 잔을 마셨다는 놀라운 사실에 대한 증언이다.

　이것이 곧 십자가형이다. 사람들의 거절이나 빌라도의 미숙함과 무관심 때문이 아니라, 카이사르나 군대의 힘 때문이 아니라, 인류의 손에 의해 십자가에 달리셨다. 자신의 인격을 부인하고 자신이 무가치하다고 확신하며 우상에 복종하는, 자신의 결핍 속에서 그리고 결핍을 통해서 사실은 얼마든지 사랑받을 수 있다는 것을 깨닫지 못하는 사람들에게 거부당하셨다.

어떤 문화적·역사적 관점을 취하든지 그리스도인들은 십자가에 달리신 하나님을 마주해야만 한다. 우리는 다시 한 번 이렇게 질문해야 한다. 십자가에 달리신 하나님은 어떤 분이신가? 구유에 누인 무력하고 가난한 아기로, 무방비 상태로 십자가에 달린 남자로 표현되는 이 하나님이 과연 폭군이 될 수 있을까? 보복, 처벌, 공포, 무력, 위협이라는 관점에서 하나님을 이해하는 게 과연 가능할까? 하나님이 우리에게 끊임없이 두려워하지 말라고 말씀하시는 것으로 묘사하는 복음서가 공포의 메시지가 될 수 있을까? 아니면 우리 아이들과 세상에 믿음을 전하려고 할 때 우리 자신이 만든 우상이라는 장치에 따라 하나님을 그런 거짓 모습으로 변형시킨 것은 아닐까? 이 하나님이 우리가 생각하는 공포와 속임수의 하나님일 수 있을까? 아니면 우리 주에 대한 우리의 이해를 오염시킨 것은 세상과 예속과 물질과 죽음의 복음이 아니었을까? 개인으로서, 공동체로서 우리가 이런 물음을 직시하고 그에 대답하지 않는다면 결국 십자가를 부인하는 것이다.

마찬가지로 사랑의 십자가로 우리를 부르시는 초대를 무시한다면, 그 역시 십자가에 달리신 하나님을 부인하는 셈이다. 단도직입적으로, 어떻게 십자가에 달리신 그리스도가 종교 재판소와 십자군, 강제적인 개종, 인종주의, 탱크에 의한 축성, '그리스도를 위해 공산주의자를 죽이는 행위'를 허락하셨다고 말할 수 있을까? 우리는 그분을 따르라고 부르심을 받았는가, 아니면 우리의 문화에서 인정받는 지혜를 따라야 하는가? 우리가 인간으로서 또한 그리스도인으로서 어떤 존재인지 밝혀 주는 것은 그분인가, 아니면 우리의 '시민 종교'인가? 그분은 우리에게 우리의 무가치함, 긍휼을 잃어버린 마음, 인간으로서의 무능함을 확신하게 함으로써 어둠의 권세와 공모하는 세상에 위협이 되지 않는 그런 인물인가? "너희는 나를 누구라 하느냐?" 그분은 우리 각자에게 이렇게 물으신다. 이분은 온유한 하나님, 인간의 모든 눈물을 닦아 주는 하나님, 최선의 상태를 상실한 우리를 그대로 내버려 두지 않고 피조물로서의 자유라는 두려움을 몸소 경험하셨던 하나님이다.

마지막으로 우리가 우리 자신을 구원하겠다고 고집할 때 십자가에 달리신 이 하나님을 부인하는 셈이다. 기독교는 그리스도인이 하나님을 위해 무엇을 행하는가에 관한 믿음이 아니라, 하나님이 인간 안에서 인간을 위해 무엇을 행하셨는가에 관한 믿음이다.

> 우리가 아직 연약할 때에 기약대로 그리스도께서 경건하지 않은 자를 위하여 죽으셨도다. 의인을 위하여 죽는 자가 쉽지 않고 선인을 위하여 용감히 죽는 자가 혹 있거니와, 우리가 아직 죄인 되었을 때에 그리스도께서 우리를 위하여 죽으심으로 하나님께서 우리에 대한 자기의 사랑을 확증하셨느니라. 그러면 이제 우리가 그의 피로 말미암아 의롭다 하심을 받았으니, 더욱 그로 말미암아 진노하심에서 구원을 받을 것이니. (롬 5:6-9)

> 이와 같이 성령도 우리의 연약함을 도우시나니, 우리는 마땅히 기도할 바를 알지 못하나 오직 성령이 말할 수 없는 탄식으로 우리를 위하여 친히 간구하시느니라. 마음을 살피시는 이가 성령의 생각을 아시나니, 이는 성령이 하나님의 뜻대로 성도를 위하여 간구하심이니라. (롬 8:26-27)

우리가 이 보배를 질그릇에 가졌으니, 이는 심히 큰 능력은 하나님께 있고 우리에게 있지 아니함을 알게 하려 함이라. 우리가 사방으로 우겨 쌈을 당하여도 싸이지 아니하며 답답한 일을 당하여도 낙심하지 아니하며. (고후 4:7-8)

나에게 이르시기를, 내 은혜가 네게 족하도다. 이는 내 능력이 약한 데서 온전하여짐이라 하신지라.…이는 내가 약한 그 때에 강함이라. (고후 12:9-10)

내가 율법으로 말미암아 율법에 대하여 죽었나니, 이는 하나님에 대하여 살려 함이라. (갈 2:19)

그러나 내게는 우리 주 예수 그리스도의 십자가 외에 결코 자랑할 것이 없으니. 그리스도로 말미암아 세상이 나를 대하여 십자가에 못 박히고 내가 또한 세상을 대하여 그러하니라. (갈 6:14)

너희는 그 은혜에 의하여 믿음으로 말미암아 구원을 받았으니, 이것은 너희에게서 난 것이 아니요, 하나님의 선물이라. 행위에서 난 것이 아니니, 이는 누구든지 자랑하지 못하게 함이라. 우리는 그가 만드신 바라. 그리스도 예수 안에서 선한 일을 위하여 지으심을 받은 자니, 이 일은 하나님이 전에 예비하사 우리로 그 가운데서 행하게 하려 하심이니라. (엡 2:8-10)

미쁘다. 모든 사람이 받을 만한 이 말이여. 그리스도 예수께서 죄인을 구원하시려고 세상에 임하셨다 하였도다. (딤전 1:15)

> …하나님이 우리를 구원하사, 거룩하신 소명으로 부르심은 우리의 행위대로 하심이 아니요, 오직 자기의 뜻과 영원 전부터 그리스도 예수 안에서 우리에게 주신 은혜대로 하심이라. (딤후 1:9)

> 사랑은 여기 있으니, 우리가 하나님을 사랑한 것이 아니요, 하나님이 우리를 사랑하사, 우리 죄를 속하기 위하여 화목 제물로 그 아들을 보내셨음이라. (요일 4:10)

그러므로 다시 한 번 말하지만 우리가 연약하고 불안정한 인간이라는 사실은 전혀 부끄러운 게 아니다. 사실, 우리가 그런 인간이라는 사실은 너무나도 귀하다. 하나님께 사랑받기 위해 우리는 꼭 그런 존재여야만 한다.

교회로서 그리고 그리스도인으로서 죄인 됨을 부인하고, 성공과 권력과 힘과 위대함이 우리가 구원받은 증거가 된다고 고집할 때, 우리는 우리를 위해 죽으신 예수 그리스도 안에서 결정적으로 드러난 하나님의 사랑뿐만 아니라 십자가마저도 거부하는 셈이다. 구원을 획득하고, 얻어내고, 우리가 선하다는 것을 증명하고, 구원을 위해 경쟁하고, 구원을 거래하고, 팔고, 보증하는 것은 상품화된 복음의 진부한 표현 방식이다. 뿐만 아니라 이는 예수님의 복음에 대한 거부이기도 하다. '안전은 누가 보장해 주는가? 누구를 혹은 무엇을 믿고 신뢰하는가?'라고 진심으로 묻는다면, 나는 '하나님의 끊을 수 없는 사랑이 계시된 예수 그리스도'라고 대답할 것이다. 그렇다면 나는 그분과 그분의 복음을 믿는다는 사실 속에 담긴 뜻을 온전히 직시해야만 할 것이다.

예수님이 참 하나님이심을 믿는다면, 그리스도의 고통과 죽음은 곧 하나님의 고통과 죽음이다. 그것은 마치, 인간의 모든 상상력을 뛰어넘으시는 하나님이 자기 자신과 생명 자체를 거부할 수 있는 능력을 지닌 사람들을 창조하기로 결정하실 때, 그들에게 사랑할 수 있는 능력을 부여하기로 결정하실 때, 그분은 또한 죽기로 작정하셨다. 하나님은 고통당하는 하나님이 되셨다. 창조하고 사랑하고자 하셨던 하나님의 열망으로 그분은 인간 손에 죽으셨다. 그리하여 그리스도의 버림받음은 사랑하는 이들을 위해 하나님이 버림받으신 것이다. 하나님은 우리를 사랑하셨을 뿐만 아니라, 물론 하나님의 존재 자체의 관점에서는 아니지만 그럼에도 불구하고 그분의 무한한 사랑이 표현된 피조물인 우리를 존중하셔서 우리를 믿고 신뢰하기로 작정하셨다. 하나님은 사랑하는 이를 예속하지 않고, 오히려 지극한 기쁨의 황홀경, 즉 값없이 베푸는 관계에 이를 수 있는 능력을 주려고 죽음의 고통을 맛보셨다. 하나님의 고통과 죽음은 겟세마네와 골고다에 한정되지 않는다. 창조 자체가 그분의 고통이자 죽음이다.

 그리스도는 인간의 고통과 죽음을 겪으셨다. 그저 때 이른 죽음을 맞은 수백만 명 혹은 굶주리고 버려진 이름 없는 사람들과 스스로를 동일시하는 것에 그치지 않고, 무엇보다도 인간으로서 그분의 자유를 온전히 끌어안고 그것에 충실하심으로써 그렇게 하셨다. 마치 우리가 자유롭기를 바라는 하나님은 우리에게 너무 큰 무언가를, 너무 어렵고 고귀한 무언가를 기대하신 것 같다. 우리는 사랑이나 신뢰나 믿음이 이끄는 대로 죽어 가는 이를 끌어안는 것은 하지 못한다. 차라리 우상이 주는 안정감을 추구하려 한다. 자신을 선물로 내어 주며 죽기보다는 사물이 주는 무감각한 냉담함을 추구하려 한다. 사람과 맺는 약속에 '예'라고 답하기보다는 차갑지만 확실한 기계의 완결성을 소유하려 한다.

그러나 그리스도 안에서, 하나님과 인간 모두가 사랑에 굴복한다. 하나님은 부정(不貞)과 사랑의 거부라는 위험을 감수하는 고통을 겪으신다. 예수님은 진리 자체의 불안정함을 맛본다. 심지어 어두움과 불안정 속에서도, 언약에 대한 그분의 마음속 갈망을 따라 그분의 인간성과 성실하심을 신뢰하신다. 이 언약을 세우신 분께, 그분의 가장 깊은 열망으로 그분을 부르시는 분께, 그리스도는 자신의 영혼을 내어 맡기셨다. 그분은 약함을 인정하심으로써 마침내 가장 위대한 힘을 드러내신다. 그것은 곧 위태로운 믿음, 소망, 사랑 속에서도 하나님의 삶을 사는 능력이다.

우리가 살아 계신 언약의 하나님께 순복하고, 의탁하고, 내어 맡길 때, 죄와 사망으로부터 벗어난 우리의 가장 참된 자아가 다시 태어난다. 우리 중 한 사람으로 나타나신 하나님을 신뢰할 때 우리는 마침내 다시 태어나신 그분의 음성을 들을 수 있게 된다. 부활하신 그분이 "무서워하지 말라"고 말씀하신다. 그분이 우리에게 용서할 수 있는 능력을 주신다. 그분이 엠마오로 가는 길에 우리에게 우리의 참 역사와 약속을 밝혀 주신다. 그분이 의심하는 도마들 중에서 가장 위대한 신자들을, 막달라 마리아들 중에서 가장 위대한 사랑의 사람들을, 시몬들 중에서 가장 위대한 지도자들을 만들어 내신다. 우리는 권력과 지배라는 왕좌를 차지하려고 서로 다투는 작은 신들이 아니라, 온전함이라는 신비로 부르심을 입어 미완성의 자유로운 존재들의 공동체에 속한 하나님을 닮은 형제자매들임을 '재발견'하게 된다. 우리는 다른 이들을 이기는 게 아니라 그들을 섬김으로 참된 본질을 발견하게 된다.

9 • 자본주의라는 우상과 그리스도

예수님 안에 드러난 인격 형식의 계시

앞 장에서는 예수님의 삶과 계시에 대해 생각해 보았다. 그것은 선별적이며 부분적인 검토로서 마태복음과 바울 서신의 몇몇 본문에 초점을 맞추었다. 하지만 요한 공동체의 문서에 초점을 맞추어 세상의 어둠과 부자유에 반대하는 그리스도인의 입장을 강조할 수도 있었다. 폭력과 속임수와 노예 삼는 방식은 고통을 감수하고 사랑하며 자신을 내어 주는 삶과는 결코 양립할 수 없는 나라에 속한다. 초기 바울 서신뿐만 아니라 누가복음과 마가복음 역시 그리스도와 그리스도인의 삶이 우리가 상품 형식이라고 부르는 것과 완전히 상반된다고 말한다.

마태복음을 살펴본 것은 증거 본문을 끌어모으기 위해서가 아니라 광범위하며 반복적으로 등장하는 계시의 주제가 무엇인지를 보여주기 위해서였다. 지나치게 문자적인 해석과 피할 수 없는 비판을 은유에 불과한 것으로 취급하는 태도를 모두 피하려고 노력했다. 이렇게 함으로써 '하나님에 관해 어떻게 계시되었는가?' '인간에 관해 어떻게 계시되었는가?' '나에 관해 어떻게 계시되었는가?'라고 묻는 평범한 사람은 누구나 인간의 인격을 높이고 귀하게 여기는 하나님을 발견하게 될 것이라는 사실을 보여 줄 수 있기를 바랐다.

이제 예수님의 계시를 검토함으로써 좀더 이론적 차원에서 기독교 인간학을 전체적으로 이해한 다음, 인간의 삶과 목적에 관한 그 관점이 우리의 문화적 인간학에서 말하는 인간에 관한 관점과 어떤 대조를 이루는지 보여 주고자 한다.

앞서 주장했듯이, 인간 본성에 관한 철학적 관점에 따르면, 우리 스스로 행할 수 있는 가장 중요한 일은—만약 우리가 지배와 획득과 도피의 원리를 수용하지 않는다면—우리의 소유와 삶을 우리 존재의 문제에 대한 무조건적 해답이신 분께 내어 맡기는 것이다. 인간의 본질은 응답을 구하는 것, 즉 알고 알려지며 사랑하고 사랑받을 수 있는 존재라는 우리의 가장 온전한 신비와 목적에 대한 계시를 구하는 것에 있다. 유대교 경전에서 인간의 온전함의 신비는 그분이 그분의 형상으로 인간을 지으신 우주의 하나님이자 언약의 주님으로서 그 자신을 계시한 것이다. 우리는 모두 자유로운 언약으로, 내면적 충실함으로, 우리 주님과 그분이 손수 지으신 작품인 우리 자신을 신뢰하고 위험을 감수하는 삶으로 부르심을 입었다.

기독교 신앙에서 예수 그리스도는 인류에게 주신 하나님의 온전하고 결정적인 계시다. 왜냐하면 그분은 곧 하나님과 인류가 만나 하나가 되는 지점이기 때문이다. 따라서 그리스도 안에 있는 계시는 그저 하나님이 어떤 분인지를 밝히고 알리는 데 그치지 않는다. 그것은 동시에 인간이 어떤 존재인지에 관한 온전한 계시이기도 하다. 예수 그리스도는 인간들에게 신성뿐만 아니라 인간성을 계시하기도 하신다. 그분은 인간의 연약함과 하나님을 닮은 온전한 모습 사이의 미묘한 상호 관통을 구현하신다. 그리고 이 두 가지 모두를 계시하심으로써 그분은 창조된 자유의 깨어진 열정을 구속하신다.

신성이 예수님 안에서 역사적으로 계시될 때 우리는 하나님이 인간의 자유로운 응답을 끈질기게 요구하는 것을 보게 된다. 그것은 인간성과 인격적 자유에 대한 하나님의 축복이다. 인류와 하나 되신 하나님은 힘이나 관대함으로 우리를 조정하거나, 무언가를 강요하거나, 우리를 지배하지 않으신다. 하나님은 예수님과 그들 자신의 인간 됨을 통해 하나님과의 언약적 관계 안으로 마음껏 들어오라고 사람들을 초대하신다. 하나님은 바로 이러한 초대를 통해, 즉 인간에게 거저 주어진 신뢰와 충성을 요청하는 행위를 통해 신성과 인간의 존엄성에 대해 가장 온전한 계시를 보이신다.

따라서 참 인간성을 깨닫게 해 주시는 예수 그리스도는 창조된 우주의 외침에 대한 하나님의 자기희생적 응답이며, 이 응답은 다시 인간 안에서 그 자신을 알게 한다. 하나님은 인간이 자신의 운명을 스스로 개척할 수 없도록 인간의 인격을 중지시키거나 종결시키지 않으신다. 오히려 예수님 안에 드러난 하나님의 계시는 나의 연약함을 받아들이고 내 존재의 문제를 마음껏 외치는 감탄으로 변화시키라는 부르심과도 같다. 나는 마음껏 믿는다! 나는 마음껏 신뢰한다! 나는 마음껏 나눈다! 이런 감탄을 통해 인간은 서로 간의 관계와 하나님과의 관계 안에서 자신을 실현한다. 왜냐하면 하나님과 인간에 관한 계시가 한 분이신 예수 그리스도 안에서 실현되었듯이 인간 역시 서로를, 자신을, 하나님을 믿고 신뢰하고 사랑하는 행위 안에서 실현하기 때문이다. 바로 이 때문에 우리는 개인으로서 철저히 독특한 존재인 동시에 다른 무언가로 대체될 수 없는 자유로운 언약적 존재다.

자신의 자아를 믿고 신뢰하는 것, 다른 사람을 믿는 것, 인격적이신 하나님을 믿는 것은 두 가지 위대한 사랑의 계명이 서로 비슷한 것과 마찬가지로 유사한 행위다. 각각은 어렵다. 그 각각은 우리의 실존이 얼마나 불안정한지 직면하게 한다. 그 각각에는 어둠과 오해와 부재감이라는 밤이 있다. 그 각각은 자신을 드러내고 자신을 내어 주는 위험을 감수해야 한다. 그 각각은 우리 자신이 궁극적인 중심, 정당성의 근거, 목적이 아니라는 점을 받아들이고, 상처받기 쉬운 상태에 스스로 노출되어야 하며, 심지어 '자신'에 대한 죽음을 요구한다. 그 각각은 우리의 미약함과 한계, 역사적이며 특수한 제한을 벗어나 4차원의 인격적 세계로 들어가게 한다. 왜냐하면 그리스도 안에서 드러난 계시는 우리로 하여금 믿음, 소망, 사랑이 곧 연약한 인간의 현실과 소통하며 그 안에서 살아 계시는 하나님의 삶 자체임을 깨닫게 하기 때문이다. 믿음, 소망, 사랑은 곧 인간에게서 자유함을 이끌어 내는 하나님의 일하심이다. 그 세 가지는 인간에게서 그들의 존엄성의 대체될 수 없는 근거, 즉 자유로운 언약을 맺을 수 있는 능력을 끌어내려는 하나님의 지속적이며 끈질긴 활동이다. 또한 그 세 가지는 인간으로서의 부족함과 진정한 능력에 대해 동의한다는 인간의 감탄사다.

예수 그리스도는 이러한 실존적 감탄의 모범이시다. 그분은 지배와 도피를 통해서가 아니라 자신의 인간성에 순응하시고, 고립의 상태로부터 다른 사람과의 친밀함으로 들어가심으로써 온전한 인격을 계시하셨다. **인간의 앎**은 조작이나 통제, 단순한 외면적 관찰로서가 아니라 자신의 인간 됨이라는 신비에 경험적으로 온전히 참여하는 매개이자 다른 사람에 대한 개방성으로서 계시된다. 그리고 무언가를 행하고자 하는 정서적 충동—**인간의 의지**—은 획득과 경쟁으로서가 아니라 사랑과 섬김과 언약의 기쁨 속에서 자신을 내어 주고자 하는 인간의 본원적 요구로서 계시된다.

예수님은 인간 실존의 비극적 측면으로부터 도피하지 않으셨다. 그분은 우리의 연약함이 지닌 한계 안에서 사셨고, 바울의 말처럼 '심한 통곡과 눈물로 간구와 소원'을 올리기도 하셨으며, 우리가 겪는 모든 시험을 다 당하셨다. 그분은 우리 삶의 고통과 갈망을 초월적으로 회피하지 않으셨으며, 우리의 연약함과 불안함으로 인해 너무나도 큰 고통이 되는 죽음을 앞두고도 도망치지 않으셨다. 오히려 그분은 자신의 인간성을 끌어안으시면서 자신의 삶과 죽음을 모두 끌어안으셨다. 그리고 자신의 삶과 죽음 모두를 모든 인간의 연약함을 초월하시는, 사랑하시며 절대적이신 하나님께 내어 맡겼다.

그리스도의 삶 전체와 더불어 성육신은, 하나님이 피조물을 사랑하심으로 스스로 상처받을 수 있는 상태로 내려오셨고 그리하여 우리가 구속을 받았으며, 우리는 자신을 내어 줄 수 있는 능력을 지닌 대체될 수 없는 독특한 존재라는 사실을 믿을 때에야 받아들일 수 있는 가르침이다. 칼 라너(Karl Rahner)는 "자신을 내어 줄 때 비로소 우리는 인간이 된다"고 말했다. 우리의 인간성이 지닌 부족함, 우리의 불안정한 우발성과 미완결성, 우리의 개방성, 삶과 사랑의 위험을 감수할 수 있는 우리의 미약한 능력, 이것이 곧 우리의 강점이자 아름다움이다. 그리스도가 그토록 전심으로 의탁하셨던 것은 이토록 두렵고도 아름다운 부족함이었다.

예수님 안에 있는 하나님의 계시는 끔찍한 하나님이 아닌 '모든 눈물을 그 눈에서 닦아 주시는' 하나님, 알고 사랑하고 자유로이 창조하시는 철저하게 인격적이며 관계적인 하나님에 관한 발전적인 드러냄이다. 하나님은 우리가 두려워하지 않도록 해 주신다. 하나님은 우리 안에 계시는 동시에 우리를 초월하시며 우리를 우리 자신에게로 이끄신다. 그러나 우리가 자유롭게 언약의 삶으로 들어가고자 할 때에만 그렇게 하신다. 그러므로 하나님은 절대적 존재―혹은 더 나은 표현으로는 절대적 인격체―이시며, 우리는 우리의 인격을 행사함으로써 그분께 참여한다.

이것이 인격 형식의 기초다. 이 형식에서 인간은 대체될 수 없는 자유로운 인격체로 계시된다. 좀더 일반적인 관점에서 볼 때, 그리고 마태복음에 나타난 성경적 계시에 관한 묵상으로 이 관점을 보충할 때, 인격 형식은 상품 형식 그리고 그 형식이 택하는 신과 인간에 대한 계시와 한층 더 분명한 대조를 이룬다.

신과 복음의 선택

이 나라에서 사람들이 행하는 근본적 선택의 본질은 무엇일까? 우리는 언제나 여러 가지 다른 형태의 선택에 직면해 있으며, 싫든 좋든 선택해야만 한다. 우리 각자의 삶에는 기준선이 있어야만 한다. 우리는 모두 이렇게 묻는다. '결국 진리는 어디에 있는가?' 그것이 무엇이든, 인간은 신이나 복음을 찾기 마련이다. 문제는 이것이다. 어떤 신이나 복음이 인간에게 합당한가?

앞서 우리 문화에서 상품 형식이 우리의 최종적 충성에 관해 어떤 주장을 하는지, 그것이 우리의 자기 인식과 우리의 가치와 우리의 희망과 우리의 목적에 얼마나 속속들이 침투해 있는지 살펴보았다. 이제 우리는 상품 형식의 특징이 인간의 현실과 어떤 관계가 있는지, 예수 그리스도 안에 드러난 인격 형식이라는 계시와 어떤 관계가 있는지 더 분명히 알 수 있다. 우리는 스스로가 불완전하고 열린 자유를 지닌 존재라는 것을 경험할수록, 사물이나 상품 속에서 완결성을 찾으려 하는 경우가 많다. 지배와 획득과 도피가 주는 거짓된 안정감을 얻는 대가로 우리는 그런 우상들에게 우리의 자유와 인격을 바친다. 이 과정에서 인간 삶의 가장 불안정한 양상들은 압축되며 객관화된다. 그리하여 헌신과 믿음, 소망, 사랑을 통해 가장 온전히 실현할 수 있는 우리의 주체성을 상실하게 된다. 인간이 감수해야 할 위험이 사라질 때 우리는 자유의 덧없음을 경험한다. 미완성의 두려움을 부정하지만, 그런 부정 속에서 참된 자아마저 잃어버리게 된다. 그러나 고통은 여전하다. 왜냐하면 그 어떤 사물도 절망에 빠진 인간에게 그것이 약속하는 바를 이루어 줄 수 없기 때문이다.

그리스도는 우리로 하여금 우리 인격의 심층까지 파고들게 하신다. 그분은 우리 자신과 서로를, 그리고 우리를 초월하시며 오직 우리에게 자유로이 주신 언약을 통해서만 우리를 완성하시는 하나님을, 믿고 신뢰하고 돌보는 행위를 통해 우리의 미완결성을 끌어안고 긍정하라고 말씀하신다. 우리의 미완결성은 그야말로 우리의 부족함이다. 그러나 이 부족함의 가장자리를 매만지고 거기에서 살 때에야 비로소 우리는 우리의 참된 능력과 운명의 충만함에 이를 수 있다. 그러므로 이 부족함을 끝까지 지켜내야만 한다.

복음은 부족함을 느끼고 그것을 끌어안으며 살아가도록 하는 가치와 시각을 우리 앞에 제시한다. 이러한 가치는 상품 형식의 가치와 그것이 주장하는 자기 정당화의 안정감을 정면으로 반박한다. 뿐만

상품 형식	인격 형식
사물에 근거한 가치	**인격에 근거한 가치**
인격의 거래 가능성 생산: 당신이 행하는 만큼의 가치 소비	인간의 본원적 가치 존재 자체로서의 당신의 가치 자기를 내어 줌
사물–지식	**인격–지식**
관찰과 묘사 측정과 통제 양이 곧 질 추론된 지식에 대한 강조 어떻게에 관한 물음	믿음: 자의식과 내면성 이해와 신뢰 계량할 수 없는 인간의 가치 직접적 경험 왜에 관한 물음
사물–의지	**인격–의지**
결정론 도피 비인격적 수동성 죽어 있음	제한된 자유 자기 헌신 언약 참여 살아 있음
사물–행위	**인격–행위**

폭력:
  지배
  조작
  복수
  처벌
  방어
  낮아진 삶의 가치
  명령
  경쟁
  유보
	평화:
	  약함을 인정
	  자유를 존중
	  용서
	  치유
	  무방비
	  가장 작은 사람을 높임
	  초대
	  나눔
	  선물

사물과 같은 정서	**인격의 정서**
기계적 성 기계로서의 몸 두려움/위협 비인격적	인격의 표지로서의 성 성전으로서의 몸–거룩한 존재 두렵지 않음 언약–인격적 헌신

자아의 유보	자기를 내어 줌
기교	궁극적 목적
외면성	내면성
대체 가능성	유일성
냉정함	온화함
매정함	긍휼
축적	분리
상처받지 않음	상처받기 쉬움
교환	아낌없는 사랑
쾌락주의: 즉각적 자기만족	관대함: 고통당하는 사랑
사물-현실	**인격-현실**
소유	존재
현재의 모습	앞으로의 가능성
인간에 대한 회의	믿음과 충실함
인간의 마비와 의심	희망과 신뢰
개인적 고립	사랑
최종적 조건으로서의 부자유	최종적 조건으로서의 자유
죽음	생명
사물-삶	**인격-삶**
자아로부터의 도피	고독 속에서의 회복
파편화된 관계	공동체의 재발견
쇼핑 중독	검소한 삶
인격의 비하	정의에 대한 헌신
상처받은 이들에 대한 두려움	상처받은 이들에 대해 열린 마음

아니라 상품 형식의 가치가 사물-지식, 사물-의지, 사물-행위와 연관된 것처럼, 복음의 가치 역시 인간의 지식, 인간의 의지, 인간의 행위의 특정한 모형과 연관되어 있다. 우리는 각 영역마다 상품의 가치와 그리스도의 가치가 대립 관계를 이루고 있음을 알 수 있다. 그 모든 대립의 기저에는 근원적 선택이 있다. 즉 인간이 사물로서 계시되거나 인격체로서 계시된다. 안정되어 있지만 죽어 있거나, 불안정하지만

살아 있으며 자유롭다.

지금까지 나는 가치와 행위, 자의식, 현실 인식이 어떻게 서로 얽혀 있는지를 보여 주고자 했다. 상품 형식과 인격 형식은 각 층위마다 서로 적대적 관계를 이룬다. 의식하든 의식하지 않든, 이 둘은 인간에게 최종적이며 총체적인 충성을 강요한다. 각각은 궁극적 설명의 원리로, 우리가 어떤 존재이며 어떤 존재가 될 수 있는지에 관한 계시로 제시된다. 따라서 우리가 해야 할 바는 먼저 이 선택을 의식적으로 직면하고 어떤 신을 믿어야 하는가에 관한 선택을 앞에 두고 있음을 깨닫는 것이다.

우리 문화에서 우리가 인격 형식 속에서 살고자 한다면, 특히 기독교에 계시된 인격 형식 속에서 살고자 한다면, '문화의 복음'이 예수님의 복음을 대체할 뿐 아니라 인간에 대한 형이상학적이고 철학적인 세계관이기도 하다는 사실을 깨달아야 한다. 세계관으로서, 인간 실현에 관한 이론으로서 문화의 복음은 인간의 정체성이라는 근원적이며 긴급한 문제를 왜곡시켜 인간성과 하나님에 대해 부인하도록 만들었다. 문화의 복음은 사실상 무신론과 반인본주의를 제시한다. 그것은 인간의 가장 근원적인 죄의 전형인 우상숭배다.

이러한 우상숭배, 즉 우리의 원죄가 파괴력을 지니는 까닭은 우리의 피조물 됨, 즉 피조물로서의 우리의 불안정한 자유를 거부하기 때문이다. 동시에 알고 사랑하는 존재인 우리 정체성의 핵심을 왜곡시킨다. 우리 스스로를 위해 하나님보다 더 안정적이며 덜 까다로운 신을 만드는 것은, 그리고 우리 자신의 관점에 따라 만들어진 신 곧 우리를 자유로운 존재가 아니라 예속된 존재로 만드는 신을 세우는 것은 자기 소외의 행위이자 우리 자신과 우리의 참된 정체성을 박탈하는 행위이며 사랑을 거부하는 행위다. 우상숭배는 알고 사랑하는 우리의 능력을 왜곡시켜 정반대의 것으로 바꾸어, 우리의 공동체를 분열시키고 스스로 존재의 원인이자 원천이며 최종적 목적이라고 주장하는 고립된 작은 신들의 집합체로 만들어 버린다.

또한 물화(物化)를 지향하는 역류로서의 상품 형식은 우리의 자의식, 가치관, 인간관계를 지배와 자기 과시의 방향으로 몰아간다. 우리는 서로 반목을 일삼고, 완성과 자기실현을 위한 채워지지 않는 갈망을 우리 스스로의 힘으로 충족할 수 있다고 믿는다. 그저 충분히 모으거나 충분히 생산하거나 충분히 획득할 수 있다면, 우리는 신이 될 것이고 우리의 고통스러운 미완결성을 제거할 수 있을 것이다. 역설적인 사실은, 모든 우상숭배가 그러하듯, 우리는 결국 우상―우리가 만든 후 신뢰를 바치는 물건―즉 상품의 형상과 모양에 우리 자신을 잡아 가둔다. 대체할 수 있고 금세 쓸모없어지며 수량화될 수 있는 가치만을 지닌, 자유와 질적인 성장을 상실한 존재가 되고 만다. 그러므로 죄의 법은 사망이다. 곧 자아의 죽음이다.

인격 형식 역시 우리에게 하나님과 같은 존재가 되라고 말한다. 그러나 우리의 미완결성으로부터 도망치는 것이 아니라 그 온전한 의미를 깨달음으로써 그렇게 하라고 말한다. 미완결성은 만들어지고 있는 존재, 과정 중에 있는 존재, 창조된 자유를 지닌 존재, 시간 안에서 사랑하고 선택하는 존재의 특징이다. 자기 과시와 폭력을 통해서가 아니라 우리의 참된 본질에 순응함으로써, 즉 무조건적 사랑이라는 신비를 갈망하는 자유로운 존재임을 받아들임으로써 자기를 실현하는 일에 참여하고 협력하도록 지음받은 존재의 특징이다.

자유 안에서만, 즉 자유롭게 사랑하고 믿고 신뢰함으로써, 우리 자신을 내어 주고 그리하여 우리 자신을 찾음으로써만 그러한 '신성화'(divinization)를 이룰 수 있다. 이런 식으로 우리는 언약의 하나님, 자유롭게 창조하시는 하나님의 형상과 모양을 따라 창조된 존재로서의 우리 운명을 재발견하고 받아들인다. 우리 문화에서 인격체로서의 우리 운명을 부인하는 것은 존재론적 거짓말이나 다름없다. 상품 형식은 비진리의 형식이다. 인간의 모호함과 어두움을 덮는 성스러운 덮개(sacred canopy)로서 우리를 감추며 자기 소외를 영속화한다. 상품 형식은 문화적으로 정당화된 속임수다.

아마도 지금쯤이면 상품 형식과 인격 형식이 앞서 열거한 특정한 가치에 관해 대립 관계를 이루고 있을 뿐만 아니라 그 토대로부터 적대적이라는 사실을 이해할 수 있을 것이다. 그러므로 예수님을 따르는 사람들이 상품에 의해 지배되는 문화 속에서 이방인일 수밖에 없다는 것도 전혀 놀랍지 않다. 사물을 신격화하는 문명 속에서 자신이 다르다고 느끼는 것, 심지어 분리되어 있으며 어울리지 않는 곳에 와 있다고 느끼는 것은 전혀 부끄러운 일이 아니다.

그리스도인의 가치는 완전히 문화와 동화되지 않는 한, 문화의 가치와 다를 수밖에 없다. 매디슨 가, 텔레비전, 록 음악 전문 라디오 채널, 광고는 본향을 잃은 우리의 실존을 계속해서 상기시켜 준다. 우리는 이방인이 된 듯한 기분을 느낄 것이다. 삶이 싸구려로 전락했고, 복수와 경쟁이 궁극적 가치로 인식되고, 공격과 방어의 수단이 보편적으로 허용되고 있으며, 결혼 생활의 정절을 지키는 것이 이상하게 여겨진다는 사실도 이제는 더 이상 놀랍지가 않다.

그리스도인 부부들이 의아해하며 **자신들이** '기이한' 사람인지 묻는 것을 본 적이 있다. 이 문화 속에는 그들이 지닌 깊은 신앙과 들어

맞는 것이 거의 없는 듯 보인다는 것이다. 당황하지 말아야 한다. 그들은 살아 있는 역사의 일부와 접촉한 것뿐이다. 무신론적 공산주의는 결코 그들의 신앙에 대한 최대의 혹은 유일한 위협이 아니다. 그들의 신앙을 공격하는 것은 구체화된 무신론―자본주의적이든 공산주의적이든―이다. 그리고 그들은 마침내 그 위험이 얼마나 가까이에 도사리고 있는지 깨달은 것이다. 위험은 어느 먼 나라가 아니라 그들 자신의 문화와 그 문화의 우상숭배적 신념 체계 안에 있다.

그러나 그런 사람들은 혼자가 아니다. 삶에서 참으로 중요한 문제를 발견한 후에 그들은 자신들과 똑같은 발견을 한, 수많은 사람들이 존재한다는 사실을 알게 될 것이다. 그들은 강력한 문화의 복음에 맞서 자신들의 믿음과 동경을 유지하려고 노력하는 사람들, 여러 가지 방식으로 그 문화를 사랑하고 그 안에서 살아가기를 원하지만 궁극적으로 그 문화에 굴복하지는 않으려고 그 문화와 정면으로 씨름하는 사람들의 공동체로 들어갈 수 있음을 알게 된다. 또한 그들은 그리스도인으로서 그들 자신의 믿음 안에서 그들이 어떤 집단적 삶과 풍성한 전통을 지니고 있는지, 그 공동체의 살아 있는 기초가 그들이 그리스도의 복음을 선택하도록 어떻게 뒷받침해 줄 수 있는지 이해하게 될 것이다. 이제부터는 이 점에 관해서 살펴보도록 하겠다.

다시 한 번 언급하거니와, 나는 가톨릭 신앙이나 심지어는 기독교조차도 상품 형식에 저항할 수 있는 유일한 원천이라고 생각하지 않는다. 가톨릭교인들, 그 외 그리스도인들은 세금뿐만 아니라 정절과 양심까지도 카이사르에게 바치면서 협력하고 타협하는 경우가 너무 많다. 상품 형식의 가치와 교의가 나 자신의 자기 이해나 다른 사람에 대한 평가에도 은밀하게 침투해 있음을 경험하게 되는 경우가 너무 많다. 상품 형식에 협조한 나 자신을 너무나 잘 알고 있기에 우리 교회들의 집단적 협력에 대해서도 부인할 수 없다.

그러나 가톨릭 전통과 신앙은 내가 가장 잘 알고 있는 전통이며, 나를 지탱해 주는 동시에 나에게 도전이 되었던 전통이다. 나는 이 전통이 상품화된 문화에 저항하는 삶을 사는 가장 참되고 가장 효과적인 방법이라고 생각한다. 그렇지 않다면 나는 그 신앙에 따라 살거나 다른 이들을 그 신앙으로 초대하지도 않을 것이다. 하지만 나는 이 신앙이 진리 자체의 필수 조건이라고 생각하지는 않는다.

그리스도인들, 유대인들, 인본주의자들이 자신들의 헌신과 갈망과 신념의 깊이를 철저히 이해할 수 있다면, 열린 마음으로 인격의 온전한 신비를 붙잡으려고 노력하면서 고통스러우리만큼 정직하며 성실한 태도로 그 깊이에 이르게 된다면, 그들이 근원적으로 그리고 영원히 서로 형제자매임을 깨닫게 될 것이라고 나는 확신한다.

10 • 우상숭배의 문화와 기독교적 실천

만약 예수 그리스도의 계시가 신비와 자기희생 그리고 하나님과 다른 사람과의 언약에 대해 열려 있는 인간의 신적 가능성에 대한 분명한 증언이라면, 그분의 이름을 지닌 영적 공동체는 그분의 삶과 죽음, 부활에 대해 증언하며 그 증언대로 살아가는 공동체여야 할 것이다. 그리스도는 인간의 부르짖음에 대한 하나님의 응답이자, 우리의 온전한 가능성에로의 초대, 우리의 본질적 소명으로 돌아오라는 부르심이다. 우리에게 주신 그리스도의 계시가 인류의 참된 정체성과의 연속성과 동일시를 통해 이루어졌듯이, 기독교 역시 그런 동일시와 초대로서 문화에 제시되어야만 한다. 하나님에 대한 계시는 가장 근원적인 의미에서 인간에 대한 계시다. 또한 이것이 역사 안에서 그런 계시를 구현하고 싶어 하는 사람들과 공동체의 근본적 특징이 되어야만 한다.

따라서 기독교는 그 핵심을 통해 인류와 인간 실현에 대해 봉사한다. 역사적이고 인간적인 실체로서 기독교는 문화 안에서 그리고 문화를 통해 실존하며 문화에 의해 지탱된다. 그러나 기독교회가 획득과 지배라는 문화의 병리적 가치와 연합하는 한, 기독교회는 안으로부터 스스로 개혁되어야 한다. 교회가 믿는다고 고백하는 바로 그 가치에 따라 스스로를 개혁해야 한다. 교회는 스스로에 대해, 그리고 그 안에 담고 있는 진리에 대해 충실하지 못할 수도 있다. 교회라고 해서 우상숭배나 죄로부터 면제를 받지는 못한다. 첫 기독교 공동체들에게 보낸 편지인 요한계시록은 이 점을 분명히 말하고 있다.

에베소 교회의 사자에게 편지하라.…"네 행위와 수고와 네 인내를 알고 또 악한 자들을 용납하지 아니한 것과 자칭 사도라 하되 아닌 자들을 시험하여 그의 거짓된 것을 네가 드러낸 것과 또 네가 참고 내 이름을 위하여 견디고 게으르지 아니한 것을 아노라. 그러나 너를 책망할 것이 있나니. 너의 처음 사랑을 버렸느니라.…"

서머나 교회의 사자에게 편지하라. "처음이며 마지막이요 죽었다가 살아나신 이가 이르시되, 내가 네 환난과 궁핍을 알거니와 실상은 네가 부요한 자니라.…너는 장차 받을 고난을 두려워하지 말라.…네가 죽도록 충성하라. 그리하면 내가 생명의 관을 네게 주리라.…"

사데 교회의 사자에게 편지하라.…"내가 네 행위를 아노니. 네가 살았다 하는 이름은 가졌으나 죽은 자로다. 너는 일깨어 그 남은 바 죽게 된 것을 굳건하게 하라.…"

빌라델비아 교회의 사자에게 편지하라. "거룩하고 진실하사 다윗의 열쇠를 가지신 이 곧 열면 닫을 사람이 없고 닫으면 열 사람이 없는 그가 이르시되.…네가 작은 능력을 가지고서도 내 말을 지키며 내 이름을 배반하지 아니하였도다.…네가 나의 인내의 말씀을 지켰은즉, 내가 또한 너를 지켜 시험의 때를 면하게 하리니.…내가 속히 오리니. 네가 가진 것을 굳게 잡아 아무도 네 면류관을 빼앗지 못하게 하라.…"

라오디게아 교회의 사자에게 편지하라. "아멘이시요, 충성되고 참된 증인이시요, 하나님의 창조의 근본이신 이가 이르시되, 내가 네 행위를 아노니. 네가 차지도 아니하고 뜨겁지도 아니하도다. 네가 차든지 뜨겁든지 하기를 원하노라. 네가 이같이 미지근하여 뜨겁지도 아니하고 차지도 아니하니 내 입에서 너를 토하여 버리리라. 네가 말하기를 '나는 부자라. 부요하여 부족한 것이 없다' 하나, 네 곤고한 것과 가련한 것과 가난한 것과 눈 먼 것과 벌거벗은 것을 알지 못하는도다.…볼지어다. 내가 문 밖에 서서 두드리노니. 누구든지 내 음성을 듣고 문을 열면 내가 그에게로 들어가 그와 더불어 먹고 그는 나와 더불어 먹으리라.…귀 있는 자는 성령이 교회들에게 하시는 말씀을 들을지어다." (계 2:1-3:22)

성경 본문을 이렇게 길게 인용한 것은, 이 시점에서 어떤 식으로 교회가 우상을 숭배하며 사탄의 노예가 되고 그 부르심에 충실하지 못하게 되는지를 이해하는 것이 매우 중요하기 때문이다. 그러므로 이 본문에 대한 우리의 묵상은 기독교회가 행하는 모든 행위에 대한 정당화로 해석되어서는 안 된다. 그리스도의 이름으로 그분의 계시를 선포하지만 실제로는 계시에 걸림돌이 되는 경우가 너무나도 많다.

이렇게 교회의 증언으로부터 이탈하는 것과 관련된 한 요소는 이른바 '자연적 제도'와 '종파' 모형 사이의 갈등이다. 만약 기독교를 세상과 문화 안에 자리 잡은 자연적 제도로 이해한다면, 교회의 가시성이나 그리스도의 메시지를 전달하는 능력이 커질 것이다. 그러나 문화적으로 동화되거나 세속화됨으로써 '자연적' 기관이 될 때는 실제로 전하는 메시지 자체가 왜곡될 수 있는 위험이 있다. 종파 모형에서는 기독교 공동체를 자연적 제도로 이해하지 않으며, 그리스도의 계시의 순수성을 강조한다. 그러나 종파의 경우는 사회적 힘이나 의사소통에 있어 영향력이 상대적으로 약해서 다른 문화적 제도의 엄청난 규모 앞에서 무시당하거나 자리를 상실하기가 쉽다. 그렇다면 문제는 어떻게 자신의 정체성을 유지하는 동시에 문화 안에서 문화를 통해 살아감으로써 세상에 온전히 참여할 수 있는가 하는 것이다. 몇 가지 문제점을 살펴봄으로써 어떻게 내적인 불성실을 확인하고 개혁할 수 있는지를 이해할 수 있다.

교회 안의 우상과 싸우기

1. **자기 성찰.** 기독교는 가시적이고 불완전하며 미완성인 사회적·문화적 구현체로 이루어져 있다. 따라서 역사적 구현체인 기독교는 우상 숭배적 체제나 이데올로기가 되어 그 소명에 충실하지 못할 가능성이 있다. 하나님이 사랑하시는 죄인으로서의 인간과 교회를 섬기기보다는 '죄 없음'과 권력에 대한 자기 정당화에 더 몰두할 수도 있다. 그러므로 교회가 구약의 예언서를 교회 공동체의 우상숭배와 예속과 억압의 경향에 대한 비판으로 해석하지 않고, 유대교나 교회를 둘러싼 세상에 대한 비판으로 읽는 경우도 많았다. 이런 식으로 교회는 스스로를 기독교의 가치와 성경에 기초한 비판과 자기 성찰을 거부했다.

더 위험한 점은 교회가 문화와 철저하게 동화된 강력한 자연적 제도가 되어 그 자체의 역사성에 갇힐 수도 있다는 것이다. 이런 잘못된 방식으로 교회가 문화에 동화된 대표적 사례로는 신성 로마 제국, 십자군, 종교 재판소, 제3제국의 국가 종교, 귀족적 성향의 라틴 아메리카 가톨릭교회, 미국의 '중산층' 기독교―하나님을 국가나 심지어 자유 시장의 논리와 동일한 것으로 취급하는 경우가 너무나도 많은―등이 있다. 이 모든 경우 그리스도의 삶을 믿음의 핵심과 기초로 삼는 대신, 그리스도인의 삶이 선포돼야 할 특정 문화적 환경 자체가 핵심과 기초가 된다. 그 결과 교회는 문화적 정당화의 강력한 근원 역할을 한다. 교회는 문화와 그 문화에 속한 가장 강력한 기관들의 이익과 스스로를 동일시한다. 인간의 해방을 위해서 일하기는커녕 인간을 예속하는 일에 협력하게 된다.

예를 들어, 생산과 소비라는 '미국 동화'에서 성공을 가늠하는 잣대는 그대로 신앙과 종교성을 측정하는 기준이 되는 경우가 많다. 성공과 부가 구속의, 심지어 구원의 능력이 된다. 은총의 표지여야 할 가난과 소외를 '자신을 돌볼 능력조차 없는 게으른 사람들'이 마땅히 받아야 할 벌이라고 생각한다. 그리하여 정의와 긍휼과 관대함에 관한 그리스도의 본질적 가르침은 세련되게 영성화되기는 했지만, 여전히 인종주의적이며 계급 지향적인 시장의 신화 속에서 그 선명성과 능력을 잃어버린다.

그럼에도 불구하고 기독교는 그 신앙의 본질과 인간의 부족함에 대한 인식에 뿌리내린 그 신앙의 의미 때문에 자기비판을 위한 근원적이며 영속적인 근거를 지니고 있다. 이 근거는 기독교가 그 자체의 역사적 관점에 대해, 그 자체의 문화적 구체화에 대해, 그 자체의 이데올로기화에 대해, 그 구성원에 대해 스스로를 비판할 수 있게 해준다. 신앙은 실천되어야만 한다. 실천되지 않는 신앙은 가짜다. 요한복음의 말씀처럼, 그리스도인의 가장 중요한 일 혹은 '행위'는 하나님이 우리를 사랑하시며 아무 공로 없이 우리를 구속하신다고 믿는 것이다. 이는 다른 이들에 대한 사랑, 긍휼, 평등의 '열매'를 맺는가를 통해 이 믿음을 시험해 볼 수 있다. 그러므로 정의와 긍휼에 대한 참된 기독교적 의미를 억압할 수 있는 유일한 방법은 기독교 신앙의 내용 자체를 억누르는 것뿐이다.

이따금 그러한 억압이 부분적으로 성공을 거두었을 수도 있다. 그러나 완벽히 성공을 거둔 적은 결코 없다. 만약 그랬다면 실천적 기독교 자체가 사라졌을 것이며 아무런 열매도 맺지 못했을 것이다. 그러나 개인을 통해, 기독교 내의 운동을 통해, 개혁을 통해, 탁발 수도회를 통해, 남을 섬기는 일에 평생을 바친 사람들을 통해 그런 열매는 언제나 맺어졌다.

거짓으로 둘러댈 수도 있음을 알고 있지만 그러는 대신 성경을 정면으로 마주하는 편을 택하는 신자라면 누구든 자기비판과 개혁을 향한 충동을 느끼게 된다. 권력을 누리며 자만에 빠진 가운데 가난과 겸손에 관한 설교를 듣는 고역을 치른 그리스도인이라면 누구든, 자신이 섬기는 사람들에게 스스로는 너무 두렵거나 꺼려져서 차마 살지 못하는 그런 삶을 살라고 가르치는 사제라면 누구든 그런 충동을 느끼게 된다. 우리 삶의 모순을 느끼는 아이들의 끊임없는 물음을 통해서도, 처음으로 산상수훈을 발견한 청소년들의 들뜬 기분을 통해서도 그런 충동은 표출된다. 그리스도의 복음이 먼저 교회 자체를 정면으로 다루지 않는다면, 신자 개개인을 심판하고 그에게 도전하지 않는다면, 불의한 사회 체제를 향해 복음을 결코 효과적으로 선포할 수 없을 것이다.

2. **내면성과 활동.** 기독교 신앙은 인격적 상호 작용과 실제적 경험을 통해서만 만날 수 있는 증언과 초대를 통해 전해진다. 가장 근본

적인 차원에서 해방은 정치적이거나 경제적이거나 사회적인 현상이 아니다. 우리가 우리 자신과 우리의 가능성을 정면으로 마주할 때에만, 우리의 가장 심층적인 인간성과 맞닿을 때에만 해방을 찾을—혹은 받아들일—수 있다. 신앙은 계급에 제한되지 않는다. 가장 가난한 이들이나 가장 부유한 이들이라고 해서 신앙에 접근할 수 없는 것은 아니다. (물론 지금까지 살펴보았듯이, 우리의 내면적·존재론적 부족함을 덮는 거짓 부에 의지한다면 신앙을 발견하기가 더 어렵다.) 동시에 우리는 해방과 신앙이 시간 안에서만 일어나는 사건이며, 특정한 경제적·정치적·사회적 구조에 의해 촉진되거나 저지될 수 있음을 깨달아야 한다. 따라서 그리스도인의 활동은 문화의 환경과 조건까지 확장된다. 어떤 식으로든 공적 영역에 의해 영향을 받지 않는 사적 영역이란 존재하지 않기 때문이다.

사회적 활동은 일부 전문 집단의 전유물이 아니라 신앙의 명령이다. 사회적 활동은 신약성경의 내용과 그리스도가 인간을 부르시는 부르심의 본질 때문에 그러할 뿐만 아니라, 사랑과 소망과 믿음을 경험할 수 있는 가능성을 최소화하는 사회적 조건이 존재하기 때문에도 그러하다. 빈곤, 교도소 개혁, 세계 기아, 군비는 모두 영성이 다루어야 할 문제들이다. 단지 인간의 몸만이 아니라 인간의 영혼이 걸린 문제들이다.

소비와 축적과 획득에 대한 중독뿐 아니라 물질적 빈곤도 복음 전하는 것을 어렵게 만들며 복음 듣는 것을 고통스럽게 만든다. 그러므로 그리스도인들은 체계적인 심의와 저항에 기꺼이 개입하고, 계획적인 법률의 변화를 위해 노력해야 하며, 사회봉사를 위해 협력해야 한다. 전체는 부분으로 이루어진다. 그리스도인 부부가 평화, 식량 배분,

광고 규제 입법을 위해 노력할 때, 그들은 자신들의 자녀가 더 큰 믿음과 기쁨을 누릴 수 있게 하는 셈이다. 정의, 정절, 서로와 자녀에 대한 긍휼을 실천할 때, 그들은 그들이 속한 사회 속에서 변화를 일으키는 셈이다.

3. **도덕적 일관성.** 한 문화 속에는 해방의 신앙을 전하는 데 사용할 수 있는 다양한 '언어적 가치 체계'와 방법론이 있다. 그러나 그리스도인이 다른 이들에게 그리스도의 복음을 전하고자 할 때 정직한 태도를 취한다면, 문화적 이데올로기 안에서 사용할 수 있는 방법과 언어는 지극히 제한적이다. 가장 노골적인 예는 전체주의 국가에서 권력과 두려움의 기술을 사용해 '회심'을 일으키는 것, 즉 사람들을 고문해서 회심하게 하는 것이라고 할 수 있다.

미국 문화에서는 그런 갈등이 중요하기는 하지만 훨씬 노골적이지는 않다. 지금까지 살펴본 것처럼, 우리 사회에서 수용되는 도덕적 가치와 활동 방법은 비인간적이며 **더 나아가** 반기독교적 세계관에 기초해 있다. 따라서 기독교적 행동주의 원리에 충실하자면, 본질적으로 믿음의 내용 자체를 거스르는 도덕적 '언어'나 기교를 수용할 수 없다. 조작과 속임수, 종교에 대한 매디슨 가의 접근 방식, 지배와 위협의 방법, 폭력에 대한 호소는 모두 기독교 신앙의 내용을 거스르는 언어와 방법론이다. 누가 이런 방법을 사용하는지, 기업인지 혁명가인지 파업 주동자인지 목회자인지는 상관이 없다.

나는 베트남전을 종식시킬 수 있다면 멜빈 레어드(Melvin Laird, 베트남전 당시 미국의 국방장관-역주)를 살해하겠다고 선언했던 한 '절대적 기독교 평화주의자'의 말에 대학생들이 경악하는 것을 본 적이 있다.

가톨릭 신자들이 '편집장에게 보낸 편지'에서 (유타 주 당국에 의해 처형되기 직전의 게리 길모어 같은) 죄수들이 없애 버려야 할 해충이나 짐승이라고 주장하는 것을 읽은 적이 있다. 만약 그리스도인들이 복음의 가치를 선택적으로 적용하려 한다면(예를 들어, 우리는 수천 명의 무고한 사람들이 살해당하는 것에 대해서는 쉽게 '정당한 전쟁' 이론을 이야기하는 반면, '정의로운 낙태'에 관해 이야기하는 사람들은 용납하지 않으려 한다), 무슨 기준에 따라 어떤 형태의 살인에 대해서는 승인하고 어떤 형태의 살인에 대해서는 승인하지 않는지 정직하게 밝혀야 할 것이다.

이러한 모순을 가장 날카롭게 파헤친 사람은 온두라스로 파송된 가톨릭 선교사 과달루페 카니(Guadalupe Carney) 신부다. 그는 그곳의 인민혁명군(People's Revolutionary Army) 군종직을 그만두지 않으려면 예수회를 탈퇴하라는 요구를 받았다. 나는 온두라스 군에 의해 살해되기 몇 달 전 예수회의 일원으로서 마지막 피정을 떠난 그를 만났는데, 그때 그는 나의 평화주의에 대해 그리고 그리스도인들이나 그들의 공동체가 주장하는 '이중적 기준'에 대해 가차 없이 비판했다. "왜 우리는 큰 군대의 군종, 미국 국방성의 군종, 1년에 수천 달러의 급여를 받으며 대단한 명성을 지닌 채 편안히 살아가는 군종들에 대해서는 용인하고 심지어 찬사를 보내는 반면, 농민들을 지키기 위해 애쓰는 가난한 군대의 군종에 대해서는 용납하지 못하는가?"

그는 가난한 이들과 더불어 목회하는 편을 택했다. 그들과 더불어 죽을 때까지 그들에게 세례를 베풀고, 그들의 결혼식을 집례하며, 그들에게 성찬을 베풀고 고해성사를 집전했다. 그러나 우리는 그의 질문에 대답하지 않은 채 모호한 태도를 유지하고 있을 뿐이다.

모순의 문제에 관한 두 번째 강력한 사례는, 가톨릭 신자들이 교황 요한 바오로 2세의 삶과 발언에 대해 반응하는 방식이다. 그가 교황직에 있는 동안 그의 메시지에 담긴 통합적 비전에 저항하는 목소리가 항상 있었다. 나는 유럽이나 아프리카, 오스트레일리아나 중앙아메리카를 여행하면서 '자유주의적' 가톨릭 신자들과 '보수적' 신자들이 특정한 방식으로 그의 메시지에 대해 반응한다는 것을 알 수 있었다. 자유주의 진영에서는 교황의 사회 정의와 자본주의에 관한 이야기를 좋아했지만, 인간의 성과 영성에 관한 이야기는 싫어했다. 우파 진영에서는 성과 성례전에 관해 그가 발표하는 문서에 대해서는 찬사를 보냈지만, 그가 경제나 가난한 이들, 자본주의, 전쟁에 관해 하는 모든 이야기는 전적으로 무시하거나 다른 식으로 해석하며 둘러댈 뿐이었다.

과거에는 진심 어린 일관성이 결여된 경우가 많았으며, 이로 인해 그리스도인의 증언은 효과적이지 않고 정직하지 못한 것처럼 느껴졌다. 물질주의의 가치를 비판하는 동시에 예배당을 짓기 위해 건축 헌금을 얼마나 많이 했는가를 기준으로 하나님에 대한 교인의 사랑을 판단하는 것은 기괴한 모순일 따름이다. 다른 곳이 아닌 바로 교회 안에서 기독교의 메시지를 속임수에 불과하며 무의미한 것처럼 보이게 하는 선택적 도덕 논리의 사례를 너무나도 많이 발견할 수 있다.

4. **다양한 표현 속의 통일성.** 실행 가능한 기독교적 실천 철학을 개발하는 것은 중요하다. 인간의 활동은 공간과 시간 속에서 이루어지기 때문에 부분적이고 제한적이며, 불완전한 탓에 어떤 점에서는 본질적으로 모호할 수밖에 없다. 이러한 모호함을 받아들인다고 해서, 역사적으로 조건화된 행위를 통해서는 그리스도의 온전한 계시

의 전모가 드러날 수 없다는 것을 인정한다고 해서, 죽음이나 폭력이나 우상숭배와 타협하는 것을 정당화할 수는 없다. 오히려 이는 시간과 공간 안에 존재하는 인간의 유한성을 인정하는 것일 뿐이다. 우리 중 그 누구도 모든 것을 다 행할 수 없으며, 모두가 똑같은 것을 행할 수도 없다. 따라서 공동의 믿음과 갈망 속에서 통일되며 상호 교차하지만 방법론이나 형식에서 다양하게 구별되는 기독교적 실천이 필요하다.

군비 증강이나 낙태에 대한 반대 활동은 입법이나 조세 저항, 언론을 통해서 혹은 교도소 안에서나 강단을 통해서도 이루어질 수 있다. 인종주의나 불의에 대한 저항은 가두시위나 교실, 신문, 가정을 통해서 이루어질 수 있다. 표현의 다양성보다는 비전과 신앙의 통일성이 더 중요하다. 다양한 기독교적 활동 방식이 상호 작용할 때 각각의 방식이 지닌 특유의 불완전성이 보충된다. 특정한 활동을 더 큰 총체성 속에서 통일함으로써, 부분적인 방법들이 전체주의적 이데올로기로서의 문화로 환원되는 것을 막을 수 있다. 또한 어느 한 방법이나 형식이나 활동이 그리스도인의 삶과 믿음에서 필수 불가결한 조건인 양 행세하는 것을 막을 수 있다. 기독교는 구체성과 성육신을 교리적 기초로 한 종교다. 실천의 영역에서도 그래야만 한다. 일부 급진적 그리스도인들은 마치 자신들이 문화적 환경으로부터 분리된 채 순수하게 '비역사적' 상황 속에서 살아가는 존재인 것처럼 말할지도 모른다. 그러나 현실은 그렇지 않다. 그들이 주장하는 원리에 비추어 보더라도 그것은 바람직하지 않다. 인격체이신, 즉 역사적이며 문화적인 존재로서 몸을 입고 언어와 시간성이라는 제한 속에서 우리에게 말씀하시는 언약의 하나님이 그들의 원리이기 때문이다.

5. **자유와 구조.** 기독교적 증언에 관한 '순수한' 입장을 지나치게 추구하는 경향은 다음 현상과 관련이 있다. 많은 경우, 사회 체제의 병폐를 인식할 때 외적인 구조나 과거, 모든 제도적 가치관에 대한 비판에만 몰두하게 된다. 불만을 품은 사람들 대부분은 유토피아 사상을 통해 모든 구조와 가치(역사적 구현체)를 부정하거나, 애매하고 무기력한 망설임으로 문제를 회피하려 한다. 두 가지 모두 순진하며 효과적이지 않은 접근 방식이다. 변화와 성장이 지닌 유기적이며 발전적인 성격을 무시한 채 무질서하게 구조를 부정하며 비역사적으로 혁명을 낭만화하는 편을 택하는 것이다. 뿐만 아니라 이해와 사랑 없이 그저 힘의 대결만을 추구할 때 인간 실현을 향한 대약진은 전혀 불가능해진다. 상품 형식을 혁명적으로 전도하고 치환하는 것으로는 인격 형식을 만들 수 없다. 지각과 가치관의 형식은 인간의 역사성과 그 한계라는 관점에서만 이해될 수 있다.

두 번째 방식—회피의 방식—은 급격한 변화의 불길에 '델지도' 모른다는 두려움에 기인한 절망과 냉소주의의 징후를 드러낸다. 무언가에 헌신하거나 도덕적 입장을 취하거나 삶을 거는 약속을 하고자 할 때는 구조를 피하게 된다. 삶은 너무도 불확실하며 한계는 너무도 분명해 보이기 때문이다. 젊은 사람들은 결혼이라는 구조에 스스로 헌신할 때 '자유'를 잃어버린다는 이야기를 자주 한다. 사실 그들은 어떤 선택—역사 속에서의 자기 한계—도 불가능하게 만드는 자유의 관념 속에서 움직이고 있다. 구조를 끌어안지 않으면 선택도 할 수 없다. 구조를 완전히 거부할 때 헌신은 불가능하다. 그 경우에는 자유도 없다. 그러므로 자유가 구조나 삶의 안정과 모순된다고 착각할 때, 그는 한 사람이나 하나의 이상, 심지어는 미래에 대한 그 어떤 열정도

가질 수 없다.

물론, 이처럼 헌신을 거부하는 태도는 상품 형식의 지배력을 강화시킨다. 그 자체로 현실적이거나 참된 것은 아무것도 없게 되며, 생명과 죽음을 걸 만한 것도 없게 된다. 아노미(anomie)와 절망이라는 말은 바로 이런 상황을 가리킨다.

구조 안에서 자유의 삶을 산다는 것은 어렵고도 위험한 일이긴 하지만, 사람들이 자신을 걸 만큼 가치 있는 싸움이다. 우리는 세 번째 대안적 방식대로 살아간 사람들의 실천적 사례를 보고 경험해야 한다. 세 번째 방식은, 사람들이 미래에 대한 모든 변화와 개방성에 대해 저항하며 새로움을 두려워하고 그로부터 도피하려는 '순수 구조'에 대한 대안이다. 동시에, 아무것에도 헌신하지 않겠다는 환상이고 자아를 규정하는 책임으로부터의 탈주이며 과거로부터의 도피이자 미래에 대한 두려움인 '순수 자유'에 대한 대안이기도 하다. 뿐만 아니라 '자유-구조'의 이원론에 대한 실천적 해결책은 기독교적 사유와 실천 모두를 저해하는 다른 무익한 이원론을 종식하는 데에도 도움이 된다.

세상과 천국, 실천과 기도, 기술과 정신, 결혼과 독신, 자발성과 권위, 실험과 전통, 양심과 법률, 공동체와 개인, 이 모든 대립은 생동하는 믿음의 총체성이 파편화된 데에서 기인한다. 이러한 대립 항 중 어느 하나를 택하는 것은 별 도움이 되지 않는다. 각각의 대립 항은 이른바 그 반대편과의 관계 속에서 규정되며 실현되기 때문이다.

천국은 현세에서 이해되고 현세를 이해할 수 있게 해 준다. 기도하지 않는 실천은 공허하고, 실천이라는 열매가 없는 기도는 무익하다. 정신이 빠진 기술과 사방으로 분산된 열정은 무능하거나 생기가 없다. 전통의 권위는 실험과 자발성 속에서만 구현되며 지탱될 수 있다. 그리고 도덕은 양심과 법률 사이의 선택이 아니라 그 둘 사이의 변증법적 상호 관련성이다. 양심의 주관성이 법률과 사실의 객관성과 협력할 때에만 도덕—역사에 개입하는 인간의 행위—이 가능해진다. 잘못된 대립 항 도식 안에서는 자유와 구조의 상호성을 망각하게 된다. 구조와 자유 중에서 그 어느 것도 거부하지 않으면서 그 둘 사이의 미묘한 관계를 받아들이는 믿음과 실천의 사람들을 통해 이런 잘못된 대립 항 관계가 해소된다.

우상에 맞서는 삶

앞서 주장한 것처럼, 인격 형식을 기독교회만 독점하는 것도 아니며 기독교회라고 해서 상품 형식으로부터 안전한 것도 아니다. 어떤 점에서 기독교회는 상품 제국주의를 만들어 냈고 계속해서 이를 뒷받침해 왔다. 그럼에도 불구하고 나는, 그리스도인들이 상품의 복음과 그리스도의 복음을 정직하게 대면한다면, 어느 것이 궁극적인 것이며 인간 삶의 의미와 목적에 대한 최종적이며 권위 있는 해석인지를 선택할 수밖에 없다고 주장해 왔다.

   상품 형식의 가치를 열거하는 것은 그리스도인들에게 죄책감이 들도록 하기 위한 것이 아닐뿐더러, 어떤 새로운 프로그램을 만들자는 것도 아니다. 중요한 것은 우리를 향한 하나님의 사랑의 구속적 힘에 철저하게 의존하는 방법을 찾기 위해 노력하는 것이다. 지금까지 우리가 근본적으로 믿고 신뢰하며 예배하는 사물 혹은 존재 앞에 서는 법에 관해 생각해 보았다. 누가 혹은 무엇이 우리를 구원하는가? 우리가 누리는 안정감, 성공, 문화와 국가의 보상, 기업인, 사제, 전문 직업인으로서의 우리의 역할, 우리의 성실성이 우릴 구원하는가? 아니면 예수 그리스도라는 실재 안에 드러난 구속이라는 아낌없는 사랑인가? 우리가 받아들이며 믿는 그분의 길, 그분의 진리, 그분의 생명인가, 아니면 자본주의가 가르치는 교리인가?

만약 우리가 예수 그리스도라고 답할 때, 그분은 우리를 단순한 삶, 인종주의나 복수심이 없는 삶, 긍휼과 신뢰의 삶, 가진 것을 나누는 삶, 전 세계 가난한 이들을 돌아보며 그들에게 관심을 기울이는 삶, 믿음과 소망과 사랑으로 맺은 언약의 삶으로 부르신다. 점점 더 인간의 삶을 사물화해 가는 문화 속에서 우리는 우주의 인격화를 위해 싸우라는 부르심을 받았다. 점점 더 기계화되며 인간을 위협하고 인격으로부터 소외되어 가는 세상 속에서 긍휼을 실천하라는 부르심을 받았다.

그러나 인간의 삶을 이루는 데에 사물, 생산, 소비, 기계적 이성, 경쟁까지도 무시할 수 없고 무시해서도 안 된다고 생각하면서 이런 가치를 궁극적인 것으로 받아들일 때, 진정한 도덕적 갈등이 발생한다. 우리가 세상에서 증인으로 살아갈 때, '문화를 이루는' 일에 참여하게 될 때, 세상이 너무나도 크게 느껴진다. 우리 그리스도인들은 '권세', 부, 쾌락주의, 국가주의, 경제 이데올로기와 타협한다. 우리는 카이사르와도 너무도 편안하게 지낸다.

우리 문화를 지배하는 복음을 마주하며 그것을 그리스도의 복음과 비교할 때, 우리는 이 문화로부터 거리 두기를 해야 함을 깨닫는다. 근본적으로 기독교는 미국 문화와 충돌할 수밖에 없으며, 심지어 그 문화를 전복한다. 그리스도인들은 절대로 더 이상 세속화되어서는 안 된다.

최근 가톨릭교인들이 과거 교황청과 교회에서 부과한 구속으로부터 벗어나려고 현재의 문화적 명령에 지나치게 순응하게 되는 위험이 대두하고 있다. 그리하여 세속 도시, 종교적 쾌락주의, 그리스도인의 성공, 신성한 국가적 자부심 등에 관해 쉽게 이야기하게 되었으며, 이로 인해 문화를 비판하기보다는 또 다른 방식으로 문화를 지지하는 태도를 취하려는 이들이 많아졌다. 그리스도인들이 보다 더 전통적인 '문화 동화적' 생활 방식을 취할 때 바로 이런 현상이 나타났다. 그 결과 과도하며 과시적인 부를 추구하게 되고, 사회 계급을 정당화하면서 가난한 이들의 분노를 일시적으로 누그러뜨리기에 급급할 뿐이고, 문화 권력과 국가 권력의 결탁을 묵인하며, 사회적 불평등이나 군비 증강에 대해 명확히 반대하는 입장을 취하기를 거부하게 된다.

무신론이 횡행하며 상품의 가치를 높이 떠받드는 문화 속에서—전통적인 형식이든, 아니면 유사 해방적인 그 대체 형식이든—그리스도인은 화성인처럼 보일 수밖에 없다. 그리스도인은 상품의 왕국에서 결코 편안함을 느낄 수가 없다. 만약 그리스도인이 편안함을 느낀다면 무언가 철저하게 잘못된 것이다.

그러나 소외의 사회 속에서 괴짜가 된 기분이 든다고 그 문화에 속한 사람들과도 절교하라는 말은 아니다. 심지어 우리 문화 속에서도, 진리를 향한 바람을 완전히 없애 버릴 정도로 사람들의 가장 심층적 갈망을 철저히 억누르지는 못한다. 모든 사람들은 뷰익(Buick, 미국의 자동차 브랜드—역주)을 갖고 있어도 여전히 믿을 수 있는 무언가를 갈망한다. 그들은 여전히 공동체를 열망한다. 카뮈의 말처럼, 서로에게 그들은 신이 아니라고 말하며 평생을 보내는 친구들의 모임이라고 할지라도 말이다. 사람들은 온전한 삶을 살기를 갈망한다. 그들은 여전히 마술적 신비가 아니라 인격적 신비를 동경한다. 그들은 여전히 섬기는 삶에 끌린다. 그들은 폐쇄적인 물질주의적 우주 속에서 숨 막혀하며 고통 가운데 그 너머의 무언가와 누군가를 찾고자 한다. 그들은 가장 근원적 소망에 대해 회의하도록 강요하는 이들에 대해 분노한다.

이런 맥락에서 현대 기독교가 처한 상황은, 미래에 대한 불확실한 전망에 위축되어 죄인 됨과 자기 배반의 가능성을 새롭게 깨닫는 동시에 무능함을 고통스럽게 자각했던 초대교회의 상황과 다르지 않아 보인다. 사도적 교회, 오순절 교회에 관한 문서 속에서도 우리는 그 공동체를 위협하던 분열의 기운을 감지할 수 있다. 특수주의자와 보편주의자 사이에, 베드로와 바울 사이에, 유대인과 이방인 사이에 분열이 일어날 위험을 감지할 수 있다. 또한 이 공동체는 동방 종교들과 로마 제국이라는 강력한 문화적 힘에 의해 정복당할 가능성을 언제나 자각하고 있었다.

많은 점에서 오늘날의 그리스도인들은 그들의 근원적 갈망 속에서, 무력함의 경험 속에서, 거짓 힘과 우상이 주는 안정을 추구하는 죄에 대한 자각 속에서 위축되어 있다. 그들은 교회 안에서, 수도회 안에서, 예전과 도덕적 실천과 교의와 생활 양식 등의 영역 안에서 분열을 경험하고 있다. 또한 그들은 오늘날의 로마 제국, 즉 상품 형식이라는 살아 있는 무신론에 의해 억압당하고 있음을 느낀다. 인간의 성과 노동, 사랑, 존엄성이 소외를 당하고 있다. 새로운 형태의 예속—상대주의, 회의론, 이기심—이 당혹스러울 정도로 편재해 있다.

20년 전에는 이 문제가 거의 극복할 수 없는 것처럼—상품 형식의 힘 때문이 아니라 기독교 자체 내의 분열상 때문에—보였다. 보수주의자들은 과거와 군사주의와 국가주의 신앙에 집착했으며, 급진주자들은 성찰 없는 변화와 혁명과 쾌락주의를 정당화했다. 그러나 오늘날 인간으로서 우리 자신의 부족함이 얼마나 심각한지 살펴보고 나서, 이를 인정하고 거듭남의 가능성에 대해 열린 태도를 취하게 된 그리스도인들은 성경에 대해 새로운 관심을 기울이게 되었고, 기도와 피정을 통해 내면의 깊이를 다시 깨닫게 되었으며, 새로운 공동체 운동에 나서게 되었다. 이제는 이름뿐인 기독교가 아니라 삶 속에서 실천하는 기독교를 보게 되었다. 어떤 그리스도인들은 거듭남을 경험하고 복음주의적 급진주의로 되돌아가고 있다. 이들은 미국의 맹목적 애국주의나 과시적 부를 거부하고, 복음의 단순성과 평화주의에 헌신하게 되었다. 인간의 죄인 됨과 부족함을 개인적으로, 집단적으로 인정함으로써 그리스도 안의 급진적이며 언약적인 관계로 나아가는 공동체적 체험을 하는 이들이 점점 더 많아지고 있다. 공동체는 그리스도가 약속하신 평화와 용서의 성령, 힘을 주시며 두려움을 물리치시는 성령에 의해 유지되는 관계다. 공동체는 세상에 대해서가 아니라 믿음 안에서 선포되며 신뢰 안에서 실천되는 진리에 헌신하는 관계다. 어둠과 사망의 세상을 정복하는 것은 어떤 특권 계급이나 심지어 어떤 기독교 단체가 아니라, 바로 예수다.

    그리스도인이 하나 되는 근거는 너무도 심오하고, 이 파편화된 문화 속에서 너무도 절실하게 요청되며, 거기에 너무도 중요한 것들이 걸려 있기 때문에, 만약 그리스도인들이 차이에 의해 마비되어 영적 고립주의에 빠지고 만다면 이는 신앙과 사회 모두에 대해 엄청난 비극이다. 그리스도인들은 한 분이신 주, 한 언약, 한 역사에 대한 본질적 믿음 안에서 연합되어 모두가 죄인임을 깨닫고 같은 약속 안에서 그리스도가 선포하신 나라에 대한 헌신을 공유한다. 그러므로 우리는 분열적 당파성을 넘어 우리의 삶과 죽음을 바칠 만한 유일한 총체성, 즉 예수 그리스도 안의 자유로 나아갈 수 있다.

만약 그리스도인들이 그리스도의 인격 안에 계시된 생명과 약속에 진심으로 헌신할 수 있다면, 복음의 삶을 직시하고 그에 따라 '심판'을 받는 삶을 살고자 한다면, 그들은 세상과 문화 앞에 설 수 있을 것이며 다양한 방언으로 이야기할 수 있게 될 것이다. 예언하고, 치유하고, 통역하고, 믿음과 소망과 사랑 안에서 자유의 삶을 살게 될 것이다. 어둠과 우상숭배와 예속에 맞설 것이다. 상품 형식의 주장에 대한 저항을 구체적으로 실천하게 될 것이다. 그들의 저항은 자기 의나 죄가 없다고 자만하는 태도에 근거하지 않고, 믿음으로 증언하는 진리에 근거하게 될 것이다. 모든 사람이 자신의 가장 심원한 갈망 속에서 공유하는 가장 심오한 가치들을 깨닫고 자신의 부족함과 하나님에 대한 의존성을 깨닫는 가운데, 인격 형식을 온전히 실현할 수 있을 것이다. 그들은 문화의 힘으로는 불가능해 보이는 것을 실천할 것이다.

그러나 그리스도의 계시를 수용하고 문화 속에서 이를 선포하는 일은 역사와 관계 속에서 일어난다. 그리스도인들은 하나님으로부터 그분의 이상을 실현하도록 부르심받았고, 그 이상은 역사와 사회적 삶의 영역 속에서 유지되어야 한다. 오늘날 이 점은 너무도 중요하다. 삶의 집단적 차원에서 상품 형식의 능력이 개인들에게 가장 큰 영향력을 행사하는 경우가 너무 많기 때문이다. 인격 형식의 초대에 온전히 응답하기 위해서, 그리스도인들은 자신의 전통을 어떻게 실천할지 그리고 어떤 방식으로 자신이 믿는 바를 공동체적이고 집단적으로 구체화할 수 있는지 고민해야 한다.

11 • 인격 형식 속에서의 그리스도인의 실천

공동체: 문화적 고립에 대한 대응

믿음, 소망, 사랑의 삶은 우리 문화 속의 상품 형식의 가치와 상충된다. 상품 의식이라는 인지와 행위의 기준에 따르자면 믿음, 소망, 사랑은 인간에게 가장 불가능한 세 가지 행위일 뿐이다. 가톨릭 전통에서는 이 세 가지 인간의 행위가 '신학적 덕목'이라고 믿는다. 인격체로서 인간이 행할 수 있는 가장 고귀한 행동이며, 그 안에서 우리는 하나님의 삶에 참여한다. 그러므로 우리 문화의 반인간주의가 실제적인 무신론이기도 하다는 사실은 결코 놀랍지 않다.

살아 있는 믿음, 즉 이러한 신학적 덕목을 실천하는 일은 우리의 사회적·정치적·이론적 체계에서 받아들이는 조건과 갈등을 일으킬 수밖에 없다. 이런 갈등과 우리가 본질적으로 사회적 존재라는 사실, 본질적으로 상호 주체적 존재이며 하나님의 계시가 공동체와 사람들 안에서 그리고 공동체와 사람들을 통해서 드러난다는 사실 때문에, 우리는 공동체가 필요하다는 점을 깨닫게 된다. 우리 신앙의 비전은 역사와 심리적·사회적 발전이라는 관점에서만 이해될 수 있다. 그 비전을 길러내고 정화하고 유지하는 것 역시 우리의 역사성과 사회성이라는 관점에서만 이루어져야 한다.

(이 장에서 간략히 논의할) 전통적 종교 공동체들은 비록 타락하기는 했어도 예수 그리스도의 계시를 열망하는 공동체적 신앙과 증언의 영속적 초점이 되어왔다. 그러나 오늘날은 예수 카리타스(*Jesu Caritas*) 공동체의 사제-형제 의식, 포콜라레 운동(Focolare movement, 일치와 보편적 형제애라는 이상을 추구하는 국제 조직으로서 1943년에 설립되었다-역주), 장 바니에(Jean Vanier)가 세운 장애인 공동체, 가톨릭 노동자(Catholic Worker)의 모범을 따르는 대항문화적 기독교 공동체에 이르기까지 기독교 공동체의 삶에 대해 새롭게 강조하는 움직임들이 아주 많아졌다. 꾸르실료 운동(Cursillo movement, 신앙생활의 쇄신과 세상의 복음화를 추구하는 단기 교육 운동-역주)과 그리스도인 생활 공동체(Christian Life Communities, 예수회 창립자인 이그나티우스 로욜라의 영신 수련을 실천하고자 하는 국제적 평신도 조직-역주)에서는 정기적 공동 기도와 신앙 교육, 지속적 소통, 광범위한 활동을 통해 계속 발전해 가고 있다. 성령 쇄신 운동(Charismatic Renewal movement, 오순절 운동의 영향으로 1967년에 시작된 가톨릭 은사주의 운동-역주) 역시 공동체 안에서 이루어지는 기도와 (기억과 육체적·심리적 고통에 대한) 치유를 강조하고 있으며, 자원 그룹이나 교구 내 조직 안에서의 지속적인 인격적 접촉과 지원을 점점 더 강조하고 있다. 마찬가지로 매리지 엔카운터 운동(Marriage Encounter movement, 신앙 안에서 성숙한 부부 관계를 이룰 수 있도록 돕고자 하는 가톨릭교회의 부부 대상 프로그램-역주)도 믿음과 기도, 물건의 공동체적 나눔과 가족들 간의 상호 지원을 강조한다. 소저너스(Sojourners, 짐 월리스가 창립한 복음주의적 사회 운동 단체-역주), 새 예루살렘 공동체(New Jerusalem, 프란체스코회

수도사인 리처드 로어가 세운 신앙공동체 — 역주), 활동가들의 평화 공동체에서는 신앙에 대한 증언과 사람들에 대한 섬김을 실천하고 있다. 도심 내 목양 및 사회 정의 운동 단체들은 정기적으로 함께 기도하며 신앙을 나누는 활동을 펼치고 있다. 부부들이 비공식적으로 모여 그들의 소명을 공부하며 토론하는 단체들도 있다. 기독교 전문인 단체에서는 가정에서 모여 삶과 이상, 소망, 계획을 함께 나누고 있다. 이 모두가 공동체의 중요성을 새롭게 깨달은 그리스도인들이 펼치는 운동의 사례들이다.

이 모든 운동은, 개인을 축소시키며 고립시키는 우리 문화에 맞서, 그리스도인은 공동의 신앙을 함양하는 동시에 개인으로 하여금 문화가 강요하는 규범에 대해 비판하고 도전하기 위해서는 삶을 나누는 공동체로 되돌아갈 필요가 있다는 깨달음에 근거하고 있다. 이 두 가지 목표를 달성하는 가장 효과적인 수단은 삶을 나누는 그리스도인의 공동체다.

개인과 사회의 물질적 성장은 세포와 같은 특징을 띠는데, 같은 원리가 믿음의 삶에도 적용된다. 그리스도인의 '세포(cell)공동체'는 (1) 구성원들이 기도의 삶, 믿음을 나누는 삶, 서로 격려하며 잘못을 바로잡는 삶에 내적으로 충실하도록, (2) 개인적·공동체적 행위, 교회의 체계, 삶의 목표를 믿음의 관점에서 내적으로 비판하도록, (3) 그리스도인의 삶 속에서 환대와 격려를 통해 믿음을 나누는 삶을 다른 이들에게도 개방하도록, (4) 지역 사회와 도시, 국가, 교회 안에서 인격적 정직함과 성장을 저해하는 사회적·환경적 조건에 대해 외부적으로 비판을 가하면서 이런 조건을 변화시키기 위해 노력하도록 구성되어야 한다.

이 각각의 영역에서 공동체는, 헌신과 지향점에 있어 철저하게 기독교적인 공동체로, 인격 형식을 옹호하는 대항문화적 공동체로, 격려하고 지원하고 도전함에 있어 경쟁적이지 않은 공동체로, 분명한 집단적 의식을 바탕으로 믿음과 구체적인 삶의 방식에 관한 가장 근원적인 선택을 행하는 공동체로, 한뜻으로 섬김과 자유와 정의를 이루는 일을 지향하는 공동체로 드러나야 한다.

이런 공동체의 삶은 시간과 노력, 희생을 요구한다. 같은 비전의 공유와 서로를 향한 인격적 헌신 없이는 상호 지원 구조를 만들 수 없다. 이런 공동체는 (1) 의식적으로 선택해야 하고, (2) 복음의 삶을 살라는 부르심에 분명히 헌신하며 기꺼이 그런 삶을 살고, (3) 그런 원리에 충실한 삶을 살 때 겪게 되는 도전에 개방적이고 기독교적 실천을 더 온전히 이루기 위해 기꺼이 노력해야 하며, (4) 문화 전반에 나타날 뿐만 아니라 그 공동체 내부에서도 표면화될 상품 형식의 경향성-불의, 조작, 지배, 부정직, 도피-에 대해서도 당당히 맞설 수 있어야 한다.

살아 있는 공동체적 신앙을 나누며 심화시키는 과정에서 서로에게 헌신하는 사람들의 공동체가 불의와 경쟁과 무책임에 빠지기 쉬운 자신의 경향성과 정직하게 싸우지 못한다면, 기독교 공동체는 그들이 비판하는 사회 전반의 그런 경향성에 도전하는 일이 정당성을 얻을 수 없음을 깨닫게 될 것이다. 스스로의 잘못은 고치지 않으면서 다른 사람들이나 기관들의 똑같은 잘못을 비난하는 것은 너무도 부당한 일임을 깨닫게 될 것이다. 이것이 바로 내적·외적 비판이 뜻하는 바다.

한 사람의 인격적 삶은 그가 속한 공동체의 삶과 마찬가지로 사회적·정치적 양상을 띤다. 공동체의 삶은 그 자체로 상품 형식에 반대하는 입장을 취하며 그에 대한 반대 증언이기 때문이다. 또한 국제 및 국가 단체와 도시 조직에서 나타나는 지배와 폭력의 행위가 그리스도인의 삶을 함양하고 심화하기 위해 모인 사람들의 공동체 안에서도 동일하게 나타날 위험이 있기 때문이기도 하다. 자신들의 공동체적 삶 속에서 불의의 경향에 맞서고 이를 정화하고자 한다면, 더 광범위한 사회적·정치적 차원에서 나타나는 이런 경향을 꿰뚫어 볼 수 있는 통찰력뿐만 아니라 그에 관해 더 긍휼한 마음을 품을 수 있어야 한다.

기도: 그리스도인의 정체성 형성

그리스도인 공동체가 스스로 깨어짐과 부족함을 인정하며 인격 형식에 관한 비전을 사회에 제시하고자 할 때, 그 자체 이외의 자원이 필요하다. 물론 기본적 자원은 하나님과 인간에 관한 계시이신 예수 그리스도에 대한 믿음과 그리스도를 통해 주어진 역사 안의—우리가 자유롭게 등록한—그분의 공동체인 교회다. 교의와 신앙과 도덕의 교회적 측면, 의례적 실천, 보편주의는 개인과 공동체가 자기 정체성과 연속성을 추구할 때 핵심적인 측면들이다.

나 자신의 경험과 교회 안의 많은 공동체 운동의 역사를 살펴볼 때, 가톨릭 공동체가 교의, 도덕, 의례, 보편성 중 하나 이상의 영역에서 가톨릭 신앙공동체와의 관계를 시험하려고 하면, 가톨릭으로서의 정체성을 심각하게 위협받고 한마음을 품은 동료 신자들에게 발언할 잠재력에 타격을 받았다. 특정 영역의 전통 하나—예를 들어, 의례적 형식주의, 교회 내 여성의 목회, 사회생활이나 성생활의 도덕적 실천에 관한 구체적 문제들, 교의의 의미나 성서의 영감에 대한 연구—에 이의를 제기하거나 도전하는 것은 힘들고 위험한 일임에도, 이 중 둘 이상의 영역에 도전하게 되면 일치를 이루라는 압력은 더 고조된다. 이것은 비판의 문제라기보다는 정체성의 문제다. 예를 들어, 사회 정의와 복음의 단순성에 관해 도로시 데이(Dorothy Day)가 동료 가톨릭 교인들에게 제시한 증언이 심층적이며 지속적인 영향을 미칠 수 있었던 것은, 그녀가 교의와 의례와 보편성과 같은 여타 분야에서 분명한 정통을 고수했기 때문이다. 그녀가 가톨릭교회의 실천과 연속성을 흠잡을 데 없이 유지했기에, 성숙한 가톨릭의 양심을 지닌 이들은 사랑의 섬김과 평화주의를 통해 맺어진 그 신앙의 열매를 결코 거부할 수 없었다.

마찬가지로 은사주의 운동이 전혀 다른 형태의 개인 기도와 공동체 기도를 도입함으로써 가톨릭교회에 놀라운 영향을 미칠 수 있었던 것은, 이 운동이 성경과의 연속성은 물론 보편적·역사적 교회와의 연속성도 지니고 있기 때문이다.

그러나 사제 독신주의나 남성 사제직, 결혼에 대한 항구적 헌신, 삼위일체 교리, 화체설, 전통적 기도, 교회의 사회적 지위 모두에 이의를 제기하는 공동체는 그 자체로는 아무런 견고한 정체성도 지니지 않은 공동체이자 역사적 신앙공동체와 아무런 연속성을 지니지 않은 공동체이며 공유된 가치와 믿음을 증언할 수 있게 해 주는 근거를 갖지 못한 공동체일 뿐이다. 이런 상황에서는 아무리 예언자적 활동과 증언을 하고 싶어도 아무것도 이룰 수 없을 것이다. 왜냐하면 상징과 가치와 신념을 공유하는 체계가 약화되고 해체되어 상대주의와 주관주의에 빠질 수밖에 없기 때문이다. 또한 이처럼 보편적 신앙을 상대화할 때, 우리의 정체성을 형성하며 우리의 충성을 요구하는 문화의 힘을 강화시킬 따름이다.

어떤 관계나 어떤 인격체, 어떤 공동체가 성장하고자 한다면, 그 총체성으로부터 그 역사적 연속성 속에서 발전해 가야 한다. 어느 시점에 가서 연속성을 구성하는 요소 중 너무 많은 부분이 대체되거나 상실된다면, 그 인격체나 관계는 성장이 아니라 파편화되고 종국에는 해체될 것이다. 따라서 한 공동체가 그 자체의 발전을 이해하고 이를 이루고자 한다면, 역사적 정체성과 연속성을 유지하고 강화할 수 있는 수단을 마련하는 것이 중요하다.

가톨릭교회에는 역사적 정체성을 유지하고 강화하는 데 필요한 두 가지 특별한 수단과 전통이 존재한다. 이에 관해서는 더 자세히 논의하고 숙고해 볼 가치가 있다. 그 두 가지는 기도와 성례전의 삶이다. 여기서는 상품 형식, 문화의 복음, 변화 속에서 든든한 정체성을 마련하는 문제와 관련하여 이 두 가지를 논의하고자 한다.

기도는 사회적·정치적 행위다. 상품 형식 속에서 발견하게 되는 인간의 삶에 관한 사회적·정치적 계시를 생각해 볼 때 기도에 관해 그렇게 말할 수밖에 없다. 지금까지 우리는 우상숭배, 언약 거부, 친밀함과 내면성으로부터의 도피, 통제와 조작에 대한 집착, 자유롭게 믿으며 소망하고 사랑하지 못하는 태도에 관해 논의했다. 다른 한편으로, 근본적으로 기도는 다른 인격체-하나님-와의 언약적 관계다. 그리고 기도는 모든 인격적 친밀함에 수반되는 위험, 투쟁, 기쁨, 어두움에 참여하는 행위다.

고독으로 들어가는 내면의 행위로서 기도는 상품 의식에서 규범이 된 행위 형식으로부터 탈피할 것을 요구한다. 기도를 중심으로 삼는다는 것은, 인격체로서의 우리의 정체성과 목적 앞에 서는 훈련이며 사물의 거짓 약속에 의해서는 성취될 수 없는 우리 존재의 열망을 확인하는 행위다. 우리 자신 앞에 의식적으로 서는 행위 자체가 손쉬운 객체화, 문화적 압력, 사회의 기대에 저항하는 너무나도 엄청난 일이다. 기도가 그렇게도 어려운 것은 바로 이런 이유들 때문이다. 우리가 문화의 제국주의에 예속되어 있을 경우에는 기도하기가 특히나 더 어렵다. 우리 자신을 인격체로 바라보는 것조차도 너무나 낯설게 느껴진다. 아무런 실질적인 보상도 없고, 성공할 수 있다는 직접적 보장도 없으며, 측정하거나 통제할 방법도 없고, 경쟁적으로 평가할 수 있는 수단도 없다.

고요한 고독은 위험으로 가득하다. 그것은 전혀 실용적이지 않고, 결코 경제적이지도 않다. 기도를 중심으로 삼는다는 것은 정직을 실천하는 행동이며, 상업주의와 물질주의가 날카롭게 거부하는 우리의 연약함과 부족함을 마주하는 행동이다. 기도는 자기기만이 아닌 자기 계시의 행위다. 기도는 단순한 기능, 사회적·문화적 위선, 우리가 집착하며 예속당하는 우상이라는 기만에 대한 공격이다. 다른 인격체와 친밀한 관계를 맺는 모든 행위가 그러하듯 기도는 그 자체로 실존적 두려움을 수반한다. '알려지는' 것에 대해 두려워하기에 우리는 친밀함을 피하려 한다. 우리는 우리 존재의 심연으로부터 다른 인격체에게 말을 걸지 못한다. 그러므로 하나님께 기도하는 것만 불가능한 일이 아니다. 기도하듯 다른 인격체와 소통하는 것도 어렵기는 마찬가지다.

그러나 우리는 인격적 사귐을 갈망한다. 어떤 식이든 우리는 알려지기를 갈구한다. 우리는 있는 모습 그대로 보여 주고, 있는 모습 그대로 받아들여지기를 원한다. 이것이 곧 기도라는 친밀한 행위 속에서 일어나는 일이다. 우리는 예수 그리스도 안에서 우리에게 계시된 그 하나님이 이미 '우리를 아시며' 우리를 거부하지 않으신다는 걸 깨닫게 된다. 그러므로 우리 정체성의 근원에 관한 소식은 비천하거나 황량한 소식이 아니라 복된 소식이다. 우리의 부족함, 의존적 나약함, 우리가 우상숭배를 통해 스스로를 구원할 수 없다는 사실, 우리의 존재론적 미완결성을 선언하는 것은 수치스러운 깨달음이 아니라 우리의 참 모습 때문에 사랑받고 있다는 깨달음이다. 우리는 사랑받기 위해 우리의 연약함을 숨길 필요가 없다.

이것이 기도의 메시지다. 이것이 인격적 사랑의 메시지다. 그것은 몇 분 만에 가능한 방법이나 단기 속성 과정이나 육체적 매력에 의해서 성취되는 사랑이 아니라, 다른 인격체를 믿고 소망하는 위험을 감수함으로써 이루어지는 사랑이다. 이것은 평생토록 해 나가야 할 일이다. 이것은 헌신이다. 우리는 문화의 명령이 규율하는 가치와 가능성의 체계로부터 자유로워진다.

기도하는 시간은 (1) 우리의 자아, 우리의 가장 심오한 갈망, 우리가 믿는다고 고백하는 인격적 하나님 앞에 자유롭게 나아가는 시간, 믿음과 소망의 행위, 있는 그대로의 모습을 받아들이는 행위에 참여하는 시간이고, (2) 하나님의 임재 안에서 자신의 부족함과 연약함을 인정하고 진심으로 받아들이는 시간, 자신의 존재론적 우발성을 고백하는 시간이고, (3) 말씀 안에서, 그리고 자신 안의 움직임 안에서 하나님의 응답에 귀를 기울이는 시간이고(그런 귀 기울임은 자신의 미완결성을 인정할 때만 가능하다), (4) 존재 자체로 사랑받고 있고, 누군가의 존재를 사랑할 수 있음을 깨닫고 하나님께 감사드리며 그분께 자신을 내어 맡기는 시간이다.

그러므로 철저하게 대항문화적 행위가 기도하는 모든 과정-기도를 위한 침묵, 기도의 진실, 소유가 아닌 존재를 중심으로 삼는 태도-의 특징을 이룬다. 상품 형식의 삶과 대조적으로 기도는 어렵고 불가능하며 동떨어져 보인다. 기도는 우리의 힘과 통제를 벗어나 있으며, 그렇기에 무서운 행위다. 우리에게 가장 친밀한 것은 가장 낯설고 두렵게 느껴진다. 그래서 우리는 우리의 자아를, 친밀함을 멀리한다. 그렇기 때문에 기도는 대항문화적 행위일 뿐 아니라, 우리의 인격과 정체성을 되찾는 행위이고 우리 삶의 소외와 상품화를 극복하는 행위다.

공동 기도는 다른 차원의 경험이기는 하지만 비슷한 형태다. 은사주의적 기도 역시 부족함을 수용하고, 우상숭배라는 왜곡된 형식을 치유하며, 우리의 피조물 됨을 인정하고 받아들여, 철저한 신뢰와 용납과 구원하는 사랑의 경험에 기초한 찬양으로 나아간다. 강박이나 수다, 경쟁, 계량화가 아니라 개방성으로부터 시작할 때, 우리는 다른 이들과 함께하는 기도를 통해 믿음 안에서 타자에 대해 자신을 개방하게 된다. 그것은 하나님과의 친밀함뿐만 아니라 다른 사람 앞에서 우리의 부족함과 갈망을 드러내는 그들과의 친밀함을 선언하는 행위다. 함께하는 기도는 문화의 가치가 강요하는 고립과 분리를 극복한다. 함께하는 기도는 사랑받는 것을 위험하고 불필요하다고 받아들이게 하는 우리의 자존, 독립, 자기 정당화의 우상이라는 가면을 뚫고 들어옴으로써, 우리의 공통된 연약함을 인정하게 한다.

이제 우리는 기도의 정치적이며 사회적인 내용을 이해할 수 있다. 기도는 문화적 환경으로부터 분리되어 있거나 그것에 영향을 받지 않는 영역이 아니다. 기도하는 것을 그토록 불가능해 보이게 만드는 것은 바로 기도의 문화적·사회적(그리고 심리적) 차원이다. 기도의 시작이 문화의 복음에 대한 예속을 끊어 버리는 것이듯, 기도의 열매는 자유와 훈련과 헌신을 통해 인격체가 문화의 신들을 정면으로 마주하고 다른 방식으로 살아갈 수 있는 힘을 얻는 것이다. 그러므로 기도는 가장 활기차고 생명력 넘치는 힘을 만들어 내며, 이를 통해 진정한 사회적 행위와 지속적인 사회적 헌신을 가능하게 한다.

성례전: 인격적 삶의 형성

가톨릭교회의 전통과 실천 중에서 성례전은 그리스도인의 자기 정체성 형성에 핵심 역할을 해 왔다. 성경의 사용과 더불어 성례전은 가장 공식적이며 역사적인 표현을 통해 내적 갱신과 자기비판의 원천이 되었으며, 사람들의 신앙 성숙을 위해서도 중요한 기능을 담당했다. 성례전의 힘은 그리스도의 삶으로부터 집단적으로 이탈하는 그 어떤 현상보다도 더 강력하며, 문화적 순응이 지닌 파괴력보다 더 강력하고, 마술의 감언이설이나 초월과 신비의 상실에서 기인하는 무기력보다 더 강력하다. 성례전은 '역사 너머의' 하나님과 시간과 공간의 하나님 사이에서 초월과 내재의 영속적인 초점이다. 지난 세대에 새로운 신앙을 발견했던 사람들의 자전적 이야기를 모아 놓은 책『새로운 가톨릭교인들』(The New Catholics)에서는 이러한 기독교에 대한 통합적 비전이 지닌 위대한 힘을 보여 주고 있다. 그것은 이 세상과 인간의 살과 피의 가치에 대한, 그리고 이 세상에 들어와 이 세상을 변화시키며 이 세상에 도전하시는 초월적 하나님에 대한 온전한 헌신이다.

기독교 내에 세속주의가 유행함에 따라 성례전에 이의를 제기하는 사람들이 많아졌다. 이처럼 문화에 순응하여 성례전의 가치를 폄하하는 태도에 지난 10년간 변화의 격랑이 더해졌다. 과거에는 외적인 것에 지나치게 집중하느라 성례전의 핵심을 소홀한 경우가 많았다. 그러나 변화를 옹호하는 이들은 진리와 성숙의 보증 표시로서 변형된 형식에 의존할 뿐이었다. 그 과정에서 성례전적 삶의 온전한 힘을 제대로 활용하지 못한 채 남겨 두는 경우가 많았다.

그럼에도 불구하고 성례전의 지속적 영향력은 그대로 남아 있다. 젊은이들의 신앙 속에서 선조들의 신앙을 발견하는 나이 든 사람들과, 자신들의 갱신뿐만 아니라 과거의 가장 좋은 것과 가장 심오한 것을 찾아내고 받아들이게 된 젊은이들을 통해 이러한 성례전의 영향력을 확인할 수 있다. 여기에서는 성례전적 삶의 사회적·문화적 측면에 대해서만 강조하고자 한다. 그러나 나는 이렇게 하는 것만으로도 성례전의 본질과 능력을 보여 줄 수 있다고 믿는다.

성례전은 우리 삶의 가장 친밀한 인간적 측면을 높이며 고양하고 기리는 행위다. 성례전은 인간의 성숙과 발전에서 가장 중요한 순간을 되찾고 그 순간을 거룩하게 한다. 성례전은 사람을 사람답게 한다. 성례전은 인격에 속한 가장 근원적인 것을 대체 불가한 선한 것이라고 선언하시는 하나님의 능력을 통해 인간성을 회복시킨다. 그러므로 모든 성례전은 인간의 삶 속에 있는 하나님의 삶을 기억하고 임하게 하는 행위인 동시에, 인간성을 계시하고 기억하는 행위이기도 하다.

성례전의 특징은 인격, 헌신, 언약이다. 기억도 마찬가지다. 성례전은 인격 형식에 대한 개인적이며 공동체적 확인이다. 성례전은 자신이 누구인지를 기억하는 행위다. 우리의 인간성, 연약함과 부족함, 언약, 헌신할 수 있는 능력, 사회적 본질, 피조물 됨, 우리의 놀라운 운명을 기억하는 행위다. 이 단락의 모든 핵심 개념은 곧 인격 형식의 개념이기도 하다. 상품 형식의 관념적 범주 안에 중심성, 헌신, 인격, 믿음, 소망, 사랑, 부족함, 인격체로서 인간의 성취 같은 것은 없다. 나는 고도 산업 사회에서는 상품 형식이 압도하기 때문에 가톨릭교인들이 성례전의 삶을 폄하하는 경우가 많아졌다고 생각한다. 즉 그것은 성례전의 삶 자체가 공격받고 있기 때문이 아니라, 무엇이 현실적인 것이며 가치 있는 것인가에 관한 문화적 기준에 따라 인격이 상품으로 환원되고 말았기 때문이다.

상품 형식은 우리를 무디게 하여 우리의 참된 정체성을 망각하게 하고 그리하여 우리를 분리시켜 고립된 채로 서로 경쟁하는 개체로 만들어 버리는 반면, 인격 형식은 우리의 인격에 관한 기억을 되살려 냄으로써 우리가 그 인격과 다시 하나가 되게 한다. 성례전은 기억하는 행위(rememberings)다. 우리가 태어나서 아프고 죽는 피조물임을 기억하는 행위다. 우리의 역사, 구원받았다는 사실, 부르심을 기억하는 행위이자 언약적 삶의 결단을 기억하는 행위다. 우리가 당연하게 여기고 너무나 자주 잊어버리는 소중한 현재를 기억하는 행위다. 기억의 반대는 단순히 망각이 아니라 단절(dismemberment)이기 때문에, 성례전의 삶은 언약 안에서 우리의 **하나 됨**과 하나님의 부르심을 입은 인격체로서의 우리의 운명을 기념하는 행위이기도 하다. 성례전은 우리가 **다시 하나 되게 하고**(re-members), 다시 불러 모으며 개인적으로나 공동체적으로 분열된 우리의 모습을 치유한다. 우리가 문화와 국가, 계급, 사회, 세속 역사를 초월하는 방식으로 인격의 보편성을 구현하려고 노력할 때 구체적 형식을 통해 실천되는 성례전이 핵심 역할을 맡게 된다.

유아세례는 탄생과 공동체, 삶을 축하하며 기념하는 행위고, 새로 태어난 인격체를 향해 내미는 신앙공동체의 초대장이다. 그 아기의 삶을 미리 운명 짓기 위한 행위일 뿐만 아니라, 삶과 결단이 너무나도 중요하기 때문에 도저히 무관심한 채 내버려 둘 수 없다는 의식 속에서 실천하는 행위이기도 하다. 그러므로 공동체는 그 아기가 언약과 자유와 믿음의 삶을 살기를 원하며, 그래야 한다고 선언한다.

그와 동시에 이 공동체는 그 아기와 그의 미래에 대한 언약과 약속 속에서 그 자신과 거기에 속한 가족에게 헌신을 새롭게 다짐하도록 촉구한다. 세례는 공동체와 가족으로서 우리가 자신의 부족함을 인정하는 행위다. 우리가 연약한 인간성 속에서 서로 알아가고 사랑하는 자기 초월의 삶을 살기로 결단했음을 인식하면서, 그 부족함이 탈피해야 할 것이 아니라 끌어안아야 할 것이라고 인정하는 행위다. 공동체의 행위이자 헌신과 언약을 재확인하며 인간의 존엄성과 신비를 인정하는 행위인 유아세례는 철저하게 대항문화적이다.

상품 형식의 삶이 인간으로서 우리의 경험 전반에 영향을 미치는 것처럼, 평생을 통해 인간을 문화에 순응하게 만드는 '존재의 형식'과 '형성의 체계'가 그러한 것처럼, 세례 역시 하나님을 믿는 믿음의 경험 전체 중 그 시작에 해당한다. 세례를 통해 인격의 영역에서 우리의 공동체적, 사회적 형성이 시작된다. 뿐만 아니라 세례는 삶의 위기, 섬김과 언약, 우리가 화해하는 방식, 심지어 우리가 죽어 가는 방식에 이르기까지 성례전적 삶 자체가 인격적 '형성'의 체계임을 보여 준다.

세례는 인격 발전의 '반문화화'(counter-cultivation)에 헌신하겠다는 가족과 공동체로서의 다짐이다. 문화는 우리를 문화화(cultivate)하고, 우리를 교육하며 길러내고 자라게 한다. 문화는 제의(cult), 즉 우리를 양육하고 자라게 하며, 하나의 세계/인생관 속에 쉽게 우리를 포섭해 버리는 종교적 가치와 행동의 체계이기도 하다. 그렇다면 우리의 자녀가 세례를 받게 하는 것은 어떤 의미에서 문화적으로 전복적이다. 그것은 우리가 사랑하는 그 아기들에게 상품 형식인 사회경제적 '문화화의 체계'에 대한 급진적 대안이 되는 하나의 제의적 비전을 함양하고 부여하겠다는 다짐과 다름없다. 더욱 중요하게는, 그 아이를 삼위일체의 언약적이고 인격적이신 하나님의 삶으로 맞아들이는 행위이기도 하다.

견진례(the Sacrament of Confirmation, 견진성사)는 역사적인 본래 의도대로 제정되고 실행되지는 못했지만, 그리스도인의 실천에서 몇 년간의 형성기를 거친 후 성숙한 헌신의 단계로 나아가는 것을 축하하고 기념하는 것으로 이해할 수 있다. 그것은 언약적 고백의 형태로 우리의 소명―우리의 부름받음―이 세상이 오해할 뿐만 아니라 심지어 저주하기까지 하는 그리스도의 진리 안에 우리를 든든히 세우시는 성령을 통해 주어진 것임을 천명하는 것이다. 요한복음에서 예수님이 성전 재봉헌 축제(수전절)에 자신이 세례받으셨던 요단 강으로 돌아가셨을 때 세상의 저항과 거부를 경험하신 것처럼, 우리도 문화의 복음과 그 감언이설을 알게 된 후에 어른으로서 우리 자신을 다시 헌신하게 된다.

예수님의 삶과 죽으심의 모범을 따라 우리의 삶을 빚어 가는 일에 자신을 다시 헌신하면서, 우리는 성령을 따라 우리 삶에서 지배가 아닌 섬김, 폭력이 아닌 치유, 증오가 아닌 구속의 사랑을 선택하겠다고 다짐한다. 그와 동시에 우리가 속한 신앙과 저항의 공동체는 그리스도인의 삶을 실천하도록 돕고 언약의 하나님의 능력으로 우리를 격려한다.

이런 관점에서 볼 때, 견진례를 성숙한 독신의 삶을 다짐하는 성례전으로 이해할 수도 있다. 물론 견진례는 성품성사 및 혼인성사(The Sacraments of Order and Marriage)와 확실히 구별되는 다른 종류의 삶의 선택과 관련된 의식이다. 성품성사와 혼인성사같이 더 구체적인 삶의 선택은 더 이후에 행하는 성례이기도 하다. 어른이 되는 통과의례 정도로 결혼을 축소시키는 문화 속에서, 기독교 공동체 안에서의 견진례는 자유로운 선택에 의해 성적 순결, 너그러운 섬김, 인격적 성실을 실천하는 그리스도인의 삶을 살겠다는 다짐으로 이해할 수 있다.

(아래에서 더 자세히 논의할) 성품성사와 혼인성사는 기독교 공동체를 섬기는 목회자로서 혹은 친밀함을 나누며 함께 성화를 이루어 가는 배우자로서 살기로 평생을 헌신하겠다는 언약을 기념하고 축하하는 성례전이다. 이 각 성례전의 핵심에는 약속을 지키겠다는 다짐이 자리 잡고 있다. 세상이나 한 사람에게 줄 수 있는 유일하게 대체할 수 없는 선물은 자아를 내어 주는 선물뿐임을 인정하는 것이다.

이렇게 자신을 내어 주는 행위 속에도 영구적 헌신이라는 대항문화적 가치가 자리하고 있다. 삶의 형태와 친밀한 관계의 안정성, 도덕 가치와 약속의 불변성은 양심과 견고한 정체성을 지닌 사람들을 형성하는 데 강력한 뒷받침이 된다. 불안정성과 가변성은 외부의 힘, 환경의 통제, 사회적 조작을 수동적으로 받아들이게 할 뿐이다.

죄 고백(Penance: 고해성사), 즉 화해의 성례전(the Sacraments of Reconciliation)은 우리가 용서하고 용서받아야 할 존재임을 기억하는 행위,

우리의 죄인 됨을 인정하는 행위, 우리 삶과 행동과 관계 속에 분열된 것들을 치유하고 싶다는 소망을 되새기는 행위다. 우리의 존재론적 빈곤을 인정하지 말고, 우리의 연약함을 마주하지 말고, 거짓 안정감을 위해 붙들고 있는 우상을 포기하지 말라는 문화적 압력 때문에 죄 고백은 현대인들에게 가장 어려운 성례전이 되었다.

화해의 성례전이 특별히 어려운 까닭은 '그저 인간일 뿐인' 한 사람 혹은 공동체 앞에 자기를 드러내는 당혹감 때문이 아니라, 그런 드러냄이 요구하는 객관적 정직함이 고해자에게 고통스러울 정도로 현실적으로 다가오기 때문이다. 죄 고백은 상호 주체적이다. 나의 죄인 됨이 다른 사람에게 공동체적이고 사회적으로 드러나기 때문이다. 이처럼 용서와 회개를 사회적으로 인정해야 할 필요가 있다는 사실은 사적 개인을 지향하는 우리의 경향성과 정면으로 배치된다.

과거 고해 관행의 폐해와 죄 고백과 연관된 강요와 억압(종교적 가책), 두려움을 자극하는 태도와 긍휼이 없는 마음, 성에 관한 도덕에만 초점을 맞추는 왜곡된 모습, 수치스러운 사제들의 부적합함이 이 성례전이 지닌 치유의 힘을 약하게 만드는 경우가 많았음을 우리는 인정해야 한다. 그러나 더욱 비극적인 사실은 자기를 드러냄, 용납, 정직, 용서와 같은 행위가 너무나도 절실하게 필요한 시대에 가장 적게 행해지는 성례전이 바로 죄 고백이라는 점이다. 우리가 과거의 실수와 죄에 대해 용서를 구하고 용서를 베풀면서 그것이 현재에 대해 갖는 사회적·정치적·문화적 중요성을 이해하지 못하는 한, 죄 고백이 지닌 화해의 힘을 결코 온전히 경험하지 못할 것이다. 자신의 죄를 고백한다는 것은 마음을 돌이키기 시작하는 것에 그치지 않는다. 그것은 문화적 기만에 대한 예속으로부터의 해방이다.

우리를 구원하시는 하나님의 사랑에 확실하게 기초한 죄 용서는 본질적으로 **공동체적** 현실이다. 과거에 죄 고백이 제대로 이루어지지 못했던 이유 중 하나는 이 점을 간과했기 때문이다. '회개하지 않는 성도'는 양심에 아무런 사회적 요구도 가해지지 않는 한 계속 사람을 미워하고, 인종주의자가 되며, 불의를 행하며, 잘못을 바로잡지 않을 것이다. 그리고 이기심, 교만, 성급함 같은 사적인 죄에 대해서도 회개하지 않은 채 살아갈 것이다. (누군가를 용서하는 자비를 베풀거나 거짓말과 비방으로 상처 입은 사람에게 잘못을 고백함으로써 구체적인 행위로 '속죄'하라고 제안하는 방식으로) 실제적 현실을 제시하려는 모든 시도는 강력한 저항에 부딪혔을 것이다. '판에 박힌 방식으로' 죄에 관해 이야기하는 태도는 곧 회피하려는 행동일 뿐이다. 죄 고백할 목회자를 선택할 때도, 죄인 됨을 사회적이고 객관적으로 인정해야 할 위험이 없는가를 기준으로 삼는다. 25년 전 내가 다니던 학교에는 가장 인기 있는 목회자가 둘 있었다. 한 사람은 들을 수 없었으며, 다른 한 사람은 말할 수 없었다. 죄책과 강요에 관해 너무 진지하게 비판하는 사람들도 참된 회개와 변화의 가능성에 관해서는 철저하게 억압적인 경우가 많다. 그렇기 때문에 아무리 죄 고백을 해도 신앙과 성례전의 공동체적·사회적 본질에 대해 진지하게 받아들이지 못하는 것이다.

병자를 위한 기도(the Sacraments of the Sick: 병자성사)는 우리의 지배적 신화와 가치에 정면으로 맞선다. 이 기도는 우리가 사랑받는 피조물이라는 믿음에 의거한다. 병자를 위해 기도하는 것은 우리의 인간성을 최종적으로 인정하는 행위이며, 신뢰 속에 자신을 내려놓고 그리스도의 죽어 가심에 동참하는 행위다. 그러므로 우리의 '마지막'

성례전은 죽음까지도 정면으로 응시하는 행위로서 두려움 없이 죽음을 맞이할 수 있게 해 준다.

마지막으로 성찬식(the Eucharist: 성체성사)에 관해 이야기하고자 한다. 성찬식은 그리스도인의 삶, 인격 형식, 우리의 공동체적 저항, 기억의 행위를 가장 온전하게 구현하는 성례전이기 때문이다. 여러 가지 점에서 성찬식의 구조 자체가 다른 성례전을 집약해 놓고 있다. 성찬식에서 우리는 예수님의 삶을 다시 체험한다. 그리고 섬김의 사람이라는 우리의 공동체적 소명을 구체화한다. 첫째로, 성찬식에서 우리는 오직 죄인으로서만 서로의 존재와 하나님의 임재로 나아갈 수 있음을 인정하게 된다. 하나님과 공동체의 삶이라는 신비 안으로 들어가는 바로 그 순간, 우리는 이기심과 자기 의에 대한 주장을 벗어 버린다. 그것은 일방적 무장 해제의 행위인 동시에, 성찬식 전체를 집약해 주는 평화의 선언이다. 그것은 긍휼에 대한 요청이다.

둘째로, 성찬식은 듣는 행위다. 한 무리의 사람들이 자신을 개방하여 하나님의 말씀에 부르심을 받고 그 말씀에 의해 심판을 받고자 하는 것은 우리 사회에서 흔치 않은 일이다. 소음을 만들고 정신을 산란하게 하는 시끄러운 소리를 만들도록 강요하는 문명 속에서 듣는 자세를 취하는 경우도 흔치 않다. 그러나 이익이나 사욕, 실용성이 아닌 다른 어떤 것에 관한 증언을 통해 기꺼이 변화되고자 하는 태도를 취하는 경우는 정말 예외적이다.

그리스도의 구속적 희생의 성례전에서 우리는 또한 우리 자신의 선물을 성별하여 봉헌한다. 우리는 우리의 삶, 노동, 열정, 기쁨을 예수의 몸, 피, 역사, 인격과 동일시한다. 우리 안에서 예수님의 죽음과 부활을 재현할 뿐만 아니라 그분의 형제자매를 위한 양식이 되신 예수님의 실체, 그 본질을 우리 안에 되살려 냄으로써 우리는 성찬식을 통해 사랑과 삶을 바치는 섬김을 택하기로 한 우리의 결정을 재확인한다.

우리의 역사와 구원을 되돌아보고, 우리의 삶 속에서 치유하시는 하나님의 활동이 필요하다는 점을 명심하며, 예수님을 우리 자신의 삶이자 양식으로 삼으며 감사드린다. 우리의 부족함 속에서, 우리의 생명을 유지하게 해 주는 양식 안에서, 하나님의 얼굴을 바라보며 목회자는 우리를 가난한 형제자매에게 보낸다. 그리고 다시 우리는 그들의 얼굴을 통해 살아 계신 하나님을 만나게 될 것이다. '가난한 이의 성례전'은 우리로 하여금 가난한 이들을 생각하게 해 준다.

이것은 이론이 아니라 실제다. 목회자로서의 경험을 통해, 나는 그리스도의 살과 피를 다른 이가 아닌 바로 그리스도의 살과 피로 받는 두 사람을 만났다. 바로 콜카타의 테레사와 장 바니에다. 그들의 삶에서 세상에 대해 그토록 강렬하게 반응하는 때는 두 가지 경우뿐이다. 그들이 가난한 사람을 그들의 삶 안으로 맞아들일 때와 그들이 당신을 손님으로 맞아들일 때다.

성찬식은 인간의 역사 안에서 행하신 하나님의 구속하심을 축하하며 기념하는 행위다. 우리가 이 본질적인 성찬식의 사회적 내용을 억압하지 않는 한, 성찬식은 반드시 우리 내면의 인격에 영향을 주게 된다. 그러나 억압할 경우 성찬식은 우리를 변화시키지 못하고, 우리의 모습을 바꾸어 놓지도 못할 것이다. 15년 동안 같은 미사를 드린 두 사람이 15년 동안 서로에게 말도 걸지 않으려고 하는 것처럼, 우리의 삶에 아무런 영향을 미치지 못할 것이다.

성찬식은 공동체적이고 내면적이며 언약적일 뿐 아니라 자유롭게 행하는 축제다. 이 성례전은 평범한 것, 상징적인 것, 공동체의 것을 우리 삼위일체의—상호 인격적이며 사회적인—하나님의 삶으로 고양시킨다. 그것은 우리의 인간성에 대한 고양이기도 하다. 성찬식을 통해 우리는 하나님과 인간을 하나 되게 하시는 예수님의 삶과 그분의 선물 안에 참여하기 때문이다.

각각의 성례전을 통해 우리는 예수님-하나님-인간의 삶에 참여한다. 성례전은 우리 자신의 인격이 하나님의 인격에 참여하며 그 안에서 궁극적으로 실현된다는 사실을 계시한다. 각각의 성례전은 상품 복음의 거짓됨을 폭로하고 그 복음에 저항한다. 그 각각은 특히 병자를 위한 기도는 죽어 있는 사물을 찬양하는 문명 속에서 생명을 긍정하고 끌어안는다. 그 각각은 문화의 구속과 그 문화의 제한된 우주로부터의 독립과 해방을 선포한다. 각각의 성례전은 자유와 언약이 불가능하다고 주장하는 사회 속에서 자유와 언약을 실천하는 행위다. 그 각각은 공동체가 죽어 있는 국가 속에서 공동체적으로 수행된다. 그 각각은 위험을 최소화하고 돌봄을 무시하는 세상 속에서 믿음, 소망, 사랑을 구현한다.

그러므로 성례전은 인간의 인격과 하나님의 위격들이 언약 관계에 참여하는 사건이다. 성례전은 기도다. 성례전은 정치다.

결혼과 독신: 대항문화적 삶의 선택

지금까지 살펴본 것처럼 상품의 복음을 지배하는 두 가지 요소는 지속적이고 변치 않는 헌신에 대한 억압과 성의 사물화다. 매체에서는 성 해방을 선전한다고 하지만, 매체가 묘사하는 성은 온전한 인격이나 인간의 언약과는 아무 상관이 없다. 이러한 문화적 상황에서 그리스도인의 성생활은 예수님의 복음에 대한 그들의 인격적 헌신에 관해서도 중요할뿐더러 인격에 대한 증언이라는 점에서도 매우 중요하다.

상품 형식이 인정하는 유일한 친밀함은 육체적 가까움이다. 많은 부부들이 서로에 관해 육체적으로는 잘 알면서도 서로를 인격적으로 잘 알지 못한다. 게다가 우리 문화에서 쾌락주의가 득세함에 따라 고통과 희생은 무슨 수를 써서라도 피해야 할 이해할 수 없는 악으로 간주된다. 그러나 삶을 함께 나눔으로써 새로운 삶으로 나아가는 지속적 친밀함을 위해서는 성장의 고통을 감수하며 날마다 즉각적 쾌락이나 아우성치는 자아의 만족을 포기하고 자기를 드러내지 않으려고 스스로를 방어하는 자세를 버려야만 한다. 사랑과 헌신을 향한 이 싸움에서 결혼은 깨어지거나 더 강력한 하나 됨을 이룬다.

높은 이혼율은 우리 사회를 지배하는 가치와 분리해서 생각할 수 없다. 가족이라는 언약의 붕괴는 경쟁, 쾌락주의, 무관심, 위험을 감수하지 않으려는 태도, 믿음 상실, 절망감 등의 가치와 더불어 상품화된 우주를 구성하는 한 요소다. 많은 이들, 심지어 가장 이상주의적인 사람들조차도 사랑에 대한 회의를 품은 채, 결혼이 지속되지 못할 것이라는 우리를 무기력하게 만드는 두려움 속에서, 자신을 무조건적으로 내어 줄 수 없을 것이라고 생각하며 결혼이라는 삶을 선택한다. 그리고 결혼이 불안정한 까닭은 바로 그들이 결혼에 임하는 조건과 유보적인 자세 때문이다.

(매체의 강력한 문화적 선동에 맞서 결혼의 영속성을 뒷받침하는 제도와 더불어) 결혼이라는 제도는 상품 형식에 저항하기 위한 최후의 보루라는 것이 나의 믿음이다. 가정은 인간 삶의 일차적 영역으로서 충실함과 다른 사람에 대한 신뢰와 자기 용납과 친밀함 속의 성숙을 가장 깊이

체험할 수 있는 동시에, 자본주의의 절대적 주장이 거짓임을 폭로하는 자료를 제공할 수 있는 곳이다. 가정이 깨어질 때 상품 형식이 다른 어떤 곳보다 자녀들의 삶 속에 깊숙이 파고든다. 가정이 없는 아이는 삶과 사랑에 관한 자료를 오직 매체와 사회적 압력과 문화적 기대로부터 얻게 된다. 이런 문화에서 언약적 결혼이 해체된다면, 인격 형식은 그저 사라지고 말 것이다.

결혼이라는 제도의 가치가 평가 절하되는 까닭은 성의 가치가 평가 절하되었기 때문이다. 대다수 젊은이들 사이에서 혼전 성관계의 비율이 계속해서 증가함에 따라 육체적 친밀함의 온전한 표현과 총체적 헌신이나 인격적 친밀함이라는 내면성이 점점 더 분리되고 있다. 성적 친밀함은 인격체의 친밀함으로부터 이해되어야 한다. 인격적 친밀함과 그 기초가 되는 서로 간의 헌신으로부터 분리된 성은 사회적·개인적 거짓말이 되고 만다. 평생에 걸친 언약과 철저한 자기 계시를 위해 자신을 내어놓기를 거부한 채 즉각적이며 단기적인 만족을 추구하는 행위로 전락하고 만다. 성은 종종 다른 조합과 포장에 담긴 물건처럼 인간의 더 근원적인 갈망의 대체물이 된다.

삶의 헌신이 불가능하며 바람직하지 않다고 이야기하는 문화와 참된 친밀함이 꽃피지 못하도록 막는 문화, 고통을 감수하는 사랑과 희생을 부정적인 것으로 이해하는 문화 속에서, 성숙하고 자유로운 합의를 통해 인격적 언약으로 들어가는 이들은 급진적 입장을 취하고 있는 셈이다.

자유로이 위험을 감수하고자 하는 이들에게 위협을 가하며 인간의 정서를 공격과 지배와 통제로 축소시키는 환경 속에서, 결혼 생활은 두려운 것이지만 동시에 지배와 획득의 논리로부터 해방을 얻기 위한 근본 자원이 될 것이다. 결혼 생활을 통해 우리는 어떻게 죽고, 어떻게 자신의 유한성을 받아들이고, 어떻게 다른 사람을 용납하고, 어떻게 무조건적 사랑을 향해 자라가야 하며, 어떻게 자신의 물건과 선물뿐만 아니라 자신의 가난함과 삶의 은총까지도 진심으로 나눌 수 있는지 배울 수 있다.

모든 것을 '붙잡기' 위해 노력하는 사회에서 인격 형식에 참여하는 결혼 생활은 자신을 내어 주는 법을 배우는 학교다.

상품 형식을 통해 인식되는 성과 헌신은 독신의 문제를 가장 효과적으로 논의하기 위한 맥락을 제공한다. 결혼의 언약을 체계적으로 공격하는 문화 속에서 다른 형태의 순결(자신의 성을 인격 전체와 평생을 바치는 헌신과 하나로 일치시키는 것)을 폄하하는 태도가 만연해 있다는 사실은 전혀 놀랍지 않다. 기독교는 실용적이지 않고, 구식이며, 바람직하지 않다.

결혼과 독신 생활이라는 정절의 두 형태에 관해서 더 자세히 살펴보아야 한다. 특히 충실한 결혼이라는 사랑의 증언에 의해 독신의 사랑을 위한 노력이 어떻게 보강되고 장려될 수 있는지, 독신의 사랑이라는 삶을 사는 이들에 의해 결혼이라는 사랑의 순수함과 '죽음'이 어떻게 보충되고 지탱될 수 있는지를 살펴보아야 한다. 이 정절의 두 형태는 모두 인간의 조건과 그 온전한 약속을 증언한다. 하나는 친밀함 속에서 다른 인격체에 대해 헌신하며 새로운 삶에 대해 자신을 개방하는 위험을 감수하는 형식을, 다른 하나는 문화적인 성의 규범에 따르자면 도저히 용납할 수 없는 어리석음에 불과하다고 여겨질, 소유하지 않는 사랑과 사유화하지 않는 돌봄이라는 형식을 띤다.

생식으로 환원되지 않는 친밀함이라는 따뜻하고 정서적인 삶과 자기 핏줄의 자손으로 환원되지 않는 소망의 삶을 사는 독신자는 자신의 삶의 선택을 통해 우리의 인간성이나 믿음과 소망을 실천하는 돌봄의 삶으로도 인간의 행복, 온유함, 긍휼, 열정을 실천할 수 있음을 증언한다. 물론 실제로 그런 삶을 사는 것은 말처럼 쉽지 않다. 독신의 삶이 위대한 까닭은, 그것이 예수 그리스도 안에 있는 종말론적 믿음과 소망을 떠나서는 한 사람의 개인적 선택을 이해할 수 없다고 암시적으로 주장하고 있기 때문이다. 특히 우리 문화 속에서는 누군가가 육신으로 아버지나 어머니가 되기를 포기한 채 연인이나 배우자나 성적 쾌락 없이 사랑하기로 선택하면서 인간적 친밀함과 긍휼을 실천할 수 있는 있다는 사실에 대해 사람들은 놀라움을 금치 못한다.

그러나 많은 독신자들이 독신의 삶을 이상적으로 증언하지 못하고 있는 것도 사실이다. 독신 서원을 포기하는 경우가 많고 그로 인한 고통도 매우 크다. 생식을 목표로 삼거나 그것을 통해 표현되지 않는 친밀함 속에서 느끼는 육체적 미완결성은 어려움, 정화, 한 사람의 육체적 삶의 밑바닥까지 내려가는 고통스러운 진공 상태로 가득 차 있다. 돌봄과 관심을 정직한 방식으로 표현하기가 쉽지 않으며, 독신의 삶에 뒤따르는 갈등은 결혼한 부부의 사랑의 갈등만큼이나 힘겹고 실패하는 경우가 많다. 타협과 속임수로 자신이 서약한 공적 헌신을 합리화하는 이들도 적지 않으며, 솔직하고 진실하게 자신의 서약을 바꾸어 보려고 노력하는 이들도 있고, 문화적으로 용인되는(그래서 더 위험한) 방식으로 독신의 사랑에 대해 부정을 저지르는 이들도 있다. 독신자들이 자신들의 정서적 삶을 변화시키기보다는 그저 다른 것으로 대체하는 경우가 너무도 많다. 물건, 재산, 게임, 전문직, 성공,

사소한 것을 수집하는 취미를 사랑과 돌봄의 대상으로 삼는다. 독신 생활을 서원하면 온유함과 긍휼과 감정과 열정을 잃어버리게 된다고 생각하는 경우도 많다. 자신의 도덕적 감수성과 관련해 성도덕에만 몰두하고 초점을 맞추는 태도도 그리스도와 다른 사람들에 대한 사랑에 기초하지 않은 독신 생활의 부작용이 될 수 있다.

독신의 사랑을 실천하는 삶은 사람의 본질적 가치를 구현하기 때문에 그 모든 위험을 감수할 만한 가치가 분명히 있다. 특히 우리 문화의 성에 관한 복음에 비추어 볼 때 더욱더 그렇다. 결혼 생활과 독신 생활 모두에서 정절은 온전한 인간성, 우리가 몸을 입은 자아라는 상징적·실제적 중요성, 인격과 언약의 삶의 탁월함을 드러내는 중요한 증거이기 때문이다. 뿐만 아니라, 쾌락주의적 문화 속에서 정절은 즉각적 만족을 통한 성취감에 대한 가장 효과적 비판이기도 하다. 그것은 인격체를 기계나 동물로, 혹은 생식이나 쾌락으로 환원하는 태도에 대한 생생한 논박이다. 이러한 갈등은 잘 알려져 있다. 발전된 서구 사회에서 성적 순결이 가차 없이 공격을 당하는 것도 바로 이 때문이며, 그것을 비정상과 억압과 욕구 불만으로 설명해 버리는 것도 바로 이 때문이다. 매디슨 가나 할리우드, 학문의 전당이나 록음악의 전당에 대한 추문이 그렇다. 그러나 실제로 존재하고 또 우리 문화 속 하나의 현상으로서 결혼 생활과 독신 생활의 정절은 오늘날 가장 전복적인 실천력일 수 있다. 그것은 진정 대항문화적이다.

상품 형식의 맹목적 수용은 성의 영역에서 특히나 명백히 확인된다. 어쨌든 우리는 성 해방이 진행된다고 믿도록 끌려왔다. 마치 신비한 방식으로 인간의 정서와 성이 사물의 지배력으로부터 벗어나 있다는 것처럼 말이다. 그러나 우리 문화 안의 성과 성의 기계적인 상품화를 정직하게 살펴보면, 사실은 그렇지 않다는 것을 알 수 있다. 이른바 성의 자유는 우리의 문화적 복음이 선포하는 지배적인 경제적·철학적 '현실'이 정서적·성애적으로 표현된 것일 뿐이다.

성과 즉각적 만족을 선전하는 우리 자본주의 사회의 지혜는 우리로 하여금, 성적 순결과 헌신과 정절과 충실한 결혼 생활 같은 것은 로마 교황청의 독신자들이 우리의 쾌락을 방해하고 우리에 대한 그들의 통제를 강화하기 위해 만들어 낸 것일 뿐이라고 믿게 만든다. 사실, 성에 대한 엄청난 통제와 조작이 이루어지고 있다. 그러나 그것은 성직자들이 아니라 시장과 사물에 의해 이루어진다. 로마 교황청의 주장에 대해 한 번도 들어보지 못했지만, 성적 순결의 중요성을 주장하는 사회와 문명이 존재한다. 그러나 그런 주장을 할 수 있는 것은 그곳에서는 상품화된 세계와 그 세계의 압도적 광고의 힘에 아직 장악된 적이 없었기 때문이다.

공동체의 삶에 대한 서약: 문화화에 대한 저항

최근에 대부분의 수도회들은 수도회 가입 지원자들의 수가 급감하고 있음에 대해 놀라며 당혹스러워하고 있다. 그나마 성장하고 있는 공동체는 전통적 가치를 대단히 강조하는 수도회이거나 테레사 수녀의 사랑의 선교회(Missionaries of Charity)처럼 복음에 대한 명확한 증언과 가난한 이들에 대한 섬김의 삶을 사는 데 헌신하는 수도회들뿐이다. 두 경우 모두에서 흔히 간과되는 흥미로운 현상이 존재한다. 즉 이들은 젊은이들에게 '세상'의 복음에 대한 현실적 대안, 문화를 지배하는 이들이 내리는 명령에 따르는 삶이 아닌 다른 방식의 삶을 살 수 있는 현실적 가능성을 제시하고 있다. 순전한 보수주의를 강조하는 공동체의 경우, 물론 그 동기는 종교적 통일성, 엄격한 규율, 형식적 특이성이라는 피상적인 특징에 불과하다. 세상으로부터, 심지어 자신의 자아로부터 도피하려는 의도일 뿐일지도 모른다. 그러나 **수동적 문화 적응과 구별되는** 삶의 방식을 추구한다는 점은 분명하다. 많은 수의 회원을 잃거나 해체된 수도회들 대부분은 교회의 갱신 요구에 부응하여 새로운 정체성을 찾는 일에 실패한 것처럼 보인다. 너무도 많은 경우, 문화적 적응과 세속주의와 문화적 가치의 채택을 심화시키는 방향으로만 변화가 이루어진 것이다.

나는 한편으로는 피상적 보수주의에 대해, 다른 한편으로는 미친 듯이 유행을 따르는 행태에 대해 많은 대안이 존재한다고 믿는다. 강력하지만 종종 간과되는 하나의 가능성은 대항문화 세력으로서의 수도회를 재발견하는 것이다. 수사와 수녀들은 특별한 기독교 실천가라 불릴 만하다. 그들의 전복적 생활 방식을 통해, 사회를 지배하며 인격체로서의 잠재력을 완전히 펼치지 못하게 하는 고정 관념에 대해 다른 사람들은 의문을 제기하게 된다. '수도회'에 속한 사람들은 참된 인간성과의 연속성 속에서 인간 삶의 다양한 구조—경제, 교육, 사회, 정치, 교회—아래 그리고 그 안에 뿌리를 내린 채, 그들 자신과 다른 이들을 해방시켜 더 심층적인 그리스도인의 삶을 살 수 있도록 하겠다는 목표를 가지고 세상 속에서 살 수 있다. 그럼에도 불구하고 탁월하며 강력한 기도와 공동생활을 실천함으로써, 그들은 인간의 조건이 사회적·정치적 프로그램으로 환원될 수 없다는 사실을 증언한다. 그들의 삶은 국가, 인종, 계급, 이데올로기를 초월하며, 그들이 맡은 각각의 인간적 노력에 대한 헌신을 지탱해 주는 가치를 분명히 지향한다. 그리스도와의 언약, 그분 안에서의 언약이 여전히 그들의 서원의 핵심이지만, 그들이 보여 준 헌신의 **복음적** 성격 때문에 그들은 문화적으로 급진적 입장을 취할 수밖에 없다.

고립이 덜 어려울 수 있고 부정(不貞)이 덜 불안정할 수 있으며 권력이 더 즉각적 만족을 줄 수 있음에도 불구하고, 수사와 수녀들은 서로에 대해 개방적이고 하나님의 말씀에 정절을 지키며 지배 권력을 거부함으로써 우리를 부르시는 하나님 안에 뿌리내린 **믿음**을 명확히 증언할 수 있는 기회를 얻는다. 그들은 하나님의 부르심에 **순종**하는 삶을 선택하여, 기독교 전통과 평생의 약속과 공동 투쟁에 대한 충성을 통해 그 순종을 표현한다.

우리 문화에서는 많은 재산을 갖기를 갈망하며 물질적 성공을 과시하고 싶어 하지만, 수사와 수녀들은 사유 재산과 그 축적을 포기하고 자기 과시와 모든 형태의 심리적·경제적 소유욕을 거부함으로써 나누어 주시는 하나님 안에 근거한 **소망**을 명확히 증언할 수 있는 기회를 얻는다. 그들은 소유에 대한 궁극적 의존을 포기하고 주를 신뢰하고 그분께 자신을 내어 드림으로써 **가난한** 삶을 살기로 선택했다.

자아를 간직함으로써 안정을 보장받을 수 있으며 냉담하고 초연한 태도가 문화적 고립의 모범인 것처럼 보이지만, 수사와 수녀들은 자신의 삶을 내어 주는 위험과 긍휼의 마음으로 자아를 포기하여 상처 입을 위험을 기꺼이 감수함으로써 우리에게 모든 것을 주시는 하나님 안에 기초한 **사랑**을 명확히 증언할 기회를 얻는다. 그들은 자신의 전부를 아낌없이 사랑의 선물로 내어 주며 한결같이 **순결**을 실천하기로 선택했다.

그러므로 청빈과 정절과 순종이라는 전통적 서약이 믿음, 소망, 사랑의 삶의 표현일 뿐만 아니라, 또한 인간의 자유에 대한 근본적 헌신일 뿐만 아니라, 인간 행위의 세 가지 핵심 영역에 관한 철저한 대항문화적 입장 천명이라는 사실을 이해할 수 있다. 이 점에 관해서는 더 자세한 설명이 필요할 것이다.

재산의 영역에서 자본주의 문화는 무한 축적, 획득, 경쟁적 자기 강화라는 거짓 기준으로 인간의 성공을 평가한다. 청빈의 서약은 재산 **자체**에 대해 자유로워지겠다는 선언일 뿐만 아니라, 재산으로 안정과 성공을 추구하는 태도로부터도 자유로워지겠다는 선언이기도 하다. 그것은 사물을 부인하는 것이 아니라, 언제나 재산보다 인간이 우선한다는 사물과 인간의 올바른 관계를 주장하는 것이다. 인간은 상품을 생산하거나 축적함으로써 자신을 실현하거나 구원하거나 행복해질 수 없다. 우상을 포기할 때에만, 사물을 인격의 **표현**이자 인격에 대한 봉사로 이해할 때에만 자신을 실현할 수 있다. 청빈의 서원은 초연함, 단순성, 나눔, 지상의 재화에 대한 감사를 강조한다. 이 각각을 강조함에 있어 이 서원은 문화의 교의에 대한 선명한 대안을 구체적으로 제시한다. 동시에 그것은 윤리적·정치적·경제적 삶에서 인간이 가장 중요한 주체라는 확신에 뿌리를 내리고 있으므로 사회적 행동주의의 든든한 기초를 제공하기도 한다. 여기로부터 평등이라는 도덕적 명령, 부의 공정한 분배, 가난하고 소외된 이들을 도와야 할 의무, 공동체주의의 미덕이 뒤따라온다. 청빈의 서약은 재물과 물건과 맺는 우리의 관계를 이론적으로 그리고 실천적으로 제한한다. 수도회의 삶은 정절과 약속의 보루다. 하지만 우리 문화는 필사적으로 더 많이 소유하려 할 뿐이다.

인간의 상호 작용의 두 번째 주요 영역은 권력의 문제를 다룬다.

우리는 문화의 복음이 이 문제를 어떻게 해결하는지 살펴보았다. 문화의 복음에서는 자유방임 시장과 도덕, 고립과 개인주의, 지배, 통제, 경쟁을 강조한다. 순종의 서약에서는 고립과 자기중심주의 그리고 그로부터 기인하는 폭력이 한 사람의 삶이나 공동체를 지배해서는 안 된다고 선언한다. 자아의 자기 충족성에 대한 주장을 정화한다. 순종은 지배를 통해서가 아니라 다른 이들에 대한 개방성과 '타협할 수 없는 요구'를 기꺼이 포기하려는 태도를 통해 인간의 문제를 해결하겠다는 다짐이다. 순종은 기꺼이 상호 의존적인 사회적 존재로 이름 짓고 불리고 책임을 지겠다는 선언이다.

종교적 서약이 담고 있는 대항문화적 입장의 마지막 주요 영역은 인간의 정서를 다룬다. 상품 형식에서는 이 영역을 억압할 뿐만 아니라, 기계적 관계와 영혼 없는 짝짓기로 환원함으로써 인간의 성을 대체해 버렸다. 근육 조직이 열정을 대체한다. 사랑은 생산이자 성교일 뿐이다. 행위일 뿐이며 합법한 충동이다. 우리가 살펴본 대로 헌신을 기피하며, 우리 욕망과 감정의 정화는 결코 일어나지 않는다. 그 대신 욕망과 감정을 도피와 폭력과 조작으로 내몬다. 반면에 정절의 서약은 인간의 내면성과 문화와 시대를 초월한 인간의 몸이 신성하다고 선언한다. 혈육의 불멸성을 포기하는 대신 사랑의 영원성을 주장하고, 자유를 통해 문화의 명령으로부터 벗어나는 행위다. 성에 대한 평가 절하뿐만 아니라 인격에 대한 평가 절하로부터 독립을 선언하는 행위다.

이 세 영역—권력, 재산, 정서—에서 서원의 삶을 사는 사람은 자신이 문화의 가치에 급진적으로 반대하는 삶을 살고 있음을 알게 된다. 뿐만 아니라, 각각의 영역에서 우리는 사회적·정치적 프로그램,

인간의 상호 작용과 성장에 대한 대안적 모형, 문화적 환경에 개입하여 그것을 변화시키기 위한 모형을 갖는다. 나눔, 재산에 대한 인격의 우선성, 상호 의존성을 인정하는 책임성, 인간적인 사랑, 성을 인간의 활동으로 고양하는 태도가 그것들이다.

전통적 수도회에서 서원의 삶을 사는 사람들 중에는 이러한 연관 관계를 인식하지 못하는 이들이 많다. 전통주의자들은 그들이 실천하겠다고 선언한 삶과 그 삶의 사회적·정치적 영향력 사이에 어떤 연관 관계도 이끌어 내지 못한다. 그들은 개인과 공동체의 재정적 안정을 위해 정치적 정적주의자를 자처하는 경우가 많다.

더 개혁적인 단체들은 성취를 이룬 '세상 사람들'인 양 행세하는 데에 성공한 사람들일 뿐이다. 그들이 어떤 특별한 선물을 줄 수 있을까? 그들은 우리 사회의 절망에 대한 도전이나 희망으로 인식되지 못한다. 그리고 많은 경우 기도와 금욕주의와 열정으로 똘똘 뭉쳐 있지만, 그들은 스스로를 주거나 말할 것이 거의 없는 세속주의자로 인식한다. 두 경우 모두 세 가지 서약의 강력한 내용을 깨닫거나 실천하지 못한다.

이런 경우 수사나 수녀들은 그들의 소명이 지닌 강력한 자원을 제대로 활용하지 못하는 셈이다. 변화를 시도했지만 효과를 내지 못하는 것은 바로 이처럼 연관 관계를 바르게 이끌어 내지 못하기 때문이다. 자신을 문화가 제시하는 복음이 아닌 다른 복음을 선택한 사회적·문화적 존재로 바라볼 때에만 우리는 자신의 온전한 잠재력을 발견하고 우리에게 의무로 주어진 변화를 이루어 낼 수 있다. 그럴 때에 비로소 우리는 성적 순결의 삶, 진정한 나눔과 검소한 삶, 물질에 집착하지 않는 삶, 책임을 다하며 순종으로 헌신하는 삶을 살아야 한다는 것을 깨달을 수 있다.

그 어느 때보다 복음의 삶과 복음적 가르침을 실천하는 기독교 공동체가 절실하게 필요하다는 생각이 점점 더 커지고 있다. 문명이 더 물질주의적·개인주의적·소비 지향적·기술 종속적으로 변할수록, 감정에 있어 기계적 자세를 취할수록, 평생의 헌신에 관해 분열이 심화될수록 그런 공동체의 필요성은 더욱더 절실해진다.

우리 문화에 대한 나의 진단이 올바르다면, 수도회에 속한 이들이 결코 취하지 말아야 할 태도는 그런 문화와 쉽게 동일시하는 태도일 것이다. 문화와 동화된 또 하나의 기독교 단체, 혹은 문화와 동화된 공동체는 더 이상 필요없다. 물론 기독교는 문화 안에서 그리고 시간과 공간 안에서 실천되어야 한다. 그러나 언제나 문화를 초월하고 변혁해야 한다. 그리고 필요하다면 대항문화 세력으로서 문화의 가치에 저항해야만 한다. 전통적 서약을 실천하는 삶은 획득을 거부하는 삶, 생식으로 환원되지 않는 사랑, 타자에게 열린 태도로 위험을 함께 나누는 관계의 삶 속에서 인격을 온전히 실현할 수 있다는 '분명한 주장'을 비록 제한적이지만 구체적으로 실천하겠다는 다짐이다.

기도, 비전, 도움, 자본주의라는 우상에 대한 저항을 함께 나누는 공동체의 유익과 필요성을 인식하는 젊은이들이 점점 많아지고 있다. 많은 젊은이들이 믿음, 소망, 사랑이 공동체적 의식과 실천을 통해 구체화되고 더 분명해져야 한다는 걸 깨닫고 있다. 그러나 이들은 자신들이 추구하는 방향성과 지도력을 제공하는 공동체를 거의 발견하지 못한다. 그들은 복음의 증언을 실천하도록 격려받고 싶어 하지만, 너무 많은 경우 실천적 증언은 양가적이며 문화 자체와 닮아 있다. 그리고 그러한 실천의 권고는 너무도 많은 경우 간접적이며 소극적이다.

그와 동시에 전통적 서약과 공동체의 삶을 끌어안은 수많은 사람들이 그리스도인으로서 개인적·공동체적 거듭남으로의 부르심을 경험하고 있다. 그들은 자신들의 믿음과 서약을 더욱 급진화하고 복음과 그리스도의 인격에 집중하기를 원한다. 그들은 과거에 대한 심판이라기보다는 자신의 미래에 대한 심판으로서 이러한 부르심을 경험한다.

그뿐 아니라 분열이 심화되고 관용하지 못하는 분위기가 확대되며 평생 서원을 한 남자와 여자들의 불안전성 때문에, 교회와 사회에서는 중재 역할이 점점 중요해지고 있다. 현재의 교구와 수도원의 구조로 이러한 분열과 도전에 제대로 대응할 수 있는지 물어야 한다. 아마도 가장 적절한 대응은 기도와 예배와 섬김을 중심으로 하는 더 강력한 공동체적 삶일 것이다. 그러나 이런 지도력을 발휘하거나 실천 가능한 공동체적 삶의 모형을 제공하는 예는 거의 없다. 이런 상황에서 전통적 공동체들이 문화적으로는 더 분명하고 주위의 더 큰 교회와는 더 교류하며 공동생활과 나눔을 위한 모범이 되기를 사명으로 삼고 있는지 검토해 볼 필요가 있다.

그런 환경의 필요성 혹은 실제적·학문적 효율성 때문에, 많은 수도회가 구성원들을 다른 사람들과 분리시키는 큰 건물에서(비록 더 작은 규모의 하위 집단으로 나뉘기도 하지만) 생활한다. 그로부터 여러 가지 바람직하지 않은 일이 생긴다. 고립된 개인의 삶, 가난에 대한 무책임하며 정직하지 않은 태도, 익명의 안정성과 풍족함, 공동체의 필요에 대한 무관심, 지나친 낭비, 유한계급의 가치와 갈망에 대한 동일시, 중요한 사회적 이슈와 결정(인종적 편견, 낙태, 군사주의, 매체의 선전, 형벌 제도 개혁, 도시의 부패)에 대한 무지 등이다. 이런 문제는 고립, 안락함, 거짓 안정이 만들어 낸 부작용인 경우가 많다.

　사람은 종교적 형성을 완료한 다음, 제도나 학교나 자신이 맡은 전문직이라는 관점에서 자기를 정의하는 경향이 많다. 그리고 대개의 경우 이런 차원―학생, 학급, 프로젝트―에서만 나눔이 이루어진다. 신앙과 회의의 나눔, 공동 전략, 의사 결정, 서로 간의 격려와 교정은 사적 영역으로 넘어갔으며 그 빈도도 점점 줄었다. 당연시되지만 명시적으로 이야기하는 경우가 드물기 때문에 무시되는 사실이 있다. 그것은 그리스도께 뿌리내린 믿음과 서약의 삶은 공동체의 정체성과 개인의 의미를 뒷받침하는 유일한 기초라는 점이다.

　그뿐 아니라 제도적 틀 자체가 수사나 수녀들을 다른 이들로부터 분리시키는 경향이 있다. 섬김과 신앙의 공동체인 성직자들은 평신도들과는 삶을 거의 나누지 않는다. 심지어 성찬식이든 아니든 그들과 식사를 함께하는 경우도 드물다. 정기적으로 외부인들을 초대하여 수도회와 더불어 기도하는 경우도 거의 없다. 수도원은 폐쇄적 요새의 모양을 띤다. 억울한 경우가 있기는 하지만, 대부분 그런 경향을 띤다. 공동체의 삶은 너무나도 폐쇄적이어서 결코 다른 전문인들, 학생들, 친구들, 심지어 공동체 안의 구성원들과 살아 있는 신앙을 나누기 위한 기반조차 상실하고 말았다. 공유되는 것은 지식과 전문적 능력, 심지어는 성직 권력이다. 그러나 믿음과 소망 안에서 사는 친밀한 삶은 거의 나누지 못한다.

　일부에서는 더 작은 공동체를 지향하는 운동을 벌이지만, 앞에 열거한 문제들 중 그 어느 것도 제대로 극복하지 못한다. 단지 규모가 더 작고 더 사적이고 더 세속적이며 더 안락한 환경으로 문제가 옮아가는 것뿐이다. 죽어 가는 큰 공동체의 경우와 마찬가지로, 작은 공동체들의 문제점은 실제적 무신론의 문화 속에서 그들이 행한 서약이 문화적·사회적으로 어떤 의미를 지니는지 이해하고 그런 이해에 기초하여 공동체의 삶을 만들어 가지 못했다는 데 있다. 사회를 향해 대안적 생활 방식과 공동체를 제시하는 사도적 공동생활의 비전을 갖추지 못한 것, 신앙과 사회 간의 변증법적 관계에 관한 통찰을 갖추지 못한 것이 우리의 문제점이다.

삶을 더 안락하며 사치스럽게 혹은 더 고립적이며 형식적으로 엄격하게 혹은 더 편하고 어렵지 않게 만들 방법을 찾으려 할 때, 수도회는 아무리 스스로를 갱신하려고 노력한다 해도 그 자체의 전통과 서약이 지닌 힘을 상실할 수밖에 없다. 상품 형식이 보수적 공동체와 근대주의적 공동체 모두에 얼마나 깊숙이 파고들었는지 이해할 때, 예수 그리스도의 복음을 개인적·공동체적으로 실천하고자 헌신한 사람들의 공동체는 온전한 잠재력을 발휘할 수 있을 것이다. 수도회의 삶이 풍요, 재정적 생존, 고립, 개인주의—즉 상품 형식 생활 방식의 특징—에 대한 증언인 경우가 너무도 많았다. 꼭 그래야 할 필요는 없다. 우리가 실천적 신앙의 문화적·사회적 맥락을 새롭게 의식하고 그렇게 살겠다고 결단만 한다면, 상황은 달라질 것이다.

12 • 인격의 세계를 사는 삶

우리는 이미 현실적 위험을 절감하고 있다. 물질세계에 대한 우리의 지배권은 엄청난 진보를 이루고 있지만, 본질적 지배권을 상실하고 여러 가지 방식으로 우리의 인간성이 세계에 예속되며 수많은 방식으로 조작 대상으로 전락할 위험에 직면해 있다. 비록 그러한 조작을 직접 인식하지 못하는 경우가 많지만, 공동체 생활의 조직화를 통해, 생산 체계를 통해, 사회적 의사소통의 수단이 가하는 압력을 통해 조작당할 위험에 처해 있다. 우리에게 속한 눈에 보이는 세계 속에서 우리가 차지하는 자리를 포기할 수 없다. 우리는 사물의 노예, 경제 체제의 노예, 생산의 노예, 우리가 손수 만든 사물의 노예가 될 수 없다.…그것은 삶과 문명의 생명력 전체가 달린 문제다. 그것은 일상생활의 다양한 활동에 영향을 미치는 문제다.

— 교황 요한 바오로 2세, 『인간의 구원자』

국가 정책에 대해서든, 매체에 대해서든, 심지어 우리의 개인적 경험의 형성에 대해서든, 상품 형식이 우리의 삶에 미치는 다양한 영향력에 관해 생각할 때, 우리는 그 총체적 영향력을 실감하며 압도된다.

어디서부터 시작해야 할까? 어떻게 저항을 시작할 수 있을까? 어떻게 해야 그 저항이 공허하며 파편적인 몸짓에 그치지 않게 할 수 있을까? 인격 형식에 대한 헌신을 표현하는 방식은 너무나도 다양해서 그 모두를 다 다루기는 불가능해 보인다. 다시 한 번 '총체성의 원리'를 이해하고 적용하기만 한다면, 너무도 많은 문제들과 너무도 많은 대응 방법 때문에 느끼게 되는 위압감에 대해 해법을 찾을 수 있을 것이다. 즉 우리의 인격적 삶, 우리의 신앙, 우리의 노동, 우리의 기도가 모두 사회적·정치적·경제적 현실과 밀접하게 연관되어 있다는 사실을 깨닫는 것이 중요하다.

그리스도와 우상숭배 사이의 전면적 투쟁을 우리의 충성을 요구하는 총체적 세계관 사이의 경쟁으로 이해하는 태도는 우리가 직면한 모든 구체적이며 특수한 선택에까지, 즉 요한 바오로 2세가 '일상생활의 다양한 활동'이라고 이름 붙인 모든 것에까지 영향을 끼쳐야 한다. 개별적 결정과 다양한 표현에 활기를 불어넣고 의미를 부여하는 것은 바로 우리의 신앙적 헌신이다.

총체성―그리스도를 믿는 신앙의 삶―은 다양한 부분들이 지닌 특수성 속에서 구체화되며 지탱된다. 그리고 부분들은 우리 삶의 중심에 자리 잡은 총체성과의 관계를 통해 생명력과 의미를 부여받는다. 궁극적으로 이것이 신비한 몸이 뜻하는 바다. 이 교리는 우리로 하여금 인격 형식이 우리의 다양한 삶과 노동 속에서 어떻게 구현되고 실행될 수 있는지 분명히 말할 수 있도록 도와준다. 우리는 모두 독특한 은사를 받았으며 나름의 삶의 선택에 직면한다. 우리에게 주어진 한 성령에 의해 그런 은사와 선택이 하나의 통합적 유기체를 이룬다. 상품 형식에 저항하는 다양한 방법은 우리 각자마다 다를 수밖에 없다. 그러나 우리가 믿음 안에서 인격 형식에 충성할 때 그 보편성은 우리를 하나 되게 한다.

실제적 적용으로서 나는 한 사람이 자신의 삶을 어떻게 통합할 수 있는지, 믿음과 정의를 구현하는 동시에 전체를 바라보는 관점을 견지할 수 있는지를 보여 주고자 한다. 중산층 가톨릭교인으로서 세 자녀를 둔 어머니의 예를 들 것이다. 그러나 이 예는 소비주의에 저항하는 방법을 찾고자 하는 사람들과 종교인들 - 교사, 관리자, 영적 지도자들 - 이나 전문직에 종사하는 평신도들, 육체노동자들, 젊은이와 나이 든 이들에게도 똑같이 적용될 수 있다.

각각의 요소들은 우리가 1장에서 검토한 문화의 '삶'과 그 '텍스트'에 대해 어떻게 대응해야 하는지 보여 준다. 이런 다양한 요소를 온전히 통합함으로써 그리스도인은 '고독 속에서 자아로 되돌아가며', 언약 안에서 관계를 회복하고, 정의를 위한 노력에 다시 한 번 헌신하며, '사물은 인간을 위한 것'이라는 단순한 삶의 원리를 재확인하고, 긍휼의 마음으로 이 세상의 소외되고 상처 입은 이들을 기억한다.

내적 가난 속의 풍요로움

우리는 홀로 있는 법을 다시 배워야 한다. 오늘날 친구와 가족을 떠나 의도적으로 홀로 있기를 연습한다는 것은 결코 쉽지 않다.…내 경우에는 떠나기가 가장 어렵다. 짧은 시간이라 하더라도 헤어져 지내는 것은 고통스러울 수밖에 없다. 나는 그것이 마치 절개 수술 같다는 생각이 든다.…그러나 일단 홀로 있게 되면, 그것이 믿을 수 없을 정도로 소중한 경험이라는 것을 깨닫게 된다. 삶은 이전보다 더 풍성하며 더 생생하고 더 충만한 비어 있음으로 재빨리 물러간다. 그것은 마치 팔을 잘라도 실제로는 팔을 잃지 않는 것과 같다. 불가사리처럼 새로운 팔이 다시 자라난다. 다시 완전하고 성숙해진다. 다른 이들은 부분적인 것을 가지고 있을 뿐이지만 나는 이전보다 훨씬 완전한 것을 갖게 된다.
―앤 모로우 린드버그, 『바다의 선물』

 문화적 이데올로기의 '공허한' 내적 삶에 저항하는 방법은 무엇보다도 가식과 치장을 벗고 생산과 소비와 통제의 충동으로부터 벗어나 지금 여기라는 단순한 현실에 대해 열린 자세로 자신의 모습을 직시하는 것이다. 이루어야 할 일을 계획하지 않을 때, 남들과 나 자신을 비교함으로써 무언가를 증명하려 하지 않을 때, 정보를 만들지 않을 때, 나에게 정당성을 부여하는 사물을 생산하지 않을 때, 그때 나는 어떤 존재인가?
 세 자녀의 어머니인 그녀에게 기도는 너무나도 중요하다. 그것은 규칙적으로 삶의 중심을 되잡는 방법이며, 집과 가족을 돌보는 분주한 일들 가운데 질서를 유지하는 방법이다. 하루에 10분의 기도를 통해서라도 믿음 안에 중심을 잡지 않는다면, 그녀는 삶의 온전한 실체에 제대로 주의를 기울이지 못한다. 사랑과 선택의 표현이 아니라 자신이 감당해야 할 의무가 된 개별적인 것들 속에서 길을 잃는다. 중심을 잡지 않는다면, 자녀들에게 베푸는 긍휼과 애정과 돌봄이 중요한 사회적 활동이고 정의를 이루는 일이며 상품 형식에 저항하는 근본 수단임을 이해할 수 없다. 남편이나 자녀들과 나누는 친밀한 고통과 기쁨이 그리스도의 계시의 시험이자 실천이라는 것을 깨달을 수 없을 것이다. 그녀는 자신의 필요와 요구가 관계 속에서 어떻게 정화되는지, 그런 정화가 그리스도의 고통 및 승리와 어떤 연관이 있는지를 이해하지 못한다.

기도를 통해 중심을 세우는 행위는 위협과 두려움으로 그녀를 짓누르는 문화적 압력에 대한 독립 선언이다. 기도는 성공에 대한 우리 문화의 기준으로부터 그녀를 해방시킨다. 날마다 새롭게 중심을 잡는 것은 '능력을 얻는' 활동이다. 이를 통해 그녀는 대체할 수 없는 현재를 다시 한 번 인식하게 되며, 과거에 대한 끝없는 미련과 미래에 대한 끝없는 불안으로부터 자유로워진다. 그녀는 자신의 삶과 생각, 감정을 되찾는다. 기도는 그녀의 가장 근본적인 정체성, 가장 근원적인 욕망과 바람, 그녀의 가난함과 약속을 잊지 않게 해 준다. 그리스도 안의 인격 형식을 드러내는 모든 인간의 표현에서는 이처럼 친밀한 관계를 중심으로 삼는 활동이 그 토대를 이룬다. 또한 이것은 상품 형식에 대한 저항에서도 핵심을 이룬다. 만약 그녀의 삶에서 이러한 활동이 이루어지지 않는다면, 다른 모든 방법과 수단은 무가치해진다.

그러나 고독을 통해 우리의 내적 삶을 재발견한다는 것은 결코 쉬운 일이 아니다. 우리 문화의 매체가 만들어 내는 소음으로부터 우리의 자아를 해방시키기가 어려울 뿐만 아니라, 우리가 책임져야 하는 일과 관계로부터 벗어나 고요함을 누릴 시간을 만드는 것 역시 어렵다.

게다가 하나님 앞에 선 존재라는 단순한 진리 안에서 우리 자신을 직시하고, 환상이나 통제나 우리 가치의 핵심을 이룬다고 생각하는 다양한 외적 부를 포기하는 것에 대해서도 두려워할지 모른다. '자수성가'한 사람이 하나님의 임재 속으로 들어가기란 불가능하다.

결국 우리가 그분 앞에 가지고 갈 수 있는 것이라고는 인간이자 피조물로서의 우리의 부족함뿐이다. 흥미롭게도, 예수님은 복음서의 바리새인과 세리 이야기를 통해 자신이 쌓은 덕과 업적 때문에 다른 사람들과 같지 않다며 하나님께 감사하는 '스스로 성공한 사람'과, 회개와 신뢰밖에 드릴 수 없는 겸손한 사람을 대조시키셨다. '의롭다 하심을 받고' 집으로 돌아간 이는 바로 세리였다.

하나님이 자신을 진실하게 아시도록 스스로를 그분 앞에 드러내지 않기 때문에 그분에게 사랑받지 못한다고 느끼는 사람이 많다. 우리는 좋은 것이든 나쁜 것이든, 우리가 행한 것과 행하지 못한 것에 마음을 빼앗기는 경우가 너무 많다.

그것은 우리에게 엄청난 손실이다. 그로 인해 우리는 무엇 때문에 하나님뿐만 아니라 어느 누구에게든지 사랑받을 만한 존재가 되는지를 깨닫지 못하기 때문이다. 고독 속에서 기도를 통해 복음서의 진리를 바라볼 때, 우리는 반드시 예수님이 그분을 따르는 이들에게 무엇을 바라셨는지, 하나님께서 우리에게 무엇을 바라시는지 발견하게 된다. "아무에게서도 이만한 믿음을 보지 못하였노라." "그의 많은 죄가 사하여졌도다. 이는 그의 사랑함이 많음이라." "두려워하지 말고 믿기만 하라."

우리 내면세계의 풍성함은 예수님이 베드로에게 찾아오시는 부활절 이야기를 통해 가장 잘 드러난다. 베드로는 성공한 적도 있었고, 분명히 철저한 실패를 맛보기도 했던 사람이다. 예수님이 그에게 말씀하실 때, 그분은 그의 성공이나 실패에 관심이 없으셨다. 오직 한 가지에만 관심이 있으셨다. "네가 나를 사랑하느냐?" 육신이 된 말씀이신 예수님이 어찌 이토록 상처받기 쉬운 존재처럼 말씀을 하신

단 말인가? 그뿐 아니라 베드로 역시 그의 상처받기 쉬운 마음의 부족함 가운데 그 물음에 답할 수 있었다. 바로 이럴 때, 고독한 기도를 통해 대체될 수 없는 진리로 나아가는 순간에도 역시 인격적 실존의 능력과 풍요로움이 드러난다. 우리가 무엇을 소유했는가의 문제가 아니라 우리가 어떤 존재인가의 문제다.

그러나 앞서 인용한 앤 모로우 린드버그(Anne Morrow Lindbergh)의 말처럼 고독을 통한 발견은 우리의 관계도 풍성하게 한다. 더 나아가, 가식을 버리고 우리 삶을 관리하고 통제하려는 태도를 포기할 때 우리는 인격적이며 언약적인 세계 안에서 우리를 자유롭게 하는 진리를 발견하게 된다.

관계의 힘

> 당신이 사랑하는 이들로부터 당신을 단절시키는 것은 무인도나 황무지가 아니다. 정신의 황무지와 마음의 광야를 지날 때 우리는 길을 잃고 이방인이 된다. 자신에게 이방인이 될 때, 우리는 다른 이들로부터도 소외된다. 자신과 소통하지 못하면, 다른 이들과도 소통할 수 없다. 대도시에서 살며 친구들과 악수를 할 때 우리 사이에 황무지가 펼쳐져 있다는 느낌을 받은 적이 얼마나 많던가.
> ─앤 모로우 린드버그, 『바다의 선물』

물론 고독은 끝이 아니다. 아빌라의 테레사나 살레의 프란키스쿠스와 같은 위대한 영적 선생들이 깨달은 바와 같이, 기도는 관계 속에서 검증되며 가장 현실적으로 실천된다. 가정, 공동체, 친구들처럼 우리에게 가장 큰 기쁨을 주는 이들이 우리에게 가장 고통스러운 경험이 될 수도 있다. 도로시 데이는 '가톨릭 노동자'에서 운영하던 환대의 집 안에서 겪은 인간관계의 어려움이 그곳을 찾는 불청객들보다 훨씬 더 고통스러운 문제였다고 말했다. 장 바니에는 동료 자원봉사자들과 잘 지내는 것보다 '장애인들'과 더불어 사는 것이 훨씬 쉽다고 여러 차례 이야기했다. 그리고 테레사 수녀도 기도와 청빈으로 금욕을 실천하는 것보다 공동체의 삶 속에서 희생을 실천하기가 훨씬 더 힘들다는 것을 잘 알고 있었다.

관계의 심연 속에서 우리는 우리 자신이 드러나는 것을 보게 된다. 이런 경험이 언제나 유쾌한 것은 아니다. 우리의 자아가, 특히 우리의 두려움과 이기심과 가식이 알려지도록 내버려 둔다는 것은 두려운 일이다. 특히나 문화의 소음이 우리의 관심을 빼앗아 손쉬운 도피를 택하도록 자극하는 경우에는 더욱더 그렇다. 일과 계획과 소유는 모두 우리에게 근원적이며 인격적인 것 없이도 관계를 맺을 수 있는 방식을 제안한다. 우리는 알려질 필요가 전혀 없고 어떤 존재인지 드러낼 필요도 전혀 없다.

이제 곧 결혼을 앞둔 여자가 이렇게 걱정했다. "내가 정말로 어떤 사람인지 그가 알게 된다면 그는 어떻게 생각할까요?" 머뭇거리며 그녀에게 이렇게 대답했다. "만약 당신이 어떤 사람인지 그가 알지 못한다면, 당신은 어떤 근거로 그가 당신을 사랑하고 당신에게 헌신한다고 생각합니까?" 기도의 경우처럼 모든 관계도 똑같다. 당신 자신을 알리지 않는다면 당신은 결코 사랑받지 못한다. '사랑받는' 대상은 환영과 업적이며 가식일 것이다. 그러나 다른 이들 앞에서 그리고 결국 당신 자신에게도 당신의 내면세계는 모호할 뿐이다.

물론 우리가 관계 속에서 자신을 드러내는 정도에는 차이가 있다. 그 정도는 관계에 대한 우리의 언약과 헌신의 깊이에 따라 달라진다. 그러나 참된 관계에서는 언제나 자신을 드러낼 수밖에 없다. 때로는 상처가 되기도 한다. 그러나 그것은 사랑받기 위한 유일한 방법이다.

이 세 아이의 어머니는 자신의 가장 중요한 언약을 돌보며 그것을 위해 시간을 쓸 뿐 아니라, 다른 이들과 협력하며 가족의 장점과 어려움을 나누고 자신의 믿음에 관해 이야기하며 자신의 선택에 관해 격려와 지원을 얻는 것도 중요하다는 사실을 깨닫는다. 이를 위해서는 교회 공동체와 공식적 관계를 맺어야 할 뿐 아니라 신앙의 차원에서 서로 도전과 도움을 주고받기 위해 다른 부부들과 더 사려 깊은 교제도 나눠야 한다.

우리의 문화가 명령하는 경쟁과 개인주의에 맞서는 가장 효과적인 방법은 정기적으로 모여 기도하고 토론하고 찬양하며 사회를 위해 봉사하는 공동체에 참여하는 것이다. 이렇게 공동체의 삶을 실천함으로써 깊은 인격적 관계를 맺지 못하게 하는 고립주의를 극복할 수 있다.

우리는 그저 다른 이들과 인격적으로 만나고자 하는 마음을 먹기만 하면 된다. 인격체로서 우리의 능력은 계획하거나 통제하거나 생산할 수 없다. 그것은 생산하기 위한 노력이 필요한 일이 아니다. 우리가 선물로 받은 것을 받아들이기만 하면 된다. 그것은 곧 우리 각자를 온전히 독특한 존재인 동시에 철저하게 평등한 존재로 만들어 주는 인격이라는 선물이다.

이 세 아이의 어머니에게 자신을 내어 줄 수 있는 사람은 오직 그녀 자신뿐이다. 그녀가 "그렇습니다. 나는 당신을 믿습니다. 당신이 곧 나의 소망입니다. 나는 당신을 사랑합니다"라고 말할 때—이 모든 말은 그녀의 상처받기 쉬운 마음으로부터 나온 말이다─그녀는 자신의 인격의 가장 깊은 심연으로 들어간다. 또한 그녀는 다시 한 번 세상 속에 삼위일체의 인격체를 구현해 낸다.

인격화된 사물: 삶의 단순성

인간은 사물에 대한 자연적인 소유권을 가진다. 이성과 의지를 통해 인간의 유익을 위해 사물을 활용할 수 있기 때문이다. 사물은 인격체를 위해 만들어졌다.

아무 재미도 없고 젖은 담요처럼 행동하며 다른 이들에게 짐이 되는 것은 이성을 거스르는 일이다. 유머 감각이 없는 사람, 우스운 이야기를 전혀 하지 않는 사람, 그런 이야기를 하는 이들을 고약하게 대하는 사람, 이런 사람들은 나쁜 사람들이다. 그런 사람들을 심술궂고 무례한 사람들이라고 부른다.

─성 토마스 아퀴나스, 『신학대전』

소비사회에 대한 비판이 곧 소비에 대한 거부를 뜻하지는 않는다. 상품 문화에 저항한다고 해서 사물 자체를 거부할 필요는 없다. 마르틴 부버의 말처럼, '그것'이 없다면─사물이 없다면, 물건이 없다면─우리 인간은 살아갈 수 없다. 사실 사물과 상품의 세상조차도 일단 사랑과 창조성과 동경에 의해 변화된다면, 그 자체로서 인격화되며 심지어 성화될 수 있다. 모든 문화적 생산이 그런 영광으로 나아갈 수 있다.

또한 소비하지 않으면 우리는 죽는다. 사물이 없으면 우리는 아무런 구체적 실체도 지닐 수 없다. 비판의 초점은 생산하고 소비하는 행위에 관한 우리의 태도다. 그것이 인격적 세계의 연장이자 계시인가? 아니면 그 세계를 파괴하며 억압하는가? 예쁜 옷, 멋진 집, 다채로운 요리, 감동적인 미술과 공연은 인격을 찬란하게 구체화하며 표현해 낸다.

그러나 우리가 내면의 삶이나 관계의 삶을 누리지 못한다면 그런 것들이 우리의 감옥이 될 수도 있다. 이것이 바로 피터 와이브로우(Peter Whybrow)의 『미국의 광증』(*American Mania: When More Is Not Enough*), 데이비드 마이어스(David Myers)의 『풍요의 시대의 영적 빈곤』(*Spiritual Hunger in an Age of Plenty*), 팀 캐서의 『물질주의의 값비싼 대가』(*The High Price of Materialism*)가 던지는 메시지다. 이 세 권의 책에서는 재산을 모으며 딴 데로 주의를 분산시킨다고 해서 인격적 삶의 가장 근원적 욕구를 충족시킬 수는 없다는 것을 분명히 보여 준다.

그러므로 이 세 자녀의 어머니는 물질과의 관계 속에서 인격적 금욕주의를 실천하는 것을 고려해 볼 필요가 있다. 그녀의 내적 성향과 헌신, 그녀의 가장 근원적 욕망은 실천을 통해 구체화되어야 한다. 참된 기도의 열매는 경험의 가장 직접적 차원에서 이루어지는 행위, 그 사람의 생활 방식을 통해 드러난다. 모든 것이 즉시 이루어질 수는 없다. 그러나 그녀의 헌신과 욕망의 구체화된 표현으로서 무언가를 행해야 한다.

그녀는 텔레비전을 그녀의 삶을 대신하는 것으로 혹은 자녀들과의 친밀한 관계의 대용물로 삼지 않을 것이다. 그녀는 더 단순하게 살 것이다. 꼭 자기 부인의 형태를 띨 필요는 없지만, 삶과 삶이 주는 모든 좋은 것을 긍정하고 그것에 감사한다. 그녀는 덜 상업적이며 덜 경쟁적인 성탄절을 보낸다. 그녀는 술을 덜 마시며, 안락한 가구를 덜 갖고 싶어 하게 될 것이다. 이 중 그 어느 것도 상품 형식에 저항하는 행위의 필수 조건이 될 수는 없다. 그러나 어떤 식으로든 표현해야만 한다. 비록 그것이 단순한 것일 뿐이더라도 구체적 실천은 우리로 하여금 우리가 어떤 존재인지, 우리가 무엇을 택했는지 되새기게 해 준다. 이렇게 삶의 방식을 바꿈으로써, 그녀는 기도하는 능력도 더 강해지고 더 많은 사람들에게 자신을 열어 보이며 정의에 대한 관심도 더 커진다.

소비하거나 물건을 사용하는 것에 관해 절제하는 것이 그 자체로 선은 아니다. 인격적 근원—즉 모든 사물은 인간의 유익과 하나님의 영광을 위한 것이다—으로부터 분리될 때 그런 식의 금욕주의는 차가운 이데올로기에 불과할 뿐이며, 걷잡을 수 없는 쾌락주의만큼이나 진리와 동떨어져 있다. 그러나 고독과 관계라는 온전한 경험과 연결될 때 반드시 우리의 인격적 실존을 넓혀 주는 결과를 낳게 된다. 기도와 친밀한 관계 속에서 우리 인격의 본질적 은사에 충분한 시간을 들일 수 있을 정도로 가볍게 살아간다면, 모든 어머니의 자녀들과 우리 중 '가장 작은 자'로 여겨지는 사람들의 인격적 존엄을 이해하게 된다.

인간에 대한 긍정: 정의를 위한 노력

한 영국의 언론인은 콜카타의 사랑의 수녀회(Sisters of Charity)를 관찰한 후 이렇게 말했다. "삶은 언제나 그리고 어떤 환경에서든 성스럽다. 그렇지 않다면 삶은 본질적으로 무의미할 뿐이다. 삶이 어떤 때는 성스럽지만 어떤 때는 무의미하다는 주장은 도저히 믿을 수 없다."
— 애니 딜라드, 『한동안』

애니 딜라드(Annie Dillard)는 시간의 의미와 인간의 중요성에 관한 탁월한 명상을 통해 수백만 명의 사람들에게 파괴적 영향력을 미친 큰 자연재해에 관해 이야기한다. 그런 다음 인간들이 서로에게 저지른 파괴와 불의를 나열한다. 100만 명의 아일랜드인들을 굶어 죽게 한 영국의 정책, 캄보디아인 4분의 1을 살육한 폴 포트, 수천만 명을 숙청한 스탈린, 3천만 명을 숙청한 마오쩌둥, 100일 동안 80만 명의 투치 족이 살해된 르완다 학살, 이 모든 대량 학살 사건의 기저에는 비인간화라는 주제가 어김없이 자리 잡고 있다. 인간은 대상, 사물, 숫자에 불과하며 충분한 이유만 있다면 제거해도 된다는 생각이다.

『한동안』에서는 현대 미국 문화만이 이 세계의 불의와 폭력과 비인간화의 원인인 것은 아니며 주요 표현 형태도 아니라는 사실을 전략적으로 상기시킨다. 문화가 다양한 형태로 존재하듯 인간의 비인격화도 다양한 형태를 띠고 존재하며, 따라서 각각의 문화는 그 안에 존재하는 그 문화만의 불의를 발견하고 인정해야 할 의무가 있다.

앞 장에서 우리는 소비사회가 어떻게 인간을 단순한 대상으로 환원시키는지 살펴보았다. 인간을 경제적 능력을 지닌 단순한 기능에 불과한 존재로 여기기도 하고, '적과 범죄자들을 악마로 취급하기도 하며, 기능이 제대로 개발되지 않거나 기능이 저하되었다는 이유로 인간을 도덕 행위 주체의 '공동체'로부터 배제하기도 한다. 태어나 심하게 다친 사람보다는 '원형질 덩어리'나 뇌사 상태의 '식물인간'을 소모품으로 취급하기가 훨씬 더 쉽다.

그러므로 이 여인의 삶에서 인격 형식을 수용하기 위한 네 번째 전략은, 비록 가정생활이나 직장 생활 때문에 적극적 활동을 할 수는 없더라도 사회적 불의에 대해 지속적 교육을 받는 것이다. 신앙과 정의 사이의 관계에 대해 깨달을 때 그녀는 평등과 인간의 존엄성이라는 이슈에 대해 의식하게 될 뿐만 아니라, 그녀의 개인적 삶과 가정생활은 사회적이며 정치적인 내용을 담고 있음을 깨닫게 될 것이다. 다양한 이슈들 간의 관계와 사회적 이슈 및 가정생활 사이의 관계에 대한 의식을 가질 때, 그것이 곧 문화의 복음에 대한 저항이다. 참된 가정이 '되는' 것과 올바르게 자녀들을 '기르는' 것은 믿음, 소망, 사랑의 행위만큼이나 대항문화적 정의의 활동이다.

그러나 그저 '일반적 이해'만으로는 그녀의 사회적 헌신을 제대로 구체화시킬 수 없다. 더 나아가 그녀가 적어도 한 가지 정의를 위한 운동에 시간과 노력을 투자하는 것이 중요할 것이다. 다른 이들이 적극적으로 활동하도록 지원하는 일을 맡을 수도 있고, 한 이슈의 의미에 관해 정통할 수도 있으며, 사회 활동 단체나 공적 항의에 참여하는 형태일 수도 있다. 특정한 이슈에 관련된 활동, 그런 활동을 할 수 있는 능력이나 자원 동원력은 비인간화에 맞서는 다양한 투쟁과 자신의 '당파성'을 통합시키고 구체화시키는 능력에 따라 결정된다. 그러므로 다양한 사회 문제에 관해 그리고 그런 문제가 그 토대를 이루는 상품 형식과 어떤 연관을 맺고 있는지에 관해 비판 의식을 갖기 위해서는, 하나의 특정한 인격 대 상품의 갈등에 대해 시간을 들여야만 한다. 그리고 그렇게 시간을 들일 때 그런 비판 의식을 가질 수 있다.

한 그리스도인이 정의를 위해 헌신하는 것은 단순한 정치 활동이 아니다. 그것은 좌파 혹은 우파 정당이나 이데올로기의 기능이 아니다. 궁극적으로 그것은 복음서에 나타난 예수님의 말씀을 믿는 믿음에 관한 문제다. 우리의 형제자매 중 가장 작은 이에게 행하는 것은 그것이 무엇이든 그분께 행하는 것이다. 자신의 몸을 인간들 중 가장 작은 이와 동일시하셨던 예수님은 우리가 그들을 어떻게 대하는가는 단지 정의의 문제에 그치지 않는다는 사실을 계시하셨다. 그것은 신성 모독의 문제다.

인격적 삶이 주는 상처를 끌어안으라

> 평범한 사람이란 없다. 당신이 말을 걸었던 사람들 중에 그저 죽을 수밖에 없는 존재는 없다. 국가, 문화, 예술, 문명—이런 것들은 죽을 수밖에 없다. 우리의 생명에 비하면 이런 것들의 생명은 모기의 생명에 불과하다. 그러나 우리가 농담을 건네고 함께 일하고 결혼하고 냉대하고 착취하는 이들은 불멸의 존재들이다.…당신의 이웃은 당신이 지각할 수 있는 대상 중에서 성찬식의 빵과 포도주 다음으로 거룩한 존재다. 만약 그가 그리스도인 이웃이라면 그는 성찬식과 거의 같은 정도로 거룩하다. 그의 안에 그리스도가 참으로 숨어 계시기 때문이다. 영화롭게 하시는 분이며 영화로움을 입으신 분, 영광 자체이신 그분이 참으로 숨어 계시기 때문이다.
>
> —C. S. 루이스, 『영광의 무게』

마지막으로, 소비와 상품의 이데올로기가 그들에게는 꿈이 아니라 악몽일 뿐인 인격체들과의 사귐을 의도적으로 시작하고자 할 때 우리는 대항문화적인 인격의 삶을 살 수 있다. 이들은 다른 이들에게 크게 의존하는 사람들이며, 문화적 삶의 변두리에 자리 잡고 있는 사람들이다. 어쩌면 그들은 절망적으로 비생산적이거나 아무것도 성취하지 못하는 사람일지도 모른다. 그들은 심각한 장애를 입거나 늙거나 다친 사람들이어서 그들 옆에 있는 것 말고는 그들을 위해 해 줄 수 있는 게 아무것도 없다.

우리 하나님이 우리 옆에 있는 사람 안에 '숨어 계신다'는 루이스의 생각을 더 분명히 표현한 사람은 시몬느 베이유(Simone Weil)였다. 그녀는 문화적 기준에 따르면 전혀 중요하지 않게 취급당하는 이들을 통해 이 진리가 온전히 드러난다고 확신했다. 그녀는 『서간 선집』(Selected Letters)에서 셰익스피어의 작품에 등장하는 바보들이 진리를 말하는 사람들이라는 사실을 지적한 다음 이렇게 말한다. "이 세상에는 걸인보다 훨씬 낮은 계급, 가장 굴욕적인 계급에 속하는 사람들이 있다. 이들은 모든 사회적인 고려에서 제외된 사람들일 뿐만 아니라 모든 사람들이 인간의 존엄성이나 이성조차도 갖고 있지 않다고 여기는 사람들이다. 그리고 오직 이들만이 정말로 진리를 말할 수 있다. 다른 모든 사람들은 거짓을 말할 뿐이다."

우리가 상상하는 가정적인 어머니는 자신에게 철저히 의존하는 어린 자녀들의 모습을 통해서, 소망과 믿음 속에서 그들을 기르는 과정에서, 친밀한 관계를 통해 느끼는 고통과 진리를 통해서 인간의 삶이 얼마나 부족한지 수없이 체험하게 된다. 그러나 그와 동시에 그녀가 매우 가난한 이들, 죽어 가는 이들, 외로운 이들, 장애를 지닌 이들을 지속적이며 정기적으로 만나게 된다면 그것은 매우 소중한 경험이다. 그저 단체 활동을 하거나 그들을 지원하는 일에 그치지 말고 그들과 직접 만나야 한다는 뜻이다. 그녀가 정말로 무언가를 '준다'고

하더라도, 여기서 중요한 것은 그녀가 그들에게 무언가를 줄 수 있다는 사실이 아니다. 그들로 인해 그녀가 볼 수 있게 되는 것들이 훨씬 더 중요하다.

그들의 고통이 아무리 크더라도 존재론적으로, 문화적으로 상처 입은 이들은 우리의 가식과 두려움과 인간성에 대한 우리의 거부에 관해 가르쳐 줄 수 있는 놀라운 능력을 지니고 있다. 많은 경우 장애를 입은 이들에게는 집착할 가식이 전혀 없다. 열린 자세와 어쩔 수 없이 자신의 부족함을 받아들이는 태도를 통해 그들은 우리의 가장 큰 두려움까지도 해체시킬 수 있다. 그들은 인간 본연의 상처를 지니고 있고, 모두 앞에서 그 상처를 드러내며, 우리가 얼마나 나약하며 의존적인 존재인지, 우리가 죽어 가는 존재이고, 궁극적으로 우리는 몸이나 세상을 관리하거나 통제할 수 없음을 기억하게 해 준다. 그러므로 이 여인은 가난한 이들을 통해 자기 자신을 바라보는 법을 배우게 된다. 자신이 부족한 존재이며 늙어 가는 존재임을 지각하게 될 것이며, 자신의 두려움이나 버려진 존재라는 느낌을 직면하는 법을 배우게 된다. 그녀가 그들의 삶의 한 부분이 될 때 소외된 이들은 그녀에게 두려워하지 않는 마음과 더 큰 사랑을 불러일으키게 된다. 그들은 그녀가 더 온전한 진리와 긍휼을 실천할 수 있게 해 준다.

그녀가 소외된 사람들과 동일시함으로써 인간으로서의 자신의 참된 부족함을 깨닫게 될 때에야 비로소 사회 정의를 위한 노력, 정치적 변화를 위한 활동, 기도를 중심으로 삶는 삶이 굳건히 자리를 잡게 된다. 그녀가 그들에게 마음을 열고 자신의 인간성을 직면하며 자신의 나약함을 긍정할 때, 처음에 느꼈던 두려움과 불안은 사라진다. 그녀의 헌신으로 정화되고 깊어지며 가정생활이 더 풍성해짐을 알게 된다. 더 실제적인 기도 생활을 하고, 삶의 방식도 조금씩 변한다. 그리고 전에는 가지지 못했다고 생각했던 인격적 능력에 관해서도 깨닫는다.

로레토 수녀회 소속 수녀이며 소아과 의사인 앤 맨거내로(Ann Manganaro) 박사는 암으로 죽기 몇 해 전에야 이러한 진리를 발견했다. 그녀는 몇 주 동안 중환자실에서 미숙아로 태어나 버려진 아기들을 돌보았다. 모든 노력을 다했음에도 그 아기를 살리지 못한 채 그녀는 그 아기의 장례를 치렀다. 한 친구가 그 아기를 살리는 것이 무슨 의미가 있는지 물었을 때—아기는 엄마도 만나지 못했고, 산소 호흡기를 한 번도 떼지 못했으며, 음식을 맛보거나 놀아 보지도 못했으며, 말도 못해 봤고, 아무것도 이루지 못했다—맨거내로 박사는 이렇게 대답했다. "당신은 뭔가 잊고 있군요. 그 아기는 내 사랑을 불러일으키는 능력을 갖고 있었어요."

그리고 그 아기의 능력을 온전히 실현할 수 있는 기회가 맨거내로 박사에게도 찾아왔다. 죽기 전 마지막 며칠 동안, 그녀가 받은 지성과 감성이라는 선물을 너무나도 잘 알고 있는 가족과 친구들에 둘러싸여 그녀가 그들에게 마지막으로 준 선물은 그들의 사랑을 불러일으키는 능력이었다.

반-종합

당신은 소비문화를 증오하는가? 모든 포장과 모든 광고에 대해 분노하는가? '정신적 환경'에 대해 걱정하는가? 그렇다면 클럽에 가입하라. 반소비주의는 사회 계급을 막론하고 모든 북미인들의 삶에 가장 중요한 문화 세력 중 하나가 되었다. 물론 우리 사회는 사치품과 휴가, 명품 의류, 가정용품에 천문학적 돈을 소비하고 있다. 그러나 비소설 부문 베스트셀러 목록을 한번 보라. 몇 년 동안 소비주의에 대해 매우 비판적인 책들이 큰 인기를 끌어왔다. 『노 로고: 브랜드 파워의 진실』, 『문화 방해』, 『명품 열풍』, 『패스트푸드의 제국』. 이제는 동네의 음반 가게나 옷 가게에서도 『애드버스터즈』를 구입할 수 있다. 지난 10년간 가장 큰 인기를 얻는 동시에 비평가들의 찬사를 받았던 두 영화는 〈파이트 클럽〉과 〈아메리칸 뷰티〉였으며, 이 두 영화는 현대 소비사회에 대해 거의 동일한 비판을 가하고 있다.

이 모든 것으로부터 우리는 어떤 결론을 내릴 수 있을까? 한 가지 결론은, 시장은 반소비주의적인 상품에 대한 소비자들의 요구에 너무나도 탁월하게 부응하고 있다는 사실이다.

― 조지프 히스, 앤드루 포터 공저, 『혁명을 팝니다: 체 게바라는 왜 스타벅스 속으로 들어갔을까?』(마티)

대항문화 건설은 불가능하다. 왜냐하면 그것은 그 자체로서 당신이 만드는 문화 상품이 되고 말기 때문이다. 대항문화적으로 할 수 있는 유일한 일은 문화가 야기하지 않은 일이거나 당신이 생산하지 않은 일일 텐데, 그것은 인간의 생산, 소비사회, 상품의 세계를 초월해야만 한다. 대항문화를 건설하려는 우리의 모든 노력은 그것이 우리의 노력이기 때문에 실패할 수밖에 없다. 우리의 매체 역시 인간의 자기도취에 사로잡힌 자기 창조라는 동일한 역설에 갇혀있다. 토머스 디 젠고티타(Thomas de Zengotita)는 『미디어에 의해 매개된 삶』(Mediated)에서 이렇게 지적한다. "너무나도 오랫동안 우리를 둘러싼 채 우리의 이익과 제도에 의해 지배되는 세상 속에서 고통당하는 수백만 명의 사람들에게 눈을 돌리지 못하게 만드는 이기적인 자기 재현의 보호막은…바뀐 모습으로 또 다시 우리의 눈을 가리게 될 것이다." 문화가 존재하는 한 우리는 문화를 벗어날 수 없다.

그러나 이 책에서는 다른 형태의 실존이 존재한다고 주장해 왔다. 인격 형식은 우리가 참여하는 현실이지만 우리가 창조하지 않은 우리에게 주어진 무언가다. 뿐만 아니라, 문화, 사회, 자본, 매체, 그 밖에 우리가 맡은 '책무'에 이용되는 소모품이 되기를 거부할 때, 이 삶의 형식은 인간으로서 행하는 모든 일에 생명력을 불어넣는다.

우리 문화 속에서 인격 형식을 구현하고자 한다면, 우리의 경험을 통합해야만 한다. 상품 형식이 우리 삶의 각 영역—인격적 초점의 상실, 상호 간의 고립, 개개인의 소비와 생활 방식, 사회적 불의라는 더 넓은 구조적 현실, 소외되고 가난한 이들에 대한 자각을 억압하는 모습—에 침투해 있듯이, 인격 형식은 우리의 모든 경험 영역에 속속들이 파고들어야 하며 그 안에서 실천되어야 한다. 한 영역만으로는 충분하지 않다. 관계 안에서 시험되고 정의와 긍휼의 활동을 통해 그 열매가 맺어지지 않는다면, 기도만으로는 효과가 없다. 개개인이 실천하는 삶의 헌신, 기도, 섬김에 의해 뒷받침되지 못한다면, 공동체만으로는 이기심에 질식되고 만다. 정의에 대한 감각과 가난한 이들과의 지속적 접촉이 이루어지는 생활 방식의 변화는 비효율적이고 궁극적으로는 자멸할 뿐이다. 소외된 이들을 위해 자신의 시간 중 10분의 1을 바치겠다는 결심이 진정하고도 지속적인 헌신이 되기 위해서는 기도의 삶, 공동체의 삶, 기도의 진리를 중심으로 삼고, 그 힘에 의존하는 친밀한 관계에 의해서 유지되어야만 한다. 사회 안에서 거룩하게 살겠다는 목표는 사회와 개인을 무너뜨릴 힘만큼 변증법적이다.

우리 삶의 모든 영역은 서로 연결되어 있고 상호 관계 속에서 실천되고 삶의 총체성을 통해 실현된다. 그것은 마치 몸의 신비와도 같다. 각 부분이 통합될 때 믿음의 총체성은 구체화되고 유지될 수 있다. 그런 통합은 자본주의라는 우상에 대해 저항하고, 그리스도의 복음에 응답하도록 해 주는 유일한 힘이다.

상품 형식은 경험의 모든 영역―고독, 인격적 정체성의 상실, 공동체와 관계의 해체, 다층적이며 견고한 불의의 구조, 생활 방식 곳곳에 파고든 소비주의, '소외된 사람들'에 대한 우리의 의식을 억압하는 체계―에 조직적으로 침투하여 삶을 지배한다.

우리는 예수님의 복음도 그렇게 하도록 허락해야 한다. 왜냐하면 우상숭배―상품에 대한 숭배―의 주장과 마찬가지로, 인격적이신 하나님도 우리의 마음과 삶에 대한 지배권을 체계적으로 주장하시기 때문이다.

예수님의 삶은 우리를 구원할 뿐 아니라 가르친다. 예수님의 삶은 그리스도인의 실천(praxis) 방식이자 방법론이다.

누가복음을 통해 공생애 초기에 예수님이 하나님의 부르심과 세상의 도전에 어떻게 응답하셨는지 알 수 있다. 세례를 받으심으로써 인간성에 동참하기로 온전히 헌신하신 후 예수님은 성령에 이끌려 광야(고독이라는 우리의 부족함을 체험하고 홀로 기도하신 곳)로 가셨다. 그런 다음 삶의 양식을 완전히 바꾸셨다. 즐거움을 주는 것, 호화로운 것, 강력한 것(생활 방식)의 유혹에 저항하셨다. 갈릴리로 가셔서 가난한 이들에게 복된 소식을 선포하고, 눌린 자들을 자유롭게 하셨으며(정의를 위한 노력), 그런 다음 섬김과 치유의 삶(소외된 이들과 '가장 작은 자들'에게 10분의 1을 바치는 삶)을 사셨다. 지쳤을 때 그분은 친구들을 불러 하나님 나라의 일을 하는 사도의 삶을 나눴다(공동체의 삶).

여기서 우리가 인격적 삶 속에서 다섯 영역을 통합하는 것은, 단순히 문화적 이데올로기에 저항하기 위한 전략이나 단순히 우리의 삶에 복음을 포함시키기 위한 방법에 그치지 않는다. 이것은 길이신 예수님의 방식이다.

그분의 길은 이렇다. 인간의 모든 노력, 건설된 모든 문화, 그들의 기술과 창의력이나 생산 수단으로 만들어 낸 모든 문화적 생산물과는 대조적으로, 사람들 중 가장 작은 자 안에는 감춰진 실재가 있으며 그것은 결코 문화라는 것에 다 담아낼 수 없다. 왜냐하면 인간이 생산하거나 제조하거나 계발할 수 없고, 기능이나 기술이나 공적 이미지로 '표현'할 수 없는 것이기 때문이다.

뿐만 아니라, 이 실체는 한 번 사용하면 버리는 유한하며 재사용할 수 없는 자연 자원과도 다르다. 반대로 이것은 사용해야만 지속 가능하고, 나눌 때 비로소 존재한다. 마지막으로 이것은 원한다고 가질 수 있는 것이 아니라 선물이다. 우리는 인격체로서 사랑, 소망, 믿음을 우리 안에 일깨우고 다른 이들에게 불러일으킬 수 있는 능력을 부여받았다. 바로 그런 이유로 하나님은 너무도 초라하고 너무도 부족한 우리를 그토록 사랑하고 우리와 하나가 되려고 하신다.

인간은 문화 속에서 살아갈 수밖에 없다. 그러나 우리는 결코 문화의 형상대로 지음받지 않았다. 문화가 **우리의** 형상대로 지어졌다. 그리고 우리는 **하나님의** 형상이다. 이것이 바로 거룩함의 혁명적 본질이다.

결론 • 혁명적 거룩함

기독교 신앙이 사회적·문화적 맥락과 동떨어져 있는 경우가 너무 많다. 신앙이 그런 식으로 동떨어져 있으면 무기력해진다. 결국 그리스도인들의 삶에 미치는 영향력과 신앙이 존재하는 문화에 대해 복음을 증언하는 능력이 약해진다. 한편으로, 그리스도인들은 경제 체계와 정치 구조가 그리스도인의 가치에 영향을 미치고 심지어 그 가치를 왜곡시킨다는 사실에 대해 너무도 무비판적이다. 다른 한편으로, 그리스도인들은 그들의 신앙이 어떠한 사회적·문화적 의미를 지니는지를 이원론적으로 이해하고 있다.

심지어 우리 문화처럼 '기독교적' 문화에서 통용되는 가치나 인식의 방법조차도 지극히 반기독교적이며 비인간적이다. 반면 신앙인들은 그런 사회적·정치적 환경이 신앙과는 아무런 관계가 없다는 주장만 되풀이할 뿐이다. 가장 안타까운 사실은 기성 기독교가 실제로는 성경 안에 나타난 그리스도의 메시지와 정반대되는 가치를 표방하는 세계관과 정치 체계를 정당화하는 수단으로 전락했다는 점이다. 그리스도인들은 그저 카이사르의 것을 카이사르에게 바칠 뿐이라는 핑계를 대며 카이사르에게 그들의 양심과 삶의 목적과 소망, 심지어 그들의 자녀까지 바치기도 했다. 기독교회가 세상의 권력 및 문화의 권력과 스스로를 동일시할 때 문제는 가장 심각해진다. 얼마 지나지 않아 그런 권력의 정당화는 그리스도인의 삶의 기초이자 지침인 그리스도의 복음에 대한 충성을 대체해 버린다.

오늘날 미국 문화 속에서 그리스도인들의 상황은 역설적이다. 명목상으로는 기독교 문화라고 하지만, 사회의 가치는 점점 더 복음의 가치에 적대적으로 변해 가고 있다. 시대의 징조를 읽을 때 우리는 문화의 지혜와 기독교의 지혜 사이의 충격적 대립을 발견할 수밖에 없다. 상품 형식이 너무나 궁극적인 주장을 하고 있으며 우리의 의식을 아주 강력히 지배하고 있기 때문에, 인간이 어떻게 섬김을 받고 구원을 얻을 수 있는지에 관한 상반된 설명 사이에서 최종적으로 충성을 바칠 대상을 선택해야 한다고 나는 생각한다.

그런 선택의 첫 번째 조건은 상품 형식과 그것이 우리의 가치와 인식에 깊이 침투해 있다는 사실에 대한 비판적 인식이다. 우리의 충성을 요구하는 인간의 상황에 대해 철저하게 상반된 이해 방식이 있다는 사실을 직시할 때에야 비로소 우리 앞에 놓인 선택도 직시할 수 있다. 그뿐 아니라 이러한 인식을 가질 때 너무나 자주 우리를 분리시키며 고립시키는 다양한 이슈들의 근저에 깔린 가치 체계에 대해서도 이해할 수 있다. 그리고 대개 그 가치 체계가 편견, 특정 집단의 이익, 원칙의 선택적 적용 등에 기초하고 있음을 깨닫게 된다.

그런 인식이 작동될 때에만 그리스도인은 인종주의, 낙태, 군사주의가 순전히 정치의 문제로 국한되지 않는다는 사실을 깨닫게 된다. 그것은 하나님에 대한 믿음과 인간성에 관한 문제다. 한 사람이 사형제도와 낙태의 정당화에 저항하거나 군사 무기와 새터데이 나잇 스페

셜(Saturday night specials, 저가형 권총을 일컫는 속어 - 역주)의 판매에 항의하는 것은 개인적 호불호나 사적 도덕의 문제가 아니다. 그것은 그 사람이 인간의 본성과 존엄성과 목적에 관해 어떤 관점을 갖고 있는가의 문제다. 기독교적인 관점이 있다. 그리고 그 관점은 상품 형식에 적대적일 수밖에 없다.

이 책의 목적은 자본주의가 그리스도의 메시지와 본질적으로 상충된다는 사실을 증명하는 것이 아니다. 그렇게 주장할 수도 있겠지만, 우리는 어떻게 자본주의가 진리, 가치, 유용성, 성공에 관한 그 자체의 기준이 아닌 다른 가치 체계나 인간관이라는 기준에 종속되지 않을 때 인간성을 파괴할 수밖에 없으며 기독교와 체제상 대립될 수밖에 없다는 사실을 보여 주는 데에 관심을 더 기울였다. 자본주의 외에 다른 신념 체계가 존재하지 않는다면, 자본주의는 폭력적 우상을 만들어서 모든 전체주의와 마찬가지로 사람들을 파괴적 예속과 영적 빈곤으로 몰아넣을 것이다.

무신론적 마르크스주의는 환멸과 해체의 운명을 피하지 못했다. 그 제도는 인간적이지도 않았고 정의롭지도 않았으며 자기비판적이지도 않았다. 계급 분석과 강고한 국가 구조는 폭력과 파괴, 공포의 형이상학을 정당화하는 도구가 되었다. 전체주의 체제 아래 살던 사람들이 느끼는 두려움은 자유와 정직에 대한 그들의 욕망을 더욱 부채질했을 뿐이다. 이 책의 초판이 나온 25년 전 주장이 마침내 진실로 드러났다.

마르크스주의의 핵심에는 커다란 구멍이 존재한다. 그것은 영혼의 부재다. 거기에는 궁휼과 소망이 없다. 인간의 활력과 자유에 대한 믿음이 없다. 무엇보다도 심각한 문제는 궁극적으로 인간이 자유롭고 생명력을 지닌 존재여야 할 타당한 이유를 제시하지 않는다는 점이다. 이데올로기를 제어하고 제한하는 장치가 없기 때문에 인간은 소모품으로 전락하고 만다. 인간이 문화와 국가를 초월하여 인간성에 근거한 가치를 지니고 있음을 부정할 때 인간은 사상이라는 우상에게 바쳐지는 희생 제물일 뿐이다. 마르크스주의 국가들에서도 문화를 초월하는 신앙이 번성했던 곳에서만 저항의 힘을 느낄 수 있었으며 전체주의적 지배에 맞서 개인의 존엄성을 주장하는 목소리가 들렸다. 전통적 신앙이 파괴되고 새로운 신앙에 대한 개방을 억제했던 중국의 경우, 공산주의는 자본주의에 굴복하고 말았으며 이제는 전체주의의 도구로 전락했을 뿐이다. 자본주의가 본질적으로 해방적이라고 주장해 온 이른바 전문가들은 그들의 전제를 재고해야만 한다. 또한 중국이 우리 사회와 같은 고도의 소비사회와 맞먹는 속도로 소비하기 시작한다면 지구의 미래는 어떻게 될 것인지에 관해서도 생각해 보아야만 한다.

그러나 그리스도인들, 특히 미국과 그 밖에 다른 서양과 북반구 국가들에서 살고 있는 그리스도인들이 시급히 다루어야 할 문제가 남아 있다.

우리는 우리 자신의 정치적·경제적 삶에서 영혼을 잃어버린 문제에 대해서도 다루어야 하지 않을까? 우리는 인간의 존엄성과 평등에 대한 열정을 잃어버렸고, 인간의 예속과 소외에 대한 도덕적 분노도 잃어버린 것이 아닐까? '현재 상태'(status quo)를 우리가 살아야 할 그리고 우리의 젊은이들에게 물려줄 유일한 현실 세계로 무비판적으로 받아들이고 있지 않은가? 우리의 신앙은 그저 이름뿐인 피상적 신앙이 아닐까? 그래서 우리의 자녀들은 문화가 제공하는 비인간화의 삶에 대한 실천적 대안을 어디에서도 발견하지 못하는 것 아닐까? 공산주의 세계라는 '악의 제국'에 저항하는 것보다 말과 행동을 통해 소비주의라는 우상에 저항하는 것이 훨씬 더 큰 용기가 필요한 것은 아닐까?

1980년대 중반 예수회 회원들의 국제 모임에서 우리가 속한 다양한 문화 속에서의 무신론 문제에 관해 이야기했다. 다양한 정치적·경제적 세계가 우리의 신앙에 심대한 영향을 미친다는 점을 인식하며 나는 폴란드 출신의 한 예수회 회원에게, 그 나라에서는 공산주의에 저항하기 위해 가장 큰 용기가 필요하겠지만 미국에서는 소비주의에 저항하기 위해 가장 큰 용기가 필요하다고 말했다. 나는 그의 대답에 깜짝 놀랐다. "아니오. 폴란드에서도 공산주의의 유물론(materialism)보다는 자본주의의 물질주의(materialism)에 반대하기가 훨씬 더 어렵습니다. 공산주의는 우리가 눈으로 확인할 수 있지만 소비주의는 훨씬 더 교묘하고 치명적입니다."

철의 장막 뒤편에서 살던 사람도 이 점을 이해했건만 왜 우리는 그렇지 못할까? 소비사회에서 거룩한 삶, 그리스도를 따르는 삶을 사는 일은 좌파나 우파의 문제거나 보수주의나 자유주의에 관한 문제가 아니다. 그것은 그리스도가 이루신 구속의 신비하고 온전한 메시지를 이해하는가에 관한 문제다. 즉 하나님의 온전한 형상과 모양대로 지음받은 인간으로 스스로를 재확인하면서 우리는 하나님의 구속을 실제로 믿고 자아와 이웃과 하나님에 대한 사랑이 우리의 삶과 노동의 모든 측면을 변화시킨다는 사실을 이해해야 한다. 예수님의 참된 제자는 하나님에 대한 사랑과 인간의 정의에 대한 갈망 사이에서 결코 갈등하지 않고, 신앙이 이 세상에서 우리가 형제자매를 대하는 태도와 무관하다는 착각에 절대로 현혹되지 않으며, 정의를 이루기 위한 인간의 위대한 노력이 철저한 겸손-우리를 인격과 운명에 있어 평등하게 창조하신 하나님 앞에서의-없이도 성과를 거둘 수 있을 것이라는 오만한 생각을 결코 하지 않는다.

그리스도인이 정의와 기아, 빈곤과 군사주의, 사회주의, 자유주의, 마르크스주의에 관한 물음을 포기할 때, 인간의 공동체뿐만 아니라 자신의 정체성에도 큰 피해를 준다. 정적주의와 수동성은 인류에 가해지는 불의를 영속화시킬 뿐만 아니라 그리스도의 삶과 메시지에 관한 핵심적 사실도 약화시킨다. 예수님은 요한의 제자들에게 정확히 정의와 긍휼, 인간의 해방을 위한 활동을 통해 그분이 인식되고 선포된다는 점을 강조했다. 그리스도는 가난한 이들, 소외된 이들, 주린 이들, 갇힌 이들의 얼굴과 자신을 동일시하셨다. 기독교 신앙으로부터 그들과 그들을 억압하는 상황을 배제하는 것은 그 신앙을 세우신 주를 배제하는 것과 마찬가지다.

기독교 신앙에서 사회적·정치적·문화적 내용을 제외시키는 태도는 여러 방식으로 교회를 약화시킨다. 첫째, 정의의 문제를 사회 활동가, 선동가, 공산주의자들에게 맡겨 버린 까닭에 많은 그리스도인들이 역설적으로 정의와 해방의 운동을 무신론적 공산주의와 사탄의 일로 여긴다. 이것은 기독교 신앙에 대한 심각한 왜곡으로, 슬프게도 세상의 모든 악을 공산주의와 동일시하는 태도로 인해 더 심하게 왜곡된다.

그러므로 악을 외면화함으로써 교회는 내부적 자기비판의 부재라는 두 번째 문제에 봉착한다. 교회 안의 비판자들은 적으로 간주되고, 많은 경우 비판자들 스스로도 그렇게 생각한다. 그러므로 비판자들은 스스로 교회를 떠나거나 떠나라고 강요받는다. 교회가 죄인 됨과 회심의 필요성을 부인할 때마다 예수 그리스도의 계시에 충실해질 수 있다는 희망은 점점 더 사라진다. 회심해야 할 사람들은 '다른 이들'뿐이다. 그리고 우리의 죄인 됨을 부인할 때, 죄인을 부르러 오신 주님의 손짓까지 무시하게 된다는 사실을 잊어버렸다.

마지막으로, 신앙과 사회를 나누는 이원론의 또 다른 해악은 교회가 문화에 대한 사명에 실패한다는 사실이다. 문화의 가치는 '저기 바깥'에 존재하는 것, 신앙이나 영혼과 무관한 것으로 취급된다. 그러므로 상품 형식과 자본주의의 우상을 통해 구체적으로 드러난 신앙의 가장 강력한 장애물에 대해서는 아무런 도전도 할 수 없게 된다. 그리고 그런 장애물에 대해 도전하지 못할뿐더러 오히려 그런 장애물을 정당화한다.

위험스럽게도 영성과 신앙을 사회와 정의로부터 분리시킨 까닭에 미국 사회와 미국 교회에서는 사회적 변화, 사회적 비판, 문화적 성장이 매우 어려워졌다. 영적 자원, 헌신, 생활 방식, 생명력 있는 신앙을 잃은 사회 운동가들은 사회적 프로그램과 개혁 운동을 추진할 때도 총체적 비전을 제시하지도 장기적 헌신을 이끌어 내지도 못한다.

그렇기 때문에 한 세대에서는 해방적이었던 이들이 다음 세대에서는 억압하는 이들이 된다. 가치는 전해지지 않으며, 권력의 균형만이 전달된다. 삶의 기준이 높아지지만 소외와 우울증도 역시 높아진다. 왜냐하면 인간의 영혼에 영향을 미치지 못했기 때문이다. 그리고 상품 형식에 의해 세워진 담론의 세계를 결코 초월하지 못한다. 영혼과 신앙의 삶에서 분리된 사회적 변화와 제도 개혁은 냉정한 환멸, 혹은 더 많은 경우에는 사회적 지배로 귀결된다. 공산주의의 비극적인 실패는 이런 지배 상태를 여실히 보여 준다. 정직과 기쁨을 향한 인간 영혼의 갈망으로부터 시작된 공산주의는 영혼 없이 무자비하며, 실용주의적이고 조작적이며, 폐쇄적이고 제한적이며, 대체하기를 바랐던 차르나 제국주의자만큼이나 인간성에 대해 파괴적 이데올로기로 전락했다.

반면에 내면화되거나 의례화된 영성이 억압받는 사람들의 구체적 소망과 분리될 때, 이런 이원론은 수동성과 타협을 낳게 된다. 불의 앞에 침묵하면서 다른 인간에 대한 긍휼의 마음을 잃어버린 채 정의와 사랑을 실천하지 않는 신앙인들은 생기 없는 영혼과 다름없다. 그러므로 역사의 제단 위에 수백만 명이 살육당할 때도 성육신적이지 않은 신앙은 인간의 감각을 무디게 함으로써 자기도취적 관조와 자아실현, 혹은 스스로 정당화하는 의례적 형식주의에 몰두하게 만든다. 사람들은 그저 멍하게 성찬대 앞으로 나오거나 가부좌를 틀고 숨을 들이쉬거나 헌금 바구니에 헌금을 넣을 뿐이다. 그러는 사이 기아와 제도화된 폭력과 가난한 이들에 대한 억압은 용인된 '세계의 방식'이 된다.

성육신하신 하나님, 언약의 하나님이 우리를 부르셨다는 사실이 얼마나 귀한 것인지를 깨닫기만 한다면, 우리의 신앙에 담긴 뜻이 얼마나 새롭고 탁월한가를 기억할 수만 있다면, 더 이상 우리는 사물의 엄청난 축적을 통해 정체성과 정당성을 추구할 필요가 없다. 더 이상 새로운 구원자나 선동가를 찾아 헤매지 않을 것이고, 하나님을 사랑하는 것과 사람을 사랑하는 것, 천국을 추구하는 것과 이 땅을 세우는 것 사이의 거짓 선택을 놓고 더 이상 고민하지 않을 것이다. 더 이상 우리의 신앙이 아직도 살아 있다고 말해 주는 연말 「타임」지 기사를 통해 작은 위안을 얻는 것에 만족하지 않아도 된다. 고독한 가운데 기도를 통해 자신을 드러내고 우리 마음속 하나님의 성령의 움직이심을 느끼게 될 때, 존재론적으로 발가벗은 채 복음과 우리 주 앞에 설 때, 우리는 하나님뿐만 아니라 자기 자신과 다른 사람들까지도 발견하게 된다. 그리고 그것은 유일하게 참되고 영속적인 혁명의 토대를 발견하는 것이다.

온전한 의미에서 혁명가는-인간이 되라는 명령에 철저하게 충실하고자 하는 사람, 사람들에 대한 섬김과 정의의 세계에 진심으로 헌신한 사람, 자신이 주장하는 삶을 그대로 살아내는 사람-곧 성자다. 아시시의 프란체스코, 로욜라, 간디, 도로시 데이, 바버라 워드(Barbara Ward), E. F. 슈마허(Schumacher)는 진정한 혁명가들이다. 그리스도처럼 그들은 사람들의 삶을 움직인다. 그들은 케케묵은 가구를 옮길 시간이 없다. 그들은 홀로 억압 구조에 도전하며 그 구조를 변화시킨다. 왜냐하면 그들은 인간의 마음에 변화를 일으키기 때문이다.

자신에 대해 죽어야 한다는 가르침에 온전히 충실하고자 했던 수도사를 통해 질적 혁명이 일어났다. 이를 통해 그는 자신을 온 인류와 동일시했으며, 기도와 청빈으로 섬기는 삶, 자기 마음속의 관용 없음을 정화하는 삶에 헌신하게 되었다.

혁명은 부부 교환을 통해 해방된 성에 몰두하는 두 사람을 통해 일어나지 않는다. 그들 사이의 친밀한 관계에 헌신하며, 서로와 자녀들에 대해 충실한 삶을 사는 남자와 여자를 통해 혁명은 시작된다. 그들의 사랑과 정절은 그들 자신을 정화하며 어려움에 처한 다른 이들을 지탱해 줄 뿐만 아니라, 자신의 외부로 나와 공동체를 섬기고 생활 방식을 바꾸며 인간을 피폐하게 하는 모든 사회적 형태에 지속적으로 투쟁한다.

   주말에만 급진적인 사람이나 한 계절만 반항적인 사람 혹은 5개년 계획에 의해서는 참된 변화가 일어나지 않는다. 참된 변화는 인간에 대한 존중과 사랑에 장기적으로 헌신하는 활동가들이 일으킨다. 우상화된 사물과 그것이 요구하는 폭력적 불의라는 죽음의 수레바퀴로부터 벗어나기를 진심으로 소망할 때에야 비로소 참된 혁명이 가능하다.

   오직 성자만이 참된 혁명가다. 거룩함은 형식적 엄격성이나 열정 없는 내면성을 강조하는 정적주의가 아니기 때문이다. 정의에 대한 열정이나 열심이 없다면 거룩함도 불가능하다. 자신의 인격적 부족함에 대한 감각이나 가난한 이들에 대한 사랑이 없다면 거기에는 거룩함도 없다.

   거룩함은 자신의 인간성을 받아들이고 하나님이 사랑하는 죄인임을 인정하는 태도이며, 이렇게 무조건적으로 사랑받는 경험이 긍휼과 정직한 노동으로 흘러넘치는 상태다. 성자는 최신의 폭군이나 우상으로 구체제를 대체하는 사람이 아니다. 성자는 이 땅 위에서 오직 완벽히 새로우며 거룩한 한 가지 일을 행하는 사람이다. 성자는 생명과 사랑의 참된 혁명 속에서 모든 것을—심지어 자신까지도—자유롭게 내어 주는 법을 배운 사람이다.

   성자는 어디에나 있다. 자신이 섬기는 '작은 이들'을 떠나기 거부한 장애인들을 섬기는 목회자가 성자이며, 오랫동안 가난한 이들의 권리를 옹호해 오면서 집 없는 아이를 입양한 판사가 성자다. 식료품점을 돌며 팔고 남은 음식을 모아 가톨릭 노동자의 집에 머무는 손님들에게 가져다주었던 중산층 부부가 성자다.

의대를 마치고 날마다 기도하며 도심의 소외된 사람들과 더불어 살아가는 수녀회에 소속되지 않은 한 자매가 성자다. 병원 경영인으로서 의료계의 최고 지도층에서 정의를 위해 일하며 기회가 있을 때마다 조용히 가난한 이들을 섬기는 수녀가 또 다른 성자다.

로메로(Romero) 대주교나 루틸리오 그란데(Rutilio Grande), 엘살바도르에서 살해된 네 명의 미국 선교사와 같은 혁명적인 성자들은 추방과 투옥과 죽음의 위험까지도 무릅쓰며 가난한 이들을 위해 섬기는 일에 담대하게 자기 목숨을 바친다. 다른 평범한 사람들은 가난한 이들을 섬기기 위해 혹은 전쟁이나 다른 형식으로 인간을 파괴하는 일에 자신들의 세금이 쓰이지 않도록 하기 위해 가난한 삶을 자발적으로 선택하기도 한다. 또 어떤 가족들은 경제적으로 중산층에 속하지만, 자신의 노동과 전문 기술이 인간의 필요에 의해 결정되고 노동의 결실을 전혀 누리지 못하는 이들과 나누기 위해 그들의 수입에 일정한 한계를 정하기도 한다.

철저한 청빈을 실천하는 한 지역 공동체 운동가는 도심 재개발 법령을 개혁하기 위해 노력하면서 인간의 실패를 직시하는 영성을 발전시켜 거룩한 혁명가가 되었다. 다른 사람들은 독신자로서 공동체 안에서 살며, 가르치고, 치유하고, 이웃의 사람들을 섬기고, 성례전적 삶 속에서 성숙해 간다. 또 다른 이들은 은퇴한 후에도 섬김을 실천하며 소리 없이 익명으로 이 땅을 세우는 일에 이바지한다. 마지막으로 어떤 이들은 정의와 생명과 평화의 이름으로 투옥되기도 한다. 이러한 각각의 구체적인 인간의 삶 속에 신앙과 역사, 하나님과 시간, 영혼과 사회가 상호 관통한다. 이들의 삶은 각각 혁명적이면서 거룩하다.

신앙과 정의가 서로에 대해 본질적 요소임을 인식할 때에야 비로소 영성의 사회적·문화적 내용을 이해하고 실천할 수 있다. 그럴 때에야 인간의 삶이 성화되고 성자가 나타날 수 있다. 하나님이 역사 안으로 들어오셔서 역사를 끌어안으실 때에야, 그리스도가 계셨고 또 계신다. 인간의 삶은 너무나도 찬란하고 대체될 수 없을 정도로 귀한 것이어서, 우리 하나님도 인간과 하나가 되고자 하셨음을 이해할 때 마침내 참된 혁명과 참된 거룩을 발견할 수 있다.

인간은 가늠할 수 없을 정도로 귀하다. 국민 총생산을 만들어 내거나 이 땅을 건설하는 도구 역할을 하기 때문이 아니라, 생산이나 권력이나 지배의 능력을 지녔기 때문이 아니라, 긍휼한 마음으로 자신의 진리를 끌어안고 자신의 존재가 놀라울 정도로 불완전하며 부족하다는 것을 깨달을 수 있기 때문이다. 인간은 약하지만 인격적 지식과 사랑의 충만함에 대해 자유 안에서 철저하게 열려 있는 존재이기 때문이다. 그들은 그들의 하나님을 구현한다.

이제 비로소 우리는 거룩함과 은총의 사람들을 발견한다. 이제 비로소 우리는 이 땅의 모습을 변화시킬 온전한 능력과 의지를 지닌 형제자매를 발견한다.

추천 도서 목록 • 문화와 신앙을 위한 독서

형성과 정보

하나의 총체적 체계로서의 소비사회 속에서 우리가 자주 마주치는 어려움 중 하나는 정보다. 여러 가지 점에서, 누구든지 우리에게 정보를 제공하는 사람이 우리를 만들어 간다. 만약 정보 체계가 전반적으로 소비의 삶을 정당화하는 힘에 의해 통제된다면, 우리는 문화가 받아들이는 '지혜'에 대해 의문을 제기하는 관점을 거의 만날 수 없다.

  모든 정보는 하나의 관점으로 우리에게 전해진다. 그러므로 다양한 관점에 대해 검토해 보는 것이 전략적으로 유리하다. 인터넷을 제외한 방송과 전자 매체의 경우에는 소비 이데올로기에 맞서는 인생관을 찾아보기가 어렵다. 심지어 미국 공영 방송(PBS) 텔레비전 프로그램도 마찬가지다. 몇몇 대담한 예외가 있기는 하지만, 공영 방송의 뉴스 프로그램조차도 정부와 재계에서 제공하는 자료를 토대로 만들어지기 때문이다. 논평과 토론에 참여하는 이들은 한결같이 동부, 특히 워싱턴 지역 출신의 학자나 정부 관리들이다. '다양한' 견해란 대개 대단히 보수적인 진영의 입장부터 중도적이며 자유주의적인 진영의 입장까지를 뜻하는 것으로 해석된다. 그러나 이 모든 형용사들은 국가주의와 소비주의를 전제로 하는 제한적 범위를 가리킬 뿐이다. 언론 제도 자체에 관해 문제를 제기하는 경우는 거의 없다. 우리의 경제 체제를 비판하는 경우는 거의 없다. 국가의 이익이라는 '기정 사실'에 대해 도전하는 관점을 제시하는 경우는 거의 없다.

예를 들어, 이라크와 벌인 두 차례의 전쟁에 관한 압도적으로 많은 양의 정보들은 아무런 의심 없이 우리 쪽의 명분이 '정당'하다고 전제한다. 아랍 진영의 입장을 들어 보는 경우도 거의 없고, 그 지역의 역사를 살펴보는 경우도 거의 없으며, 요르단 국왕 후세인(친서방 정책을 견지했으나 걸프전 당시 이라크를 지지해 서방측과의 관계가 멀어짐―역주)이나 팔레스타인 사람들이 처한 곤경에 대해서도 전혀 생각하지 않는다. 그 대신 우리는 이미 군과 정부의 검열을 거친 보도에 관해 퇴역 장성과 국방부 통신원들이 논평하는 것을 들을 뿐이다. 오늘날까지도 '사막의 폭풍' 작전 당시 얼마나 많은 이라크인들이 목숨을 잃었는지에 관해 그리고 수년간의 경제 제재, 사담 후세인에 대한 마지막 공격, 그 이후의 점령기와 그로 인한 이슬람 과격파의 테러 행위 등에 관해 정확한 정보를 얻기가 힘들다.

신문과 주간 시사지의 상황도 텔레비전과 마찬가지다. 평범한 미국인들이 흔히 '자유주의적'이라고 말하는 「뉴욕 타임스」조차도 정부와 기업의 입장을 그대로 반영할 뿐이다. 실제로 그 신문에 기고하는 수많은 칼럼니스트들이 전쟁의 분위기를 고조시키고 사담 후세인을 악마 취급하는 태도를 부추겼다고 주장하는 것도 얼마든지 가능하다.

뿐만 아니라 목표 대상에 따라 뉴스의 '마케팅'이 세분화된다. 어떤 이들은 자신이 믿고 싶은 진리를 재확인하기 위해 「워싱턴 타임스」(*Washington Times*)만 읽고 〈폭스 뉴스〉만 본다. 또 어떤 이들은 정부 정책에 비판적인 PBS의 프로그램에만 끌리고, 자신이 지닌 자유주의적 입장을 지지하는 칼럼니스트들의 글만 읽는다.

이러한 '관점'의 문제를 염두에 둔 채 아래의 도서 목록을 제시하고자 한다. 물론 여기에 제시된 책이 전부는 아니다. 이런 책으로부터 시작해 보라는 제안일 뿐이다. 그리고 시사 문제에 관해서는 대안적 입장을 제시하는 신문과 잡지도 찾아서 읽어야 한다. 그럴 경우 공정성을 위해 두 가지 이상의 상반된 자료를 참고하는 것이 좋다. 두 주에 한 번씩 공립 도서관에 방문한다면 더 균형 잡히고 비판적인 정보를 토대로 시사 문제를 이해할 수 있다.

정치와 경제 일반에 관해서는 「네이션」(*The Nation*)과 「내셔널 리뷰」(*The National Review*)를 함께 읽어 균형을 잡아야 한다. 전자는 미국의 정치와 경제에 대해 비판적인 반면, 후자는 지지하는 입장이다. 둘 다 의도를 선명하게 드러내며 적극적으로 입장을 개진하지만 동시에 도발적이기도 하다. 소비 이데올로기에 대한 흔치 않은 대안을 발견할 수 있는 잡지는 「네이션」이다. 「내셔널 리뷰」의 창립자인 윌리엄 버클리(William Buckley)는 PBS의 영향력 있는 프로그램 〈파이어링 라인〉(Firing Line)을 진행하기도 했다. 닉슨 대통령의 연설문을 작성했던 존 맥러플린(John McLaughlin)은 두 가지 프로그램을 진행했다. 진정한 대안은 제시하지 않고 이데올로기 대립만 드러낼 뿐인 토론 프로그램 〈맥러플린 그룹〉(The McLaughlin Group)은 여전히 방송되고 있으며, 〈원 온 원〉(One on One)은 중단되었다.

가톨릭 잡지들 중에서 「아메리카」는 문화 이데올로기에 대해 강력한 비판을 제시하지는 못하지만, 중도적이며 자유주의적 입장을 견지한다. 「커먼윌」에서는 국가주의와 자본주의를 면밀히 분석하고 문제를 제기한다. 가톨릭 신문으로는 「내셔널 가톨릭 리포터」(National Catholic Reporter)와 「내셔널 가톨릭 레지스터」(National Catholic Register)로 균형을 맞출 수 있다. 두 신문은 모두 영적 삶과 가톨릭 교계뿐만 아니라 사회, 정치 문제에 관해서도 다룬다. 「리포터」가 미국의 정치, 경제, 군사 정책에 대해 더 비판적이며, 탁월한 보도와 심층 분석 기사도 자주 실린다. 「레지스터」는 순응적이며 무비판적이다. 그러나 「리포터」는 교회와 성례전, 인간의 성 문제에 관해 미국의 자유주의적 세속 이데올로기에 순응하는 반면, 「레지스터」는 가족, 종교, 언약, 성에 관한 문화적 관점에 대해 더 분명히 대항한다. (다른 기독교와 유대교 작가들의 글도 실리기는 하지만) 신보수주의적 가톨릭 잡지 「퍼스트 싱즈」(First Things)에서는 한층 더 탄탄한 논증을 전개한다. 이 잡지는 신중하며 면밀한 분석을 보여 주기는 하지만 자본주의와 미국의 군사 행동을 거의 무비판적으로 지지하는 태도를 보인다. 이에 대해서는 인격주의(personalism)에 영향을 받은 「휴스턴 가톨릭 워커」(Houston Catholic Worker)로 균형을 맞출 수 있다. 이 신문에서는 낙태와 사형 제도뿐만 아니라 미국의 경제, 외교 정책을 지속적으로 날카롭게 비판하고 있다. 에큐메니컬하고 급진적이며 복음주의적인 잡지 「소저너스」(Sojourners)는 복음의 가치와 제자도에 든든히 뿌리박고 있다. 평화와 생명의 문제뿐만 아니라 정의, 영성, 공동체에 관해서도 관심을 기울이는 「소저너스」는 사회, 경제, 외교 문제에 관한 교황 요한 바오로 2세의 비전을 무시하는 일부 보수적 가톨릭 언론보다 교황의 통합적 시각을 더 진지하게 수용했다.

유대교 언론으로는 보수적인 「카먼터리」(*Commentary*)와 자유주의적인 「티쿤」(*Tikkun*)이 대조를 이룬다. 「어트니 리더」(*UTNE Reader*)는 대안 언론계의 「리더스 다이제스트」(*Reader's Digest*)라 할 수 있다.

언론을 정기적으로 평가하는 두 단체가 있다. AIM(Accuracy in Media)은 보수적 시각을 견지하는 반면, FAIR(Fairness and Accuracy in Reporting)은 자유주의적 관점을 견지한다. 두 단체를 통해 우리 언론계가 얼마나 '당파적'인지를 알 수 있다. 도서관에서 구독하고 있다면, 윤리나 종교와 같은 특정한 주제에 관련하여 언론 출판계를 비평하는 글을 싣곤 하는 「커뮤니케이션 리서치 트렌즈」(*Communication Research Trends*)를 살펴보는 것이 유익하다.

소비주의, 언론, 기독교, 자본주의 등의 주제에 관해 가장 많은 정보를 얻을 수 있는 곳은 물론 인터넷이다. 앞서 언급한 출판물들의 경우, 구글이나 애스크(Ask), 앤서즈닷컴(Answers.com)에 제목만 입력하면 웹사이트에 접속할 수 있을 것이다. 거의 매일 아침 나는 주요한 뉴스 그룹, 비평가, 잡지의 웹사이트 링크를 모아둔 "예술과 문학"(aldaily.com)에 접속한다. 이 웹사이트에서는 새 책과 논문과 신문 기사를 짧게 소개하기도 한다. 또한 블로그도 있다. 블로그는 시사 문제에 관해 논평하며, 선호하는 자료를 링크하고, 특정한 관점을 옹호하며, 자신들이 추진하는 일을 홍보하기도 하는 개인과 단체들의 거대한 네트워크다. 나는 에이미 웰본(Amy Welborn)의 블로그에 자주 들른다. 그녀는 가톨릭 수퍼 맘처럼 책을 읽고, 『다빈치 코드』(*The Da Vinci Code*)에 관해 이야기하며, 교회와 신앙의 문제를 논하고, 자신이 좋아하는 블로그를 링크해 두었다. "갓스파이"(Godspy)와 "겟릴리전"(Get-religion.org) 역시 여러 이슈를 논하며 각종 링크를 걸어 두고 있다. 「크리스채너티 투데이」(Christianity Today)의 웹사이트를 꼼꼼히 살펴보면, 귀한 정보와 블로그 링크를 발견할 수 있다. "에클레시아 프로젝트" (ekklesia project)는 블로그는 아니지만 진지한 반문화적 신앙을 위한 매우 귀중한 정보를 제공한다.

지금까지 소개한 것은 신앙과 문화에 관해 얻을 수 있는 정보들 중 극히 일부에 불과하다. 지난 15년간 모은 자료를 살펴보면서 한 사람이 다루거나 심지어 견뎌낼 수 있는 것보다 훨씬 더 많다는 것을 알게 되었다. 소비할 상품인 정보가 한 사람의 삶을 소비해 버릴 수도 있다. 나 스스로도 그런 위험한 경향성을 느껴 왔다. 내게는 책을 읽거나 인터넷을 서핑하는 것보다 고독이 더 필요하다. 친구들, 공동체, 가족과의 관계, 청빈함, 가난한 이들에 대한 섬김이 더 중요하다. 어쩌면 당신 역시 그런 위험을 느끼고 있을지 모르겠다.

그렇기 때문에 나는 이전판보다 추천 도서 목록을 축소시켰다. 중요한 책들은 여전히 언급하겠지만, 추천서 중 다수는 지난 15년 사이에 발간된 것으로서 새로운 연구나 날카로운 분석을 담고 있는 책들이다. 감히 모든 것을, 심지어 가장 탁월하거나 중요한 것을 망라했다고 주장하지는 않겠다. 중요한 책이 빠져 있음을 발견한다면 나에게 이메일(kavanasj@slu.edu)로 알려 주기 바란다(저자의 2012년 죽음으로 더 이상 이메일 수신이 불가능하다 — 편집자주).

상품 형식

매체와 광고가 조장하는 소비주의

로버트 맥체스니(Robert McChesney)는 정치와 자본주의, 광고와 관련하여 매체에 관한 두 가지 중요한 연구서를 냈다. 『부자 미디어, 가난한 민주주의』(Rich Media, Poor Democracy, 한국언론재단)와 『미디어정책 개혁론』(The Problem of the Media, 나남)은 좌파 정치권으로부터의 진지한 비판을 담고 있다. 탄탄한 연구와 풍부한 자료로 뒷받침되는 두 책은 우파 진영 [버나드 골드버그(Bernard Goldberg)의 『비방』(Slander)]이나 좌파 진영[앨 프랭큰(Al Franken)의 『거짓말과 거짓말쟁이』(Lies and the Lying Liars Who Tell Them)와 마이클 무어(Michael Moore)의 『이봐, 내 나라를 돌려줘!』(Dude, Where? My Country?, 한겨레출판)]의 전형적 호언장담보다 훨씬 탁월하다.

토머스 디 젠고티타의 『미디에이티드』에서는 언론이 어떻게 우리 삶의 모든 영역을 소모하고 비인격화하는 괴물 블롭(blob)이 되었는지를 상상력을 동원해 짐짓 쾌활한 어조로 묘사한다. 조지프 히스(Joseph Heath)와 앤드루 포터(Andrew Potter)의 『혁명을 팝니다: 체 게바라는 왜 스타벅스 속으로 들어갔을까?』(Nation of Rebels, 마티)에서는 이런 현상을 언제나 소비주의에 협조하고 그것으로 길들여진 '대항문화'의 모든 양상에 적용한다.

이언 미트로프(Ian Mitroff)와 워렌 베니스(Warren Bennis)는 『비현실의 산업』(The Unreality Industry: The Deliberate Manufacturing of Falsehood and What It Is Doing to Our Lives)에서 놀라운 방식으로 매체와 문화에 대해 비판하고 도전한다. 그들의 주제는 이렇다. 헨리 소로우(Thoreau)의 말처럼, "**우리는 우리의 도구를 위한 도구가 되고 말았다. 우리는 놀라운 기계들을 만들어 냈지만 이제 그 기계들이 우리를 재창조하고 있다. 아이러니컬하게도 기계가 더 정교해질수록 우리는 더 원초적으로 변해 간다. 기계가 더 적극적일수록 우리는 더 수동적이 되고 현실 세계는 점점 더 사라져간다."

진 킬번(Jean Kilbourne)은 다큐멘터리와 강연 그리고 『치명적인 설득: 여성들이 광고의 중독적인 힘과 맞서 싸워야 하는 까닭』(Deadly Persuasions: Why Women and Girls Must Fight the Addictive Power of Advertising)을 통해 중독과 여성의 대상화라는 문제를 누구보다 깊이 연구했다. 커크 데이비슨(Kirk Davidson)의 『죄를 팝니다: 사회적으로 용납될 수 없는 상품을 마케팅하는 법』(Selling Sin: The Marketing of Socially Unacceptable Products)과 톰 레이처트(Tom Reichert)의 『에로틱한 광고의 역사』(The Erotic History of Advertising)에서는 구체적 대상을 목표로 하는 광고 사례를 제시한다. 광고계에 관한 책을 읽고 싶다면 에릭 클락(Eric Clark)의 『욕구를 만드는 사람』(The Want Makers)이 좋은 입문서다. 이 책은 흥미로운 사실, 유명한 인용구, 탁월한 비판적 분석으로 가득하다. 광고의 역사에 관한 더 비판적인 책으로는 마이클 셔드슨(Michael Schudson)의 『광고: 불편한 설득』(Advertising: The Uneasy Persuasion)과 스티븐 팍스(Stephen Fox)의 『광고 크리에이티브史』(The Mirror Makers, 한경사)가 있다. 광고 전문가이며 심리학자인 캐롤 무그(Carol Moog)는 『그들은 그녀의 입술을 파는가?』(Are They Selling Her Lips? Advertising and Identity)에서 더 개인적이며 직접적인 분석을 전개한다. 또한 그녀는 심리학적으로 더 긍정적인 방식으로 광고하는 방법을 제안하기도 한다. 1995년에 마이클 제이콥슨(Michael Jacobson)과 로리 앤 메이저(Laurie Ann Mazur)는 『마케팅의 광기』(Marketing Madness: A Survival Guide for a Consumer Society)라는 책을 펴냈다. 비록 출간 이후 시간이 흐르기는 했지만, 유아에 대한 광고나 광고계에 협력하는 교육 기관과 공공 기관에 대한 비판은 시대를 앞선 통찰력을 보여 준다.

최근 많은 연구들이 십 대와 어린 아이들이 어떻게 소비자로 만들어지는지에 초점을 맞추고 있다. 『TV 광고 아이들』(Consuming Kids: The Hostile Takeover of Childhood, 들녘)에서는 자본주의가 아이들의 삶을 지배해온 방식을 비판한다. 줄리엣 쇼어(Juliet Schor)의 『쇼핑하기 위해 태어났다』(Born to Buy: The Commercialized Child and the Consumer Culture, 해냄)는 좀더 학문적인 책으로 구체적 증거에 근거한 논증을 전개한다. 앨리사 쿼트(Alissa Quart)의 『나이키는 왜 짝퉁을 낳았을까』(Branded: The Buying and Selling of Teenagers, 한국경제신문)는 좀더 대중적인 책으로 특히 십 대의 몸의 이미지가 어떻게 착취되는지에 관해 신랄하게 비판한다. 머레이 밀너(Murray Milner)가 쓴 『별난 아이, 괴짜, 멋진 아이』(Freaks, Geeks, and Cool Kids)는 십 대들 사이에서도 정체성이 어떻게 세분화되는지 광범위하게 연구한 책으로 이론적으로 매우 정교하다.

1977년에 마리 윈(Marie Winn)은 『마약에 연결된』(The Plug-In Drug: Television, Children, and the Family)을 썼다. 이 책은 텔레비전이 아이들에게 미치는 영향에 관한 연구에서 무척이나 중요한 책이어서, 펭귄 출판사에서 2002년에 전면 개정판을 출간했다. 이전판과 마찬가지로 개정판도 텔레비전 프로그램의 내용에 대해 다룰 뿐 아니라 텔레비전 시청이 아동의 성장 발달에 어떤 영향을 미치는가에 관해서도 이야기한다. 이 책에는 텔레비전이 뇌 발달, 독서 능력과 논리력 감퇴, 창의력 상실, 과도 행동 장애와 폭력 성향의 증가, 가정과 놀이, 친밀한 인간관계의 쇠퇴에 어떤 영향을 미치는지 날카롭게 분석하고 있을 뿐만 아니라, 수많은 자료와 실제적 제안도 담고 있다. 물론 윈은 비디오와 디브이디 기술, 컴퓨터와 비디오 게임에 대해서도 분석한다.

최근에는 제임스 스테이어(James Steyer)가 『다른 부모』(The Other Parent)에서 매체가 아동과 가족의 붕괴에 미치는 영향에 관해 폭넓게 연구한 바 있다. 이 책에 포함된 "변화를 위한 전략"이라는 장은 특히나 유익하다.

닐 포스트먼은 『죽도록 즐기기』(Amusing Ourselves to Death: Public Discourse in the Age of Show Business, 굿인포메이션)에서 연예계가 현실의 주요 범주가 되고 말았다고 주장한다. 그의 비판은 정교하면서도 대중적이다. 반면에 스튜어트 유인(Stuart Ewen)은 『이미지는 모든 것을 삼킨다』(All Consuming Images, 시각과언어)에서 외형과 스타일, 가식이 우리의 매체와 문화적 삶을 지배하고 있다고 주장한다. 유인이 최근에 펴낸 『PR! 선전과 조작의 사회사』(PR! A Social History of Spin)는 '홍보'(public relations)에 관한 권위 있는 연구서다. 마크 크리스핀 밀러의 탁월한 책 『상자 안에 갇힌 텔레비전 문화』(Boxed In: The Culture of TV)에서는 오락과 표면적 현실이라는 주제를 결합하여 텔레비전의 형식과 내용을 통렬하게 분석했다. "우리는 완전히 텅 빌 때까지 당신을 짜내고 당신을 우리로 가득 채울 것이다." "빅 브라더는 텔레비전을 보는 당신이다." 텔레비전에 대한 더 급진적 비판으로, 신랄하지만 이론적으로 정교하며 신마르크주의 '비판 이론' 학파에 영향을 받은 더글러스 켈너(Douglas Kellner)의 『텔레비전 민주주의 위기』(Television and the Crisis of Democracy, 이진)이다. 텔레비전이 문화와 정치에 미치는 영향에 관한 더 보수적 평가로는 윌리엄 러셔(William Rusher)의 『다가오는 미디어 전쟁』(The Coming Battle for the Media)이 있다. 「국제커뮤니케이션협회」(Journal of Communication)지와 특히 조지 거브너(George Gerbner)의 글, 뉴스 레터인 「매체와 가치」(Media and Values), 대항문화 잡지 「애드버스터즈」(AdBursters)로부터 문화와 매체에 관한 흥미로운 자료를 얻을 수 있다.

제임스 트위첼(James Twitchell)의 저작은 이 책에서 주장하는 문화 비판을 진심 어린 태도로(그리고 때로는 흥미롭게) 거부한다. 『성인 USA: 미국 문화에서 광고의 승리』(Adult USA: The Triumph of Advertising in American Culture)에서는 소비주의를 선전하고, 그 후에 나온 『우리를 시험에 들게 하시고』(Lead Us Into Temptation)에서는 물질주의를, 『럭셔리 신드롬』(Living It Up: Our Love Affair With Luxury, 미래의창)에서는 과시적 소비를 열광적으로 찬양한다. 그는 앞에 언급한 책 다수에서 제기하는 우려와 비판을 정면으로 거부한다. 그는 "시류에 영합하는 학계"라는 항목에서 "다른 이들의 소비 행태에 대한 독설은 일종의 자기만족에 불과하다"라고 주장한다.

인격적 삶의 쇠락

비인간화의 핵심 실체는 인간을 대상이나 상품 또는 사물로 취급하는 것이다. 그렇다면 인간을 비인간화하는 가장 심각한 사례는 인간을 죽임으로써 정말로 사물로 만들어 버리는 행위다. 특정한 계급에 속한 사람들에게 '인격'이라는 특권을 박탈할 때, 사람을 우리의 본질이 아닌 우리가 행하고 이루는 무언가로 이해할 때, 살인하기가 쉬워진다. 이런 경우 인간의 타고난 존엄성이나 가치란 없다. 문화적·과학적·종교적·국가주의적 교의에 의해 '부여된' 가치만 존재할 뿐이다.

에드윈 블랙(Edwin Black)의 『약자에 대한 전쟁』(War Against The Weak)에서는 미국 내 우생학 운동을 흥미진진하게 설명한다. 이 책에서는 나치 독일을 자극했을 뿐만 아니라 미국의 국가 의식 속에도 자주 나타나는 무자비한 비인간화의 논리를 파헤친다. 블랙은 사람들을 소모품으로 취급하는 태도 이면에 숨겨진 실용주의적 주장을 폭로하며, 이런 태도가 홀로코스트(Holocaust)의 특징일 뿐 아니라 '소외된' 사람들을 비인간화하고 소모품으로 여기는 모든 운동의 특징이기도 하다고 주장한다.

윌리엄 브레넌(William Brennan)은 『약자의 비인간화』(Dehumanizing the Vulnerable)에서 여성과 미국 원주민, 흑인, 소수 인종, 특히 태아를 이런 식으로 대하는 태도를 노련하게 폭로한다. 웨슬리 스미스(Wesley Smith)는 『죽음의 문화』(Culture of Death)에서 인간 생명의 한계점에서 이루어지는 의료 결정에 있어서 이런 비인간화의 태도가 어떻게 사용되는지에 초점을 맞춘다. 인간을 뇌의 활동으로 환원시킬 때, 뇌가 덜 발달되거나 심각한 손상을 입은 인간을 제거하기가 훨씬 쉽다.

웨스트 포인트(West Point, 미국 육군사관학교 – 역주)의 심리학 교수였던 데이브 그로스먼(Dave Grossman) 중령은 사람들을 죽일 때 심리적으로 어떤 대가를 치르게 되는지 섬뜩하게 설명한 바 있다. 『살인에 관하여』(On Killing)에서 그는 누군가를 죽일 때 받을 수밖에 없는 영적 억압과 그것이 살인하는 사람 안에 있는 무언가를 죽이게 된다는 사실에 관해 설명한다. 뿐만 아니라, 이 책에서는 우리의 문화와 매체가 어떤 식으로 살인을 쉬운 것으로 만드는지에 관해서도 이야기한다. 리 그리피스(Lee Griffith)의 『테러리즘 전쟁과 신의 테러』(The War on Terrorism and the Terror of God)에서는 종교적 열정과 살인에 대한 용인 사이의 끔찍한 결합에 관해 이야기한다. 이 책에서는 어떤 종교든지 인간 생명을 전적으로 파괴하는 것을 정당화하는 논리도 조작될 수 있다고 주장한다. 루 미쉘(Lou Michel)과 댄 허벡(Dan Herbeck)은 『미국의 테러리스트』(American Terrorist)에서 오클라호마시티 연방 청사 폭파범 티모시 맥베이 역시 그런 죽음의 논리를 가지고 있었다고 말한다. 이 사람들은 '무고한 희생자들'이었다. 이라크에서 행한 그의 첫 번째 '살인'에 대한 묘사와 이슬람 테러리스트들에 대한 그의 생각은 섬뜩하기 그지없다.

폭력과 그리스도라는 '대항-실재(counter-reality)의 역학'에 관한 이론적이며 신학적인 논의로서는 르네 지라르(René Girard)의 저작을 추천한다. 먼저 제임스 윌리엄(James William)이 편집한 『지라르 독본』(The Girard Reader)과 길 베일리(Gil Bailie)가 쓴 『드러난 폭력』(Violence Unveiled)으로부터 시작하기를 권한다. 두 저자 모두 인간의 자기 파괴적 성향에 대한 응답으로서의 기독교 신앙의 본질을 통찰력 있게 제시한다.

인격 역시 비인간화나 살인과 연관된 주제다. 지난 20년간 인간의 인격에 관한 첨예한 철학적 논쟁이 진행되어 왔다. 나는 나의 책 『인격이란 무엇인가? 인간의 정체성과 살인의 윤리』(Who Count as Persons? Human Identity and the Ethics of Killing)에서 인간은 특별한 존재라는 것, 즉 자의식을 부여받은 존재이자, 사랑과 헌신과 자유라는 자기의식적 관계의 활동을 할 수 있는 자질을 부여받은 존재를 뜻한다고 주장했다. 그러므로 그런 자질이 있다면 하나님, 천사, 육체를 떠난 영혼, 있을지도 모르는 외계 생명체 역시 인격체라 할 수 있다. 인간에게 있는 인격의 독특성은 우리가 동물이자 인격체라는 사실이다. 우리는 몸이기 때문에 그런 자질이 드러나기까지 오랜 시간이 걸리며, 유기적 발달 결핍이나 교육, 상처, 노쇠 등 몸을 입은 존재라는 제약으로 인해 그런 자질이 표현되지 않을 수도 있는 인격체들이다. 그러나 우리는 인간으로 존재하기 시작하는 그 순간부터 죽는 그 순간까지 인격체들이다. 더 나아가 이 책에서는 인격적 자질이 우리의 물질성이나 우리의 뇌와 환원될 수 없다고 말한다. (그렇기 때문에 하나님처럼, 유기적인 뇌가 없이도 인격체가 될 수 있다.)

인간의 인격에 대한 이런 관점에 반대하는 사상가들도 있다. 그들은 대개 인간이라고 할 때, 그것은 기능하는 뇌에 의존하는 특정한 정신적 상태를 가지고 있다는 것을 의미한다고 확신한다. 그러므로 피터 싱어(Peter Singer)는 『삶과 죽음』(Rethinking Life and Death, 철학과현실사)에서 신생아나 뇌에 심각한 손상을 입은 사람에게는 인격이 없다고 주장했다. 그렇기 때문에 그는 그들을 죽이는 행위가 윤리적으로 용납된다고 생각한다. 반면 『편견을 넘어』(Beyond Prejudice)를 쓴 에블린 플루어(Evelyn Pluhar)와 같은 사상가들은 이런 '한계적 인간'의 논리를 동원해 영아 살해를 정당화하는 대신, '인격체와 닮은' 동물에게도 '온전한' 인격체가 아닌 인간에게 주어지는 것과 동일한 보호가 주어져야 한다고 주장한다. 이런 식의 논리가 가장 분명하게 드러난 책은 제프 맥마한(Jeff McMahan)의 학문적으로 탁월하지만 심히 우려스러운 『살인의 윤리학』(The Ethics of Killing: Problems at the Margins of Life)이다. 그는 (맥마한의 책을 매우 높이 평가하는) 싱어처럼 강력한 실용주의 윤리를 주창한다. 그는 건강하지만 원치 않는 신생아에게서 조직을 떼어 내어 '원하는' 세 명의 아기를 살릴 수 있다고 말하기에 이른다. 신생아는 '존중받을 수 있는 단계의 문턱'을 아직 넘지 못했다는 것이다. 우리는 '인간 유기체가 아니기' 때문에 '뇌사한 사람들'에게도 동일한 논리를 적용할 수 있다. 이런 식의 주장이 이미 신문 칼럼을 통해 전파되고 있으며 공적으로도 논의되고 있다. 앤드루 킴브럴

(Andrew Kimbrell)의 『휴먼 보디숍』(*The Human Body Shop: The Engineering and Marketing of Life*, 김영사)에서도 몸이란 인간에게 덧붙여진 어떤 '사물'이라고 주장한다.

철학계에서 리처드 로티(Richard Rorty)는 거의 절대적 영향력을 행사하는 인물이 되었다. 철학에 관심이 있는 사람이라면, 학계가 돌아가는 방식이나 이론의 내용 모두와 관련하여 소비주의와 자본주의적 '다원주의'의 가치가 얼마나 학계를 지배하고 있는지를 알고 놀랄 것이다. 『실용주의의 결과』(*Consequences of Pragmatism*, 민음사)에서 로티는 철학 학회를 '벼룩시장'과 비교하고, 철학계가 15분간의 명예를 동경하는 앤디 워홀(Andy Warhol)의 세계와 다름없다고 말했다. 그는 철학자들이 학생들에게 삶의 '의미'나 '궁극적 가치'에 관해서는 어떤 질문도 하지 못하도록 억압하는 일에 몰두해야 한다고 믿는다. 내용에 있어 그는 인격을 대체하거나 해체하는 데 앞장서는 현대 사상 운동의 일원이다. 자아란 존재하지 않으며 인격은 전혀 중요하지 않다고 주장하는 더렉 파핏(Derek Parfit)과 500쪽이 넘는 『뇌과학과 철학』(*Neurophiloshpy*, 철학과현실사)에서 인간 인격의 의미에 관해서는 전혀 언급하지 않았던 패트리샤 처칠랜드(Patricia Churchland)의 저작은 이런 경향을 잘 보여 준다. 리처드 번스타인(Richard Bernstein), 캘빈 쉬락(Calvin Schrag), 로버트 노직(Robert Nozick), 존 롤스(John Rawls), 알래스데어 매킨타이어(Alasdair MacIntyre) 등 일부 미국 철학자들도 인격을 위한 여지를 남겨 두는 듯하지만, 인격을 옹호하는 가장 탁월한 (그리고 난해한) 저작은 찰스 테일러(Charles Taylor)의 역사적·문학적·철학적 대작인 『자아의 원천들』(*Sources of the Self*, 새물결)일 것이다.

자본주의와 인격

1980년대 이래로 점점 더 많은 수의 가톨릭 사상가들이 자본주의를 옹호하고 나섰다. 시초가 된 책은 마이클 노박(Michael Novak)의 『민주자본주의의 정신』(The Spirit of Democratic Capitalism, 인간사랑)이다. 이 책이나 노박의 최근 저작을 읽고 (노박이 자문위원으로 일하는) "액션 인스티튜트"(Action Institute)의 웹사이트를 살펴본다면, 이 책의 주장과 주제에 대한 가장 강력한 반론을 발견할 수 있다. 노박은 자본주의가 자유의 가치와 기독교 신앙을 제도화하기에 가장 적합한 체계라고 주장한다. 경제 제도, 정치 제도, 문화 제도가 모두 독립적이기 때문에 이들 간의 상호 작용 속에서 민주주의적 자본주의만이 제공할 수 있는 유연성, 자유, 상호 견제를 확보할 수 있다는 것이다. 나는 그가 돈과 탐욕과 소비가 우리의 종교적 실천뿐 아니라 정치적 삶까지 지배하게 되었음을 깨닫지 못했다고 생각하지만, 이 책은 충분히 읽을 만한 가치가 있다. 최근에 출간된 책으로 레베카 블랭크(Rebecca Blank)와 윌리엄 맥건(William McGurn)이 쓴 『시장은 도덕적인가?』(Is the Market Moral?)는 문화와 신앙, 경제 사이의 관계를 균형 잡힌 태도로 논의한다. (맥건은 노박에게 공감하는 입장이다.) 교황 요한 바오로 2세는 1991년 회칙 『백 주년』에서 노박과 조지 위글, 리처드 존 뉴하우스(Richard John Neuhaus) 신부가 주창하는 '새로운 민주주의적 자본주의'를 지지한 바 있다. 마이클 백스터(Michael Baxter)는 이들의 입장에 반대하며 열띤 논쟁을 벌였다. 마이클 버드(Michael Budde)와 로버트 브림로우(Robert Brimlow)가 편집한 『대항문화로서의 교회』(The Church as Counterculture)에 실린 백스터의 글 "교회의 다이너마이트를 터트리라"(Blowing the Dynamite of the Church)를 읽어 보라. 『백 주년』은

로드니 클랩(Rodney Clapp)이 편집한 『소비의 욕망』(*The Consuming Passion*)에서도 출발점으로 작용한다. 더 세속적 관점으로는, 토머스 프리드먼이 전 지구적 차원의 자유 시장 자본주의를 열정적으로 옹호한 『렉서스와 올리브 나무』를 써서 미국식 모델이 사람을 가장 자유롭고 행복하게 한다고 생각하는 많은 이들로부터 찬사를 받았다.

물론 이런 관점은 오랫동안 비판을 받아왔다. 지난 50여 년 동안 자본주의의 부정적 영향에 대해 경고하는 책들이 나왔다. 그런 책으로는 존 케네스 갤브레이스(John Kenneth Galbraith)의 『풍요한 사회』(*The Affluent Society*, 한국경제신문), 부의 불평등과 경제적 권력에 따라 불균등하게 분배된 정치권력의 문제를 가장 일찍 다루었던 책들 중 하나인 라이트 밀즈(Wright Mills)의 『파워 엘리트』(*The Power Elite*, 한길사), 부자들의 과도한 소비와 끝없는 군비 지출을 끔찍할 정도로 비관적으로 (상당히 통찰력 있게) 예측한 로버트 하일브로너(Robert Heilbroner)의 『인간에게 미래는 있는가』(*An Inquiry into the Human Prospect*, 문예출판사), 대니얼 벨(Daniel Bell)의 『자본주의의 문화적 모순』(*The Cultural Contradictions of Capitalism*, 문학세계사) 등이 있다. 다른 저자들과 마찬가지로 벨은 북미 사회의 가치 위기를 분석한다. 이런 분석들은 여러 가지 점에서 급진적임에도 불구하고 기저에서는 전통적 가치를 긍정한다는 점에서 두드러지게 보수적이다.

케빈 필립스의 『부자와 빈자의 정치학』은 레이건 집권기에 대한 보수적 포퓰리스트의 힘없는 비판이다. 그는 1980년대에 미국의 부가 가난한 이들로부터 부자에게로 체계적으로 재분배되고 있음을 보여주는 수많은 통계 자료를 끌어모았다. 그의 책 『부와 민주주의』(*Wealth and Democracy*, 중심)에서는 부의 불공평한 분배가 그 자체로 진정한 민주주의를 위협한다고 경고한다. 아미타이 에치오니의 『도덕적 차원』(The Moral Dimension)은 경제 학계에서 여전히 중요한 책으로 남아 있다. 이 책이 나온 이후, '도덕적 차원'의 부재는 기업적 탐욕의 세계에 더욱 부담스러운 문제가 되었다. 1990년대 초에 "저축대부조합 위기"(Savings and Loan debacle)에 관한 책들이 쏟아져 나왔던 것처럼, 21세기 초에도 엔론(Enron), 월드컴(World Com), 아서 앤더슨(Arthur Anderson) 같은 기업 스캔들을 집중적으로 다룬 책들이 다수 출간되었다.

프린스턴의 경제학 교수이며 「뉴욕 타임스」에도 정기적으로 칼럼을 기고하는(이 두 가지를 기준으로 삼을 때 그는 경제적 보수주의자로 간주될 수 없다) 폴 크루그먼(Paul Krugman)은 『대폭로』(The Great Unraveling: Losing Our Way in the New Century, 세종연구원)를 썼다. 당신의 정치적 성향이 어떠하든 미국 경제 체제의 혁명적 해체 가능성에 관한 그의 글을 읽어야만 한다. 미국 체제에 대한 이 같은 비판적 평가는 더 많은 생산과 소비를 추구함으로써 실제로 더 풍성한 인격적 삶을 만들어 낼 수 있는지에 관한 물음을 제기하는 책들로 보완될 수 있다. 로버트 프랭크(Robert Frank)의 『승자독식사회』(The Winner-Take-All Society: Why the Few at the Top Get So Much More than the Rest of Us, 웅진지식하우스)에서는 스타나 기업 간부들과 평범한 미국인들 사이의 엄청난 간극에 대해 이야기한다. 마조리 켈리(Marjorie Kelly)의 『자본의 권리는 하늘이 내렸나?』(The Divine Right of Capital: Dethroning the Corporate Aristocracy, 이소출판사)는 자유 시장의 주주 자본주의에 대한 기업 윤리학자의 비판이다.

최근 몇 년간 소비의 만족을 통해 실제로 인격적 삶의 만족을 얻을 수 있는가에 관해 의문을 제기하는 책들이 출간되었다. 심리학자인 데이비드 마이어스는 『마이어스의 주머니 속의 행복』(*The American Paradox: Spiritual Hunger in an Age of Plenty*, 시그마북스)에서 현대 자본주의가 주는 경제적 혜택이 사실은 인격적 만족과 부모의 자녀 양육, 인격적 정체성에 파괴적 영향을 미친다고 주장한다. 팀 캐서의 『물질주의의 값비싼 대가』는 노동과 지출, 소비의 세계에서는 인간의 행복을 위해 꼭 필요한 일들, 즉 고독과 신앙, 공동체를 위한 일과 세상을 돌보는 일을 위해 쓸 수 있는 시간을 거의 낼 수 없다는 사실을 보여 준다. 배리 슈워츠(Barry Schwartz)의 『선택의 심리학』(*The Paradox of Choice: Why More Is Less*, 웅진닷컴)에서는 소비사회에서 거의 무한대로 펼쳐진 선택 가능성 속에서 올바른 선택을 하도록 도와주는 실제적인 지침을 제공한다. 정신과 의사인 피터 와이브로우는 『미국의 광증』에서 '물질적 부의 축적을 통해 행복을 추구할 때 결국 막다른 골목에 이를 뿐'임을 보여 준다.

줄스 헨리의 『인간에 대항하는 문화』에서 자본주의로 인해 치러야 하는 문화적·인격적 대가에 관해 문제를 제기한다. 사회심리학자의 관점에서 미국적 가치에 가하는 그의 비판은 여전히 통찰력 넘치며 도발적이고 심지어 예언자적이기까지 하다. 크리스토퍼 래쉬의 『참되고 유일한 천국』은 그의 연구서 중 가장 소중한 책으로 진보 신화와 그것이 사람들에게 요구하는 파괴적 대가에 대해 역사적·심리학적으로 심층적 문제를 제기한다. 소비의 윤리를 비판하고, 가족 가치의 회복, 근면한 노동, 헌신, 인간의 생명에 대한 확고한 존중을 촉구하는 그의 접근법은 자유주의적이지도 않고 보수적이지도 않다. 그는 우파와 좌파 모두를 당혹스럽게 했으며, 비평가들이 그의 책에 대해 보여 준 반응은 그들 자신의 이데올로기를 분명히 보여 주는 리트

머스 시험지와 같았다. 다른 비평가들은 그 연관 관계를 놓쳤지만, 헨리와 래쉬는 자본주의가 인격적·도덕적·문화적 삶을 집어삼키는 파괴적 힘을 가지고 있음을 간파했다.

앨런 블룸(Allan Bloom)은 자신의 책 『미국 정신의 종말』(Closing of the American Mind, 범양사출판부)에서 학계를 정면 비판함으로써 호의적 반응과 비판적 반응을 동시에 불러왔다. 이 책의 두드러진 특징은, 우리 문화에서 횡행하는 도덕적 상대주의와 고전 문명과의 연속성을 상실한 우리의 모습에 대한 비판이다. 이를 보충해 줄 만한 책으로는 철학자에서 대학 총장으로, 다시 정치인으로 변신한 존 실버(John Silber)가 쓴 『직사』(Straight Shooting)가 있다. "우리 사회는 어려움에 처해 있으며 우리 모두 이 사실을 알고 있다. 마치 심각한 병에 걸리면 몸이 그것을 알게 되는 것처럼, 우리는 뭔가 끔찍하도록 잘못되고 있음을 알고 있다." 그러나 블룸처럼 실버는 자본주의가 상대주의와 교육에 지배적 영향력을 행사하고 있음을 인식하지 못한 듯하다. 그러므로 그들이 가능한 해법으로 제시하는 것은 근원적 원인까지 파고들어 가지 못한다. 그리고 그들은 그 문제의 본질이라 할 수 있는 국가주의, 군사주의, 무자비한 경쟁주의를 무비판적으로 추종한다.

리처드 스타이버스(Richard Stivers)는 『냉소주의 문화』(The Culture of Cynicism: American Morality in Decline)에서 도덕적 타락, 매체, 광고, 기술, 통제되지 않는 경제적 자유의 힘 사이의 상관관계를 탁월하게 보여 준다. 에릭 슐로서(Eric Schlosser)의 『패스트푸드의 제국』(Fast Food Nation, 에코리브르)에서는 우리의 경제가 우리의 건강뿐만 아니라 인간관계, 가족 관계, 국제 관계까지도 위협하고 있음을 잘 보여 준다. 앨런 더닝(Alan Durning)의 『소비사회의 극복』(How Much Is Enough?, 따님)에서는 걷잡을 수 없는 소비주의에 의해 지배되는 경제가 욕망을 충족시키기는커녕 막대한 손해를 입히고 있음을 규명한다. 데이비드 캘러한(David Callahan)은 『치팅 컬처』(The Cheating Culture, 서돌)에서 탐욕과 '일등주의'의 문화 속에서 기업의 이사회실과 학교 교실 사이에 어떤 연관 관계가 있는지를 추적한다. 프랜시스 후쿠야마(Francis Fukuyama)의 『HUMAN FUTURE: 부자의 유전자, 가난한 자의 유전자』(The Posthuman Future, 한국경제신문)의 기저에 깔린 경고의 메시지는 생명공학을 통해 인간의 존엄성을 공격하는 시장 주도 상업주의에 대한 교묘한 반박이다.

물론 소비주의, 자본주의, 상업주의와 관련된 인격의 문제가 새롭게 떠오른 문제라고 생각하는 것은 오해다. 철학자들과 다른 저자들이 이 문제를 어떻게 다루었는지에 관한 역사적 연구에 관심이 있다면, 패트릭 머레이(Patrick Murray)가 엮은 논문집 『상업에 관한 고찰: 플라톤부터 현재까지의 고전 선집』(Reflections on Commercial Life: An Anthology of Classic Texts from Plato to the Present)을 반드시 참고해야 한다. 이 책에 실린 아퀴나스의 글은 자본주의자인 그리스도인들에게 큰 충격을 줄 것이다.

인격 형식

가톨릭교인들에게 그리고 이제는 다른 기독 공동체에 속한 사람들에게도, (노동의 존엄성, 군비 증강, 평화, 세상의 가난한 이들에 관한) 교황의 사회적 가르침은 우리의 전통과 그것이 상품 형식과 맺고 있는 관계에 관한 중요한 성찰을 제공한다. 더불어 제2차 바티칸공의회 문헌, 미국 가톨릭 주교회의 성명서, 라틴 아메리카 주교들의 문서, 교황 바오로 6세와 교황 요한 바오로 2세의 글도 읽어 보라. 교황 요한 바오로 2세의 글은 읽기 쉽지 않은 것이 사실이다. 물론 이는 문체 때문이기도 하다. 그러나 읽기 어려울 수밖에 없는 까닭은 그가 언제나 조직적이며 통합적인 진정한 변증법적 사상가이기 때문이기도 하다. 그는 같은 쪽에서 경제 이론, 성에 관한 이상, 성례전의 삶, 군사주의, 기도의 삶의 문제를 동시에 다룬다. 그의 글쓰기가 산만해서가 아니다. 그것은 그가 우리 삶의 서로 다른 영역들이 모두 서로 연결되어 있으며 서로 지탱하고 있다고 보기 때문이다. 『인간의 구원자』, 『노동하는 인간』, 『사회적 관심』, 『백 주년』, 『자비로우신 하느님』(Rich in Mercy), 『생명의 복음』(The Gospel of Life)은 모두 신앙과 우리의 사회-정치적 세계 사이의 강력한 통합을 보여 준다. 그의 회칙을 읽어 본 적이 없다면, 조셉 돈더스(Joseph Donders)가 편집한 『요한 바오로 2세: 쉽게 풀어 쓴 회칙』(John Paul II: The Encyclicals in Everyday Language: Definitive Edition of All Fourteen Encyclicals)부터 읽는 게 좋다.

인간의 존엄성에 대한 그리스도인의 이해의 궁극적 기초는 물론 성경이다. 예언서뿐만 아니라 특별히 복음서를 주의 깊게 읽으라. 초기 '교부'들의 글도 신앙과 문화에 관해 가장 급진적인 관점을 제공한다. 마찬가지로 성인들의 삶을 통해서도 기독교 신앙과 문화적인 삶이 얼마나 분명히 대조를 이루는지 알 수 있다.

아래 목록은 인격 형식에 관한 다양한 이해 방식에 관한 몇 가지 실례에 불과하다. 이 책들은 개인의 삶을 통해, 신앙과 정의의 관계를 통해, 경제와 전쟁과 소비와 기술에 관한 기독교 인격주의적 접근 방식을 통해 인격 형식이 어떻게 드러나는지 보여 준다. 이 도서 목록에서는 대항문화적 복음주의 저자들의 최근 저서들을 소개하기는 했지만, 로버트 맥아피 브라운(Robert McAfee Brown)과 그 밖에 다른 저명한 개신교 사회 신학자들의 귀중한 저작은 제외했고 가톨릭 전통에 비중을 더 두었다. 유대교 전통에서는 나 자신의 삶을 더 풍성하게 해준 책으로 언급하지 않을 수 없는 마르틴 부버의 『나와 너』가 있다.

인격에 대한 증언

「휴스턴 가톨릭 워커」(카사 후안 디에고)의 창립자인 마크(Mark)와 루이스 즈윅(Louise Zwick) 부부는 『가톨릭 노동자 운동』(The Catholic Worker Movement: Intellectual and Spiritual Origins)이라는 귀중한 책을 썼다. 철저하게 복음주의자이며 로마 가톨릭교인인 이들은 피터 모린(Peter Maurin)과 도로시 데이의 삶의 특징인 정의와 가난한 이들에 대한 섬김, 평화주의, 기도라는 주제를 하나로 묶어냈다. 즈윅 부부는 수도원 운동과 아시시의 프란체스코, 아빌라의 테레사, 리지외의 테레사와 같은 성인들에게 받은 영향과 니콜라이 베르쟈예프(Nicholas Berdyaev), 에마뉘엘 무니에(Emmanuel Mounier), 도스토옙스키와 같은 사상가들의 가르침을 결합하여 그리스도인의 삶을 모든 형태의 비인격화에 대한 도전으로 제시한다. 정의와 예수님의 복음에 대한 열정으로 가득한 일기와 자서전, 수필집인 도로시 데이의 『빵과 물고기』(Loaves and Fishes), 『순례의 여정』(On Pilgrimage), 『고백』(The Long Loneliness, 복있는사람)은 모두 충분히 읽을 가치가 있다. 그의 작품 선집으로는 로버트 엘즈버그가 편집한 『도로시 데이 선집』(Dorothy Day: Selected Writings)이 있다. 30년 전에 윌리엄 밀러(William Miller)가 가톨릭 노동자 운동의 역사에 관해 쓴 『사납고 두려운 사랑』(A Harsh and Dreadful Love)과 더불어 로잘리 리글(Rosalie Riegle)의 『도로시 데이』(Dorothy Day: Portraits by Those Who Knew Her)도 읽어 보라.

나의 영성 형성에 있어 여러 성인들의 삶과 영적 간증은 언제나 도전과 영감이 되었다. 교회사에는 여기서 나열하기에는 너무나도 많은 기독교 작가들이 있었다. 하지만 그중에서도 성 아우구스티누스(Augustine)의 『고백록』(Confessions, 대한기독교서회)은 계속해서 나에게 믿음과 열정을 불러일으킨다. 그는 고대와 현대 문화를 이어 주는 거대한 다리로서 우뚝 서 있을 뿐만 아니라, 무너져 가고 있던 사회적 혼란 속에서도 내면의 삶을 깊이 살폈던 사람으로서 여전히 우리에게 모범이 되고 있다. 그와 비슷하게 존 오말리(John O'Malley)의 『최초의 예수회원들』(The First Jesuits)은 개인적 거룩함과 공동체적 연대가 어떻게 혼란에 빠진 유럽의 교회를 변화시켰는지를 잘 보여 준다. 이 책은 내가 예수회원으로서의 정체성을 확립하는 데 큰 영향을 미쳤다. 그러므로 나는 어떤 자료나 인물에게서 영감을 얻을 수 있는지는 독자들 자신이 가장 잘 알 것이라고 믿는다. 예를 들어, 대니얼 베리건(Daniel Berrigan)은 『증언』(Testimony: The Word Made Fresh)에서 폭력에 저항하는 자신의 삶에 대해서뿐 아니라 자신에게 영감과 가르침을 준 사람들에 관해서도 이야기한다.

사람들의 증언을 모은 책으로는 로버트 엘즈버그가 편집한 책을 추천한다. (현재 그가 오비스 북스의 편집자이므로 다른 출판사에서 나온 그의 책을 소개하는 게 어떨지 모르겠지만 어쨌든 나는 그의 책들을 추천하고자 한다.) 『모든 성인들』(All Saints)은 고대와 현대의 위대한 신앙인들과 날마다 만나게 해 주는 교회 일치적인 귀한 보물이라 할 수 있다. 『성인들이 가르쳐 주는 행복에 이르는 길』(The Saints' Guide to Happiness)은 노르위치의 줄리안(Julian of Norwich)과 제라드 맨리 홉킨스(Gerard Manley Hopkins)로부터 마틴 루터 킹(Martin Luther King)과 월터 치젝(Walter Ciszek) 신부에 이르는 여러 성인들의 삶을 소개하고 있다. 최근 엘즈버그는 앞서 출간한 『모든 성인들』을 보완하면서 용기 있고 거룩한 삶을 살아간 유명 무명의 여인들에 관한 이야기를 더해 『모든 여인 중에 복되도다』(Blessed Among All Women)라는 책을 펴냈다.

폴 엘리(Paul Elie)의 『당신이 구하는 생명은 당신 자신의 것일지도 모른다』(The Life You Save May Be Your Own)에서는 도로시 데이, 워커 퍼시, 토머스 머튼(Thomas Merton), 플래너리 오코너(Flannery O'Connor)의 삶을 잘 소개하고 있다. 찰스 마쉬(Charles Marsh)는 『사랑의 공동체』 (The Beloved Community: How Faith Shapes Social Justice, from the Civil Rights Movement to Today)에서 사랑과 예언자적 소망의 활동이었던 흑인 민권 운동을 소개한다.

특별한 사람들의 삶과 증언 외에도, 나는 오랜 세월에 걸쳐 사람들을 인격적으로 변화시킨 많은 작품들을 만나고 듣게 되었다. C. S. 루이스의 작품은 여전히 재출간되고 있으며, 계속해서 놀라운 영향력을 행사하고 있다. 그의 『순전한 기독교』(Mere Christianity)는 단순하지만 직접적이며 문화를 비판하기 위해 반드시 필요한 도덕적 기초를 마련해 준다. 공상 과학 판타지 소설인 『그 가공할 힘』(That Hideous Strength)과 놀라운 우화인 『천국과 지옥의 이혼』(The Great Divorce), 철학적 논쟁서인 『인간 폐지』(The Abolition of Man, 이상 홍성사)에서 루이스는 악을 구체적 실체로 묘사한다. 『순전한 기독교』에서 그는 이렇게 말한다. "만약 내가 위대한 세 문명이 하나같이 우리가 (그리스도인으로서) 우리의 삶 전체의 기초로 삼은 바로 그것을 정죄하는 데 동의했을 것이라고 말하지 않는다면 내가 정직하지 못한 셈이다." 루이스와 동시대를 살았던 도로시 세이어즈, 찰스 윌리엄스(Charles Williams), J. R. R. 톨킨(Tolkien)의 글 모두 사람들의 삶을 바꾸어 놓았다.

영적인 측면을 분명히 드러내지는 않지만, 제럴드 메이(Gerald May)의 『의지와 영혼』(Will and Spirit: A Contemplative Psychology)은 심리학, 영성, 문화에 관한 의식을 통합한 여러 중요한 저작들 중 하나다[같은 저자의 『중독과 은혜』(Addiction and Grace, IVP)도 참고하라-편집자주]. 좀더 대중적인 책인 스캇 펙(Scott Peck)의 『아직도 가야 할 길』(The Road Less Traveled, 율리시즈)이 꾸준히 읽히고 있다는 점은 영혼의 삶과 그것이 인간관계와 건강에 미치는 중요한 영향에 관해 미국인들이 큰 관심을 가지고 있음을 보여 준다. 좀더 종교적이며 정신분석학적 관점을 보여 주는 빅터 프랭클(Victor Frankl)의 『죽음의 수용소에서』(Man's Search for Meaning, 청아출판사)와 『정신세계의 병리와 해부』(The Doctor and the Soul, 양영각)는 깊이가 있으면서도 영감을 준다. 로버트 콜스(Robert Coles)의 통합적 관점은 청소년에 관한 정신과적 연구서인 『어린이의 영적 삶』(The Spiritual Life of Children)뿐 아니라 그가 쓴 탁월한 전기인 『시몬느 베이유』(Simone Weil: A Modern Pilgrimage)와 『도로시 데이: 급진적 경건』(Dorothy Day: A Radical Devotion)에서도 분명히 드러난다.

인본주의자 작가들이 독자들을 더 깊은 차원의 인격적 헌신의 삶으로 이끄는 경우도 있다. 심리치료사인 롤로 메이는 『사랑과 의지』(Love and Will, 한벗)와 『자아를 잃어버린 현대인』(Man's Search for Himself, 문예출판사)에서 첫째로 인간의 정서와 성 및 관계와 관련하여, 둘째로 더 근원적 목적과 삶의 의미와 관련하여 가치 상실의 의미를 파헤쳤다. 이 분야에서 중요한 또 다른 저작으로는 에리히 프롬(Erich Fromm)의 『사랑의 기술』(The Art of Loving, 문예출판사)과 『인간 상실과 인간 회복』(Man for Himself, 현대사상사), 『희망의 혁명』(The Revolution of Hope, 현대사상사)이 있다. 세 권의 책은 모두 심리학적이며 비그리스도인의 관점에서 쓰였다. 이 책들은 모두 오랜 시간이 지난 후에도 여전히 그 가치를 인정받는 책들이다. 그보다 더 영속적으로 가치를 인정받고 있는 책으로는 에이브러햄 매슬로우의 『존재의 심리학』(Toward a Psychology of Being, 문예출판사)이다. 가치와 종교, 최상의 경험에 관한 그의 논의는 지금까지도 인간의 존엄성에 대한 확고한 비전을 제시해 준다.

인격적 신앙과 소비문화

『기독교 비판 이론가』(Christian Critics: Religion and the Impasse in Modern American Social Thought)에서 유진 맥커래어(Eugene McCarraher)는 자본주의 문화에 맞선 미국 그리스도인들의 역사를 서술한다. 니버 형제들(the Niebuhrs)과 폴 틸리히(Paul Tillich)로부터 토머스 머튼, 마틴 루터 킹, 도로시 데이, 마이클 노박(그리고 그 밖에 많은 사람들)에 이르는 사상가들을 다루고 있는 이 책은 '상품화된 영성'과 치유적 '선택'을 치켜세우는 경향 속에서 문화에 대한 순응과 복음 증언 사이의 긴장을 밝혀낸다. 탁월하다.

월터 윙크(Walter Wink)는 지배와 그리스도인의 참된 자유라는 주제에 관해 30년이라는 긴 시간에 걸쳐 열정적으로 연구하면서 『사탄의 정체』(Naming the Powers), 『사탄의 가면을 벗겨라』(Unmasking the Powers, 한국기독교연구소), 『사탄의 체제와 예수의 비폭력』(Engaging the Powers, 한국기독교연구소) 3부작을 펴냈다. 1998년에 나온 그의 책 『존재하고 있는 권세』(The Powers That Be: Theology for a New Millennium)에서는 남미에서의 폭력과 용서의 문제를 비롯해 그가 지금까지 해 온 연구를 요약하고 있다.

프랜시스 쉐퍼(Francis Schaffer)와 그가 세운 라브리 공동체의 영향을 받은 대항문화적 성향의 기독교 작가들로는 낸시 피어시(Nancy Pearcey)와 오스 기니스(Os Guinness)가 대표적이다. 피어시의 『완전한 진리』(Total Truth: Liberating Christianity From Its Cultural Captivity, 복있는사람)는 자본주의가 현대의 세계관을 지배하고 있음을 인식하지 못하지만 현대 세계의 상대주의와 잘못된 이분법을 광범위하게 비판하고 있다. (다원주의에 대한 비판도 포함된다.) 오스 기니스의 책으로는 『선지자적 반시대성』(Prophetic Untimeliness, 이레서원)이나 『오스기니스, 고통 앞에 서다』(Unspeakable: Facing Up to Evil in an Age of Genocide and Terror, 생명의말씀사)를 먼저 읽어 보라. 두 책 모두 명쾌하며 깊은 묵상으로 이끄는 동시에 우리에게 도전을 주기도 한다. "교회가 존재했던 모든 문화들 중에서 현대 세계가 가장 강력하고 우리 삶 속에 가장 속속들이 파고들어 있으며 우리에게 가장 큰 압박을 가한다."

스탠리 하우어워스(Stanley Hauerwas)의 주장은 세계나 심지어 우리나라조차도 변화시키려 하지 말고, 우리가 믿는다고 고백하는 바를 실천함으로써 우리 자신을 개혁하자는 것이다. 인기 있는 반골 그리스도인으로서 그는 우리 사회를 변화시킬 소망을 품은 나에게도 큰 도전이 되었다. 『더 나은 소망』(A Better Hope: Resources for a Church Confronting Capitalism, Democracy, and Post Modernism), 『현대 그리스도인들의 실존』(Christian Existence Today), 『하우어워스 독본』(The Hauerwas Reader)에서 그는 윤리학과 영성, 제자도를 결합하여 도발적이며 예언자적인 메시지를 전한다[같은 저자의 『한나의 아이』(Hannah's Child, IVP)도 참고하라—편집자주].

종교와 소비주의 간의 관계를 다루는 동시에 신앙 자체가 상품화될 수 있다고 경고하는 두 권의 책이 최근 출간되어 상당한 반향을 불러일으켰다. 톰 보든(Tom Beaudoin)의 『소비하는 신앙』(*Consuming Faith*)은 '경제학의 영성'에 관한 가르침이 특히 유익하다. 빈센트 밀러(Vincent Miller)의 『소비하는 종교』(*Consuming Religion*)에서는 부제가 말해 주듯이 '소비문화 속에서의 기독교 신앙과 실천'에 관한 지침을 제공한다. 풍부한 이론과 조사를 바탕으로 쓰인 밀러의 저서에는 최근의 연구 동향에 대해서도 잘 소개되어 있다.

지난 20년간 미국 문화의 특징이었던 개인주의의 확산과 시민 공동체의 쇠퇴―예를 들어, 로버트 퍼트넘(Robert Putnam)의 『나 홀로 볼링』(*Bowling Alone*, 페이퍼로드)을 보라―는 로버트 벨라(Robert Bellah)의 『미국인의 사고와 관습』(*Habits of the Heart: Individualism and Commitment in American Life*, 나남)에서 이미 예견된 바 있다. 심층 면접과 추적 조사 기법을 활용해 벨라와 그의 공동 연구자들은 심대한 변화 속에 정신적 지주를 상실한 미국 문화의 자화상을 그려 냈다. 소비 자본주의의 영향을 직접적으로 언급하지는 않지만 면접의 대상이 된 많은 미국인들의 삶을 통해 그 영향력을 확인할 수 있다.

많은 기독교 작가들은 문화와 문화에 순응하는 신앙을 동시에 비판한다. 로날드 사이더(Ronald Sider)가 『가난한 시대를 사는 부유한 그리스도인』(*Rich Christians in an Age of Hunge*, IVP)에서 제기한 비판은 『그리스도인의 양심 선언』(*Scandal of the Evangelical Conscience: Why Are Christians Living Just Like the Rest of the World*, IVP)에서 훨씬 더 정교하고 날카로워졌다. 더 성서적이고 학문적이고 명상적이며 복음적인 책으로는 체드 마이어스(Ched Myers)의 『먼저 강자를 결박하라』(*Binding the*

Strong Man)와 『누가 그 돌을 옮길 것인가?』(Who Will Roll Away the Stone) 가 있다. 가톨릭 공동체의 작가들도 분명 이런 도전을 제기하는 글을 썼을 것이라고 생각할 것이다.

『불안한 시대와 분별의 소명』(The Call to Discernment in Troubled Times)에서 엘살바도르의 중앙아메리카 대학교에서 가르치는 미국인 예수회원인 딘 브랙클리(Dean Brackley)는 이그나티우스 로욜라의 『영신 수련』(Spiritual Exercise, 한국천주교중앙협의회)의 지침을 따라 해방 신학과 미국 문화, 사회 정의, 개인적 분별이라는 주제를 탁월하게 묶어 냈다. 이 책은 피정에서도 유익하게 사용될 수 있다. 또한 이 책을 작업하는 중에 '회심'했다고 밝히는 편집자의 머리말이 특히나 인상적이다. 구스타보 구티에레즈(Gustavo Gutiérrez)와 후안 루이스 세군도(Juan Luis Segundo), 돔 헬더 까마라(Dom Helder Camara)의 글은 여전히 해방 신학을 대표하는 저작이다. 그러나 가장 중요한 것은 기독론적인 동시에 사회학적인 영성의 비전을 제시하는 혼 소브리노(Jon Sobrino)의 글일 것이다. 가장 최근에 발간된 그의 책 『하나님은 어디에 계신가?』(Where Is God?)에서는 엘살바도르를 강타한 지진과 9·11 테러, 이라크 전쟁을 통해 인간이 당하는 고통의 의미를 천착한다. 예수회 수사 토머스 개넌(Thomas Gannon)이 편집한 『미국 경제에 대한 가톨릭의 도전』(The Catholic Challenge to the American Economy)에서는 기독교 신앙과 경제계 사이의 대립을 다룬다. 이 책의 주장은 새로운 세기에도 그대로 적용될 수 있다. 조지 위글의 『질서의 안정: 전쟁과 평화에 관한 미국 가톨릭 신학의 실패와 전망』(Tranquillitas Ordinis: The Present Failure and Future Promise of American Catholic Theology on War and Peace) 과 존 뉴하우스의 『가톨릭의 시간』(The Catholic Moment) 역시 참고할 만

하다[같은 저자의 『제국과 천국』(*Colossians Remixed*, IVP)도 참고하라 — 편집자주].

짐 월리스(Jim Wallis)의 모든 책은 숙고해 볼 만하다. 또한 월리스가 창간하고 지금도 필자로 참여하고 있는 잡지 「소저너스」도 보라. 이 잡지에서는 기도와 영성부터 인종주의, 낙태, 군비 축소, 교정(矯正) 제도, 제3세계, 다국적 기업, 순교에 이르기까지 다양한 주제의 기사를 다룬다. 짐 월리스와 조이스 할러데이(Joyce Hollyday)가 엮어 낸 『구름같이 둘러싼 허다한 증인들』(*Cloud of Witnesses*)은 현대의 성인과 예언자들을 소개하면서 그들에 대한 인터뷰를 싣고 있다. 월리스의 최신작인 『하나님의 정치』(*God's Politics: Why the Right Gets It Wrong and the Left Doesn't Get It*, 청림출판)는 그가 예상한 대로 우파와 좌파 모두를 곤혹스럽게 하는 책이다. 형식의 제약에도 불구하고 전체적으로 보아 그는 문제의 핵심을 꿰뚫었다[같은 저자의 『하나님 편에 서라』(*On God's Side*, IVP)도 참고하라 — 편집자주]. 미국에서 통합적인 신앙의 삶을 실천하자는 주장을 훨씬 더 간결하며 조용하지만 설득력 있게 펼치는 책으로는 마크 닐슨(Mark Neilsen)의 『죽음의 문화 속에서 생명을 회복하라』(*Reaffirming Life in a Culture of Death*)가 있다. 이 책에서는 요한 바오로 2세의 정신을 따르며 낙태와 사형 제도, 빈곤과 노동, 전쟁, 평등, 청지기 직 문제를 신중하게 통합해 냈다. 이러한 통합의 구체적인 사례로서는 웬델 베리의 『시민권 증명서』(*Citizenship Papers*)가 있다. 그의 책 모두가 읽어 볼 가치가 있기는 하지만, 특히 이 책에 실린 글들은 군사주의, 9·11 테러, 낙태, 생명공학, 노동, 청빈의 삶, 농업 개혁, 삶이라는 기적에 대한 '한 시민'의 반응을 담대하게 제시한다.

상처 입기 쉬운 인격

묵상집 『한동안』에서 애니 딜라드는 연약한 피조물인 우리 자신과 동시에 섭리하시는 하나님에 대한 믿음을 바라보는 눈으로 역사와 세상에 관해 이야기한다. 그럼에도 불구하고 그녀는 가장 작은 사람까지도 돌아보는 마음으로 생명의 한계점에 있는 사람들이 당하는 크나큰 불의와 깊은 상처를 열거한다. 이 책은 당신으로 하여금 경제적으로 어려운 사람들이든지, 신체적·정신적으로 장애를 입은 사람들이든지, 가난한 이들의 고통에 대해 당신의 마음과 생각을 열게 한다.

인터넷의 발달로 세계에서 기아로 고통받는 이들에 관한 정보를 날마다 새롭게 받을 수 있게 되었다. "World Hunger Facts 2005"와 "Bread for the World", "Hunger World"는 정기적으로 방문해 볼 만한 사이트들이다. 제프리 삭스(Jeffrey Sachs)의 『빈곤의 종말』(*The End of Poverty: Economic Possibilities for Our Time*, 21세기북스)에서는 여러 나라의 '극단적 빈곤'에 관한 철저한 연구를 통해 긴급한 세계 금융 개혁을 촉구한다. 폴 파머(Paul Farmer)의 『권력의 병리학』(*Pathologies of Power: Health, Human Rights, and the New War on the Poor*, 후마니타스)은 1세계 국가들에 대한 한 의사의 예언자적 도전이다. 존 아이슬랜드(John Iceland)의 『미국의 빈곤』(*Poverty in America: A Handbook*)에서는 미국 내 빈곤의 원인과 구조를 파헤치는 반면, 『노동의 배신』(*Nickel and Dimed: On Not Getting By in America*, 부키)에서 바버라 에런라이크(Barbara Ehrenreich)는 자신이 1년 동안 최저 임금을 받는 노동자로 살아간 경험에 관해 이야기한다.

그러나 새로운 정보를 얻게 되었다고 해서 예전의 책들이 더 이상 가치가 없어졌다는 말은 아니다. 20년 전에 프랜시스 무어 라페

(Frances Moore Lappé)와 조셉 콜린스(Joseph Collins)는 『굶주리는 세계』 (*World Hugner, Twelve Myths*, 창작과비평사)를 썼다. 읽기 쉬우며 분량도 그리 많지 않은 이 책은 인구 문제, 부의 분배, 제3세계가 가난한 원인 등에 관해 풍부한 자료와 통찰력을 제공한다. 1975년에 처음 출판된 아서 사이먼(Arthur Simon)의 『세상을 위한 빵』(*Bread for the World*)은 여전히 사랑받는 고전으로서 풍부한 정보를 제공해 줄 뿐 아니라 읽기 쉬우며 긍휼의 마음으로 환하게 빛난다. 폴 발레리(Paul Vallely)의 『나쁜 사마리아인』(*Bad Samaritans: First World Ethics and Third World Debt*)은 빈곤에 대한 미국 그리스도인의 대답이라 할 수 있다. 다소 논점에서 벗어나는 이야기겠지만, 도서관에 가 보면 미국과 세계의 가난한 나라들 사이의 경제적 관계를 다룬 유익한 책들이 많을 것이다. 그런 책들을 읽어 보면 교황 요한 바오로 2세가 '세계의 가난한 나라들이 북반구의 부유한 나라들을 심판하게 될 것'이라고 말한 까닭을 더 잘 이해할 수 있다.

모든 세대마다 그런 깨달음은 있어 왔지만, 지난 20년 동안 인간으로서 우리의 가난을 받아들이는 태도와 관련해 큰 변화가 있었다. 프랜시스 후쿠야마가 쓴 『HUMAN FUTURE: 부자의 유전자, 가난한 자의 유전자』의 기저에는, 생명공학의 발전을 추진하려는 동기 이면에 모든 인간의 나약함을 제거하고 궁극적으로 우리의 본질까지도 제거하고자 하는 욕망이 도사리고 있다는 인식이 자리 잡고 있다. 이런 경향에 대한 좀더 인격주의적이며 영적인 비판으로는 빌 매키번의 『충분하다』(*Enough: Staying Human in an Engineered Age*)가 있다. 그의 다른 책과 마찬가지로, 그는 '몸이 처지기 시작하는 사람들, 사랑하고 슬퍼하며 기뻐하는 사람들, 언젠가 죽게 될 것을 알고 슬퍼하는 사람들'에 대한 존경과 사랑의 마음으로 이 책을 썼다.

앞서 언급했던 철학자 찰스 테일러는 『자아의 원천들』의 마지막 몇 쪽에서, 고칠 수 없는 질병 및 정신 장애를 가진 사람들과 함께 일해 온 테레사와 장 바니에는 건강에만 관심을 쏟는 사람들보다 인간에 대한 이해가 더 깊었다고 주장한다. 알래스데어 매킨타이어는 『의존적이며 합리적인 동물』(Dependent Rational Animals)에서 같은 점을 지적했다. 말콤 머거리지(Malcolm Muggeridge)의 『인도의 마더 테레사』(Something Beautiful for God, 성바오로출판사)에서는 한계점에 있는 사람들의 아름다움에 대한 구체적 경험을 이야기한다. 콜카타에서 살던 테레사 수녀의 삶과 섬김을 소개한 이 책은 헤아릴 수 없을 정도로 많은 독자들에게 영감을 주었다. 그뿐 아니라 이를 계기로 저자 역시도 신앙의 삶을 살게 되었다. 장 바니에의 『공동체와 성장』(Community and Growth, 성바오로출판사)은 그의 모든 저서나 강연과 마찬가지로 영감을 주는 동시에 도발적이다. 라르쉬 공동체에서 장애인들과 더불어 평생을 일하면서 그는 기도, 사람들 사이의 언약, 정의, 청빈, '한계점에 있는' 이들에 대한 긍휼이 반드시 필요하다는 것을 깨닫고 그런 삶을 실천에 옮겼다.

영성 작가들이나 신앙인들만 생의 '한계점'에 있는 사람들의 존엄성을 얘기한 것은 아니다. 우리 시대의 가장 탁월한 의료 분야 작가 중 한 사람이라는 찬사를 받고 있는 의사이며 뇌신경학자인 올리버 색스(Oliver Sacks)는 많은 탁월한 연구서들 중에서도 특히 『아내를 모자로 착각한 남자』(The Man Who Mistook His Wife for a Hat, 이마고)와 『깨어남』(Awakenings, 알마)을 썼다. 이 책에서 그는 자기 환자들의 사례를 이야기하는데, 그는 그 모든 환자를 지극한 긍휼과 사랑이라 부를 수밖에 없는 마음으로 치료한다. (《사랑의 기적》이라는 제목의 감동적 영화로 만들어지기도 한)『깨어남』의 결말 부분에서 색스는 이렇게 말한다. "모든 시대의 시인과 과학자와 철학자들이 말했던, 라이프니츠와 던과 단테와 프로이트가 이야기했던 그 아름다운 궁극의 진리를 본다. 에로스는 모든 신들 중에서 가장 강력하며 오래된 신이라는 것을, 사랑은 만물의 알파와 오메가라는 것을, 치유하고 건강하게 만드는 일은 처음도 마지막도 사랑의 일이라는 것을 깨닫는다." 뇌가 손상된 자신의 환자들에 관해 그는 이렇게 말한다. "15년 동안 이 환자들 곁에서 일한 후에 나는 그들이 내가 아는 사람들 중 가장 큰 고통을 겪고 있는 사람이지만 가장 고귀한 사람들임을 깨닫게 되었다." 그의 책을 읽고 나면 이 말이 진심이었음을 알게 된다. 거대한 도덕적·사회적 악에 맞선 두 사람의 증언은 오래도록 읽을 만한 가치가 있을 것이다. 『에티: 에티 힐레줌의 편지와 일기』(*Etty: The Letters and Diaries of Etty Hillesum*)에서는, 특이한 교수에게 반한 한 여인이 1943년 아우슈비츠에서 처형을 앞두고 어떻게 하나님을 갈구하는 담대한 종으로 변화되었는지 이야기해 준다. 빅토르 클렘페러(Victor Klemperer)의 『나는 증언할 것이다』(*I Will Bear Witness*)는 더 길고 고통스러운 일기다. 1933년부터 1945년까지 기록된 이 일기는 마치 도덕적 쓰나미처럼 읽힌다. 이 온화한 독일계 유태인과 그의 그리스도인 아내는 모든 것을 잃어버린 것 같았지만 그들의 사랑은 변치 않았고 결국 그들은 정상적인 삶을 회복할 수 있게 된다.

크리스토퍼 놀란의 『시계탑 아래서』(*Under the Eye of the Clock*, 범우사)에서는 엄청난 육체의 악(즉, 장애)으로 고통당하는 '한계점의 인간'의 목소리를 실제로 들을 수 있다. 그의 전작 『봇물 터지듯 깨어진 꿈』

(*Damburst of Dreams*)과 더불어 이 책은 인간 영혼의 고귀함에 대한 한 장애인의 감동적인 증언으로, 두 책 모두 자전적이다. 먼저 나온 책에는 그가 열한 살 때 세상과 소통하기 시작한 후에 지은 시들도 포함되어 있다.

인생의 전성기에 뇌졸중으로 쓰러진 사람의 관점에서 쓴 『잠수복과 나비』(*The Diving Bell and the Butterfly*, 동문선)는 잊을 수 없는 작품이다. 장 도미니크 보비(Jean Dominique Bauby)는 두 아이의 아버지이자 프랑스의 패션 잡지 「엘르」(*Elle*)의 편집장이었지만, 이제는 남은 한쪽 눈을 깜빡여 알파벳을 표현해 이 책을 썼다. '감금 증후군'(의식이 명료하지만 눈의 움직임 외에 다른 방식으로는 의사소통을 할 수 없는 마비 상태-역주)이라는 진단을 받았지만, 그는 그를 제대로 돌보지 않는 가족과 친구들을 오히려 걱정한다. "그들은 그들에게 맡겨진 어려운 일, 즉 우리가 진 십자가 때문에 어깨에 너무나도 고통스러운 상처가 났을 때 그 짐을 아주 약간 가볍게 해 주는 일에 최선을 다했다."

우리 모두 그렇게 할 수 있다.

찾아보기

가치 판단 120, 156
가톨릭 노동자(Catholic Worker) 244, 286, 310, 335
가트리브, 로리(Lori Gottlieb) 68
가학성애 134
간디, 인디라(Indira Gandhi) 22, 309
갓베이, 제프(Godbey Geoff) 66
개넌, 토머스(Gannon Tomas) 342
갤브레이스, 존 케네스(John Kenneth Galbraith) 329
거브너, 조지(George Gerbner) 322
거트먼, 데이비드(David Gutmann) 125
걸프전 31, 44, 54, 110, 314
견진례(견진성사) 257, 258
결혼과 독신: 대항문화적 삶 263-269
고르바초프, 마하일(Gorbachev, Mikhail) 22, 23
골드버그, 버나드(Bernard Goldberg) 319
공동체 18, 35, 50, 70, 72, 92, 128, 148, 154, 164, 165, 176, 203, 208, 219, 221, 223
공동체의 삶 12, 244, 246, 247, 261

공산주의 24, 26, 33, 37, 42, 103, 110, 304, 305, 306, 307
관계의 힘 141, 285-288
교황 레오 13세 36, 53
교황 요한 바오로 2세 15, 26, 30, 36, 41, 42, 52, 53, 55, 102, 149, 232, 279, 280, 316, 328, 334, 345
교황 요한 바오로 6세 333-334
교회 안의 우상과 싸우기 226-236
교회의 치리 50-55
구명보트 윤리 95, 112
구약성경 169-176
구티에레즈, 구스타보(Gutiérrez Gustavo) 342
국제통화기금(International Monetary Fund) 24
군사주의 15, 126, 239, 276, 306, 332, 334
그로스먼, 데이브(Dave Grossman) 324
그리스도의 삶 38, 177, 178, 213
그리스도인의 실천 243, 257, 299
그리피스, 리(Lee Griffith) 324

기니스, 오스(Os Guinnes) 340
기도: 그리스도인의 정체성 형성 247-253
기독교 철학적 인간학 153
기아 14, 47, 198, 229, 306, 344
깁슨, 존(John Gibson) 80
까마라, 돔 헬더(Dom Helder Camara) 342
깨어진 관계 67
꾸르실료 운동(Cursillo movement) 244

내면성 83, 118, 122, 140, 141, 216, 217, 228, 249, 265, 273, 310
내적 공허함 63
내적 가난 281
노박, 마이클(Michael Novak) 328, 339
노직, 로버트(Robert Nozick) 327
놀란, 크리스토퍼(Christopher Nolan) 142, 347
뉴턴, 헬무트(Helmut Newton) 78
뉴하우스, 리처드 존(Richard John Neuhaus) 328, 342
니버 형제들(the Niebuhrs) 339
니체, 프리드리히(Friedrich Nietzsche) 181
닐슨, 마크(Mark Neilsen) 343

다양한 표현 속의 통일성 232-233
다윗파(Branch Davidians) 43
다이애나비(Princess Diana) 42, 44
단순성 240, 248, 272, 288
대안적 왕국 181
더닝, 앨런(Alan Durning) 332
더쇼비츠, 앨런(Alan Dershowitz) 96
덩샤오핑(Deng Xiaoping) 47

데이, 도로시(Dorothy Day) 248, 286, 309, 335, 337, 338, 339
데이비슨, 커크(D. Kirk Davidson) 320
도덕적 예외주의 47-48
도덕적 일관성 230-232
돈더스, 조셉(Joseph Donders) 334
두브체크, 알렉산더(Alexander Dubcek) 23
드렉셀 번햄 램버트(Drexel Burnham Lambert) 29
딜라드, 애니(Annie Dillard) 291, 344

라너, 칼(Karl Rahner) 213
라이언, 리처드(Richard Ryan) 64
라이히, 로버트(Robert Reich) 84
라페, 프랜시스 무어(Frances Moore Lappé) 344-345
래쉬, 크리스토퍼(Christopher Lasch) 105, 106
러브마크(lovemark) 71
러셔, 윌리엄(William Rusher) 322
레이건, 로널드(Ronald Reagan) 27, 28, 44, 329
레이처트, 톰(Tom Reichert) 320
로레토 수녀회 296
로메로 주교(Romero) 311
로버츠, 케빈(Kevin Roberts) 71
로욜라, 이그나티우스(Ignatius Loyola) 244, 309, 342
로티, 리처드(Richard Rorty) 327
루빈, 로버트(Robert Rubin) 76
루이스, C. S.(Lewis) 69, 293, 294, 337
르완다 44, 81, 84, 291
리글, 로잘리(Rosalie Riegle) 335
린드버그, 앤 모로우(Anne Morrow

Lindbergh) 282, 285

마돈나(Madonna) 78, 131
마르셀, 가브리엘(Gabriel Marcel) 156
마르코스, 페르디난드(Ferdinand Marcos) 22
마르쿠제, 헤르베르트(Herbert Marcuse) 138
마르크스, 카를(Karl Marx) 100, 197
마르크스주의 25, 37, 41, 303, 306
마쉬, 찰스(Charles Marsh) 337
마스터스앤존슨(Masters and Johnson) 132
마이어스, 데이비드(David Myers) 67, 289, 331
마이어스, 체드(Ched Myers) 341
만델라, 넬슨(Nelson Mandela) 21
매그닛, 마이런(Myron Magnet) 73
매리지 엔카운터 운동(Marriage Encounter movement) 244
매슬로우, 에이브러햄(Abraham Maslow) 119, 132, 158, 339
매케인, 존(John McCain) 95
매키번, 빌(Bill McKibben) 55, 345
매킨타이어, 알래스데어(Alasdair MacIntyre) 327, 346
매플소프, 로버트(Robert Mapplethorpe) 78
맥건, 윌리엄(William McGurn) 328
맥러플린, 존(John McLaughlin) 315
맥마한, 제프(Jeff McMahan) 326
맥베이, 티모시(Timothy McVeigh) 43, 81, 325
맥체스니, 로버트(Robert McChesney) 318
맥커래어, 유진(Eugene McCarraher) 339
맨거내로, 앤(Ann Manganaro) 296
머거리지, 말콤(Malcolm Muggeridge) 346
머레이, 패트릭(Patrick Murray) 333
머튼, 토머스(Thomas Merton) 337, 339
메이, 롤로(Rollo May) 131, 132, 338
메이, 제럴드(Gerald May) 338
메이저, 로리 앤(Laurie Ann Mazur) 320
모로우, 랜스(Lance Morrow) 79
모린, 피터(Peter Maurin) 335
무그, 캐롤(Carol Moog) 320
무어, 마이클(Michael Moore) 319
문화, 인간, 신앙 159-164
문화적 고립 243, 271
문화적 복음 142, 168, 361
물질에 대한 갈망 72-76
물질주의 26, 74, 232, 250, 275, 305, 323
미국 기독교 연합(Christian Coalition of America) 55
미국 문화 45, 61, 91, 93, 230, 237, 291, 302, 341, 342
미쉘, 루(Lou Michel) 324
미클스웨잇, 존(John Micklethwait) 74
미트로프, 이언(Ian Mitroff) 319
믿음의 이면 89-104
밀너, 머레이(Murray Milner) 321
밀러, 마크 크리스핀(Mark Crispin Miller) 70, 322
밀러, 빈센트(Vincent Miller) 341
밀러, 윌리엄(William D. Miller) 335
밀즈, 라이트(C. Wright Mills) 329

밀컨, 마이클(Michael Milken) 28, 29

바니에, 장(Jean Vanier) 244, 262, 286, 345
바웬사, 레흐(Lech Walesa) 23
반문화화 256
반즈, 프레드(Fred Barnes) 47
발레리, 폴(Paul Vallely) 345
백스터, 마이클(Michael Baxter) 328
버드, 마이클(Michael Budde) 328
버클리, 윌리엄(William Buckley) 315
베니스, 워렌(Warren Bennis) 319
베르쟈예프, 니콜라이(Nicholas Berdyaev) 335
베리, 웬델(Wendell Berry) 56, 343
베리건, 대니얼(Daniel Berrian) 336
베이유, 시몬느(Simone Weil) 294, 338
베일리, 길(Gil Bailie) 325
벨, 대니얼(Daniel Bell) 329
벨라, 로버트(Robert Bellah) 341
병자를 위한 기도 260
보건 정책과 윤리 연구소(Center for Health Policy and Ethics) 38
보든, 톰(Tom Beaudoin) 341
보비, 장 도미니크(Jean Dominique Bauby) 348
볼첼, E. D.(Baltzell) 72
부버, 마르틴(Martin Buber) 173, 288, 335
부시, 조지(George Bush) 55, 72, 73, 75, 76, 96, 97
붓다(Buddha) 86
브라운, 로버트 맥아피(Robert McAfee, Brown) 335
브랙클리, 딘(Dean Brackley) 342

브레넌, 윌리엄(William Brennan) 324
브림로우, 로버트(Robert Brimlow) 328
블랙, 에드윈(Edwin Black) 323, 324
블랭크, 레베카(Rebecca Blank) 328
블룸, 앨런(Allan Bloom) 332
비인간적인 문화 93-99
비인간화 31, 77, 78, 81, 99, 138, 155, 292, 304, 323, 324, 325

사다트, 안와르(Anwar Sadat) 22
사이더, 로날드(Ronald Sider) 55, 341
사이먼, 아서(Arthur Simon) 345
사하로프, 안드레이(Andrei Sakharov) 23
사회주의 16, 22, 26, 36, 37, 53, 306
삭스, 제프리(Jeffrey Sachs) 83, 344
살레의 프란키스쿠스(Francis de Sales) 285
삶과 인식의 형식 89-90
상처받은 이들 82, 217
상품으로 취급되는 앎 117-120
상품으로서의 몸 129-138
상품화된 인간의 상호 작용 123-129
새 예루살렘(New Jerusalem) 244
색스, 올리버(Oliver Sacks) 346
성 아우구스티누스(Saint Augustine) 336
성 토마스 아퀴나스(Saint Thomas Aquinas) 288, 333
성령 쇄신 운동(Charismatic Renewal movement) 244
성례전: 인격적 삶의 형성 253-263
성스러운 덮개 220
성의 역학 129-138
성찬 197, 231, 261-263, 277, 293

성품성사 258
세계 평화의 날(World Day of Peace) 41
세계관 106, 136, 139, 142, 146, 154, 166, 167, 218, 230, 280, 301, 340
세계은행(World Bank) 24
세군도, 후안 루이스(Juan Luis Segundo) 342
세이어즈, 도로시(Dorothy Sayers) 49, 338
셔드슨, 마이클(Michael Schudson) 320
소로우, 헨리(Henry Thoreau) 319
소브리노, 혼(Jon Sobrino) 342
소비사회의 삶 61-87
소비와 마케팅 105-115, 118, 147
소스 프라이오리티 매니지먼트 시스템스(Source Priority Management Systems) 69
소외 37, 85, 86, 87, 102, 126, 155, 162, 198, 218, 220, 227, 237, 238, 239, 252, 272, 281, 285, 295, 298, 299, 304, 306, 307, 311, 324
쇼어, 줄리엣(Juliet Schor) 321
수도회 239, 269, 270, 274, 277, 278
쉐퍼, 프랜시스(Francis Schaffer) 340
쉬락, 캘빈(Calvin Schrag) 327
슈마허, E. F.(Schumacher) 309
슈워츠, 배리(Barry Schwartz) 331
슐로서, 에릭(Eric Schlosser) 332
스미스, 웨슬리(Wesley Smith) 324
스미스, 윌리엄 케네디(William Kennedy, Smith) 44
스타이버스, 리처드(Richard Stivers) 332
스튜어트, 마사(Martha Stewart) 98
스트롤러, 로버트(Robert Stroller) 130

식민지화 43-50
신과 복음의 선택 214-222
신성화 220
신약성경 229
실버, 존(John Silber) 332
심슨, O. J.(Simpson) 44
십자가형 200-208, 202
싱어, 피터(Peter Singer) 326

아만푸어, 크리스티안(Christiane Amanpour) 80
아빌라의 테레사(Teresa of Avila) 285, 335
아이슬랜드, 존(John Iceland) 344
알-카다피, 무아마르(Moammar al-Qaddafi) 22
앳워터, 리(Lee Atwater) 67, 72
어번-브루킹스 세금 정책 연구소(Urban-Brookings Tax Policy Center) 85
언약, 성례전의 특징 254
언약적 관계 153
에런라이크, 바버라(Barbara Ehrenreich) 344
에치오니, 아미타이(Amitai Etzioni) 82, 83, 330
엘리, 폴(Paul Elie) 337
엘리노어 스텀프(Eleonore Stump) 57
엘즈버그, 로버트(Robert Ellsberg) 38, 57, 335, 336, 337
연대 47, 336
영성 형성 336
예수 카리타스 공동체(Jesu Caritas communities) 244
예프코, 마이클(Michael Yapko) 68
옐친, 보리스(Boris Yeltsin) 23

찾아보기 353

오말리, 존(John W. O'Malley) 336
오코너, 플래너리(Flannery O'Connor) 337
와이브로우, 피터(Peter Whybrow) 289, 331
우상숭배 102, 115
우상숭배와 언약 169-176
우상숭배의 문화 223-241
우상에 맞서는 삶 236-241
울드리지, 에이드리언(Adrian Wooldridge) 74
워드, 바버라(Barbara Ward) 309
워커, 랍(Rob Walker) 83
월리스, 짐(Jim Wallis) 244, 343
웰본, 에이미(Amy Welborn) 317
위글, 조지(George Weigel) 50, 328, 342
윈, 마리(Marie Winn) 321
윌리엄스, 찰스(Charles Williams) 338
윌스, 게리(Garry Wills) 50
윙크, 월터(Walter Wink) 339
유물론 305
유아세례 256
유인, 스튜어트(Stuart Ewen) 322
이데올로기 14, 16, 22, 24, 25, 26, 37, 41, 50, 72, 85, 102, 118, 125, 126, 164, 166, 167, 168, 226, 230, 233, 237, 270, 282, 290, 293, 300, 304, 313, 315, 316, 331
이스라엘(Israel) 32, 110, 170, 171, 175, 178
이혼 68, 135, 137, 264
익명의 알코올 중독자 모임(Alcoholics Anonymous) 47
인간에 대한 긍정 290-293

인간적인 문화 91-92
인격 상실 117-138
인격 형식의 계시 154, 209-214
인격적 신앙 339-343
인격화된 사물 288-290

자기 성찰 117, 118, 226-228
자기 정죄 192-200
자본주의라는 우상 209-222, 275, 299
자유방임 경제 121
자유와 구조 234-236
자유주의 36, 73
잭슨, 마이클(Michael Jackson) 98
저축대부조합 위기(Savings and Loan debacle) 330
적대적인 문화 164-168
절대적 인격체 174
정당한 전쟁 이론(just war theory) 48, 231
정의를 실천하는 신앙 13
제의 90, 159, 160, 163, 239, 257
제이콥슨, 마이클(Michael Jacobson) 320
젠고티타, 토머스 디(Thomas de Zengotita) 297, 319
조이, 빌(Bill Joy) 129
종말 190, 192-200, 267
죄 고백 258, 259, 260
주변인 49-50
중독 65, 111, 141, 217, 229, 320
즈윅, 마크와 루이스(Mark and Louise Zwick) 335
지라르, 르네(René Girard) 325

청지기 343

카니, 과달루페 신부(Father Guadalupe Carney) 231
카이저 가정 재단(Kaiser Family Foundation) 113
캐너, 앨런(Allen Kanner) 66
캐서, 팀(Tim Kasser) 64, 66, 289, 331
캘러한, 데이비드(David Callahan) 333
케네디, 폴(Paul Kennedy) 28
켈너, 더글러스(Douglas Kellner) 322
켈리, 마조리(Marjorie Kelly) 330
콜린스, 조셉(Joseph Collins) 345
콜스, 로버트(Robert Coles) 338
쿼트, 앨리사(Alissa Quart) 321
크라웃해머, 찰스(Charles Krauthammer) 96
크루그먼, 폴(Paul Krugman) 330
클락, 에릭(Eric Clark) 320
클랩, 로드니(Rodney Clapp) 329
클렘페러, 빅토르(Victor Klemperer) 347
킬번, 진(Jean Kilbourne) 320
킴브럴, 앤드루(Andrew Kimbrell) 326
킹, 로드니(Rodney King) 43

타란티노, 쿠엔틴(Quentin Tarantino) 78
타운센드, 클레어(Claire Townsend) 94
타일러, 스티브(Steve Tyler) 78
테레사 수녀(Mother Teresa) 262, 269, 286
테일러, 찰스(Charles Taylor) 327, 346
토머스, 클래런스(Clarence Thomas) 44
톨킨, J. R. R.(Tolkien) 338
트럼프, 도널드(Donald Trump) 28, 63, 64
트레퍼트, 대럴드(Darold Treffert) 108
트위첼, 제임스(James Twitchell) 323
틸리히, 폴(Paul Tillich) 339

파나마 22
파머, 폴(Paul Farmer) 344
파키스탄 44
파핏, 더렉(Derek Parfit) 327
팍스, 스티븐(Stephen Fox) 320
퍼시, 워커(Walker Percy) 61, 62, 87
퍼트넘, 로버트(Robert Putnam) 341
페이저, 앤드리아(Andrea Peyser) 79
펙, 스캇(M. Scott Peck) 338
포스트먼, 닐(Neil Postman) 70, 322
포콜라레 운동(Focolare movement) 244
포터, 앤드루(Andrew Potter) 297, 319
포트, 폴(Pol Pot) 81
폭력, 상품화된 인간의 상호 작용 123-129
폭력과 범죄, 매체에 등장하는 78
표면 아래 감춰진 통일성 99-104
프랭크, 로버트(Robert Frank) 330
프랭큰, 앨(Al Franken) 319
프랭클, 빅터(Viktor Frankl) 338
프롬, 에리히(Erich Fromm) 338
프리드먼, 토머스(Tomas Friedman) 42, 329
플루어, 에블린 Evelyn Pluhar) 326
피셔, 필립(Philip Fischer) 57
피어시, 낸시(Nancy Pearcey) 340
피학성애 78, 131, 134
필립스, 케빈(Kevin Phillips) 75, 329

하나 됨 255, 264

하벨, 바츨라프(Vaclav Havel) 23, 32, 33
하사드, 하페즈(Hafez Hassad) 80
하우어워스, 스탠리(Stanley Hauerwas) 340
하일브로너, 로버트(Robert Heilbroner) 329
할러데이, 조이스(Joyce Hollyday) 343
허벡, 댄(Dan Herbeck) 324
헉슬리, 올더스(Aldous Huxley) 136
헤닝어, 대니얼(Daniel Henninger) 45
헨리, 줄스(Jules Henry) 136, 331
혁명적 거룩함 301-312
현재 상태(status quo) 304
호메이니, 아야톨라(Ayatollah Khomeini) 22

혼인성사 258
홉킨스, 제라드 맨리(Gerard Manley Hopkins) 336-337
화해의 성례전 259
환경보호국(Environmental Protection Agency 28
후쿠야마, 프랜시스(Francis Fukuyama) 333, 345
히스, 조지프(Joseph Heath) 297, 319
힐, 애니타(Anita Hill) 44

AIM(Accuracy in Media) 317
FAIR(Fairness and Accuracy in Reporting) 317

9·11 44, 48, 77, 80, 82, 342, 343

해설
소비사회에 던지는 예언자적 목소리

김회권 교수
숭실대 기독교학과

책의 중심 논지

1981년 처음으로 출간된 존 캐버너의 『소비사회를 사는 그리스도인』은 미국 사회가 자기 삶의 방식에 대한 최고의 확신과 자부심을 즐길 즈음, 미국이라는 놀이터에 들려온 예언자적 굉음이었다. 미국 사회가 소비주의, 곧 물신숭배주의라는 우상숭배에 빠져 있다는 무서운 경고였다. 예수회 사제로서 미국 세인트루이스 대학의 교수인 저자는 조국의 영적 일탈과 배교와 타락, 그리고 국운 쇠락을 목격하면서 애통해하던 주전 7세기의 예언자 예레미야처럼 탄식하고 있다. 이 책에서 저자는 인간의 몸과 영혼까지 상품으로 간주하여 사고파는 최악의 소비사회인 미국 사회에서 그리스도를 따르는 길은 거룩한 저항, 자발적 소외와 고립, 그리고 하나님의 사랑과 공의 실천에 바탕을 둔 문화 변혁적 삶과 문화 창조에 있다고 주장한다.

이 책은 주제와 어조가 다소 무겁고 과장된 면이 있음에도 불구하고, 전체적으로 감동적이고 설득력이 있다. 자비와 정의 대신 즉물주의적 욕망 충족과 자기중심적 권력 사용에 익숙한 미국 사회에 대한 영적 진단과 징후 분석에 있어 예리한 통찰력이 빛난다. 또한 선량하고 평범해 보이는 미국 중산층 시민들이 실상은 자기 생활 수준을 유지하려고 안간힘을 쓰기 때문에 미국이 대외 원조국으로서의 자비와 인도주의적 배려가 쇠락하는 나라가 되어 간다고 지적한다. 이러한 저자의 논의는 깨어 있는 그리스도인들에게서 폭넓은 공감을 얻을 것이다. 저자는 하나님께 순종하는 '아름다운 나라' 미국(美國) 건설을 열망하는 예언자다. 한 가지 작은 우려는 미국적 맥락의 많은 사례들과 일화들이 한국 독자들에게 선뜻 다가오지 못할 가능성이 있다는 점이다. 그렇지만 미국적 생활 방식은 전 세계 만민들이 선망하는 생활 방식이며, 더더욱 한국 그리스도인들에게 미국은 한국이 장차 닮아 가야 할 선진 기독교 국가라는 이해가 있다. 따라서 이 책이 펼치는 미국 사회에 대한 예언자적 분석은 곧장 성서한국의 꿈을 품고 사는 그리스도인들에게 예방 및 경고의 메시지가 될 것이다.

책의 구성과 각 장의 중심 논지

이 책은 2부로 나뉘어 있고 총 열두 장으로 구성되어 있다. "상품 형식"(The Commodity Form)이라는 표제를 단 1부는 다섯 장으로 구분되어 있는데, 상품 형식은 미국 사회를 물건을 소비하고 소유하는 데서 유사(類似) 구원감을 맛보는 소비주의 우상숭배 사회로 규정하고 분석한다. 1부에서는 '상품 형식'이라는 개념을 통해 자신과 타인을 사물, 즉 상품으로 인식하고 상품 '형식'이나 이미지 아래에서 살아가는 미국인들의 삶을 강하게 비판한다. 1부의 목적은 고도 소비주의 사회로 전락한 미국의 사회적·정치적·경제적 악의 핵심에 자리한 영적 위기를 드러내는 데 있다. 미국의 물신 숭배적 삶을 신학적으로 분석한 글이기에 때때로 딱딱하게 읽힐 때도 있지만, 저자는 많은 사례들과 일화들을 제시함으로써 중심 논지에 어렵지 않게 수긍할 수 있게 한다.

1부 상품 형식

1장 "소비사회의 삶 읽기"는 미국의 물신 숭배적이고 소비주의적 생활 방식이 가져온 최악의 결과는 인격 해체, 인간관계의 단절, 오도된 욕망 창조임을 강조한다. 그것은 내적 공허, 이웃과의 깨어진 관계, 물질에 대한 반대급부적 욕망, 비인간화라는 불의에 노출되는 삶, 상처받은 이들로부터 도피하는 영적 무감각과 무관여의 삶으로 드러난다. 소비사회와 그 사회의 가치 체계는 사실상 하나의 종교로서, 그 자체의 철학에 의해 지탱되며, 우리 개개인의 행동을 지배하는 이론이라는 것이다. 자아 해체적이고 관계 파괴적인 소비주의 생활로부터 구원받는 길은 그리스도의 삶을 만나고, 그분이 독특한 인격적 실존을 지닌 사람 모두를 구속하셨음을 깨닫는 데서 시작된다. 그리스도 안에서 우리는 자신과 타인의 삶에 관해, 그리고 나아가서 사회적·정치적·경제적 세계에 관해 총체적으로 반응하는 방법을 배운다. 이웃의 고통을 전혀 공감할 수 없는 자기 폐쇄적 삶은 하나님 사랑과 이웃 사랑의 이중 계명에 자기를 속박하고 자기를 내어 주신 그리스도를 통해 치유되고 구원된다.

2장 "믿음의 이면과 문화의 복음"은 미국 사회에서 서로 경쟁하는 두 가지 복음, 곧 인격 형식 복음과 상품 형식 복음을 논한다. '인격-신'과 '사물-신' 각각에는 그 나름의 '교회', '제의와 의례', '특별한 언어', '이단'에 대한 관념이 있다. 저자는 인격 형식의 복음이 명예로운 미국 문화를 대표하고, 상품 형식의 복음이 불명예스러운 미국 문화를 대표한다고 본다. 전자는 사랑, 배려, 인권, 자유, 인종차별 철폐, 무제한적 대외 원조를 가능케 하고, 후자는 대외적 제국주의적 전쟁, 군비 경쟁, 욕망과 음란 숭배, 냉정하고 무자비한 경쟁을 촉발시킨다고 본다. 저자는 소비사회를 하나의 삶의 형식, 즉 상품으로서의 삶의 형식이라고 규정하며 그것을 하나의 복음에 비유한다. 왜냐하면 물질적인 것을 구매하고 소비하는 행위는 종교적인, 심지어 신학적인 의미를 지니기 때문이다. 그것은 하나의 '생활 방식', '진짜 세계'에 관한 진리, 우리의 존재 안에서 의미를 실현하고 성취하는 방법으로 기능한다.

저자는 교황 요한 바오로 2세의 첫 번째 회칙인 『인간의 구원자』를 인증하여 종교적 의식과 사회·경제적 의식이 밀접하게 연결되어 있음을 밝힌다. 이 회칙에서 교황은 미국인이 경제적 자유와 높은 생산성을 이룩한 대신, 보다 더 근본적인 부자유에 빠져 소비주의의 노예로 전락할 수 있음을 경고한다.

3장 "상품 형식: 소비와 마케팅"은 미국의 소비와 마케팅 열기가 기독교적 신앙 실천을 거의 불가능하게 하는 상황을 구체적으로 예시하고 예증한다. 그것이 십계명을 어기는 태도를 조장하는 경제적 조건을 만들어 내기 때문이다. 과도한 노동은 안식의 계명을 준수하지 못하게 방해한다. 성적 방종과 자유, 성매매 관행은 제7계명을 정면으로 파기한다. 소비주의적 선전과 그에 따르는 물건 소유와 낭비벽은 지구 자원의 남용과 소진을 가속화하여 세상 모든 자원을 한 세대도 지나기 전에 다 없애고 말 것이다. 상품 형식 복음에 따르면 우리의 존재와 목적은 오직 우리가 무엇을 소유하는가라는 관점에서만 계량화될 뿐이기 때문이다. 우리 스스로 만든 형상과 모양을 따라 재창조된 우리는 상품으로 계시된다. 우상숭배는 우리의 인간성 자체를 박탈하고 물건처럼 학대한다.

 4장 "인격 상실"은 상품으로 취급되는 지식, 상품 형식 속에 매몰되는 가치 판단과 의지, 상품화된 인간의 필연적 상호 작용인 폭력, 그리고 상품으로서의 몸 즉 성의 역학을 다룬다. 그래서 멸망 전야에 도달한 인류 문명의 상거래 품목에는 인간 영혼이 포함되어 있다(계 18:13). 상품화된 인격은 인격을 박탈당했기에, 공감 능력과 자기반성적 사유 능력이 소거되어 버린다. 그 결과 우리는 나라와 공동체, 이웃, 심지어 바로 우리 옆에서 애원하는 사람의 필요에 응답하기는커녕 그 필요를 보지도 못한다. 우리는 이웃을 이용해야 할 사물로, 정복해야 할 적으로 보는 습관을 부단히 함양한다. 더 이상 우리는 이웃을 하나님의 형상을 담지한 존귀한 존재로 보지 못한다. 우리는 그저 사물을 본다.

 5장 "상품 형식과 우상숭배"는 어떤 점에서 상품 형식의 복음이 하나의 세계'관'으로 작용하는지를 여러 가지 예를 들어 설명한다. 이 세계관에 따르면 인간 존재는 소유에 있으며(비교. 눅 12:15 "생명은 소유의 넉넉함에 있지 않다"), 우리의 행복은 더 많이 소유하는 데 있다. 그 결과 우리의 인간성을 표현하고 인격체로서 우리의 가치를 높여 줄 수도 있었을 소유가 궁극적 목적이 되고 말았다. 우리의 문화적 복음, 곧 상품 형식의 복음은 자본주의라는 우상 속에서 참으로 다양한 방식으로 그 모습을 드러낸다. 우리 스스로 우리가 만든 상품의 형상을 본뜨려 할 때 우리는 우리의 인간성마저 박탈당하고 만다. 상품으로 환원된 우리는 인격적 접촉의 친밀함을 잃어버린다. 존재하는 것에 의해 마비된 우리는 자유롭게 걷지 못한다. 이것이 곧 우상숭배의 결과다. 우상을 만들고 그것을 믿는 이들은 우상과 같은 모습이 된다.

생산성, 거래 가능성, 소비, 기교, 과학적 방법은 그 자체로 악한 것은 아니다. 그러나 인간과 상품의 관계가 역전될 때, 도구에 불과한 것이 인간의 가치를 가늠하는 기준이 될 때, 상품 형식의 복음이 우리를 지배하고 파괴하게 된다. 물론 상품 형식 외에도 다른 형태의 우상숭배가 존재한다. 전체주의 국가, 관료주의 교회, 인물 숭배의 제도화도 모두 각기 다른 조건이나 사회 체계 속에서 인간을 피폐하게 만드는 강력한 형식들이다. 하지만 저자는 미국 문화의 궁극적인 자본주의적 가치가 의식의 상품 형식으로 다시 나타나고 있음을 보여 주는 데 주안점을 둔다.

상품 숭배를 체계화한 사회 속에서는 가족, 헌신, 인간의 생명, 평화주의, 평등, 정의, 믿음, 소망, 사랑과 같은 다양한 가치들에 관해 이야기하기가 점점 더 어려워지고, 그러한 가치들을 삶 속에서 실천하기는 훨씬 더 어렵다. 그 이유를 설명하는 것이 1부 전체의 초점이다. 저자는 미국의 소비주의와 물신 숭배적 경제 체제가 그리스도인으로 살기 원하는 이들의 믿음을 위협한다는 사실을 깨닫기를 원한다. 인간이 생산과 경제 체제, 스스로 만든 상품의 노예가 되는 현상은 단지 전체주의 국가에서만 아니라 물신 숭배적 소비사회에서 일어나는 사태인 것이다. 저자가 자본주의를 비판하는 것은, 다른 문화나 국가에서 어떤 완벽한 본보기나 유토피아를 발견하기 위해서가 아니다. 경제적 우상숭배와 이에 종속된 미국인들의 노예 상태에 도전하고, 상품 형식의 복음에 대안적 '삶의 방식'으로 맞서야 한다는 사실을 설득하기 위해서다. 저자는 모든 그리스도인들이 소비사회 프로그램화에 저항하라는 부르심은 물론 인간이 스스로 그리스도를 따르는 삶을 살라는 부르심을 받았다고 역설한다. 그리스도는 우리 인간이 스스로 만든 죽은 우상에 의해 규정되는 쓰고 버려도 되는 물건이 아니라, 우리로 하여금 하나님의 삶에 참여할 수 있는 능력을 주시는 삼위일체 하나님의 형상에 따라 창조된, 대체할 수 없는 인격체임을 깨닫게 해 주시기 때문이다. 그것이 바로 예수 그리스도 안에서 실현된 인격 형식의 복음이다.

2부 인격 형식

"인격 형식"(The Personal Form)이라는 표제가 붙은 2부는 일곱 장으로 구성되어 있는데, 물신 숭배로 전락해 가는 미국 사회에서 그리스도인으로 살아가기 위한 성서적·신학적 토대를 제시하고 구체적 실천 방향을 제시한다. 저자는 그리스도의 인격 안에 계시된 인식과 가치, 삶에 관한 '인격 형식'을 소개한다. 그 목적은 예수 그리스도를 믿는다는 것이 사회적·정치적으로 어떤 의미가 있는지 보여 주고, 성례전과 기도, 헌신, 가족, 공동체를 통해 '그리스도인-활동가'의 삶을 살아갈 방법을 제안하는 데 있다. 저자는 결국 그리스도의 길이 물신 숭배적 우상숭배의 길에서 구원해 줄 자유의 길이며, 미국의 주류 소비주의 문화에 대항하는 길임을 역설한다. 중요한 점은 여기서 저자가 이 '소비사회'를 건전한 자본주의 사회와 구별한다는 점이다. 저자는 오히려 상대적으로 건전한 민주적이며 자기 통제적 자본주의가 지닌 장점이 물신 숭배적 소비사회에 의해 소멸될 위기에 처해 있다고 진단한다. 물신 숭배적 소비사회는 인격과 인격의 가치를 질식시키는 상품 형식의 인간 실존을 생산하고 지배하기 때문이다.

6장 "기독교 철학적 인간학을 향해"에서 저자는 인격의 양면성을 논하며 시작한다. 사르트르가 주장했듯, 실로 인간은 '무한한 열정', 즉 온전한 인격을 향한 압력이다. 그러나 동시에 그 자체에만 매달리고 그 안에 갇혀 있을 때는 끔찍할 정도로 근거가 없으며 지극히 부조리한 열정이다. 이 장에서는 적대적 주류 문화가 얼마나 그리고 어떻게 우리 신앙을 위협하고, 제한하고, 타협시키고, 배반하는가를 예시하며 설명한다. 그러면서 문화 안에서 그리고 문화를 통해서 우리와 다른 사람들에게 말을 거는 참으로 역사적(성육신적)이면서도, 문화적 명령이나 문화적 내재로 환원되지 않는 신앙을 모색한다. 문화를 초월하는 가치, 특정한 문화적 체계로 환원되지 않는 가치, 사람됨의 본질과 구조 자체에 근거한 가치에 충실할 때에만 세상 문화가 개인의 자아와 인격을 옭아매고 압제하는 이데올로기로 굳어지는 것을 막을 수 있다. 상품 형식의 세계 속에서는 이런 문화를 초월하는 가치들이 가장 무자비하고 체계적인 공격을 받아 왔다. 인간성에 근거한 가치들은 쇠퇴하고 있으며 그 유효성을 거부당하고 있는 듯하다.

7장 "구약성경의 하나님: 우상숭배와 언약"은 미가 6:8, 예레미야 7장과 22장, 이사야 58:6-11을 인용하면서, 물신 숭배의 우상이 강요하는 예속과 지배에서 벗어나, 스스로를 내어 줌으로써 자유로워지기를 원하시는 하나님과의 친밀한 언약으로 들어오라는 부르심을 상기시킨다. 이 하나님은 절대적 인격체시며, 하나님의 형상으로 지으신 인격체들을 언약으로 초대하신다. 하나님은 우리가 인격체로서 가장 필요로 하는 것에 의지하라고, 즉 야웨에 대한 신뢰와 믿음과 사랑으로 나아오라고 부르신다. 저자는 언약 관계를 통해 주어지는 인간에 관한 계시를 구약에서 확인할 수 있음을 강조한다. 구약에는 인간의 무조건적 가치를 긍정하는 말씀이 들어 있으며, 이는 곧 인간을 예속하거나 비하하는 모든 우상숭배로부터의 독립 선언이다. 그리고 인간의 사랑과 인간을 향한 사랑의 기록이며, 한 백성에게 가장 심오한 믿음의 자유를 가르쳐 주기 위해 부단히 노력하시는 하나님에 관한 기록이다.

8장 "그리스도의 삶 읽기"는 주로 마태복음을 통해 그리스도의 삶과 메시지가 어떻게 제시되어 있는지를 보여 준다. 그리스도는 가난한 이들의 아들이시라는 사실을 통해 하나님의 본질과 인간 됨의 의미를 계시하신다. 그리스도가 걸어가신 십자가 순종은 마리아의 찬가가 암시하듯이 단순한 내적 경건이나 순종적 정적주의가 아니라 정의의 하나님, 가난한 이들의 하나님에 대한 순종이다(눅 1:51-53). 광야에서 겪은 시험은 가난하고 연약한 자들의 메시아가 되기 위한 창조적 시험이자 연대 및 동일시를 위한 시험이다(마 4:3-10). 그가 시험을 이기고 선포하신 메시아 왕국은 고도 소비주의 사회, 그리고 1차원적 욕망을 위해 하나님을 시험하고 악마에게 경배하는 음란하고 패역한 세대에 대항하는 대안 사회였다. 자기 욕망의 신격화를 위해 가난한 이들, 소외된 이들, 굶주린 이들, 갇힌 이들, 집을 잃은 이들을 배척하고 무시하는 사람들과 그들이 옹호하는 정치경제 체제는 종교의 이름으로 자행되는 신성모독이다. 고도 소비주의 사회, 즉 물신 숭배 사회는 가난한 자들을 하나님의 구원에서 끊어진 자로, 심지어 저주받은 자로 보는 경향이 있다. '세상에서 가장 천대받는 그 가난과 굴욕의 사람들'을 냉대하는 그리스도인들이 있다면, 그것은 바로 자신들이 믿는다고 고백하는 그리스도로부터 등을 돌리는 것이다.

세상에서 유력한 계층에 편입된 사람들 중 더러는 자신의 죄인 됨을 부인하고, 자신의 성공과 권력이 하나님께 구원받은 증거가 된다고 주장하다가 우리를 위해 우리와 더불어 죽으신 예수 그리스도 안에서 결정적으로 드러난 하나님의 사랑은 물론 십자가마저도 거부하는 죄를 범한다. 그들은 자신의 노력과 종교적 열심으로 구원과 선택을 받았으며, 그래서 자신이 선하다는 것을 증명하려고 한다. 그들은 구원을 위해 경쟁하고, 구원을 거래하고, 구원을 보증하는 상품화된 복음의 표현 방식에 전혀 고통과 불편을 느끼지 않는 사람들이다. 저자는 바로 이런 사람들이 예수의 복음을 거부하고 배척하며 또 다시 그리스도를 십자가에 못 박는 자들이라고 비판한다.

9장 "자본주의라는 우상과 그리스도"는 주로 예수님 안에 드러난 인격적 복음 계시를 더 깊이 논한다. 예수님의 계시를 검토함으로써 좀더 이론적인 차원에서 기독교 인간학을 전체적으로 이해한 다음, 인간의 삶과 목적에 관한 그런 관점이 우리의 문화적 인간학에서 말하는 인간에 관한 관점과 어떤 대조를 이루는지 보여 주고자 한다. 구약성경이 잘 보여 주듯이, 인간의 신비는 그분의 형상으로 인간을 지으신 우주의 하나님이자 자신을 언약의 주님으로 계시하시는 하나님께 우리 자신을 내어 맡기는 투신과 신앙 결단에서 해명된다. 우리는 모두 자유로운 언약으로, 그리고 내면적 신실함으로 구비되어 우리 주님과 그분이 손수 지으신 작품인 우리 자신을 신뢰하고 그 위험을 감수하는 삶으로 부르심을 받았다. 우리는 이 하나님께 자신을 내어 맡기면서 온 인류가 형제자매임을 재발견하며, 물신 숭배적이고 이웃 착취적인 죄악의 사슬에서 해방된다. 하나님 사랑과 이웃 사랑의 이중 계명에 감미롭게 속박되는 자유를 만끽할 수 있게 된다. 예수 그리스도는 이러한 이중 계명에 속박되는 경험이 바로 진리 경험이자 우주의 창조주 하나님 밑에 자신을 내던지는 신앙의 대모험임을 증명하셨다. 저자는 이런 삶의 방식이야말로 우상숭배적인 상품 복음 문명을 거룩하게 전복하는 힘임을 역설한다.

10장 "우상숭배의 문화와 기독교적 실천"에서는 교회 안에 침투한 우상과 맞서는 삶의 구체적 원리들을 제시하고 우상에 맞서는 삶의 위력을 강조한다. 교회 안의 우상에 맞서 해야 할 첫째 과제는 기독교회의 부단한 자기비판이다. 저자는 역사적 기독교가 우상숭배에 빠지거나 그 자체로 이데올로기가 되어 소명에 충실하지 못하던 때가 있었음을 강조한다. 그러면서 교회가 문화와 철저하게 동화된 강력한 자연적 제도가 되어 그 자체의 역사성에 갇혀 버릴 수도 있음을 경고한다. 교회가 문화와 동화된 대표적 사례로, 신성 로마 제국, 십자군, 종교 재판소, 제3제국의 국가 종교, 라틴 아메리카 가톨릭교회의 귀족적 경향, 하나님을 국가나 심지어 자유 시장의 논리와 동일한 것으로 취급하는 미국 '중산층' 기독교 등이 있다. 이런 식으로 교회는 문화와 그 문화에 속한 가장 강력한 기관들의 이익과 스스로를 동일시한다. 인간의 해방은 고사하고 인간을 예속하는 일에 협력하는 것이다.

둘째는 기독교 신앙의 인격적 특성을 강조함으로써 그 인격적 내면성이 사회적으로 드러나도록 장려하는 일이다. 기독교적 해방과 신앙은 특정한 경제적·정치적·사회적 구조에 의해서 촉진되거나 저지될 수 있으므로, 그리스도인의 활동은 문화의 환경과 조건의 변혁에까지 확장된다는 것이다. 그리스도의 선물인 사랑, 소망, 믿음을 경험할 수 있는 가능성을 최소화시키는 사회적 조건을 제거하기 위해 노력하여야 한다는 것이다. 따라서 세계의 빈곤 문제, 양극화, 교도소 인권 유린, 군비 경쟁, 자원 남용과 낭비 등은 기독교 신앙의 지극히 은밀하고도 인격적인 영성이 다루어야 할 과제들이다.

이외에도 저자는 우상에 맞서기 위한 그리스도인들의 삶의 원리로 도덕적 일관성 유지, 다양성 속의 통일성, 억압과 속박의 구조화에 맞서는 영적 해방, 자유의 구조화를 촉진하는 사회 선교 활동과 참여를 예시한다. 그는 이 모든 활동의 열매는 기도에서 나온다는 것을 강조한다. "천국은 이생 안에서 이해될 수 있으며 이생을 이해할 수 있게 해 준다. 기도를 중심으로 이루어지지 않는 실천은 오래 지속될 수 없으며 성과도 거둘 수 없다. 실천이라는 열매가 없는 기도는 무익하다."

11장 "인격 형식 속에서의 그리스도인의 실천"에서는 패역하고 음란한 주류 문화에 대한 교회와 그리스도인의 바람직한 대응은 거룩한 공동체 형성에 있다고 주장한다. 저자는 기독교회에서 발생된 공동체들의 활동을 간략하게 소개함으로써 예수 그리스도의 계시를 열망하는 공동체적 신앙과 증언에 주목한다. 또한 새롭게 깨달은 그리스도인들이 펼치는 운동 사례들을 제시함으로써, 개인을 축소 및 고립시키는 문화에 맞서 공동의 신앙을 함양하는 동시에 문화가 강요하는 규범에 비판하고 도전하기 위해서는 삶을 나누는 공동체로 되돌아갈 필요가 있다고 역설한다. 즉 이 두 가지 목표를 달성하는 가장 효과적인 수단은 삶을 나누는 그리스도인의 공동체라는 것이다. 이러한 공동체의 유지와 성장을 위해서는 기도와 성례전이 필요하다. 기도는 그리스도인의 정체성을 형성하고, 성례전은 그리스도인의 인격과 품성, 삶의 습관을 창조한다. 그리스도인은 결혼을 하든 독신 서원을 하든 이 세상의 패역한 문화에 맞서 대항문화적 삶을 선택하라는 부름을 받았다. 그리스도인의 결혼과 독신은 각각 성의 상품화와 성적 권리의 방탕한 남용에 도전한다. 사랑과 헌신, 거룩한 책임이 따를 때라야 성적 친밀을 향유할 수 있다. 독신은 성적 쾌락주의와의 결별을 의미하는 자기 부인 영성의 한 표현이다. 결국 개개의 그리스도인들이 어느 정도의 자발적 속박과 공동체적 규약에 자신을 결박함으로써 공동체에 참여하는 것 자체가 복음과 기독교 신앙을 왜곡하려는 주류 문화의 공격에 대한 저항이다.

12장 "인격의 세계를 사는 삶"에서는 그리스도와 우상숭배 사이의 전면 투쟁은 그리스도인들의 다양한 일상생활에서 일어나야 한다고 말한다. 상품 형식의 복음, 즉 물신 숭배적이고 소비주의적인 사회에 저항하는 다양한 방법은 각자 다를 수밖에 없다. 그러나 우리가 믿음 안에서 인격 형식에 충실할 때 그 보편성은 우리를 하나 되게 한다. 내적 가난함 속에서 영적 풍요를 맛보는 영적 수련 생활의 일상화, 이웃의 인권과 행복과 관련된 정의가 걸린 쟁점들에 대한 깊은 이해를 바탕으로 부단하게 사회적 발언과 행동에 참여하는 일 등 그 방식은 실로 다양하다.

"결론"에서 저자는 모든 장들을 요약하고 독자들로 하여금 자아를 갱신하고 패역한 문화 체제를 전복할 수 있는 혁명적 거룩함으로 무장하도록 격려하고 도전한다. 기독교 신앙이 삶의 총체적 영역에 다 관여되어 있음을 의식함으로써, 이 세상 사람들에게 거룩한 대안·대조·대항공동체가 가능함을 확신시켜 주어야 한다. 특히 피상적 기독교 문화로 치장된 미국 상황이 복음 선포와 기독교 신앙 실천에 본질적으로 저항하고 대적한다는 사실을 깨닫고 신앙과 교회의 순결을 회복하는 일에 앞장서라고 촉구한다. 카이사르냐 그리스도냐? 미국 중산층의 지극히 문화화된 미국식 그리스도냐 복음서의 참 그리스도냐? 우리가 최종적으로 충성을 바칠 대상을 선택해야만 한다.

저자는 자본주의가 그리스도의 메시지와 본질적으로 상충된다는 사실을 증명하는 것이 아니라, 소비주의와 물신 숭배의 임계점까지 내달린 자본주의가 기독교 신앙과 대치될 수밖에 없음을 보여 주는 것이 이 책의 목적임을 환기시킨다. 저자는 자본주의 외에 다른 신념 체계가 존재하지 않는다면, 자본주의는 폭력적 우상을 만들어 내어 모든 전체주의와 마찬가지로 사람들을 파괴적 예속과 영적 빈곤으로 몰아넣고 말 것이라고 경고한다.

이 책의 마지막에는 더 광범위하고 자세한 문화 변혁적 책 읽기를 위한 목록이 있는데 참으로 유용한 자료가 아닐 수 없다.

책이 주장하는 세 가지 진실

결국 이 책은 다음과 같은 세 가지 진실을 주장하고 있다.

첫째, 사회 참여와 정의 실천으로 드러나는 신앙만이 정통 그리스도교 신앙이다. 영혼의 구원을 맛본 사람은 사회경제적·문화적 차원의 악과 죄로부터 구원받기를 열망할 수밖에 없다는 것이다. 교회 안의 구원은 세종로, 을지로, 충무로, 테헤란로에서 도곡동과 대치동까지 흘러넘쳐야 하고 안식일에 선포된 비장한 신앙 원리와 삶의 준칙들은 나머지 6일 동안에도 지켜져야 한다.

둘째, 소비사회라는 물신 숭배 사회는 요한계시록에 묘사된 멸망 직전 인류 문명의 한 양상임을 새삼 깨닫게 해 준다. 멸망 직전의 세상은 영혼을 사고파는 세상이다. 뇌물을 주고받는 행위는 창녀의 매음 행위다. 리베이트와 커미션 수수 등 음험한 상거래는 인격 매수 행위다. 이런 점에서 자본주의적 소비사회로 편입된 중국과 소련도 이제 미국의 아류 국가로 전락하고 있다. 인류의 정신을 고양시킬 위대한 영혼이 자라는 토양이 급격하게 유실되고 있다. 이 책은 돈 사랑을 이긴 순교자적 순결이 없으면 인류는 요한계시록의 재앙 시나리오에 휩쓸려 갈 수밖에 없음을 경고하는 예언서다.

셋째, 소비주의는 쇼핑을 예배 행위로, 백화점을 예배당으로 보는 입장이다. 이 우상숭배가 교회에 침투하는 것을 막기 위해 교회는 속히 그리스도의 신부로서의 순결을 회복하여야 한다. 문화 변혁의 관점에서 도시의 소비문화를 분석할 수 있는 영적 통찰력을 구비해야 한다. 이 책은 혁명적인 행동주의와 온전히 거룩하고 지극히 내면적인 인격적 신앙을 통합할 것을 강조한다. 세속 문화에 동화된 그리스도인들에게는 나사렛 황토 위를 걸으시며 가난한 자들의 친구로 사시다 십자가에 목숨을 바치신 나사렛 예수의 삶이 곧 구원이자 희망이며 세상 탈출 명령이다. 특히 국가가 개인을 안보해 줄 것이라는 국가주의 신화, 그것과 유착된 군사 무장 경쟁 신화, 국력을 단지 경제력으로만 치환하는 유물주의적 우상숭배에서 벗어나 그리스도에게 헌신하는 삶은 성령의 위로가 없이는 감당할 수 없는 순교자적 저항이다.

결국 소비주의 물신 숭배적 삶의 대안은 그리스도의 십자가를 지고 따르는 삶이다. 그것은 하나님의 명령에 따르기 위해 자기 욕망 절제, 불편 감수, 이웃 사랑을 위한 작은 실천이다. 이라크의 석유 자원을 약탈하기 위해 서방 국가들이 저지른 이라크 침공을 참으로 반대하는 사람이라면, 자신부터 차라도 팔아 에너지 소비를 줄이거나 필요 이상으로 실내 온도를 높여 내의 차림으로 생활하는 무분별한 생활 방식을 즉시 버려야 한다.

누가 읽으면 좋을까?

교황 회칙들, 성경의 예언자적 신앙 원리, 그리고 로날드 사이더 등 개신교 복음주의자들의 저서까지 폭넓게 섭렵한 저자는 교회의 신앙 여정에 대한 부단한 회고와 온고이지신(溫故而知新)의 중요성을 새삼 일깨워 준다. 지나치게 단편적으로 인용된 각 장 앞부분의 신문 기사와 소설 인용 등이 다소 산만하고 성경적 근거를 찾는 2부에서 1부의 그 예리하고 치밀한 분석력이 다소 떨어지기는 하지만, 이 책은 최근 한국 복음주의권에서 일고 있는 사회 선교의 교과서가 될 만한 책이다.

이 책을 시급히 읽어야 할 사람은 목회자, 평신도 지도자, 특히 기독교 시민 단체 운동가들이다. 저자는 자유주의적 자본주의 사회 자체를 전면 부정하기보다는 그것을 기독교적 영성의 힘으로 재구성하려고 한다. 엄청난 자비와 긍휼, 배려, 인도주의적 동정심으로 경쟁적이고 소비주의적이며 이기주의적인 삶의 방식을 적절하게 억제하고 순화시킬 때에만 자유주의적 자본주의가 제대로 작동될 수 있다는 것이 저자의 주장이다.

둘째, 청년복음화 운동에 투신한 학원 선교 단체와 성서한국, 코스타 대회 등에 참여한 지도자들 역시 이 책의 주요 독자다. 청년들은 자신들이 기독교 신앙을 실천해야 할 장인 세상의 작동 원리와 그것에 맞서는 그리스도인의 대응 논리에 목말라하고 있다. 미래의 더 나은 사회에 대한 예언자적 비전이 없는 교회는 청년 세대와의 접촉을 상실하고 만다. 이 책은 청년들을 일깨우는 책이다. 따라서 대학 청년부나 복음주의 선교 단체에서 이 책과 함께 칼 헨리(Carl Henry)의 『복음주의자의 불편한 양심』(The Uneasy Conscience of Modern Fundamentalism, IVP) 등으로 사회 선교라는 강좌를 열어 한 학기 동안 공부한다면, 한국 사회를 복음의 능력으로 재구성하려는 기독 청년들의 영적 기백이 한층 강고해질 것이다.

셋째, 이 책은 1965년 이래 급격하게 변혁되고 있는 가톨릭교회의 영적 흐름을 아는 데 도움이 되므로 에큐메니칼 운동의 지도자들에게 필독서가 되어야 한다. 도로시 데이의 『고백』, 자크 엘륄의 『뒤틀려진 기독교』(The Subversion of Christianity, 대장간) 등과 일맥상통한 이 책이 가톨릭 영성에 대한 개신교 복음주의자들의 이해를 깊게 할 것이며, 결국 신구 교회 간의 일치와 화해 운동에 기여할 수 있을 것이다. 왜 지난 20년 동안 한국 가톨릭교회가 300만 명에서 500만 명 신자 시대를 열어젖힐 수 있었는지 알려면, 가톨릭교회의 저인망식 사회 선교와 봉사를 공부할 필요가 있다. 가톨릭의 대약진은 전 세계적 현상이다. 그것은 사회 선교의 비전에 불타는 사제들과 평신도들이 주도하는 교회의 위력이다.

마지막으로, 이 책은 가정경제의 소비를 책임지는 기독 주부들의 필독서가 되어야 한다. 소비 행위는 돈의 신을 경배하는 행위이며 백화점을 물신을 예배하는 성소라고 주장하는 저자의 경고에 가장 무겁게 응답해야 할 사람들이 주부들이다. 주부들은 불량 기업, 환경 파괴 기업을 개과천선시킬 수 있는 소비와 구매의 일선 주체들이다. 주부들이 무자비한 소비주의 삶의 방식을 경계하는 이 예언자적 음성에 귀 기울인다면, 기독교적 모성애가 풍성해지는 사회가 창조될 것이다.

저자 연보

1941	아버지 잭과 어머니 줄리아 캐버너의 아들로 세인트루이스에서 출생. 형 토머스 캐버너, 누나 마가렛 캐슬린 스타인먼.
1959	미주리 주 플로리산트에 위치한 세인트스타니스라우스 신학교에 입학.
1971	세인트루이스 바실리카 성당에서 예수회 사제로 안수 받음.
1974	세인트루이스 대학교 졸업 후 워싱턴 대학교에서 사회철학으로 박사 학위 취득. 같은 해에 세인트루이스 대학교 철학 교수로 임용됨.
1974-1976	기도, 성찰, 봉사를 중심으로 한 제3수련기를 위해 인도로 감. 그곳에서 테레사 수녀의 사역에 깊은 감명을 받음.
1976	수련기를 마친 후 세인트루이스 대학교에서 본격적으로 철학과 윤리학을 가르침. 이후 36년 동안 철학 교수와 강력한 설교자로 섬김. 낸시 맥니어 링(Nancy McNeir Ring)상을 포함해 학교로부터 최고 교수상(Teaching Excellence) 등을 수상.
1978	기고한 칼럼으로 가톨릭 출판사 연합(Catholic Press Association)으로부터 상을 받음. 1984년, 1990년에도 수상.
1981	『소비사회를 사는 그리스도인』 1판 출간.
1991	사진작가 메브 플레오와 공저한 *Faces of Poverty, Faces of*

	Christ 출간.
	『소비사회를 사는 그리스도인』 2판 출간.
1996	The Word Encountered Cycle B 출간.
1997	The Word Engaged Cycle C 출간.
1998	The Word Embodied Cycle A 출간, 도미니쿠스회 소속의 아퀴나스 신학 연구소로부터 위대한 설교자 상을 수상함.
2001	*Who Counts as Persons?: Human Identity and the Ethics of Killing* 출간.
2006	『소비사회를 사는 그리스도인』 25주년 기념판 출간.
	Daybreaks: Daily Reflections for Advent and Christmas 출간.
2010	*Daybreaks: Daily Reflections for Lent and Easter Week* 출간.
2012	원인을 알 수 없는 혈액질환으로 요양 중 세인트루이스 대학병원에서 사망.

옮긴이 **박세혁**은 서울대학교 서양사학과를 졸업하고 연세대학교와 에모리 대학교에서 신학을 공부했으며, 지금은 GTU(Graduate Theological Union) 박사과정에서 미국 종교사를 공부하고 있다. 『배제와 포용』『복음주의자의 불편한 양심』『복음주의 지성의 스캔들』『복음주의와 세계 기독교의 형성』『과학신학』『가치란 무엇인가』『하나님 편에 서라』『하나님 나라의 모략』『하나님 나라를 욕망하라』(이상 IVP), 『목회자란 무엇인가』『목회의 기초』(이상 포이에마), 『이렇게 답하라』『예수 왕의 복음』(이상 새물결플러스), 『약한 자의 친구』(복있는사람), 『배제의 시대, 포용의 은혜』(아바서원), 『원.라이프』(성서유니온선교회) 등을 우리말로 옮겼다.

소비사회를 사는 그리스도인

초판 발행_ 2011년 5월 20일
초판 3쇄_ 2013년 3월 15일
개정판 발행_ 2017년 1월 16일

지은이_ 존 캐버너
옮긴이_ 박세혁
펴낸이_ 신현기

펴낸곳_ 한국기독학생회출판부
등록번호_ 제313-2001-198호(1978.6.1)
주소_ 04031 서울시 마포구 동교로 156-10
대표 전화_ (02)337-2257 팩스_ (02)337-2258
영업 전화_ (02)338-2282 팩스_ 080-915-1515
홈페이지_ http://www.ivp.co.kr 이메일_ ivp@ivp.co.kr
ISBN 978-89-328-1472-8
ISBN 978-89-328-4044-4(세트)

ⓒ 한국기독학생회출판부 2017

책값은 뒤표지에 있습니다.
무단 전재와 복제를 금합니다.